Rechtshistorische Reihe

Band 485

Zur Qualitätssicherung und Peer Review der vorliegenden Publikation

Die Qualität der in dieser Reihe erscheinenden Arbeiten wird vor der Publikation durch einen der Herausgeber der Reihe geprüft.

Notes on the quality assurance and peer review of this publication

Prior to publication, the quality of the work published in this series is reviewed by one of the editors of the series.

Das musikalische Aufführungsrecht in Deutschland im 19. Jahrhunde

Felix Rasch

Das musikalische Aufführungsrecht in Deutschland im 19. Jahrhundert

PETER LANG

Bibliografische Information der Deutschen Nationalbibliothek
Die Deutsche Nationalbibliothek verzeichnet diese Publikation in der Deutschen Nationalbibliografie; detaillierte bibliografische Daten sind im Internet über http://dnb.d-nb.de abrufbar.

Zugl.: Berlin, Humboldt-Univ., Diss., 2018

Die vorliegende Arbeit wurde von Professor Dr. Werner Schubert
zur Aufnahme in die Reihe empfohlen.

Umschlagabbildung:
Justitia. Allegorie der Gerechtigkeit. Druck aus dem 17. Jahrhundert.

11
ISSN 0344-290X
ISBN 978-3-631-79202-5 (Print)
E-ISBN 978-3-631-80452-0 (E-PDF)
E-ISBN 978-3-631-80453-7 (EPUB)
E-ISBN 978-3-631-80454-4 (MOBI)
DOI 10.3726/b16242

Peter Lang – Berlin · Bern · Bruxelles · New York ·
Oxford · Warszawa · Wien

Diese Publikation wurde begutachtet.

www.peterlang.com

Vorwort

Die Juristische Fakultät der Humboldt-Universität zu Berlin hat die vorliegende Arbeit im November 2018 als Dissertation angenommen.

Frau Prof. Dr. Katharina de la Durantaye danke ich herzlich für die Übernahme der Betreuung und die Durchführung des Promotionsverfahrens.

Herrn Prof. Dr. Artur-Axel Wandtke danke ich für die zügige Erstellung des Zweitgutachtens.

Eingeflossen in die Arbeit ist der Austausch mit vielen Personen. Ihnen schulde ich Dank für die Begegnungen, Erfahrungen und Erkenntnisse. Dabei denke ich zunächst an meine Freunde aus der schönen Berliner Studienzeit, mit denen mich neben intensiven juristischen Diskusisonen, tollen Abenden in der Philharmonie auch die Grundlagenforschung in der Neuköllner Kneipenszene verbindet.

Zu Beginn der Arbeit unterstützten mich insbesondere Dr. Martin Schaefer und Brigitte Lindner zu bei der Themenfindung. Unverzichtbar war zudem Hilfe durch die Beschäftigten des Bundesarchivs Berlin, des Geheimen Staatsarchivs Preußischer Kulturbesitz sowie von Frau Dr. Thekla Kluttig vom Sächsischen Staatsarchiv in Leipzig, die mir die zum Teil beschwerliche Archivarbeit erheblich erleichterten.

Der größte Dank gebührt schließlich meinen Eltern Ulrike Barthe-Rasch und Clemens Rasch sowie natürlich Solveig Gasche. Ihnen ist die Arbeit in Dankbarkeit gewidmet.

Felix Rasch
Hamburg, im Juni 2019

Inhaltsverzeichnis

Abkürzungsverzeichnis

Abs.	Absatz
ADB	Allgemeine Deutsche Biographie
ADMV	Allgemeiner Deutscher Musikverein
ALAI	Association littéraire et artistique internationale
AmZ	Allgemeine musikalische Zeitung
Anl.	Anlage
Anm.	Anmerkung
Az	Aktenzeichen
BArch	Bundesarchiv
Bd.	Band
BGH	Bundesgerichtshof
Bl.	Blatt
bspw.	Beispielsweise
bzw.	Beziehungsweise
d. h.	das heißt
Drs.	Drucksache
Einl.	Einleitung
EuGH	Europäischer Gerichtshof
f./ff.	und folgende/ fortfolgende
Fl.	Gulden
Fn.	Fußnote
FS	Festschrift
GDK	Genossenschaft Deutscher Komponisten
GDT	Genossenschaft Deutscher Tonsetzer
GEMA	Gesellschaft für musikalische Aufführungs- und mechanische Vervielfältigungsrechte
ggf.	Gegebenenfalls
ggü.	Gegenüber
GRUR	Gewerblicher Rechtsschutz und Urheberrecht (Zeitschrift)
GStA PK	Geheimes Staatsarchiv Preußischer Kulturbesitz
Hrsg.	Herausgeber
Jg.	Jahrgang
JZ	Juristenzeitung
KG	Kammergericht

Kom.	Kommentar
LUG	Gesetz betreffend das Urheberrecht an Werken der
NDB	Literatur und der Tonkunst
NHdM	Norddeutscher Bund
MMR	Neues Handbuch der Musikwissenschaft
	MultiMedia und Recht
NJW	Neue Juristische Wochenschrift
Nr.	Nummer
NZfM	Neue Zeitschrift für Musik
o. A.	ohne Angabe
o. ä.	oder ähnliches
o. O.	ohne Ort
PrALR	Preußisches Allgemeines Landrecht
RG	Reichsgericht
Rn.	Randnummer
S.	Seite, Satz (bei Rechtsnorm)
SACEM	Société des Auteurs, Compositeurs et Éditeurs de
Sp.	Musique
	Spalte
StaL	Sächsisches Staatsarchiv Leipzig
Sic	wirklich so
Tbe.	Tagebucheintrag
UFITA	Archiv für Urheber-, Film, Funk- und Theaterrecht
UrhG	Urhebergesetz
VdDM	Verein der Deutschen Musikalienhändler
VerlagsG	Verlagsgesetz
vgl.	Vergleiche
Zit.	Zitat/ zitiert
ZGE	Zeitschrift für Geistiges Eigentum
ZUM	Zeitschrift für Urheber- und Medienrecht

A. Einleitung

> „Man weiß, daß Mozarts ganze Einnahmen für ein unsterbliches Meisterwerk Don Giovanni in 300 Gulden bestanden hat, die ihm der Theaterunternehmer Guardasoni zu Prag dafür bezahlte, während alle Theater in Europa ihre Cassen durch die Vorstellungen dieser Oper füllten, ja in England der Fall vorkam, daß ein Theaterunternehmer, welcher sich auf ähnliche Weise bereichert hatte, von einem Andern, der ihm den Rath dazu gegeben, bloß dafür auf eine Tantieme von mehreren tausend Pfund belangt wurde. Man weiß, daß Beethoven für das Meisterwerk Fidelio überhaupt mehr nicht als 800 Gulden von dem Theater an der Wien bezog, deßhalb aber auf fernere dramatische Arbeiten verzichtet hat. Man weiß, welchen Mühseligkeiten und Streithändeln sich Maria von Weber unterziehen mußte, um nur eine kärgliche Belohnung für seine genialen Productionen zu retten. Und den Dramaturgen ist es zu keiner Zeit besser ergangen."[1]

Mit diesen Worten setzte sich der sächsische Gesandte im Jahr 1836 in der Bundesversammlung für die Einführung eines musikalischen Aufführungsrechts ein. Zur endgültigen Umsetzung kam es allerdings erst 65 Jahre später. Dabei ist das Kulturphänomen der öffentlichen Aufführung keineswegs erst im 19. Jahrhundert aufgetaucht. So kam es bereits in der Antike zu bühnenmäßigen Aufführungen von theatralischen Werken.[2] Schon im alten Rom implizierte die Übergabe des Manuskriptes etwa zugleich die Erlaubnis zur Uraufführung des Werkes.[3] Nach der ersten Aufführung konnte das Werk sodann durch jeden anderen auf die Bühne gebracht werden.[4] Diese Rechtsauffassung bestand noch über ein Jahrtausend fort.

---

1 ProtBV 1836, Beilage 6 zur 10. Sitzung, S. 469.

2 *Schickert,* Der Schutz der literarischen Urheberschaft im Rom der klassischen Antike, S. 97.

3 *Opet,* Theaterrecht, S. 271; *Opet,* AcP 1895, 151 (157); *Kohler,* Autorrecht, S. 334; *Schickert,* Schutz der literarischen Urheberschaft im Rom der klassischen Antike, S. 95.

4 *Schickert,* Schutz der literarischen Urheberschaft im Rom der klassischen Antike, S. 97.

Ein Rechtsanspruch auf Entlohnung der öffentlichen Aufführung wurde den Urhebern erstmals im Jahr 1793 in Frankreich zugebilligt. In Deutschland legte 1837 das preußische Urheberrechtsgesetz den Grundstein für das musikalische Aufführungsrecht. Vollendet wurde das Aufführungsrecht allerdings erst Anfang des 20. Jahrhunderts.

Diese Arbeit stellt die Entwicklung des musikalischen Aufführungsrechts in Deutschland vom Aufführungsrecht als Erstveröffentlichungsrecht im Jahr 1837 bis hin zum uneingeschränkten Aufführungsrecht im Jahr 1901 dar.

Die Darstellung folgt dabei der Chronologie der Rechtsentwicklung. Als Quellen dienen zunächst Primärquellen, welche sich aus gedruckten und ungedruckten Dokumenten zusammensetzen. Letztere stammen aus dem Geheimen Staatsarchiv Preußischer Kulturbesitz, aus dem Bundesarchiv in Dahlem sowie aus dem Sächsischen Staatsarchiv in Leipzig. Die gedruckten Primärquellen entstammen weitestgehend den Protokollen der Bundesversammlung des Deutschen Bundes und des Norddeutschen Bundes sowie den Reichstagsprotokollen. Zudem bedient sich die Arbeit auch rechtswissenschaftlicher und musikwissenschaftlicher Literatur, um die Gesetzesentwicklung durch eine Darstellung der gesellschaftlichen und politischen Grundlagen einzuordnen.

Besondere Beachtung finden zudem die Komponisten, die zum einen dem Rechtszustand ausgesetzt waren, zum anderen jedoch versuchten, die eigenen Rechte zu schützen. Dabei wird zu beobachten sein, dass der Kampf der Komponisten nach einer fairen Vergütung keinesfalls selbstverständlich war, sondern zunächst der Loslösung von wirtschaftlichen Abhängigkeiten, sei es vom Hofstaat, sei es vom Verlag, bedurfte. Die Darstellung der Entwicklung des musikalischen Aufführungsrechts, unter Berücksichtigung dieses Beziehungsgeflechts, ist Anliegen dieser Arbeit.

Folgende Begriffsklärungen und Definitionen sind zu beachten:

Als *Deutschland* zählt zunächst das Gebiet des Deutschen Bundes. Ab der Gründung des Norddeutschen Bundes 1866 und 1871 des Deutschen Reichs wird Österreich als eigenständiger Staat behandelt. Ab diesem Zeitpunkt wird nur noch die Entwicklung im Staatsgebiet des Deutschen Reichs dargestellt.

Zudem ist zu berücksichtigen, dass in den Gesetzesmaterialien variierende Begriffe für die Urheber aufkommen. Dabei wird zwischen Komponisten und Dramatikern, also Autoren musikalischer Werke und dramatischer Literatur, die zur Theateraufführung konzipiert ist, unterschieden.

Häufig wurden unter dem Begriff *Autoren* auch Komponisten mit einbezogen. Ist hingegen in dieser Arbeit nur von den *Dramatikern* oder den *Komponisten* die Rede, werden stets auch nur diese gemeint. Dabei ist zu beachten, dass in den Primärquellen teilweise von Dramatikern auch als Dichter gesprochen wird, während Komponisten auch als *Tonsetzer* oder *Tondichter* bezeichnet werden.

Von großer Bedeutung ist darüber hinaus die Differenzierung zwischen den einzelnen Werkgattungen. Auf der einen Seite stehen die *dramatischen* Werke. Diese bezeichnen die dramatischen Werke der Literatur und wurden zum Teil auch als *theatralische* Werke bezeichnet. Dem gegenüber steht die Gruppe der Musikwerke, die wiederum in die Gruppe der *dramatisch-musikalischen* Werke und der *musikalischen* Werke unterteilt wird. Diese Abgrenzung zwischen *dramatisch-musikalischen* und musikalischen Werken war im 19. Jahrhundert hoch umstritten. Es ist jedoch festzustellen, dass mit *dramatisch-musikalischen* Werken solche Werke bezeichnet wurden, die für die bühnenmäßige Aufführung bestimmt waren – also klassischerweise Opern. *Musikalische* Werke werden dagegen nur zu Gehör gebracht. Diese Bezeichnung bezieht sich mithin unter anderem auf Solowerke, Orchesterwerke, Chorwerke etc.

Zu den strittigen Fällen zählten beispielsweise Oratorien. Oratorien geben einen Bibeltext auf dramatische Weise wieder und werden dennoch meistens zu den musikalischen Werken gezählt. Gleiches gilt für die konzertante Aufführung von Opern. Ebenso ist der *Komponist eines dramatischen Werkes* ein Opernkomponist. Diese Streitfragen werden im Verlauf der Arbeit jeweils im Einzelnen herausgearbeitet.

Zu beachten ist zudem, dass sich die Nachdruckdebatte zunächst hauptsächlich auf Schriftwerke bezog. Ebenso ging auch die Entwicklung des Aufführungsrechts von den Dramatikern aus. Daher ist es nicht möglich, die Arbeit nur auf den Schutz musikalischer Werke vor unberechtigter Aufführung zu beschränken. Um jedoch ein Ausufern der Darstellung sowie eine Wiederholung von Inhalten bereits vorliegender Arbeiten zu vermeiden, wird auf Aspekte des theatralischen Aufführungsrechts nur in den Fällen eingegangen, in denen es für eine plausible Darstellung der Entwicklung des musikalischen Aufführungsrechts unerlässlich ist.

Nicht zuletzt beziehen sich die Gesetzgebungsmaterialien häufig in der Einzahl auf *den Komponisten* und *den Dramatiker*. Soweit diese Diktion übernommen wird, spiegelt dies den damaligen Sprachgebrauch wider. Keinesfalls sollen Dramatikerinnen und Komponistinnen, von denen zwar keine Beteiligung an der Entwicklung des Aufführungsrechts überliefert ist, von diesem Sprachgebrauch ausgeklammert werden.

B. Die Grundlagen des Aufführungsrechts

Einführend werden die Grundlagen des Aufführungsrechts erläutert. Zunächst wird die geltende Rechtslage (dazu I.) sowie zeitgenössische Definitionsansätze der Aufführung (II.) und der Ursprung des Aufführungsrechts in anderen Staaten dargestellt (III.). Anschließend wird die dem Aufführungsrecht vorhergehende Urheberrechtsentwicklung in Deutschland abgebildet (IV.), bevor auf die Rechtslage der Dramatiker und Komponisten eingegangen wird (V.).

I. Das Aufführungsrecht nach dem geltenden Urheberrechtsgesetz

Das Aufführungsrecht gemäß § 19 Abs. 2 des Gesetzes für Urheberrecht und verwandte Schutzrechte (UrhG) vom 1. Januar 1966 umfasst die beiden selbstständig nebeneinanderstehenden Rechte, ein Werk der Musik durch persönliche Darbietung öffentlich zu Gehör zu bringen (Abs. 2, 1. Alt.) und ein Werk öffentlich bühnenmäßig darzustellen (Abs. 2, 2. Alt.). Damit gehört das Aufführungsrecht gemäß § 15 Abs. 2 UrhG zu den ausschließlichen Nutzungsrechten des Urhebers.

Wie aus dem Gesetzeswortlaut hervorgeht, unterscheidet das geltende Recht zwischen dem bühnenmäßigen und dem musikalischen Aufführungsrecht. Diese Unterscheidung ersetzte die im 19. Jahrhundert übliche Differenzierung zwischen dem dramatischen, dramatisch-musikalischen und dem musikalischen Aufführungsrecht. Die Abgrenzung zwischen dem bühnenmäßigen und dem musikalischen Aufführungsrecht erfolgt an Hand der Frage, ob der Charakter der Darstellung als bühnenmäßige anzusehen ist.[5] Eine bühnenmäßige Aufführung im Sinne von § 19 Abs. 2, 2. Alt. UrhG ist demnach gegeben, wenn ein gedanklicher Inhalt durch ein für das Auge oder für Auge und Ohr bestimmtes bewegtes Spiel im Raum dargeboten wird.[6] Dies umfasst beispielsweise die Darstellung in einer Theater- oder Opernaufführung.

---

5 *v. Ungern-Sternberg,* in: Schricker/Loewenheim, UrhR, § 19 Rn. 17; *Erhardt,* in: Wandtke/Bullinger, UrhG § 19 Rn. 16; *Dustmann,* in: Nordemann UrhR, § 19 Rn. 19; *Kaiser,* in: Erbs/Kohlhaas, Strafrechtliche Nebengesetze, UrhG, § 19 Rn. 4a.

6 BGHZ 142, 388 (388 ff.) – Musical-Gala; BGH GRUR 2008, 1081 Rn. 12 – Musical Starlights; *v. Ungern-Sternberg,* in: Schricker/Loewenheim, UrhR, § 19 Rn. 17; *Wiebe,* in: Spindler/Schuster, UrhG § 19 Rn. 4; *Dreier,* in: Dreier/Schulze, UrhG, § 19 Rn. 10; *Erhardt,* in: Wandtke/Bullinger, UrhG, § 19 Rn. 16; *Kaiser*, in: Erbs/Kohlhaas,

In bestimmten Konstellationen können eine bühnenmäßige und eine musikalische Aufführung auch zusammenfallen. Die ist der Fall, wenn etwa eine Pantomime von untermalender Musik begleitet wird, die nicht aufgrund eines engen inneren Zusammenhangs integrierender Bestandteil der Darstellung ist.[7]

Die Differenzierung zwischen der bühnenmäßigen und der musikalischen Aufführung ist von großer praktischer Relevanz. So gilt die Einschränkung der öffentlichen Wiedergabe nach § 52 Abs. 3 UrhG nicht für bühnenmäßige Darstellungen, welche stets nur mit Einwilligung des Berechtigten zulässig ist.[8]

Von Bedeutung ist die Unterscheidung vor allem in der Rechteverwertung:

Die Werke der Musik werden als sog. *kleine Rechte* regelmäßig von der Gesellschaft für musikalische Aufführungs- und mechanische Vervielfältigungsrechte (GEMA) verwertet. Die bühnenmäßigen Rechte werden hingegen als sog. *große Rechte* überwiegend auf der Grundlage individueller Verträge von Bühnen- oder Musikverlagen wahrgenommen.[9]

II. Definition der Aufführung im 19. Jahrhundert

Ganz ähnlich wie § 19 Abs. 2, 1. Alt. UrhG definiert ein zeitgenössischer Gesetzeskommentar aus dem Jahr 1871 die musikalische Aufführung, demnach sei diese *„jede Darstellung des Inhaltes des Werkes auf musikalischem Wege"*.[10]

Hingegen differenzierte der musikwissenschaftliche Aufführungsbegriff zwischen den verschiedenen Werkgattungen. Dies verdeutlicht folgendes Zitat:

> *„Aufführung eines Tonstücks ist die Sinnlichmachung oder Versinnlichung desselben, d. h. diejenige Darstellung einer musikalischen Dichtung, wodurch dieselbe nun auch in allen ihren Theilen mit dem Gehöre wahrgenommen werden kann. Den Vortrag kleiner*

Strafrechtliche Nebengesetze, UrhG, § 19 Rn. 4a; *Dustmann*, in: Nordemann UrhR, § 19 Rn. 17; *Kroitzsch/Götting*, in: Möhring/Nicolini, UrhR, § 19 Rn. 14.

7 *v. Ungern-Sternberg*, in: Schricker/Loewenheim, UrhR, § 19 Rn. 24; *Erhardt*, in: Wandtke/Bullinger, UrhG, § 19 Rn. 18; *Dreier*, in: Dreier/Schulze, UrhG, § 19 Rn. 10; *Kaiser*, in: Erbs/Kohlhaas, Strafrechtliche Nebengesetze, UrhG § 19 Rn. 4a.

8 *Dreier*, in: Dreier/Schulze, UrhG, § 19 Rn. 8; ebd., § 52 Rn. 17; *Lüft*, in: Wandtke/Bullinger, UrhG § 52 Rn. 1; *Wiebe*, in: Spindler/Schuster, UrhG, § 52 Rn. 5; *v. Ungern-Sternberg*, in: Schricker/Loewenheim, UrhR, § 19 Rn. 27; *Schulz/Hagemeier*, in: Möhring/Nicolini, UrhR, § 52 Rn. 22.

9 *Schulze*, in: Dreier/Schulze, UrhG, Vorb. § 31 Rn. 120; *Erhardt*, in: Wandtke/Bullinger, UrhG, § 19 Rn. 15 ff.; *v. Ungern-Sternberg*, in: Schricker/Loewenheim, UrhR, § 19 Rn. 27 f.; *Wiebe*, in: Spindler/Schuster, UrhG § 19 Rn. 3; *Dustmann*, Nordemann, UrhR, § 19 Rn. 20 f.; *Kroitzsch/Götting*, in: Möhring/Nicolini, UrhR, § 19 Rn. 27.

10 *Dambach*, Gesetz Norddeutscher Bund, S. 244.

> *Tonstücke pflegt man gemeiniglich noch nicht Aufführung zu nennen, obschon im Wesentlichen wenig Unterschied unter beiden Ausdrücken ist, vielmehr gebraucht man den letzteren nur von Tondichtungen größerer und combinirterer Art, z. B. von Oratorien, Opern, auch Sinfonien, größeren Chören u. dgl.; bei den übrigen, kleineren, bedient man sich lieber des Ausdrucks „executiren" oder „vortragen", so sagt man: eine Ouvertüre, ein Concert, Quartett sc. executiren oder ausführen, eine Sonate, ein Rondo sc. vortragen, weniger aber aufführen.*"[11]

Der Musikschriftsteller *Gustav Schilling* (1805–1880) stellte im Jahr 1835 demnach höhere Anforderungen an den Begriff der Aufführung. Zwar könnte das Konzert, bestehend aus dem Vortrag mehrerer kleiner und großer Tonstücke in einer gewissen Reihenfolge, als *Musikaufführung* bezeichnet werden.[12] Grundsätzlich erfasst *Schillings* Definition der Aufführung jedoch kleinere Formen nicht. *Schilling* zu Folge sprach man bei Quartetten und Ouvertüren von *executiren* oder *ausführen*, bei Sonaten und Rondos gar nur von *vortragen*.[13]

Eine ähnliche Auffassung ist von *Carl Friedrich von Savigny* (1779–1861) überliefert. In einer Notiz über die Reichweite des Aufführungsrechts heißt es:

> „*Ohne Zweifel ist das nur von der Aufführung ganzer Dramen, Opern, Oratorien etc. etc.* [sic!] *zu verstehen, da es nie von einzelnen Arien oder anderen Musikstücken mitten in einem zusammengesetzten Concert verstanden worden ist.*"[14]

Diese Unterscheidung findet sich im Übrigen auch im französischen Recht in Gestalt der *représentation* als bühnenmäßige Aufführung und der *exécution* als konzertmäßige Aufführung wieder.[15] Ebenso schlug sich diese Abgrenzung lange im allgemeinen Sprachgebrauch nieder.[16]

Sogar noch 1966 wurde in der juristischen Fachliteratur explizit darauf hingewiesen, dass Sänger und Pianisten zwar Stücke vortrügen, dies juristisch aber als Aufführung zu werten sei.[17] Noch im 20. Jahrhundert war somit im allgemeinen Sprachgebrauch die Subsumtion musikalischer Werke unter den Aufführungsbegriff keineswegs selbstverständlich.

Diese Differenzierung zwischen den verschiedenen Werkformen spiegelt sich in der Rechtsentwicklung des 19. Jahrhunderts wider, in der sich große

---

11 *Schilling*, Encyclopädie der gesammten musikalischen Wissenschaften, S. 319.
12 *Schilling*, Encyclopädie der gesammten musikalischen Wissenschaften, S. 322.
13 *Schilling*, Encyclopädie der gesammten musikalischen Wissenschaften, S. 319.
14 *Wadle*, Savignys Beitrag zum Urheberrecht, S. 45
15 *Haensel*, UFITA Bd. 28, 1959 II, 1 (2 f.).
16 *Haensel*, UFITA Bd. 28, 1959 II, 1 (2 f.).
17 *Samson*, UFITA Bd. 47, 1966 II, 1 (28).

Schwierigkeiten zeigten, die musikalischen mit den dramatischen Aufführungen gleichzustellen.

III. Frühe Gesetze und Gesetzesbemühungen zum Aufführungsrecht

Im Jahr 1791 wurde das Aufführungsrecht in Frankreich erstmals gesetzlich geregelt. Doch schon im Mittelalter stellte die Aufführung einen Gegenstand rechtlicher Überlegungen dar.

1. Frühe unbefugte Aufführungen

Bereits im 16. und 17. Jahrhundert kam es zu Aufführungen, die ohne die Genehmigung der Urheber erfolgten. So gaben Schauspieler unbefugt Manuskripte an Dritte heraus. Bei Aufführungen wurde zuweilen emsig mit- und Manuskripte abgeschrieben.[18]

Laut *Josef Kohler* (1849–1919) wurden schon im Mittelalter Maßnahmen gegen *„offenbaren Manuskriptenverraths“*[19] ergriffen und später durch Gesetz die unbefugte Aufführung durch Dritte untersagt. Dabei muss sich *Kohler* allerdings auf England bezogen haben, da sich zum einen das von ihm zitierte Werk[20] nur auf die Rechtslage in England bezieht und sich zum anderen, nach eingehender Recherche, keine vergleichbaren Regelungen im deutschen Kulturraum nachweisen lassen.

2. Die Gesetze Englands zum Aufführungsrecht

Die Wurzeln des englischen Copyright Law liegen bereits in der *Statute of Anne* aus dem Jahr 1710 begründet.[21] Das Gesetz mit dem vollständigen Titel *An Act for the Encouragement of learning by vesting the Copies of printed Books in the*

18 *Kohler*, Autorrecht, S. 342.

19 *Kohler*, Autorrecht, S. 342.

20 *Coryton*, Stageright, S. 28 f. schildert zudem ein Verfahren, in dem ein dramatisches Werk bei einer erlaubten Aufführung lediglich von einem Dritten mitgeschrieben und anschließend veröffentlicht wurde. Das Verfahren bezog sich somit auf den unerlaubten Druck des Werks und nicht etwa auf die unerlaubte Aufführung.

21 *Scherer*, Quarter Notes and Bank Notes, S. 174; *Ruete*, Copyright, S. 7; *Gieseke*, Privileg, S. 138.

Authors or Purchasers of such Copies during the Times therein mentioned ist das erste moderne Urheberrechtsgesetz der Welt.[22]

Allerdings bezog sich dieses nur auf den Schutz der Autoren und anderer Rechteinhaber gegen den Nachdruck. Anders als in der älteren Literatur[23] dargestellt, beinhalteten weder die *Statute of Anne* noch das *Common Law* Regelungen zum Aufführungsrecht.[24]

Erst der *Dramatic Copyright Act* von 1833 beinhaltete ein Aufführungsrecht für dramatische Werke.[25] 1842 weitete der sog. *Literacy Copyright Act* diesen Schutz sodann auf musikalische Werke aus.[26] Diese Regelungen widersprachen sich allerdings in Teilen und bewirkten eine überaus divergierende Rechtsprechung.[27]

So konnten in England die kommerziellen Interessen der Komponisten erst im späten 19. Jahrhundert durchgesetzt werden.[28] So kam es sogar erst im Jahr 1913 zur Gründung der *Performing Right Society*, einer gemeinsamen Verwertungsgesellschaft von Autoren, Verlegern und Komponisten.[29] Bis dahin fand das musikalische Aufführungsrecht vor allem bei kleineren Werken kaum Anerkennung.[30]

Vermutlich wurden die englischen Regelungen in der Diskussion um ein deutsches Aufführungsrecht deshalb kaum beachtet. Jedenfalls finden sich sowohl in den verschiedenen deutschen Gesetzgebungsunterlagen als auch in der zeitgenössischen Literatur ausschließlich Hinweise auf die französische Gesetzgebung. Daher bleiben die englischen Regelungen für diese Arbeit außer Acht.

3. Beaumarchais und die Comédie Française

Tatsächlich liegt die „*Wiege des Aufführungsrechts*“[31] in Frankreich. Wie auch bei der Entwicklung des übrigen Urheberrechts übte die französische Gesetzgebung

---

22 *Ruete*, Copyright, S. 7 f; *Borchard*, Aufführungsrecht, S. 1 f.; *Schulze*, Geschätzte und geschützte Noten, S. 16.

23 *Reiners*, Das Bühnenwerk, S. 39; *Osterrieth*, Geschichte des Urheberrechts in England, S. 189 ff.

24 *Ruete*, Copyright, S. 16 ff.; *Gülich*, Theaterautoren, S. 110.

25 *Ruete*, Copyright, S. 38 ff.

26 *Ruete*, Copyright, S. 42; *Scherer*, Quarter Notes and Bank Notes, S. 178.

27 *Ruete*, Copyright, S. 43.

28 *Ruete*, Copyright, S. 44 ff.

29 *Ruete*, Copyright, S. 50; siehe dazu im Ganzen: *James*, The Story of the Performing Right Society.

30 *James*, The Story of the Performing Right Society, S. 16; *Ruete*, Copyright, S. 46 f.

31 *Rinecker*, Aufführungsrecht, S. 11.

beim Aufführungsrecht eine Vorbildfunktion aus. Ausgangspunkt war dabei in Frankreich, wie später auch in Deutschland und England, die theatralische Aufführung dramatischer Schriftwerke.

Schon im 17. Jahrhundert war in Paris die Beteiligung der Autoren an dem Erlös ihrer Aufführungen, der Tantieme, üblich.[32] Die Berechnung der Tantieme war ein häufiger und beliebter Streitgegenstand.

Berühmt sind die Auseinandersetzungen von *Pierre Augustin Caron de Beaumarchais* (1732–1799) mit dem Theaterkollektiv der *Comédie Française*.[33] *Beaumarchais* selbst gilt als wichtigster Vorkämpfer für das Urheberrecht in Frankreich.[34]

Als Dichter ist er vor allem als Verfasser von *La Folle Journée ou le Mariage de Figaro* und *Le barbier de Seville ou La précaution inutile* bekannt. Diese Dichtungen erfreuen sich noch heute dank der Opernadaptionen von *Mozart* und *Rossini* großer Beliebtheit.

Als eine schillernde Figur im Paris des 18. Jahrhunderts betätigte sich *Beaumarchais* als Erfinder, Unternehmer und Bühnenautor.[35] Obwohl selbst finanziell unabhängig, scheute *Beaumarchais* nicht davor, sich gegenüber der *Comédie Française* für Autorenrechte einzusetzen.[36]

Die von einem Kollektiv von Schauspielern geleitete *Comédie Française* war ein Theater in Paris, das ein königliches Privileg besaß, welches ihr ein Monopol für die Aufführung französischer Theaterstücke in Paris einräumte.[37] Dieses Monopol bewirkte, dass die *Comédie Française* den Autoren aus einer überlegenen Stellung heraus die Aufführungsbedingungen in einem Standardvertrag diktieren konnte.

Zwar galt bereits ab 1653 eine Auszahlung von 11,11 Prozent der Tageseinnahmen an die Autoren als üblich.[38] Allerdings erstellte das Schauspielerkollektiv nach Gutdünken Abrechnungen,[39] die mitunter immense Abzüge für die

---

32 *Jährig-Ostertag*, Das dramatische Werk, S. 17; *Gülich*, Theaterautoren, S. 139.

33 *Dümling*, Musik hat ihren Wert, S. 22 ff.; *Wandtke*, UFITA 2008 II, 389 (389), *Opet*, AcP 1895, 151 (158).

34 *Sprang*, Grand Opera, S. 29.

35 *Dümling*, Musik hat ihren Wert, S. 22; *Wandtke*, UFITA 2008 II, 389 (417).

36 *Bettelheim*, Beaumarchais, S. 94; s.a. die bildhafte Schilderung *Beaumarchais*‘ Stadthauses in: *Bettelheim*, Beaumarchais, S. 442 f.

37 *Schwab*, Urheberverwertungsgesellschaften in Frankreich, S. 16 f.; *Wandtke*, UFITA 2008 II, 389 (398 f.)

38 *Beaumarchais*, Compte Rendu, 1 (93); *Bettelheim*, Beaumarchais, S. 365.

39 *Wandtke*, UFITA 2008 II, 389 (402).

Urheber vorsahen. *Beaumarchais* rechnete vor, dass die Schauspieler durchschnittlich ein Jahreseinkommen von 800.000 – 900.000,- Francs erhielten und hingegen die Bühnendichter allerhöchstens 37.802,- Francs.[40]

Zudem war es üblich, dass die Rechte zur Aufführung der Werke ab Unterschreiten einer bestimmten Tageseinnahme an zwei aufeinander folgenden Tagen komplett an die *Comédie Française* fielen.[41]

Diese Regelung wurde 1757 sogar noch verschärft. Die *Comédie Française* erhöhte die Mindesteinnahme und legte fest, dass ein Unterschreiten der Mindesteinnahme an zwei beliebigen Tagen genügte, um das Stück gänzlich absetzen zu können. Wurde das Stück anschließend erneut aufgeführt, standen den Autoren gar keine Ansprüche mehr auf die Einnahmen zu.[42]

Hierdurch bestimmte die *Comédie Française* die Ausschüttungen an die Autoren faktisch selbst. Hatte der Autor aus Sicht des Theaters genug erhalten, wurde das Stück einige Male an schlechten Spieltagen angesetzt, um es nach einem Unterschreiten der Mindesteinnahme abzusetzen und kurz darauf wieder anzusetzen –hingegen ohne einen Teil an die Autoren abgeben zu müssen.[43]

Als diese Praxis erneut verschärft wurde, widersprach *Beaumarchais* aufs Schärfste. Sein *Barbier* war ebenfalls kurzzeitig abgesetzt worden. Den so fingierten Eigentumsübergang wies er, wie auch die Abrechnung der *Comédie Française*, zurück.[44] Dabei berief *Beaumarchais* sich genau genommen nicht auf Autorenrecht, sondern auf Rechte der Autoren gegenüber der Comedié aus dem Aufführungsvertrag.

Beaumarchais stritt jedoch mitnichten nur in eigener Sache: Auf Bitten des *Herzoges von Duras* entwickelte er eine neue Tantiemenregelung und lud, um sich für die folgenden Verhandlungen legitimieren zu lassen, die Bühnendichter Frankreichs zu einer Versammlung ein.[45] 23 Autoren gründeten daraufhin am 3. Juli 1777 die Société des Auteurs Dramatiques (SAD).[46]

---

40 *Wandtke,* UFITA 2008 II, 389 (400).

41 *Wandtke,* UFITA 2008 II, 389 (400 f.); *Bettelheim,* Beaumarchais, S. 365 f.

42 *Beaumarchais,* Compte Rendu, 1 (95 ff.); *Schwab,* Urheberverwertungsgesellschaften in Frankreich, S. 18 f.

43 *Schwab,* Urheberverwertungsgesellschaften in Frankreich, S. 18.

44 *Sprang,* Grand Opera, S. 30; *Wandtke,* UFITA 2008 II, 389 (401); *Bettelheim,* Beaumarchais, S. 367.

45 *Beaumarchais,* Compte Rendu, 1 (42 ff.); *Wandtke,* UFITA 2008 II, 389 (403).

46 *Wandtke,* UFITA 2008 II, 389 (403); *Dümling,* Musik hat ihren Wert, S. 22 f.; *Schwab,* Urheberverwertungsgesellschaften in Frankreich, S. 20 f.

Beaumarchais gelang es so, die Dramatiker erstmals in der Geschichte zu vereinigen und zu einem gemeinsamen Vorgehen zu bewegen. Die Vorreiterstellung von *Beaumarchais* und der SAD wird an Hand der Tatsache, dass sich die deutschen Komponisten erst über 100 Jahre später zu einem gemeinsamen Vorgehen für ihre Rechte durchringen konnten, deutlich.[47]

Die SAD bereitete den Weg für die Gründung der Verwertungsgesellschaften und ist damit als direkter Vorläufer dieser zu bezeichnen.[48] Schließlich verhandelten die Urheber nun erstmals gemeinsam mit einer Stimme über die Höhe der Tantiemen.

In der Folge konnten die Autoren eine Ratsverfügung durchsetzen, die für sie wesentlich bessere Bedingungen enthielt als nach den Bestimmungen der *Comédie Française*. Allein *Beaumarchais* Einnahmen aus dem Figaro stiegen danach im Vergleich zur ersten Berechnungsmethode um allein 62 Prozent.[49]

4. Erste französische Gesetze

Neun Jahre später fielen durch die Französische Revolution alle Privilegien, so auch die der *Comédie Française*.[50] An deren Stelle traten bald die ersten gesetzlichen Regelungen, welche noch heute die Grundlage des französischen Urheberrechts darstellen.[51]

So führte das Dekret vom 13. Januar 1791[52] die von *Beaumarchais* angestoßene Entwicklung fort und gestand den Autoren und deren Erben in Art. 3[53] ein positivrechtlich formuliertes, ausschließliches Aufführungsrecht bis fünf Jahre *post mortem auctoris* zu. Das Gesetz bezog sich ausdrücklich nur auf Bühnenwerke und war somit für musikalische Werke nicht anwendbar.[54]

---

47 Siehe: F.III.3.

48 *Dümling*, Musik hat ihren Wert, S. 23; *Wandtke*, UFITA 2008 II, 389 (403).

49 *Jacques Boncompain*, Auteurs et comédiens au XVIIIe siècle, S. 239.

50 *Wandtke*, UFITA 2008 II, 389 (405); *Gieseke*, Privileg, S. 142; *Helmensdorfer*, UFITA 2001 II, 457 (461); *Schwab*, Urheberverwertungsgesellschaften in Frankreich, S. 22.

51 *Dölemeyer*, Urheber- und Verlagsrecht, in: *Coing*, Handbuch, 3955 (3967).

52 Loi du 13 janvier 1791, relative aux théâtres et au droit de représentation et d'exécution des œuvres dramatiques et musicales, Druck in: *Schwab*, Urheberverwertungsgesellschaften in Frankreich, S. 23, Fn. 51.

53 „Die Werke lebender Urheber können von den öffentlichen Theatern in ganz Frankreich nicht ohne deren ausdrückliche und schriftliche Genehmigung aufgeführt werden; dies gilt unter Strafe eines vollständigen Einzugs der Aufführungseinnahmen zugunsten der Autoren". Übersetzung aus: *Sprang*, Grand Opera, S. 21.

54 *Sprang*, Grand Opera, S. 28 ff.

In Theaterkreisen war das Gesetz dennoch hochumstritten. So verweigerten die Bühnenunternehmer dessen Anwendung partout[55] – schließlich bedeutete das Gesetz, dass die Bühnenbetreiber einen größeren Teil ihrer Einnahmen als bisher an die Autoren abgeben mussten. Die Bühnenunternehmer konnten sogar einige Provinzverwaltungen davon überzeugen, gegen das Gesetz einzuschreiten.[56]

Infolge des großen Widerstandes der Bühnenunternehmer wurden die Regelungen 1792 tatsächlich kurzzeitig zurückgenommen – ehe das Gesetz vom 1. September 1793[57] den Schutz der dramatischen Autoren wiederherstellte.[58] An den großen Theater- und Opernbühnen wurden fortan teils üppige Tantiemen an die Autoren gezahlt.[59] Bei musikalischen Werken vertraten Konzertveranstalter und ausübende Künstler aber noch länger die Auffassung, das Aufführungsrecht werde zusammen mit dem Notenmaterial erworben.[60]

Erst ein Urteil von 1834 weitete das Aufführungsrecht auf die konzertante Aufführung von Opern im Rahmen von Freiluftkonzerten am Champs-Elysées aus,[61] bevor Mitte des 19. Jahrhunderts auch musikalische Werke in Folge des *Bourget* Prozesses erfasst wurden.[62]

5. Anwendbarkeit des französischen Rechts in Deutschland

Während der napoleonischen Besatzung in Deutschland wurden die französischen Urheberrechtsgesetze, inklusive der Beschlüsse zum Aufführungsrecht von 1791 und 1793, direkt in Deutschland implementiert.[63]

Noch 1835 lautete Art. 428 des Strafgesetzbuches der preußischen Rheinprovinz:

> *„Alle Directoren oder Unternehmer eines Theaters, so wie alle Schauspielergesellschaften, welche, ohne Rücksicht auf die wegen des Eigenthums der Verfasser ergangenen Gesetze, dramatische Werke auf ihren Theatern aufführen lassen, sollen mit einer Geldbuße von*

---

55 *Kawohl*, Urheberrecht in Preußen, S. 128.
56 *Schwab*, Urheberverwertungsgesellschaften in Frankreich, S. 25.
57 Art. 2 des: Décret-loi du 1er germinal an XIII, relatif à la propriété des œuvres posthume, Druck in: *Wächter*, Verlagsrecht, Bd. 2, S. 748.
58 *Dölemeyer*, Urheber- und Verlagsrecht, in: *Coing*, Handbuch, 3955 (3967, Fn. 8); *Schwab*, Urheberverwertungsgesellschaften in Frankreich, S. 25.
59 *Weisker*, Das wirtschaftliche Verhältnis, S. 82 f.
60 *Sprang*, Grand Opera, S. 60.
61 *Sprang*, Grand Opera, S. 56 ff.
62 Siehe D.I.3.a).
63 *Dölemeyer*, Urheber- und Verlagsrecht, in: *Coing*, Handbuch, 3955 (4010).

funfzig bis höchstens fünf hundert Franken und mit Confiscation der Einnahme bestraft werden."[64]

In Deutschland existierte somit bereits eine Regelung des Aufführungsrechts, die erst durch das Inkrafttreten des preußischen Nachdruckgesetzes von 1837 abgelöst wurde.

Auf die Entwicklung der urheberrechtlichen Gesetzgebung in Deutschland hatten die linksrheinischen französischen Gesetze jedoch nur einen geringen Einfluss.[65] Weder in der Bundesversammlung, noch im preußischen Staatsrat wurde eine Übernahme der linksrheinischen Bestimmungen erwogen.

Dennoch berief man sich in der Diskussion um das Aufführungsrecht immer wieder auf das französische Vorbild,[66] welches als erste Kodifizierung maßstabsetzend geworden war.[67] So ließ das preußische Außenministerium in Vorbereitung der eigenen Gesetzgebung sogar im März 1836 ein ausführliches Gutachten über die französischen Regelungen gegen die unbefugte Aufführung und Darstellung anfertigen.[68] Auch die Motive des späteren Gesetzes sprechen von einer Nachbildung der französischen Gesetzgebung, „*da dieser eine reiche Erfahrung über alles dasjenige, was rücksichtlich das Interesse dramatischer Schriftsteller und Musiker, der Theater = Direktionen und des Publikums bei der Sache zu beachten ist, zu Grunde liegt*".[69]

Von einer parallelen Entwicklung ist trotzdem nicht auszugehen, zumal die französischen Beschlüsse von 1791 und 1793 als Ausgangspunkt für eine länger andauernde Entwicklung dienten. Denn im Gegensatz zur deutschen Rechtslage wurde das französische Aufführungsrecht fast ausschließlich von der Rechtsprechung fortentwickelt.[70]

---

64 ProtBV 1835, 27. Sitzung, Beilage 12, S. 1060.

65 *Dölemeyer,* Urheber- und Verlagsrecht, in: *Coing,* Handbuch, 3955 (4010); *Gieseke,* Privileg, S. 199; *Wadle,* Französisches Recht und deutsche Gesetzgebung, 41 (52 ff.).

66 So z.B. *Gans,* Gesetzesrevision, S. 384.

67 *Sprang,* Grand Opera, S. 25; *Mauruschat,* GEMA-Nachr. Nov. 1999, Nr. 160, 128 (129).

68 GStA PK, III. HA (MdA) I. Nr. 8955, Bl. 159 v. ff.

69 GStA PK, I. HA Rep. 80 (Staatsrat) Nr. 208, S. 77 f.

70 *Dölemeyer,* Urheber- und Verlagsrecht, in: *Coing,* Handbuch, 3955 (3968); *Sprang,* Grand Opera, S. 287.

IV. Die Urheberrechtsentwicklung in Deutschland als Bedingung

Die Entwicklung des Aufführungsrechts in Deutschland begann mehr als drei Jahrzehnte nach den ersten französischen Gesetzen. Zunächst bedarf es jedoch eines kurzen Blickes in die Ursprünge der urheberrechtlichen Diskussion in Deutschland, um die gesetzgeberischen Schwierigkeiten bei der Entwicklung des Aufführungsrechts verstehen zu können.

Die Anerkennung des Urheberrechts war Grundvoraussetzung für die Etablierung des Aufführungsrechts. Ohne die grundsätzliche Anerkennung der Schutzfähigkeit von Schrift- und Musikwerken war überhaupt nicht an einen über das Nachdruckverbot hinausgehenden Schutz zu denken.

Daher werden im Folgenden zunächst die Zustände im sog.n. Nachdruckzeitalter geschildert, um anschließend auf den Weg zu einem bundesweiten Nachdruckverbot einzugehen.

Dabei ist hervorzuheben, dass die Nachdruckdebatte sich auf den Schutz von Schriftwerken bezog, als Musikwerke nur selten durch den Druck vervielfältigt wurden. Zumeist geschah dies durch Abschreiben[71] oder per Kupferstich.[72]

1. Das Nachdruckzeitalter

Bereits kurz nach der Erfindung des Buchdruckes durch *Gutenberg* Mitte des 15. Jahrhunderts kam es zu Raubdrucken.[73] Gegen Ende des 18. Jahrhunderts nahmen diese rasant zu, womit der Nachdruck eine regelrechte Blütezeit erlebte.[74]

Teilweise erschienen unbefugte Kopien sogar schon vor der eigentlichen autorisierten Ausgabe. Der Verleger *Schott* befand dabei in einer Zeitungsannonce einen solchen „*Vordruck noch schändlicher als ein Nachdruck*".[75]

In weiten Teilen der Gesellschaft war der Nachdruck jedoch noch im 18. Jahrhundert nicht geächtet.[76] *Johann Albert Heinrich Reimarus* (1729–1814)

---

71 *Jäger*, Der Musikalienverlag, in: Geschichte des dt. Buchhandels, 7 (26); *Hüttl*, UFITA Bd. 20, 1955 II, 300 (302).

72 *Hüttl*, UFITA Bd. 20, 1955 II, S. 300 (302).

73 *Gieseke*, Privileg, S. 14 ff.; *Steiner*, Autorenhonorar, S. 343; *Seifert*, Kleine Geschichte(n) des Urherrechts, S. 79; *Gierke*, Deutsches Privatrecht Bd. 1, S. 750.

74 *Gieseke*, Privileg, S. 158 ff.; *Steiner*, Autorenhonorar, S. 343.

75 Druck in: Cäcilia, eine Zeitschrift für die musikalische Welt 1825, Bd. 3, Heft 11, S. 30; vgl. *Beer*, Musik zwischen Komponist, Verlag und Publikum, S. 72.

76 *Gieseke*, Privileg, S. 162 ff.; *Seifert*, Kleine Geschichte(n) des Urherrechts, S. 107 ff.; *Rehbinder*, Kein Urheberrecht ohne Gesetzesrecht, 99 (101); *Vogel*, GRUR 1987, 873 (875).

bezeichnete 1773 den Nachdruck sogar als legitime Wettbewerbsmaßnahme gegen überhöhte Buchpreise und betonte den „*Nutzen des Publikums*".[77]

a) Nord – Süd Gefälle des Nachdrucks

Mitte des 18. Jahrhunderts kam es in Nord- und Mitteldeutschland zu einem bedeutenden Aufschwung des Buchwesens.[78] Die Mehrheit der bedeutenden Schriftsteller stammte aus dem Norden,[79] zudem verlagerte sich der Schwerpunkt des Buchhandels auf Sachsen und Preußen.[80]

In der Folge von Streitigkeiten mit den südwestlichen Staaten über Handelskonditionen kam es in den Siebzigerjahren zu einer Zweiteilung des Buchhandels:[81] In den südwestlichen Staaten entwickelte sich eine Nachdruckbewegung, die dort ansässigen Verleger begannen, systematisch die Werke der preußischen und sächsischen Verlage nachzudrucken.[82]

Viele süddeutsche Staaten tolerierten den Nachdruck als Akt der Kultur- und Wirtschaftsförderung.[83] Vor allem Österreich erlangte Bekanntheit als ein *Eldorado* für den unbefugten Druck ausländischer Werke.[84] Schließlich konnte so die Bildung ohne Devisenzahlungen gefördert werden. Auch für die Zensoren barg der Nachdruck ausländischer Werke den Vorteil, den Buchmarkt besser überwachen zu können, da der aufwendige Nachdruck leichter zu kontrollieren war als die Einfuhr der Bücher.[85]

---

77 *Reimarus,* Der Bücherverlag, S. 22; vgl. *Gieseke,* Privileg, S. 163.

78 *Gieseke,* Privileg, S. 157; *Steiner,* Autorenhonorar, S. 157 f.; *Wittmann,* Geschichte des dt. Buchhandels, S. 121 f.

79 *Vogel,* Urheber- und Verlagsrechtsgeschichte, Sp. 171.

80 *Gieseke,* Privileg, S. 158; *Steiner,* Autorenhonorar, S. 159; *Wittmann,* Geschichte des dt. Buchhandels, S. 131.

81 *Gieseke,* Privileg, S. 158; *Steiner,* Autorenhonorar, S. 158; *Wolf,* Aspekte des Urheberrechts, S. 28.

82 *Gieseke,* Privileg, S. 158 f.; *Rehbinder,* ZUM 1987, 328 (328).

83 *Rehbinder,* Kein Urheberrecht ohne Gesetzesrecht, 99 (101); *Gergen,* Nachdruckprivilegienpraxis Württembergs, S. 155 f.; *Vogel,* GRUR 1987, 873 (875); *Gieseke,* Privileg, S. 184 ff.; *Beer,* Musik zwischen Komponist, Verlag und Publikum, S. 64.

84 *Dölemeyer,* Urheber- und Verlagsrecht, in: *Coing,* Handbuch, 3955 (4012 f.); *Osterrieth,* Altes und Neues zur Lehre vom Urheberrecht, S. 10; *Gieseke,* Privileg, S. 186 f.; *Helmensdorfer,* UFITA 2001 II, 457 (463); *Wittmann,* Geschichte des dt. Buchhandels, S. 131; *Wolf,* Aspekte des Urheberrechts, S. 28.

85 *Hofmeister,* Entwicklung des österreichischen Urheberrechts, in: *Dittrich,* Woher kommt das Urheberrecht, 135 (136).

Aufgrund dieser gegensätzlichen Interessen standen der Durchsetzung eines allgemeinen Nachdruckverbotes erhebliche politische Hindernisse gegenüber.

b) Erste vereinzelte Nachdruckverbote

Zunächst gewährten die Druckprivilegien den Verlagen das Recht, ein Werk drucken zu dürfen. Bezugspunkt war der Verlag, der durch die Exklusivität für den teuren und aufwendigen Druck belohnt wurde.[86]

Noch zu Beginn des 19. Jahrhunderts enthielten nur lokale, voneinander abweichende Regelungen ein Nachdruckverbot. Auch diese Regelungen hatten die Interessen des Verlags als Bezugspunkt, wie etwa nach § 997 des allgemeinen Landrechtes für die Preußischen Staaten (PrALR) von 1794.[87]

Geschützt wurden die Werke nicht bereits ab der Schöpfung, sondern erst nach dem Abschluss eines Verlagsvertrages.[88] Durch einen Verlagsvertrag übertrugen die Urheber den Verlagen, damals wie auch heute gemäß § 8 Verlagsgesetz, die Rechte zur Vervielfältigung und Verbreitung des Werkes.[89]

Hieraus ging die damals herrschende Auffassung hervor, dass nach dem Verkauf eines Druckwerkes alle Rechte auf den Käufer übergingen. Die Rechte des Urhebers an seinem Werk waren ab diesen Zeitpunkt erschöpft.[90]

Handschriftliche Kopien wurden von den Nachdruckverboten, die nur die maschinelle Vervielfältigung von Werken unter Strafe stellten, jedoch nicht sanktioniert. Diese unzureichende Gesetzeslage diente in der zweiten Hälfte des 18. Jahrhunderts als Nährboden für Kopistenbetriebe, die gänzlich auf unbefugten Nachdruck spezialisiert waren.[91] Wie zu zeigen sein wird, waren diese

86 *Osterrieth,* Altes und Neues zur Lehre vom Urheberrecht, S. 6; *Unverricht,* Autor – Komponist – Musikverleger, in: FS Vötterle, 562 (565); *Gieseke,* Privileg, S. 94; *Steiner,* Autorenhonorar, S. 41.

87 *Wittmann,* Geschichte des dt. Buchhandels, S. 172 f.; *Vogel,* Entwicklung des Urheberrechts, in: Geschichte des dt. Buchhandels, 122 (123); *Steiner,* Autorenhonorar, S. 53.

88 *Bappert,* Wege zum Urheberrecht, S. 217; *Hoeffner,* Geschichte und Wesen des Urheberrechts, Bd. 1, S. 355; *Vogel,* GRUR 1987, 873 (873); *ders.,* Entwicklung des Urheberrechts, in: Geschichte des dt. Buchhandels, 122 (123).

89 *Wolf,* Aspekte des Urheberrechts, S. 65.

90 *Unverricht,* Autor – Komponist – Musikverleger, in: FS Vötterle, S. 562 (567); *Kawohl,* Urheberrecht in Preußen, S. 67.

91 Die Kopistenbetriebe schrieben auch oft Werke fälschlich den populären Komponisten zu, als Reaktion hierauf entstanden die Werkverzeichnisse großer Komponisten, s.a.: *Sprang,* Grand Opera, S. 58, Fn. 1.

Kopistenbetriebe auch wegen des fehlenden Aufführungsrechts eine Bedrohung für die Urheber.

2. Die verfassungsrechtlichen Grundlagen des Deutschen Bundes

Hoffnung auf eine einheitliche Regelung gegen den Nachdruck und damit auch gegen den Manuskriptendiebstahl machte der Wiener Kongress von 1815.

a) Verhandlungen auf dem Wiener Kongress

Auf dem Wiener Kongress kam es nicht nur zu einer politischen Neuordnung Europas. Vielmehr wurde im *Deutschen Komitee* eine Verfassung für den Deutschen Bund erarbeitet.

Die meisten Regelungen der am 8. Juni 1815 unterzeichneten Deutschen Bundesakte betrafen die äußere und innere Sicherheit. Eine von wenigen Ausnahmen stellte Artikel 18 d dar, der sich mit dem Nachdruck befasste.

Die Schaffung des Artikels 18 d der Bundesakte ist im Wesentlichen auf das Engagement der Buchhändler und Verleger zurückzuführen,[92] die eine Delegation, ausgestattet mit einer Denkschrift des Autors *August Kotzebue* (1761–1819) und einem Empfehlungsschreiben *Goethes*, entsandt hatten.[93]

Der Verleger *Johann Friedrich Cotta* (1764–1832) verfolgte den Kongress über fünf Monate, der Verlegersohn *Carl Bertuch* (1777–1815) blieb sogar über die gesamten neun Monate in Wien.[94] *Cotta* und *Bertuch* sprachen in dieser Zeit bei den höchsten Stellen vor. So trafen sie unter anderem den preußischen Staatskanzler *Hardenberg*, *Wilhelm von Humboldt* und den damaligen österreichischen Außenminister *Metternich*.[95]

Letzterer erklärte ihnen feierlich: „*Meine Herren, Ihre Sache ist die meinige*".[96] Es schien, als ob die Bemühungen der Verleger belohnt würden, ein preußischer Entwurf stand kurz vor der Verabschiedung:

§ 93 e des Entwurfs sah die „*Sicherheit des Eigenthums gegen jede Beeinträchtigung, und mithin auch gegen den Nachdruck*" vor, während

92 *Wadle*, Weg zum gesetzlichen Schutz, in: GE II, 3 (15).

93 *Fischer*, Johann Friedrich Cotta, S. 393; *Wittmann*, Geschichte des dt. Buchhandels, S. 223; *Gieseke*, Privileg, S. 204.

94 *Voigtländer*, Das Wirken des Börsenvereins, S. 12; *Gieseke*, ZGE 2017, Nr. 2, 173 (175 f.)

95 *Voigtländer*, Das Wirken des Börsenvereins, S. 11; *Gieseke*, ZGE 2017, Nr. 2, 173 (177).

96 *Voigtländer*, Das Wirken des Börsenvereins, S. 11; Nachweise der Tätigkeiten von Cotta und Bertuch in BArch DB/1/I 303, Bd. 1 von 3.

§ 94 „*Ueber den letzten Gegenstand soll zwar ein eigenes organisches Gesetz gegeben werden; indeß wird schon hier bestimmt, daß keine mit Privilegium eines teutschen Bundesstaats gedruckte Schrift, soll während der Lebenszeit des Verfassers, und während dreissig Jahre nach seinem Tode, innerhalb der Gränzen Teutschlands nachgedruckt werden können*" und
§ 95 g: „*Auf die Verantwortlichkeit der Schriftsteller, oder falls diese nicht genannt sind, der Buchhändler oder Drucker gegründete, und mit der nöthigen policeilichen Aufsicht auf die Herausgeber periodischer Schriften vereinbarte Preßfreiheit*" den Schutz konkretisierte.[97]

Dieser Entwurf hätte zunächst ein verbindliches Verbot des Nachdrucks bedeutet. Auch für spätere, weitergehende urheberrechtliche Regelungen wie das Aufführungsrecht hätte er Raum gelassen. Schließlich stellte der Nachdruck gemäß § 93 e des Entwurfs nur eine exemplarische Beeinträchtigung des Eigentums dar – weitere hätten leicht per Analogie abgeleitet werden können.

b) Artikel 18 d der Deutschen Bundesakte

Es kam anders. Zunächst führte die Landung Napoleons in Frankreich aus seinem Exil auf Elba zu einer Unterbrechung der Verhandlungen. Darüber hinaus kam es zu Verstimmungen zwischen Österreich und Preußen, die letztlich zur Annahme eines restriktiveren Gegenentwurfs *Metternichs* führten.[98]

Der für das Urheberrecht relevante Artikel 18 d der Deutschen Bundesakte lautete deshalb:

> „*d) Die Bundesversammlung wird sich bey ihrer ersten Zusammenkunft mit Abfassung gleichförmiger Verfügungen über die Preßfreyheit und die Sicherstellung der Rechte der Schriftsteller und Verleger gegen den Nachdruck beschäftigen.*"[99]

Diese *kleine Lösung* enthielt also kein verbindliches Verbot des Nachdrucks, sondern stellte lediglich eine Absichtserklärung dar. Da sich erstmals alle Bundesstaaten grundsätzlich über die Unrechtmäßigkeit des Nachdrucks verständigt hatten, war die gefundene Lösung gleichwohl wegweisend.[100]

Alle weiteren Nachdruckgesetze im Deutschen Bund beziehen sich auf diesen Artikel. Artikel 18 d der Deutschen Bundesakte fungierte demnach gewissermaßen als Ermächtigungsgrundlage. In den folgenden Jahren sollte vielfach versucht werden, das Aufführungsrecht über diese Vorschrift zu begründen.

---

97 Acten des Wiener Congresses, Bd. 2, S. 46 f.; vgl: *Fischer*, Johann Friedrich Cotta, S. 397.
98 *Fischer*, Johann Friedrich Cotta, S. 398.
99 ProtBV 1816, § 5, S. 41 f.
100 *Keiderling*, VG-Wort, S. 19.

c) Gesetzgebungskompetenz des Deutschen Bundes

Der Weg zum Aufführungsrecht wurde dabei erschwert durch das komplexe Gesetzgebungsverfahren im Deutschen Bund.

Der Deutsche Bund besaß als *„völkerrechtlicher Verein der deutschen souveränen Fürsten und freien Städte“*[101] keine unmittelbare Gesetzgebungskompetenz. Daher konnte der Bund nur durch freiwillige *„gemeinnützige Anordnungen“*[102] vermittelnd wirken. Allein die souveränen 39 Partikularstaaten konnten als Gesetzgeber tätig werden.[103] Die Bundesbeschlüsse legten also lediglich einen sehr allgemein gefassten Mindestschutz fest, um den Landesgesetzgebungen Raum für weitergehende Beschlüsse zu lassen.[104]

Dies bedeutete, dass es in der Entwicklung des Urheberrechts oft ein Nebeneinander von Verhandlungen in der Bundesversammlung und nationalen Gesetzgebungen gab.

Dabei zeigte sich auch in der Urheberrechtsentwicklung die Rivalität der Großmächte Preußen und Österreich deutlich. Während in Preußen Mitte der Dreißigerjahren des 19. Jahrhunderts sowohl an einem Urheberrechtsgesetz im eigenen Land als auch auf die Verabschiedung eines Bundesbeschlusses hingearbeitet wurde, tat sich Österreich, das jedwede Vorreiterrolle Preußens unbedingt verhindern wollte, durch eine Blockadehaltung hervor.[105]

d) Das Nachdruckverbot des Deutschen Bundes

Trotz des klaren Auftrags des Artikels 18 d der Deutschen Bundesakte, die Bundesversammlung solle sich bei ihrer ersten Zusammenkunft mit der *„Sicherstellung der Rechte der Schriftsteller und Verleger gegen den Nachdruck beschäftigen“*,[106] ließ die Umsetzung zunächst auf sich warten.

Die Verknüpfung von Presse- und Zensurbestimmungen mit dem Schutz privater Rechte in Artikel 18 d erwies sich als großes Hemmnis für die Gesetzgebung.[107] Vorerst wurden nur die Bestimmungen über die Pressefreiheit

---

101 Art. 1 der Deutschen Bundesakte.

102 Art. 6 der Deutschen Bundesakte

103 *Müller,* Deutscher Bund und deutsche Nation, S. 395.

104 *Müller,* Deutscher Bund und deutsche Nation, S. 395.

105 *Seifert,* Kleine Geschichte(n) des Urheberrechts, S. 144; *Wadle,* Weg zum gesetzlichen Schutz, in: GE II, 3 (26).

106 Siehe: B.IV.2.c).

107 *Wadle,* Weg zum gesetzlichen Schutz, in: GE II, 3 (23); Dazu eingehend: *Wadle*, Junktim zwischen Zensur und Nachdruckschutz, in: GE II, 241 (241 ff.).

umgesetzt – nämlich durch ein System der strengen Präventivzensur in Folge der Karlsbader Beschlüsse von 1819.[108]

Metternich forderte 1820 sogar vergeblich, jedes Buch solle bei einer Zentralbehörde, die sowohl für die Autorenrechte als auch für regelrechte Bücherverbote zuständig sein sollte, eingetragen werden.[109] Die Interessen der Mitglieder des Deutschen Bundes an den Schrifterzeugnissen wuchsen somit, jedoch zunächst mit negativen Folgen.[110] Auf die Rechtsstellung der Urheber wirkte sich dies vorerst nicht aus.

Bei der Bekämpfung des Nachdrucks blieb es auf Bundesebene über eine Dekade lang bei der Gründung von Kommissionen, der Erstellung von Gutachten und der Vertagung von Entscheidungen.[111] Erst nachdem der Nachdruck in allen Staaten durch die Zunahme der Originalproduktion[112] an wirtschaftlicher Bedeutung verlor, und das *„Junktim zwischen Zensur und Nachdruck“*[113] wegfiel, kam es am 2. April 1835 zu einem allgemeinen Verbot des Nachdrucks.[114]

V. Die Komponisten und das Aufführungsrecht

Das Nachdruckverbot im Deutschen Bund stellte jedoch keine Abhilfe gegen den Manuskriptendiebstahl und die Kopistenbetriebe dar, als die handschriftlichen Kopien gerade nicht verboten wurden.

Inwiefern wirkte sich diese Rechtslage also auf die Komponisten aus? Daran schließt sich direkt die Frage an, ab wann ein Bewusstsein der Komponisten bezüglich eines Aufführungsrechts vorlag. Die Anstellung der Komponisten an den Höfen stand einem Urheberrechtsbewusstsein zunächst grundsätzlich entgegen. An der frühen urheberrechtlichen Diskussion im 18. Jahrhundert waren Komponisten daher nicht beteiligt.[115]

---

108 *Wittmann,* Geschichte des dt. Buchhandels, S. 227; *Gieseke,* Privileg, S. 206.

109 *Hofmeister,* UFITA Bd. 106, 1987 S. 182; *Wadle,* Weg zum gesetzlichen Schutz, in: GE II, 3 (23 f.).

110 *Wittmann,* Geschichte des dt. Buchhandels, S. 223.

111 Siehe dazu: *Gieseke,* Privileg, S. 206 ff.; *Dölemeyer,* Urheber- und Verlagsrecht, in: *Coing,* Handbuch, 3955 (4012).

112 In Wien stieg diese zwischen 1810 und 1830 um das Vierfache, s.a. *Vogel,* Urheber- und Verlagsrechtsgeschichte, Sp. 159.

113 So der Titel *Wadles* Aufsatz in: GE II, 241 – 256.

114 *Vogel,* Urheber- und Verlagsrechtsgeschichte, Sp. 160 f.; *Wittmann,* Geschichte des dt. Buchhandels, S. 225; *Wolf,* Aspekte des Urheberrechts, S. 29; *Dölemeyer,* Urheber- und Verlagsrecht, in: *Coing,* Handbuch, 3955 (4013).

115 *Schulze,* Urheberrecht der Musik, S. 3.

Diese Umstände sollen im Folgenden näher beleuchtet werden. Dabei wird zunächst das gesellschaftliche Umfeld der Komponisten im 18. und 19. Jahrhundert dargestellt, ehe auf den Umgang der Komponisten der Rechtslage eingegangen wird.

1. Das gesellschaftliche Umfeld der Komponisten

Bis Ende des 18. Jahrhunderts wurde das Musikleben von der Aristokratie an den Höfen und Kirchen bestimmt. Musik hatte dabei eine andere Funktion als heute: Sie diente nicht der Unterhaltung, sondern der Erhöhung von Kirche und Fürsten und stand somit im Dienst religiöser oder staatlicher Ideologien.[116]

Die Idee der *l'art pour l'art* realisierte sich erst im 19. Jahrhundert durch das aufgeklärte Bürgertum.[117] Bis zum 18. Jahrhundert erklang Musik weit überwiegend zur Untermalung eines anderen Ereignisses,[118] etwa einer Messe oder der Krönung eines Fürsten. Die Komponisten waren daher meistens von Höfen und Kirchen angestellt. Hingegen galt die deutsche Dramatik als kleingeistig. Die deutschen dramatischen Schriftsteller fanden deshalb von den Fürstentheatern nur wenig Beachtung.[119]

a) Das aufkommende urheberrechtliche Bewusstsein der Hofkomponisten

Im 18. Jahrhundert unterhielt jeder größere Hof, vor allem aus Prestigegründen, ein eigenes Orchester. Es kam zu einem regelrechten kulturellen Wettrüsten der Höfe.[120]

Der Kapellmeister war ein Hofangestellter niederen Ranges[121] und war verschiedenen Pflichten unterworfen. Neben der Tätigkeit als ausübender Künstler[122] war er vor allem zur Komposition verpflichtet.[123] Regelmäßig wurden neue Werke erwartet, sei es zu kirchlichen oder höfischen Anlässen. Vielfach wurden

116 *Hodeige,* Zur Stellung von Dichter und Buch, S. 21; *Keller,* UFITA Bd. 79, 1977, S. 89 (90).

117 *Keller,* UFITA Bd. 79, 1977, S. 89 (91).

118 *Wißmann,* Deutsche Musik, S. 217.

119 *Gülich,* Theaterautoren, S. 45.

120 *Scherer,* Quarter Notes and Bank Notes, S. 39 f.

121 *Wißmann,* Deutsche Musik, S. 215; *Raynor,* A Social History of Music, S. 291; anders: *Kühn,* Musikgeschichte, Bd. 1, S. 184 über die „gehobene" Stellung Haydns am Hofe Esterhazy. Allgemein gehörten aber die Komponisten aber dem niederen Stand an.

122 *Raynor,* A Social History of Music, S. 291; *von Gamm,* UrhG, Einführung Rn. 2.

123 *Pohlmann,* Frühgeschichte, S. 124 ff.; *Gieseke,* Privileg, S. 113.

zudem Exklusivitätsvereinbarungen geschlossen.[124] Das heißt, die Werke durften nur für höfische, respektive kirchliche, Zwecke verwendet werden. Danach hatte der Komponist dafür zu sorgen, dass keine unautorisierten Abschriften zirkulierten.[125]

Noch *Haydn*, der sowohl als letzter bedeutender Hofkomponist als auch für seine selbstständigen unternehmerischen Bestrebungen im hohen Alter bekannt ist,[126] schloss mit dem Fürsten *Esterhazy* 1761 einen Vertrag[127] mit folgender Bestimmung:

> „4to *Auf allmaligen befehl Sr HOCHFÜRSTL. DURCHLAUCHT solle er VICE-CAPEL-Meister verbunden seyn solche MUSICLIen zu COMPONIren, was vor eine HOCHDIESELBE verlangen werden, sothanne Neüe-COMPOSITION mit niemand zu COMMUNICIren, viel weniger abschreiben zulassen, sondern für IHRO DURCHLAUCHT eintzig, und allein vorzubehalten, vorzügliche ohne vorwissen, und gnädiger erlaubnus für Niemand andern nichts zu COMPONIren*“.[128]

In *Kühns* Worten war *Haydn „kein Urheber, vielmehr Leibeigener.*“[129] Denn ohne die Genehmigung des Fürsten durfte *Haydn* seine eigenen Kompositionen nicht anderweitig verwerten, vielmehr musste er seine Urheberrechte automatisch an den Fürsten abtreten.[130]

Der Hofkapellmeister *Nicola Jommelli* durfte, nach zehnjähriger Anstellung am Stuttgarter Hof, bei seinem Abschied nicht einmal die Abschriften seiner Werke mitnehmen.[131]

Die Praxis, dass ein Werk unter dem Namen des Auftraggebers aufgeführt wurde, akzeptierten auch andere Komponisten. So erwarb der Baron *Franz von Walsegg* 1791 durch die Bestellung des *Requiems* von *Mozart* gleichzeitig das Urheberrecht und ließ es unter eigenem Namen aufführen.[132] Auch *Beethoven*

---

124 *Gieseke*, Privileg, S. 113; *Raynor*, A Social History of Music, S. 291; *Wolf*, Aspekte des Urheberrechts, S. 32 f.

125 *Gieseke*, Privileg, S. 113.

126 Siehe dazu: *Kernegger*, Haydn und Rossini, S. 50 f.

127 Die „Convention und Verhaltungs-Norma des Vice-Capel-Meisters“, zit. nach: *Kühn*, Musikgeschichte, Bd. 1, S. 181 ff.

128 *Bartha* (Hrsg.): Haydn, Gesammelte Briefe und Aufzeichnungen, S. 42; *Kühn*, Musikgeschichte, Bd. 1, S. 182.

129 *Kühn*, Musikgeschichte, Bd. 1, S. 184 ff.

130 *Kühn*, Musikgeschichte, Bd. 1, S. 60; *Raynor*, A Social History of Music, S. 334; ebd., S. 291.

131 *Gieseke*, Privileg, S. 114; *Raynor*, A Social History of Music, S. 334.

132 *Thiele*, UFITA 2006 II, 553 (576).

ließ im selben Jahr bei der *Musik zu einem Ritterballett* die Aufführung unter dem Namen des Grafen *Waldstein* zu.[133]

Es kam aber auch zur umgekehrten Konstellation. In den Zwanzigerjahren des 18. Jahrhunderts bekam etwa *Georg Friedrich Händel* (1685–1759) den Auftrag, einige Opern, von ihm geschrieben oder in Auftrag gegeben, zu komponieren.[134] Es kam also nicht auf die Autorschaft *Händels* an, sondern vielmehr darauf, dass die Musik in Qualität und Stil seinen Werken entsprach.

Haydns Vertrag mit dem Fürsten *Esterhazy* enthielt viele weitere Einschränkungen. So forderte er seine permanente Anwesenheit und regelte sogar die Kleiderordnung.[135] *Haydn* selbst nannte sich einen Sklaven. Sein in der *Abschiedssinfonie*[136] ausgedrückter Protest gegen die Arbeitsbedingungen ist auch heute noch sehr bekannt.[137]

Gewiss barg die Anstellung zu Hofe für die Komponisten viele Vorzüge. Allein die Infrastruktur Haydns mit einem eigenen Orchester wäre heute unbezahlbar.[138] Zudem musste er sich auch nicht um die Vermarktung seiner Werke sorgen.

Freilich konnte sich ein urheberrechtliches Bewusstsein unter diesen Umständen nur schwer herausbilden. Schon die Beziehung der Autoren zu ihren Werken war eine andere als heute, schließlich wurden die Werke für eine spezifische Aufführung geschaffen und waren nicht Resultat eines freien Kompositionsprozesses, an dessen Ende die Aufführung an vielfältigen Orten stehen konnte.[139]

Darüber hinaus waren die Komponisten weder aufgrund der Exklusivitätsvereinbarungen mit den Fürsten dazu berechtigt, ihre Stücke anderweitig zu verwerten, noch bestand eine finanzielle Notwendigkeit hierfür.

Zudem ist fraglich, ob es den Komponisten überhaupt möglich war, als Untertan und Abhängige des Adels für eine Verbesserung ihres Rechtszustandes einzutreten. Höchstens aus Großmut wurde den Komponisten manchmal die eigene Partitur zur freien Verfügung überlassen.[140]

---

133 *Nettl,* Beethoven und seine Zeit, S. 18.

134 *Goehr,* The Imaginary Museum of Musical Works, S. 179 f.

135 *Wißmann,* Deutsche Musik, S. 225.

136 Im letzten Satz der Sinfonie Nr. 45 von *Joseph Haydn* brechen die Instrumente nacheinander mit dem Spielen ab – daher der, nicht von *Haydn,* stammende Titel „*Abschiedssinfonie*“.

137 *Wißmann,* Deutsche Musik, S. 227.

138 *Kernegger,* Haydn und Rossini, S. 25.

139 *Goehr,* The Imaginary Museum of Musical Works, S. 179

140 *Schuster,* Urheberrecht der Tonkunst, S. 25.

Eine Verwertung der eigenen Werke schickte sich hingegen nicht. Noch im 18. Jahrhundert mussten sich *Christoph Graupner* (1683–1760) und *Johann Kuhnau* (1660–1722) des *„entehrenden"* Vorwurfs erwehren, mit ihren Kompositionen *„Handel"* getrieben oder diese *„umher"* geschickt zu haben.[141] Die Ansicht, die Wahrnehmung der Aufführungsrechte entspreche nicht der *Künstlerehre*, wurde bis weit in das 19. Jahrhundert hinein vertreten.[142]

Der Lohn für die Kompositionen wurde daher nicht am Markt gesucht, sondern durch eine Anstellung an Hof und Kirche oder einen Mäzen.[143] Die Kompositionen zielten primär auf Wohlgefallen einiger spezifischer Personen und Institutionen ab, nicht jedoch auf den Erfolg beim Publikum.[144]

Erst die Änderung des gesellschaftlichen Umfelds schuf andere Möglichkeiten der Verwertung und ermöglichte damit auch ein Urheberrechtsbewusstsein der Komponisten.[145] Dies geschah durch die Entwicklung der bürgerlichen Musikkultur und dem gleichzeitigen Niedergang der höfischen Musikpflege.

b) Der Niedergang der Höfe

Der schleichende Niedergang der Höfe begann ab der Mitte des 18. Jahrhunderts. Der Adel geriet flächendeckend unter verstärkten Legitimationsdruck für die vielen Privilegien.[146] Bereits in Folge des Siebenjährigen Krieges von 1756 bis 1763 kam es zu großen Sparbemühungen an den Höfen.[147] Diese verstärkten sich, nachdem 1815 in Folge des Wiener Kongresses in den deutschen Staaten eine Verfassung in Kraft gesetzt worden war, die den Höfen einen festgelegten Anteil am Staatsbudget zuwies.[148] Infolgedessen musste der Hofstaat immer wei ter verkleinert und viele Hofkapellen liquidiert werden.

Gleichzeitig begannen die Höfe, sich dem Bürgertum zu öffnen. Damit entstand das *„Hoftheater neuen Typs"*.[149] Der Hofstaat diente dadurch nicht mehr der Erhöhung des Fürstens, sondern wurde Teil des gesellschaftlichen Lebens.

---

141 Zit. nach: *Pohlmann,* Acta Mozartiana, 1959, 22 (24), Fn. 17; *Pohlmann,* Frühgeschichte, S. 130 ff.

142 *Vesque von Püttlingen,* Autorrecht, S. 61.

143 *Schuster,* Urheberrecht der Tonkunst, S. 14; *D'Albert,* Verwertung, S. 21.

144 *Schuster,* Urheberrecht der Tonkunst, S. 23; *Kernegger,* Haydn und Rossini, S. 25 Fn. 63.

145 *Pohlmann,* Frühgeschichte, S. 250.

146 *Daniel,* Hoftheater, S. 116 ff.

147 *Daniel,* Hoftheater, S. 116.

148 *Daniel,* Hoftheater, S. 118 f.; *Raynor,* A Social History of Music, S. 351.

149 *Zielske,* Hoftheater und Stadttheater, 43 (68, Fn. 49).

Dies sicherte zum einen Zuschauereinnahmen.[150] Zum anderen konnten so die Privilegien der Monarchen gerechtfertigt werden.

Auch optisch suchte der Adel die Nähe des Bürgertums. Das Hoforchester trug nun anstatt der Livree, der uniformen Kleidung der Dienerschaft,[151] bürgerliche und dunkle Kleidung.[152] Noch zu Beginn des 18. Jahrhunderts versuchte hingegen das Bürgertum selbst, sich durch die Nachahmung des Adels zu *„aristokratisieren"*.[153]

Ebenso lassen sich Änderungen in den Anstellungsverträgen beobachten. Das Dekret *Friedrich Wilhelms III.*, das im Jahr 1820 die Anstellung *Gaspare Spontinis* (1774–1851) als preußischen Hofkapellmeister ermöglichte, erteilte diesem die Erlaubnis, seine Opern auch auswärts gegen Entgelt aufführen zu lassen, sofern die Uraufführung bereits in Berlin stattgefunden hatte.[154]

> Art. 7: *„Die Vorstellung aller von Herrn Spontini komponierten Stücke bleibt dem königl. Theatern zu Berlin während aller sechs Monaten vom Tage der ersten Aufführung gerechnet ausschließlich vorbehalten. Nach Verlauf dieser Zeit steht es ihrem Verfasser frei, solche unter jeder ihm beliebigen Bedingung fremden Bühnen zu überlassen. Diese Einschränkung soll jedoch Herrn Spontini nicht in seinem Eigentumsrecht stören und ihn nicht hindern, einzelne Stücke seiner Opern gleich nach deren ersten Aufführung stechen, drucken und gleich den Verfassern literarischer Werke absetzen zu lassen, dergestalt indeß, dass die Stücke selbst vor Ablauf der vorgeschriebenen Zeit nirgends anders aufgeführt werden könnten."*[155]

Spontini war also in einer erheblich besseren Position als noch *Haydn*. Er musste nicht mehr auf die Großzügigkeit des Fürsten hoffen, um seine Werke auch anderweitig verwerten zu können. Ihm war diese Möglichkeit, wenn auch erst sechs Monate nach der Uraufführung, vertraglich zugesichert. Auch in der Musik selbst lassen sich in der Folge Veränderungen beobachten. So fällt auf, dass die Opern im 19. Jahrhundert kürzer wurden. Vermutlich hatten die Opern keine tagesfüllende oder gar tagesstrukturierende Funktion mehr für den Adel, sondern sollten eine größere Zielgruppe ansprechen.

---

150 *Walter,* Die Oper ist ein Irrenhaus, S. 71.

151 *Haas/Hackspiel-Mikosch,* Ziviluniformen als Medium symbolischer Kommunikation, S. 15.

152 *Salmen,* Musiker, in: MGG, 1213 (1232); *Thrun,* Hofkapell-Konzert im 19. Jh., 498 (506).

153 *Rebling,* Grundlagen der Stilwandlung der Musik, S. 109.

154 *Pohlmann,* Frühgeschichte, S. 255, Fn. 533; *Dümling,* Musik hat ihren Wert, S. 24.

155 Zit. nach: *Pohlmann,* Frühgeschichte, S. 255, Fn. 533.

Dabei ist zu beachten, dass das Aufkommen der bürgerlichen Musikkultur nicht bedeutet, dass der Adel gänzlich aus der Musikpflege verschwand. Vielmehr blieben die großen Höfe, wenn auch in einem anderen Erscheinungsbild, bestehen.[156] Noch *Carl Maria von Weber* (1786–1826), *Louis Spohr* (1784–1859), *Richard Wagner* (1813–1883), *Johannes Brahms* (1833–1897) und *Richard Strauss* (1864–1949) waren zeitweise an Höfen angestellt.[157] Der Wohlstand, und mit ihm auch die Zielgruppe der Komponisten, verlagerte sich dennoch allmählich in Richtung des Bürgertums.[158]

2. Die öffentliche Musikkultur

Die selbstständige Existenz der Komponisten wurde nun durch die Verlage abgesichert, als die Inverlaggabe der Werke den Komponisten einen Lebensunterhalt verschaffte.[159] Die Komponisten verkauften das Werkmanuskript an den Verlag. Dieser übernahm anschließend den Druck, die Vermarktung und den Vertrieb des Werkes[160] – Aufgaben, die dem Komponisten alleine nicht möglich gewesen wären. Die hierbei entstehenden Geschäftsverbindungen wurden jedoch erst durch den Aufschwung der öffentlichen Musik- und Konzertkultur ermöglicht.

Diese Entwicklung begann in England bereits gegen 1700.[161] Im Zuge der Industrialisierung entstand ein städtischer Mittelstand, der sich für Musik interessierte und sich auch den Luxus von Konzertbesuchen leisten konnte. Dabei ist vor allem die lange Dauer der Entwicklung des Bürgertums zu berücksichtigen. Wie der Musikwissenschaftler *Braunbehrens* darstellt, begann dieser Prozess schon Mitte des 18. Jahrhunderts.[162]

Jedoch herrscht von dieser Zeit zu häufig eine Vorstellung, die vielmehr dem Bild vom Ende des 19. Jahrhunderts entspricht.[163] So waren die ersten öffentlichen Musikveranstaltungen nicht mit dem heutigen institutionalisierten Konzert vergleichbar. Die Erbringung einer Aufführung gegen die Zahlung eines Entgelts i.S.v. Eintritt wurde überhaupt erst im 18. Jahrhundert üblich.[164]

156 *Salmen,* Musiker, in: MGG, 1213 (1230 ff.); *Zielske,* Hoftheater und Stadttheater, 43 (68, Fn. 49); *Thrun,* Hofkapell-Konzert im 19. Jh., 498 (506).
157 *Raynor,* A Social History of Music, S. 351.
158 *Albinsson,* The Advent of Performing Rights in Europe, S. 5.
159 *Kämpken,* Geschäftsbeziehung zwischen Beethoven und Breitkopf & Härtel, S. 1.
160 *Kämpken,* Geschäftsbeziehung zwischen Beethoven und Breitkopf & Härtel, S. 1.
161 *Wißmann,* Deutsche Musik, S. 181.
162 *Braunbehrens,* Bürgerliche Musikkultur und öffentliches Konzertwesen, 148 (150).
163 *Braunbehrens,* Bürgerliche Musikkultur und öffentliches Konzertwesen, 148 (150).
164 *Pohlmann,* Frühgeschichte, S. 251.

Im deutschsprachigen Raum war die Entwicklung zusätzlich verzögert: Denn bereits Ende des 18. Jahrhunderts kam dem öffentlichen Konzert auch in den deutschen Landen eine große Bedeutung für die Vorstellung neuer Werke zu.[165] Nichtsdestoweniger stand die orchestrale Musik weiterhin im Schatten der *dramatisch-musikalischen* Werke, wenn die Orchester noch an die Höfe angeschlossen waren.[166]

Der Musikwissenschaftler *Heister* datiert die vollständige Etablierung des Konzertwesens deshalb erst auf die Mitte des 19. Jahrhunderts – die Entstehung des öffentlichen Konzertwesens stellt somit einen über 150 Jahre andauernden Prozess dar.[167]

Für die Entwicklung des Aufführungsrechts ist die Entstehung des öffentlichen Konzertwesens eine Grundvoraussetzung, da diese überhaupt erst wiederholende Aufführungen des gleichen Werkes ermöglicht. Im Gegensatz zum öffentlichen Konzert stand der Salon. Im Salon wurde Musik und Literatur im geselligen und exklusiven, geschlossenen Kreis präsentiert. Dieser war zu Beginn des 19. Jahrhunderts die Heimat von Musik in kleiner Besetzung, der Kammermusik.[168] Denn im öffentlichen Konzert kamen diese zunächst selten vor.[169] Nur für diesen Rahmen entstand eine ganze Gattung kleinerer und bekannter Klavierstücke, wie Fantasien, Impromptus, Lieder ohne Worte, Etüden oder auch Serenaden.[170]

In der Folge entwickelte sich mit dem Musikalienhandel ein eigener Geschäftszweig, dessen Umsätze sich zwischen 1820 und 1900 mehr als versechsfachten[171] und für die Komponisten ertragsreichere Verlagsverträge bedeuteten. In der Folge ersetzten die Verleger den Adel als primärer Arbeitgeber der Komponisten.[172]

Somit ermöglichte die Entstehung der öffentlichen Musik- und Konzertkultur sowie der Aufschwung des Musikkalienhandels ab dem 19. Jahrhundert eine selbstständige Existenz der Komponisten. Noch zu Zeiten *Mozarts*, Ende des

---

165 *Raynor*, A Social History of Music, S. 321.

166 *Raynor*, A Social History of Music, S. 329.

167 *Heister*, Konzertwesen, in: MGG, 683 (683 ff.).

168 *Schwab*, Kammer – Salon – Konzertsaal, S. 15 ff.

169 *Schwab*, Kammer – Salon – Konzertsaal, S. 21.

170 *Jäger*, Der Musikalienverlag, in: Geschichte des dt. Buchhandels, 7 (31).

171 *Schumann*, Zur Geschichte des deutschen Musikalienhandels, S. 52; *Hüttl*, UFITA Bd. 20, 1955 II, 300 (303).

172 *Kämpken*, Geschäftsbeziehung zwischen Beethoven und Breitkopf & Härtel, S. 1.

18. Jahrhunderts, waren die Strukturen der bürgerlichen Musikkultur hierfür noch nicht ausreichend ausgeprägt.[173]

3. Frühe Etablierung des Theaterbetriebs

Auch die theatralische Aufführung musste sich erst etablieren. Noch zu Beginn des 18. Jahrhunderts fehlte es an einem professionellen Theaterbetrieb, der auch zeitgenössische deutsche Werke aufführte. Zwar waren *fliegende Bühnen* weitverbreitet, bei diesen bestand jedoch schon aus finanziellen Gründen wenig Aussicht auf Entlohnung der Urheber für einzelne Aufführungen.[174] Daher war über weite Teile des 18. Jahrhunderts die Einführung der Tantieme in Deutschland für dramatische Werke schon aus strukturellen Gründen nicht möglich.[175]

Erst am Ende des 18. Jahrhunderts war der Theaterbetrieb etaliert. Schließlich waren diese selten an den Höfen beschäftigt und schufen ihre Werke nicht für den Druck, sondern ausschließlich für die Aufführung.[176] In diesem Sinne stellte die Etablierung des Theaterbetriebs die Grundvoraussetzung zur Entwicklung eines eigenen Urheberrechtsbewusstseins bei den Dramatikern dar.

4. Das Aufführungsrecht im 17. und 18. Jahrhundert

Ab wann begannen die Komponisten, ihre Kompositionen als mögliche Gegenstände eigener Rechte zu begreifen? Dieser Frage soll im Folgenden nachgegangen werden. Insbesondere ist zu untersuchen, ab welchem Zeitpunkt bei den Komponisten und den Dramatikern die ersten Gedanken an ein Aufführungsrecht nachzuweisen sind und inwiefern die Urheber sich daraufhin für das Aufführungsrecht einsetzten.

a) Überlegungen der Komponisten im 17. und 18. Jahrhundert

Teilweise wird bei der Frage nach dem Bewusstsein der Komponisten über das Bestehen eines Aufführungsrechts bereits auf das 17. Jahrhundert und den Komponisten *Heinrich Schütz* (1585–1672) hingewiesen.[177]

Schütz behielt sich die Rechte an seinem 1664 erschienenen *Weihnachtsoratorium* vor, indem er bestimmte, dies dürfe nur „*mit des Authoris Bewilligung*“[178]

---

173 *Pohlmann,* Acta Mozartiana, 1959, 22 (31).
174 *Gülich,* Theaterautoren, S. 48.
175 *Weisker,* Das wirtschaftliche Verhältnis, S. 85.
176 *Gülich,* Theaterautoren, S. 45.
177 *Pohlmann,* Frühgeschichte, S. 252; *Schmieder,* NJW 1985, 2105 (2107).
178 *Schmieder,* NJW 1985, 2105 (2105); *Pohlmann,* Frühgeschichte, S. 252.

aufgeführt werden und darüber hinaus einzelne Stimmen zurückhielt, die nur „*umb* [sic!] *eine billiche Gebühr zu erlangen seyn würden*".[179] *Pohlmann* erkannte hier sowohl konkrete persönlichkeitsrechtliche als auch verwertungsrechtliche Überlegungen von *Schütz* hinsichtlich eines Aufführungsrechts. Letztere lassen sich den Zitaten jedoch kaum entnehmen.

Plausibler erscheint indes die Annahme, dass das Hauptmotiv von *Schütz* die Sorge vor der Entstellung seines Werkes war.[180] *Schütz* war nämlich der Überzeugung, dass sein Werk außer durch die Aufführung der „*Fürstlichen wohlbestälten Capellen* [...] *schwerlich ihren gebührenden efect anderswo erreichen würden*".[181] An anderer Stelle mahnte *Schütz*, dass „*dem Autori selbsten, wieder seine Schuld*" durch eine Aufführung keinesfalls „*ein unverhoffter Spott zuwachsen möge*".[182] Seine Sorgen waren somit persönlichkeitsrechtlicher, allerdings keinesfalls verwertungsrechtlicher Natur.

Auch folgendes Briefzitat von *Mozart* wertet *Pohlmann* als Indiz für ein frühes Bewusstsein der Komponisten über ein Aufführungsrecht:

> „*ich werde eine opera schreiben, aber nicht um mit hundert Duckaten zuzusehen wie das Theater in 14 Tagen dadurch viermal so viel gewinnt; sondern ich werde meine opera auf meine unkösten anführen – in Drey vorstellungen wenigstens 1200 fl: machen – und dann kann sie die Direktion um 50 Duckaten haben; wo nicht, so bin ich bezahlt, und kann sie überall anbringen.*"[183]

Mozarts Äußerungen scheinen sich jedoch auf die unbefriedigende Einnahmesituation zu beziehen, den zugrunde liegenden Rechtszustand erwähnt er dabei nicht. Zudem lassen sich aus *Mozarts* Äußerungen in keiner Weise Forderungen an den Gesetzgeber ableiten. Von einem frühen Bewusstsein der Komponisten, gar im Vergleich zu den Dramatikern,[184] kann aus diesem Grund kaum zu sprechen sein.

---

179 *Schmieder*, NJW 1985, 2105 (2105); *Pohlmann*, Frühgeschichte, S. 252.

180 *Gieseke*, Privileg, S. 109 f.

181 *Schütz*, Gesammelte Briefe und Schriften, S. 286; vgl: *Pohlmann*, Frühgeschichte, S. 252, Fn. 517; *Gieseke*, Privileg, S. 110; *Geck*, Bach: Leben und Werk, S. 134.

182 *Schütz*, Gesammelte Briefe und Werke, S. 180; vgl: *Pohlmann*, Frühgeschichte, S. 252, Fn. 518.

183 Brief an *Leopold Mozart* vom 5.10.1782, zit. nach: *Pohlmann*, Acta Mozartiana, 1959, 22 (29).

184 So aber *Gülich*, Theaterautoren, S. 48 f.

b) Gewohnheitsrechtliche Anerkennung des Aufführungsrechts

Erste Gedanken an eine Tantieme sind in Deutschland 1799 in einem Briefwechsel zwischen den Dramatikern *Iffland* und *Kotzebue* nachzuweisen.[185]

Wie *Gülich* zeigt,[186] begannen Dramatiker und Bühnen in dieser Zeit auch, zwischen dem Verlags- und dem Aufführungsrecht zu unterscheiden. Die geschlossenen Vereinbarungen bezogen sich dabei stets auf den Kauf des Manuskripts, welches gleichbedeutend mit der Befugnis zur Aufführung des Werkes auf einer Bühne war.[187] Das Verlagsrecht, also das Recht zur Verbreitung und Vervielfältigung des Werkes, blieb demnach dem Urheber vorbehalten.

Einige Jahre später machten auch die Komponisten die Trennung zwischen den Verlags- und den Aufführungsrechten an ihren Werken deutlich. Dies zeigt ein Brief des Kapellmeisters des Wiener Hoftheaters, *Anton Wranitzky* (1761–1820), an den Fürsten *Lobkowitz* aus dem Jahr 1814, in dem er die Verhältnisse des *Hoftheater-Musik-Verlages* beschreibt. Sämtliche Komponisten bestünden darauf, ihre Werke nur für die Aufführungen zu verkaufen, *„nicht aber für weitere Speculation oder Veräusserung von Seite der Direction.“*[188]

In Folge der Anerkennung dieser Praxis durch die bedeutenden Bühnen war das Aufführungsrecht für unveröffentlichte Werke daher spätestens Ende des 18. Jahrhunderts[189] für unveröffentlichte Werke gewohnheitsrechtlich anerkannt.[190] Ab der Veröffentlichung durch den Druck stand die Aufführung des Werkes jeder Bühne frei, die Urheber konnten die Aufführung ihrer Werke weder verbieten noch eine Beteiligung an den Einnahmen verlangen.[191]

Der Zeitpunkt der Veröffentlichung durch den Druck entspricht dabei dem Erscheinen der Werke im Buchhandel gemäß § 6 Abs. 2 UrhG.[192] Die Veröffentlichung stand also nicht bereits ab dem Druck des Werkes frei, wie es der Wortlaut einiger Urheberrechtsgesetze des 19. Jahrhunderts suggerieren mag, sondern erst ab der erfolgten Veröffentlichung im Buchhandel.

---

185 *Weisker,* Das wirtschaftliche Verhältnis, S. 85 f.

186 *Gülich,* Theaterautoren, S. 99 ff.

187 *Gülich,* Theaterautoren, S. 102.

188 Amtliche Nachricht von *Anton Wranitzky,* 7.8.1814, zit. nach: *Weinmann,* Geschichte des Alt-Wiener Musikverlages, S. 17 f.

189 *Gülich,* Theaterautoren, S. 100.

190 *Gülich,* Theaterautoren, S. 125. Ungenau ist daher die Aussage, dass bereits ab der ersten Aufführung Auuführungsfreiheit bestand, so aber: *Gieseke,* Privileg, S. 112.

191 z.B.: *Gans,* Gesetzesrevision, S. 380; *Wadle,* UFITA 2002 III, 845 (846); *Gieseke,* Privileg, S. 112; *Jährig-Ostertag,* Das dramatische Werk, S. 4; *Gülich,* Theaterautoren, S. 48.

192 *Gülich,* Theaterautoren, S. 105.

c) Erste Forderungen der Dramatiker

Obwohl die Anzahl der Bühnenaufführungen in den Zwanziger- und Dreißigerjahren des 19. Jahrhunderts stark anstieg, blieben die Einnahmen der Dramatiker gering. Vor allem kleinere Bühnen versuchten, sich die Abgaben an die Autoren zu sparen.[193]

Dieser Missstand blieb nicht unbeachtet. So berichtet *Gülich* über die Vorschläge der Dramatiker *Ludwig Robert* (1778–1832) und *Wilhelm Gubitz* (1786–1870) aus den Jahren 1828 und 1829, die sich in Zeitungsartikeln für einen gesetzlichen Schutz der Autoren einsetzten.[194]

Problematisiert wurden dabei das fehlende (Un-)Rechtsbewusstsein der Theaterdirektoren und der Manuskriptendiebstahl. *Robert* unterbreitete sogar konkrete Vorschläge für ein Gesetz, dass es den Theatern verbieten sollte, unautorisierte Werkausgaben zu erwerben und darüber hinaus den Autoren ein Aufführungsrecht auch nach der Veröffentlichung im Buchhandel zubilligte. Auch von anderer Seite wurden ähnliche Vorschläge eingebracht.[195]

Diskutiert wurden vor allem Regelungen, die eine Beteiligung der Autoren an einigen Aufführungen vorsahen, wie sie *Johann Wolfgang von Goethe* (1749–1832) analog der französischen Regelungen 1828 ins Auge fasste:

> *„Wie der Autor zu honoriren, ließe sich eher etwas Behufiges vorschlagen. Man gestehe ihm die Einnahme der dritten Vorstellung zu, ohne Abzug der Kosten; von den ferneren Vorstellungen gewähre man ihm ein gewisses Procent. Die Franzosen sind uns hierin gesetzlich vorgegangen, man mache sich mit ihren Einrichtungen bekannt und befolge was räthlich und den besonderen Umständen gemäß ist. Beide Theile haben hiervon den billigen Vortheil: die Direction honorirt nur Stücke, die sich halten, und es ist des Autors Angelegenheit sein Publicum für den Augenblick zu gewinnen und sich in dessen Gunst zu befestigen.“*[196]

5. Die Situation der Komponisten

Zum Zeitpunkt der Jahrhundertwende befanden sich die Komponisten in einer schwierigen Lage. Die Anstellungsmöglichkeiten an den Höfen brachen zunehmend weg, während das Musikverlagswesen noch nicht groß genug war, um durch den Verkauf der Verlagsrechte den Lebensunterhalt bestreiten zu können.

---

193 *Gülich,* Theaterautoren, S. 147.

194 *Gülich,* Theaterautoren, S. 149 ff.

195 *Gülich,* Theaterautoren, S. 148 f.

196 Brief *Goethes* vom 17.1.1828 an *Semler*, zit. nach: *Gülich,* Theaterautoren, S. 140; *D'Albert,* Verwertung, S. 24.

a) *Komponisten als Konzertunternehmer*

Einige Komponisten versuchten sich zudem als Konzertunternehmer, um auf diesem Wege direkt von den Aufführungen ihrer Werke zu profitieren.[197]

In der ersten Hälfte des 18. Jahrhunderts ist insbesondere auf *Händel* und *Telemann* hinzuweisen. So war *Händel* über 30 Jahre in London sehr erfolgreich mit seinen Aufführungen,[198] während *Georg Philipp Telemann* (1681–1767) seine Konzerte sogar in der Presse bewarb.[199]

Wolf zeigt auch die Konzertaktivitäten von *Lortzing*, *Nicolai* und *Weber* auf, die immer wieder ihre Einnahmen durch Konzerte aufbesserten.[200] Dies war nicht ungewöhnlich. Die Idee des spezialisierten Komponisten entstand jedoch erst mit *Beethoven*, der durch seine Taubheit dazu gezwungen war, von der Aufführung seiner Werke abzusehen.[201] Bis dahin war es Usus, dass ein Komponist auch als Kapellmeister fungierte, selbst dirigierte oder als Virtuose auftrat.[202]

Erst der enorme Aufschwung der bürgerlichen Musikkultur ab der zweiten Jahrhunderthälfte des 19. Jahrhunderts ermöglichte das Spezialistendasein als Komponist. Bis dahin versuchten die Komponisten häufig, sich auch auf anderen Wegen zu finanzieren: *Lortzing* spielte sogar in den Aufführungen seiner eigenen Opern mit, um so an ihnen partizipieren zu können. *Franz Schubert* (1797–1828) ließ sich von Freunden unterstützen. *Robert Schumann* (1810–1856) profitierte von den Einnahmen seiner Zeitschrift und auch denen seiner Frau Clara, die als Konzertpianistin große Erfolge feierte.[203]

b) *Das Manuskript als Unsicherheitsfaktor*

Um neben den Verlagseinnahmen doch von den Aufführungen der eigenen Werke profitieren zu können, gingen die Komponisten dazu über, die Veröffentlichung der Werke hinauszuzögern. Schließlich war das Aufführungsrecht gewohnheitsrechtlich bis zur Veröffentlichung durch den Druck geschützt.[204]

---

197 *Pohlmann*, Frühgeschichte, S. 253; *Gieseke*, Privileg, S. 112; *Wolf*, Aspekte des Urheberrechts, S. 130 ff.

198 *Pohlmann*, Frühgeschichte, S. 253 f.; *Raynor*, A Social History of Music, S. 265 ff.

199 *Pohlmann*, Frühgeschichte, S. 251.

200 *Wolf*, Aspekte des Urheberrechts, S. 130 ff.

201 *Raynor*, A Social History of Music, S. 352.

202 *Raynor*, A Social History of Music, S. 354.

203 *Kühn*, Musikgeschichte, Bd. 1, S. 187.

204 Siehe: B.V.4.b).

Die Komponisten führten ihre Werke somit zunächst über einen längeren Zeitraum hinweg auf, bevor sie diese in den Druck gaben und hierdurch das Aufführungsrecht verloren.[205]

Die Verzögerung der Veröffentlichung barg jedoch einige Gefahren.[206] Das Werk musste einerseits möglichst vielen Bühnen bekannt gemacht werden. Andererseits war jede Weggabe des Manuskriptes höchst riskant für den Urheber. Vor allem die kleineren Wanderbühnen neigten dazu, sich Werke durch die Bestechung von Souffleuren oder Sekretären zu beschaffen.[207]

Die unbefugte Aufführung eines Werkes stellte insofern nicht die größte Gefahr für die Urheber dar. Den Verlust einer Verwertungsmöglichkeit konnten die Dramatiker und Komponisten nämlich häufig noch verschmerzen. Vielmehr mussten die Urheber befürchten, dass ihre Werke in die Hände eines Kopistenbetriebs fallen könnten.

aa) Der Manuskriptendiebstahl

In diesen Schreibwerkstätten erstellten mehrere Kopisten handschriftliche Kopien von Musikwerken. Häufig geschah dies sogar im Auftrag eines Verlags.[208] Durch die Anstellung von Kopisten konnten die Verleger das eigene unternehmerische Risiko reduzieren. Dies lag unter anderem daran, dass die Kalkulation mit Kopisten leichter fiel als mit hohen Investitionsrisiken für den Druck eines Werkes.

Die Möglichkeit, Kopien kurzfristig und an verschiedenen Orten in Auftrag zu geben, eröffnete zugleich die Möglichkeit, auch Werke ohne die Genehmigung des Komponisten zu vervielfältigen. Bald betrieben einige Kopistenbetriebe europaweit Handel mit Kopien, die ohne Genehmigung des Autors an Opernhäuser verkauft wurden.[209]

205 *Wündisch,* GRUR Int. 2007, 302 (303); *ders.*, Wagner und das Urheberrecht, S. 49; *Wadle,* Aufführungsrecht, in: GE II, 277 (278); *ders.*, UFITA 2002 III, 845 (846); *Wolf,* Aspekte des Urheberrechts, S. 47; *Beer,* Komponist zwischen Verlag und Publikum, S. 226 ff.

206 Ausführliche Darstellung der Problematik in: *Gülich,* Theaterautoren, S. 89 ff.

207 *Weisker,* Das wirtschaftliche Verhältnis, S. 38.

208 *Kawohl,* Urheberrecht in Preußen, S. 116; *Beer,* Musik zwischen Komponist, Verlag und Publikum, S. 45 f.

209 *Sprang,* Grand Opera, S. 58, Fn. 1; ebd., S. 237 ff.; *Wolf,* Askepte des Urheberrechts, S. 45.

Eindrucksvoll schilderte ein Zeuge, *„der zu seinem Schaden alle möglichen bösen Erfahrungen machte"*,[210] in der Zeitschrift *Der Gesellschafter oder Blätter für Geist und Herz* am 19. Mai 1834 die Machenschaften der Kopistenbetriebe.[211]

> *„Der Manuscripten=Diebstahl, wie er jetzt in Deutschland getrieben wird, ist ohne ein strenges Gesetz nicht mehr zu hindern. Namentlich sind es Souffleure, die, trotz aller Wachsamkeit mancher rechtlichen Direktion, dieses nichtswürdige Gewerbe treiben. Wenn sie ein Buch, nach dessen Besitz sie streben, auch nur acht Stunden lang in ihre Behausung schleppen können, so wissen sie es schlau durch viele Hände copiren zu lassen. Kann es zerschnitten oder aufgetrennt werden, ist die Arbeit leicht; ist es aber eingebunden, und die Zeit mangelt, es, nachdem es zerschnitten war, neu einbinden zu lassen, so wissen sie es an einem von der Decke herabhängenden Bindfaden so durch schwere Körper zu befestigen, daß die, an einem runden Tische umhersitzenden Schreiber jeder ein besonderes Blatt copiren können, ohne den Andern zu geniren. Ein solches Verfahren läßt sich von mehreren Souffleuren nachweisen."*[212]

Während aus heutiger Sicht offensichtlich rechtswidrig nach den §§ 15 Abs. 1, Nr. 1, Nr. 2, 16, 17 UrhG und sogar strafbar nach § 106 Abs. 1 UrhG, waren die Geschädigten im 19. Jahrhundert in Deutschland diesen Betrieben schutzlos ausgeliefert. Schließlich beinhalteten weder die Druckprivilegien noch die ersten Nachdruckgesetze ein Verbot der handschriftlichen Kopie.

Auch gegen die anschließende, entgegen dem Willen des Urhebers erfolgende Aufführung hatte dieser keine gesetzliche Handhabe. Die unbefugte Veröffentlichung durch einen Raubdruck konnte sogar für andere Bühnen den Anschein begründen, der Urheber habe nun den gewohnheitsrechtlichen Schutz des Aufführungsrechts aufgegeben.[213]

---

210 Der Gesellschafter oder Blätter für Geist und Herz, 19.5.1834, 8, Blatt, S. 398, in: GStA PK, I. HA, Rep. 84 (JustizM), II Tit. 2 N, Nr. 1 Bd. 1, Bl. 98 r.; vgl: *Hitzig*, UFITA Bd. 107, 1988, 163 (216, Fn. 49).

211 Der Gesellschafter oder Blätter für Geist und Herz, 19.5.1834, 8, Blatt, S. 398, in: GStA PK, I. HA, Rep. 84 (JustizM), II Tit. 2 N, Nr. 1 Bd. 1, Bl. 98 r.; vgl: *Hitzig*, UFITA Bd. 107, 1988, 163 (216, Fn. 49).

212 Der Gesellschafter oder Blätter für Geist und Herz, 19.5.1834, 80tes Blatt, S. 398, in: GStA PK, I. HA, Rep. 84 (JustizM) II Tit. 2 N, Nr. 1 Bd. 1, Bl. 98 r.; vgl: *Hitzig*, UFITA Bd. 107, 1988, 163 (216, Fn. 49); *Wolf*, Aspekte des Urheberrechts, S. 45, Fn. 129.

213 *Gülich*, Theaterautoren, S. 89.

bb) Appelle der Komponisten

Den Komponisten blieb einzig übrig, mittels Zeitungsannoncen und Rundschreiben an die Theaterunternehmer zu appellieren, nicht von zirkulierenden Abschriften Gebrauch zu machen. Nachzuweisen ist dies u. a. *Joseph Haydn* (1732–1809), *Wolfgang Amadeus Mozart* (1756–1791), *Ludwig van Beethoven* (1770–1827),[214] *Carl Maria von Weber*[215] und *Otto Nicolai*[216].

In den Anzeigen appellierten die Komponisten an das Ehrgefühl der Käufer und wiesen zusätzlich auf die hohe Fehleranfälligkeit der Kopien hin. Nur durch den direkten Erwerb vom Urheber könne man auch den originalgetreuen und qualitativ hochwertigen Notentext erhalten.[217]

Eine Begrenzung des Kopierens und Handelns mit den eigenen Werken wurde dadurch nicht erreicht. *Beer* vermutet hinter diesem Vorgehen vielmehr eine Werbestrategie als den ernsthaften Versuch, der missbräuchlichen Nutzung der Werke zuvorzukommen.[218]

cc) Vermiedene Herausgabe der Werke

Um zu verhindern, dass andere ihre Werke aufführen konnten, versuchten die Komponisten deshalb, die Noten möglichst selten aus der Hand zu geben. Dies betraf die Komponisten bereits im 18. Jahrhundert, wie es in einem Brief *Mozarts* an seinem Vater vom 15. Mai 1784 deutlich wird:

> *„Ich habe heute dem Postwagen die Sinfonie so ich in Linz dem alten graf Thun gemacht habe, sammt 4 Concerten mitgegeben; – wegen der Sinfonie bin ich nicht heicklich, allein die 4 Concerte bitte ich (bey sich im Hause abschreiben zu lassen) denn es ist den kopisten in Salzburg so wenig zu trauen, als den in Wienn; – ich weis ganz zuverlässig, daß Hofstetter des Haydn Musique dopelt copiert – ich habe seine Neuesten 3 Sinfonien wirklich. – Da nun diese Neue Concerte ex B und D niemand als ich – die ex Eb und g niemand als ich und Frl. von Pleyer (für welche sie geschrieben worden) besitzt, so könnten sie nicht anderst als durch solchen betrug in andere hände kommen; – ich selbst lasse alles in meinem Zimmer und in meiner gegenwart abschreiben“.*[219]

---

214 Jeweils: *Unverricht*, Autor – Komponist – Musikverleger, in: FS Vötterle, 562 (568).

215 Ein Rundschreiben *Carl Maria von Weber* von 1826 zitiert: *Wolf*, Aspekte des Urheberrechts, S. 42.

216 Eine Annonce *Otto Nicolais* von 1844 zitiert: *Wolf*, Aspekte des Urheberrechts, S. 62.

217 *Unverricht*, Autor – Komponist – Musikverleger, in: FS Vötterle, 562 (568).

218 *Beer*, Musik zwischen Komponist, Verlag und Publikum, S. 43.

219 *Schiedermaier* (Hrsg.), Die Briefe W. A. Mozarts und seiner Familie, Bd. 2, S. 254 f.; vgl.: *Raynor*, A Social History of Music, S. 335.

Über *Mozart* wird sogar berichtet, dass er seine Noten unmittelbar nach einer Aufführung einsammeln ließ, um eine unbefugte Verwendung durch die Musiker zu verhindern.[220] Ähnlich heißt es über *Niccoló Paganini* (1782–1840), dass er aus Angst vor Kopisten den Orchestermusikern die Noten erst kurz vor der Aufführung austeilte, um sie direkt danach wieder einsammeln zu können.[221]

Aus diesen Anekdoten ließen sich höchstspannende Querverbindungen zwischen den Werken bekannter Komponisten und dem Urheberrecht ziehen. Schließlich müssten bei dieser Vorgehensweise die Orchesterstimmen stets einfach gehalten und *vom Blatt* spielbar sein. Eine These, die bei *Paganini* sogar plausibel erscheint. Schließlich ist Paganinis Musik durchaus eingängig, wenn auch die Orchesterstimmen eher simpel ausgelegt sind. Es ließe sich somit substanziiert behaupten, das fehlende Urheberrecht habe die Qualität der Kunst negativ beeinflusst.

Leider ist die Quellenlage bei diesen Anekdoten dürftig. Es fehlt schlicht an belastbaren Primärquellen. Zumal nicht ausgeschlossen werden kann, dass dem Orchester die Noten auch für Proben ausgeteilt wurden. Da daher eine direkte Auswirkung der Entwicklung des Aufführungsrechts auf Musikwerke nicht nachgewiesen werden kann, fokussiert sich diese Arbeit auf eine Darstellung der verschiedenen Versuche der Autoren, ihre Rechte zu sichern.

Bei größeren musikalischen Kompositionen, wie Opern, Oratorien und Sinfonien, ergab sich im Übrigen eine zusätzliche Problematik. In Deutschland wurden schlichtweg kaum Partituren dieser Werke gestochen.[222] Es war den Komponisten in diesen Fällen also nicht möglich, Dritten den Druck zu untersagen, da Privilegien nur für gedruckte Werke erteilt wurden. Jedoch wurden große sinfonische Werke auch seltener Opfer der Kopisten, schließlich wurden diese im Gegensatz zu Opern meist nur einmal pro Spielzeit aufgeführt, sodass sich die Beschäftigung eines Kopisten meist nicht lohnte.[223]

Trotz dieser Risiken war die Hinauszögerung der Veröffentlichung die einzige Möglichkeit für die Autoren, an den Aufführungen ihrer Werke zu partizipieren.[224] Freilich verleitete diese Praxis kleinere Bühnen auch dazu, zu warten bis Werke im Druck erschienen und sie kostenlos aufgeführt werden konnten.

220 *Wündisch,* Wagner und das Urheberrecht, S. 49.

221 Sueddeutsche Zeitung, 27.11.2015, „Warum es gut ist, dass nicht jeder munter sperren darf". http://www.sueddeutsche.de/digital/bgh-urteil-warum-es-gut-ist-dass-nicht-jeder-munter-sperren-darf-1.2755440; zuletzt abgerufen am 14.06.2019.

222 *Walter,* Die Oper ist ein Irrenhaus, S. 205.

223 *Sprang*, Grand Opera, S. 61.

224 *Wadle,* UFITA 2002 III, 845 (846).

Letztlich war es für diese rentabler, Kosten zu sparen, als einen Spielplan mit aktuellen Werken zu besetzen. Dies erhöhte den Druck auf die Urheber zusätzlich, ihre Werke noch später, oder überhaupt nicht, in den Druck zu geben.

c) Schutz durch Revers

Angesichts des Risikos des Manuskriptendiebstahls gaben viele Komponisten ihre Werke nur gegen Revers weiter. Ein Revers ist eine Verpflichtungserklärung, die darauf gerichtet ist, dass die Weitergabe der Partitur nicht erlaubt sein soll.[225] Diese Reversbindungen sind noch heute Gegenstand des Verlagsgeschäfts.[226]

Wolf stellt die Anfänge dieser Praktiken im 19. Jahrhundert am Beispiel des Komponisten *Carl Maria von Weber* dar.[227] Dabei schrieb *Weber* im Jahr 1822 an das Nürnberger Theater:

> *„Geehrtem Schreiben zu Folge, habe ich das Vergnügen Ihnen anzuzeigen, daß Partitur und Buch der Oper der Freyschüze, der löbl: Theaterdirektion in Nürnberg gegen ein Honorar, von zwanzig Ducaten und den üblichen Revers, die Oper blos zur Aufführung auf dem Nürnberger Theater gebrauchen, weiter aber weder verkaufen, verschenken, vertauschen, verleihen pp noch Auszüge daraus erlauben zu wollen – sehr gerne zu Dienste stehe; auch binnen 10–12 Tagen nach erfolgter Entscheidung abgehen können"*[228]

Weber ging regelmäßig so vor und versandte seine Opern erst nach Erhalt des Revers und der Honorarzusage.[229]

Trotzdem war *Weber* keinesfalls vor einer missbräuchlichen Aufführung seiner Werke gefeit: So geriet er, wie viele andere Komponisten auch, mit dem Nachdrucker *Carl Georg Zulehner* (1770–1841) aneinander, der die Partitur des *Freischützes* zum Verkauf anbot. *Weber* versuchte zunächst, ihm einen Nachlass anzubieten, ging zu Drohungen über und wandte sich schließlich an einen Juristen, nur um von *Zulehner* selbst mitgeteilt zu kriegen, dass es in Deutschland keine Gesetze gegen den Manuskriptenhandel gebe.[230]

---

225 *Wolf*, Aspekte des Urheberrechts, S. 41.

226 S.a.: *Helmer*, UFITA 2006 I, 7 ff.

227 *Wolf*, Aspekte des Urheberrechts, S. 41 ff.

228 Brief Webers an Georg Eichhorn, 11.6.1822, Carl-Maria-von-Weber-Gesamtausgabe. Digitale Edition, http://weber-gesamtausgabe.de/A041947, zuletzt abgerufen am 14.06.2019; vgl. *Wolf*, Aspekte des Urheberrechts, S. 43.

229 *Wolf*, Aspekte des Urheberrechts, S. 43 f.

230 *Wolf*, Aspekte des Urheberrechts, S. 44 ff.; *Wündisch*, Wagner und das Urheberrecht, S. 77.

Wie der *Der Gesellschafter oder Blätter für Geist und Herz* berichtet,[231] habe *Zulehner* die Frechheit besessen,

> *„auf Anfragen, wie er Manuscripte ohne Erlaubniß verkaufen könne, Folgendes zu erwiedern:*
> *‚Ich kenne kein Gesetz in Deuschland, welches mir verbietet, Manuscript=Opern, ja, ganze Bibliotheken von reisenden Schauspielern oder Directoren zu kaufen und wieder zu verkaufen. Ich treibe dieses Geschäft bereits seit 30 Jahren, und denke es auch noch ferner zu betreiben. Ich werde daher Ihre Stücke kaufen wo ich sie am blligsten bekomme und wieder verkaufen, an Jeden, der sie von mir haben will. Dies zur Nachricht!‘ “*[232]

Gleichwohl schließt ist mit *Wolf* aus der Tatsache, dass *Weber* im Jahr 1824 die Verpflichtungserklärung in einem Brief nicht näher bestimmen musste, darauf, dass die Sicherung des Aufführungsrechtes durch die Anbringung von Reversen zu dieser Zeit in Deutschland Usus war.[233] Andere Beispiele unterstützen diese These. So bediente sich bereits Ende des 18. Jahrhunderts *Schiller* eines Reverses.[234] *Kern* konnte dieses Vorgehen auch bei *Rossini* (1792–1868) in Italien nachweisen.[235]

Es lässt sich daher spätestens ab den Zwanzigerjahren des 19. Jahrhunderts ein urheberrechtliches Bewusstsein der Komponisten bezüglich eines Aufführungsrechts nachweisen, welches der Gesetzgebung immerhin um über ein Jahrzehnt vorauseilte.[236]

Dass diese Praxis nur einen unzureichenden Schutz bot, zeigt der zweite Teil des „*Bericht*[s] *eines Geschädigten*“ aus dem *Der Gesellschafter oder Blätter für Geist und Herz* vom 19. Mai 1834:[237]

---

231 Der Gesellschafter oder Blätter für Geist und Herz, 21.5.1834, 81tes Blatt, S. 402, in: GStA PK, I. HA, Rep. 84 (JustizM) II Tit. 2 N, Nr. 1 Bd. 1, Bl. 100 r.; vgl: Hitzig, UFITA Bd. 107, 1988, 163 (216, Fn. 49); Wolf, Aspekte des Urheberrechts, S. 45 f., Fn. 129.

232 Der Gesellschafter oder Blätter für Geist und Herz, 21.5.1834, 81tes Blatt, S. 402, in: GStA PK, I. HA, Rep. 84 (JustizM) II Tit. 2 N, Nr. 1 Bd. 1, Bl. 100 r.; vgl: Hitzig, UFITA Bd. 107, 1988, 163 (216, Fn. 49); Wolf, Aspekte des Urheberrechts, S. 45, Fn. 129.

233 *Wolf,* Aspekte des Urheberrechts, S. 43.

234 *Schürmann,* Die Rechtsverhältnisse der Autoren und Verleger, S. 305.

235 *Kern,* UFITA 2000 I, 205 (212).

236 *Kern,* UFITA 2000 I, 205 (219).

237 Der Gesellschafter oder Blätter für Geist und Herz, 19.5.1834, 80tes Blatt, S. 398, in: GStA PK, I. HA, Rep. 84 (JustizM) II Tit. 2 N, Nr. 1 Bd. 1, Bl. 98 r.; vgl: *Hitzig,* UFITA Bd. 107, 1988, 163 (216, Fn. 49); *Wolf,* Aspekte des Urheberrechts, S. 45, Fn. 129.

„Aber auch der Verfasser selbst liefert häufig sein Werk ganz unbefangen dem Diebe oder dem Hehler aus. Ein Direktor schreibt ihm, bittet um sein Manuscript, ist arm, aber ehrlich, fügt wohl ein seinen gedrückten Umständen angemessenes kleines Honorar bei, stellt sogar einen Revers aus, das Manuscript unter keinen Umständen zu verkaufen – und kaum hat er es in Händen, vertauscht er es einer befreundeten Direktion. So machen die gesuchtesten Stücke ihren Umlauf an den kleinen und mittleren Bühnen, ohne daß der Verfasser mehr als ein Honorar erhält. Zuweilen erhält er auch gar keins.“[238]

d) Parallelverwertung des Klavierauszugs

Einige Komponisten versuchten, sich das Aufführungsrecht an ihren Werken zu bewahren, indem sie nur den Klavierauszug drucken ließen.[239]

Als Klavierauszug wird die häufig vereinfachte Klavierfassung eines Orchesterwerkes bezeichnet.[240] Der Vorteil des Druckes nur des Klavierauszuges lag darin, dass dieser zu Werbezwecken an Bühnen verschickt werden konnte, um diesen einen Einblick in das Werk zu ermöglichen. Dabei gab der Komponist das Werk jedoch nicht völlig aus der Hand, da eine Aufführung allein an Hand des Klavierauszuges kaum möglich war.[241]

Zudem war der Klavierauszug der beste Weg, auch innerhalb des Bürgertums eine möglichst weite Käuferschicht anzusprechen,[242] schließlich konnte durch den Klavierauszug in einer Zeit ohne mechanische oder elektronische Abspielgeräte das Werk auch in der Wohnung zum Klingen gebracht werden.

Der Jurist und Schriftsteller *E. T. A. Hoffmann* (1776–1822) hielt dies sogar für das Äquivalent zur Praxis der Autoren, ihre Werke nicht drucken zu lassen.[243] Dies spricht dafür, dass es gewohnheitsrechtlich anerkannt war, sich auf diese Weise das Aufführungsrecht weiterhin sichern zu können.

---

238 Der Gesellschafter oder Blätter für Geist und Herz, 19.5.1834, 80tes Blatt, S. 398, in: GStA PK, I. HA, Rep. 84 (JustizM) II Tit. 2 N, Nr. 1 Bd. 1, Bl. 98 r.; vgl: *Hitzig*, UFITA Bd. 107, 1988, 163 (216, Fn. 49); *Wolf*, Aspekte des Urheberrechts, S. 45 f., Fn. 129.

239 Ausführliche Darstellung dieser Praxis in Bezug auf *Lortzing* bei: *Wolf*, Aspekte des Urheberrechts, S. 50 ff.

240 Vgl: *Wolf*, Aspekte des Urheberrechts, S. 53.

241 *Wolf*, Aspekte des Urheberrechts, S. 51 f.

242 *Wolf*, Aspekte des Urheberrechts, S. 52.

243 Schreiben *E.T.A. Hoffmanns* an *Fouqué* vom 8.11.1817 in: *E. T. A. Hoffmann*, Briefwechsel II, S. 113.

e) Verschollene Werke

Die Folgen des Verzichts auf den Druck der Partitur schilderte der Lieblingsschüler *Johann Nepomuk Hummels*, *Ferdinand von Hiller* (1811–1885), in einem, vermutlich aus dem Jahr 1869[244] stammenden, *musikalischen Brief* deutlich:

> *„Während die französische Gesetzgebung seit so langer Zeit den Producten des Geistes gerecht worden war (was in unserer Kunst den Vorteil hatte, dass von Lulli bis Gounod alle zur Aufführung gelangten Opern in Partitur gestochen worden sind), herrschte bekanntlich bei uns in Deutschland bis vor kurzem in vielen Dingen anarchistischste Gesetzlosigkeit. Wollte beispielsweise ein Componist irgend einen Nutzen aus seinen Werken für das Theater ziehen, so durfte er sie nur durch Abschriften vervielfältigen lassen. Die Nachtheile, die das im Gefolge hatte, sind leicht einzusehen. Der grösste gar nicht mehr gut zu machende derselben ist der, dass eine bedeutende Anzahl von Opern, die freilich nicht ersten Ranges waren, aber doch bei den Zeitgenossen ausserordentlichen Anklang fanden, in ihrer wahren Gestalt ganz verloren gehen werden, da das Interesse an denselben zu sehr geschwunden ist, um heute oder später die kostbare Veröffentlichung durch den Stich zu ermöglichen. Die Partituren eines Dittersdorf, Winter, Weigl und Anderer sind uns schon fast unzugänglich.*
> *- Keine der Spohr'schen, keine der Marschner'schen Opern ist in Partitur gestochen.“*[245]

Die hohen Druckkosten waren *Hiller* zufolge dabei nicht der Grund für die rare Veröffentlichung der Partituren. Denn in Frankreich seien letztlich zahlreiche Werkpartituren trotz hoher Druckkosten erschienen. In Deutschland ließen dagegen neben den von *Hiller* aufgezählten Beispielen auch *Carl Maria von Weber* (1786–1826) und *Otto Nicolai* (1810–1849) keines ihrer Werke als Partitur veröffentlichen.[246] *Albert Lortzing* (1801–1851) nur eine seiner zwanzig Opern.[247]

Inzwischen sind die angesprochenen Opern *Spohrs* und *Marschners* als Partitur erhältlich. Wie viele Werke jedoch ganz verloren gegangen sind oder nur noch als Klavierauszug erhalten sind, lässt sich nicht feststellen. Es lässt sich nur erahnen, dass die Zahl der verschollenen Werke angesichts dieser Umstände hoch sein könnte.[248] Die Ausführungen *Hillers* verdeutlichen die Auswirkungen eines fehlenden Aufführungsrechts für das kulturelle Leben – die Gefährdung des Verbleibes bedeutender musikalischer Werke für die Nachwelt.

---

244 S.a. den Hinweis auf die Erstveröffentlichung in der *Cölnischen Zeitung* in: Signale für die Musikalische Welt, 1869 Nr. 7, S. 109.

245 Zit. nach: *Rehbinder*, J. N. Hummel, in: FS Pfennig, 103 (117).

246 *Wolf*, Aspekte des Urheberrechts, S. 55.

247 *Wolf*, Aspekte des Urheberrechts, S. 50.

248 So auch: *Jakoby-Goldstandt*, Dramatiker im Kampf um den Lohn ihrer Arbeit, S. 23.

f) Aufschieben der Veröffentlichung und die musikalische Politik

Das Aufschieben der Veröffentlichung bot den Komponisten die Chance, ein Werk zunächst vor einem Publikum zu testen und erst anschließend zu entscheiden, ob es in den Druck gehen sollte.[249]

Nachzuweisen ist dies bei *Felix Mendelssohn-Bartholdy* (1809–1847).[250] So schrieb *Mendelssohn* in einem Brief an den Verlag Breitkopf und Härtel, er habe das, noch heute populäre Klavierkonzert Opus 25,

> *„in wenig Tagen und fast nachlässig componirt, dennoch hat es immer den Leuten am besten gefallen, obgleich mir selbst wenig. Weil aber das Publikum aufmerksam darauf geworden ist, so ist es mir ungemein lieb, es in Ihrer geachteten Handlung erscheinen zu sehn.*"[251]

aa) Fortwährende Veränderung der Werke

In dieser Phase vor der Drucklegung waren die Werke fortwährenden Änderungen unterworfen.

Bei *Mendelssohn* lässt sich etwa beobachten, dass die von ihm in den europäischen Ländern veröffentlichten Werke häufig Abweichungen voneinander aufweisen. Demzufolge nahm auch *Mendelssohn* fortwährende Umgestaltungen und Weiterentwicklungen seiner Werke vor.[252]

Walter stellt dies exemplarisch anhand des italienischen Opernkomponisten *Gaetano Donizetti* (1797 – 1848) dar. Die Opernpartitur war demnach für *Donizetti* lediglich die zu vervollständigende Grundlage für die Aufführungen, die Abend für Abend unterschiedlich ausfallen konnten.[253]

Auch aus den folgenden Gründen war es für die Komponisten besonders wichtig, dass die Partitur nicht in unbefugte Hände geriet: Denn sowohl konnten einerseits die Ausführenden die Werke aufgrund von mangelnden Fertigkeiten entstellen, als auch die jeweilige Auslegung des Werkes durch den Dirigenten einen noch erheblicheren Einfluss als heute darstellte.

---

249 Eine Darstellung dieser Bewährung und Erprobung von Kompositionen erfolgt anhand der Auswertung von Briefen zwischen Komponisten und Verlegern ausführlich in: *Beer*, Musik zwischen Komponist, Verlag und Publikum, S. 225 ff.

250 Siehe dazu: *Lindner*, UFITA Bd. 136, 1998, 233 – 255.

251 *Mendelssohn-Bartholdy*, Schreiben vom 19.12.1832, in: *Elvers*, Briefe an deutsche Verleger, 21 (22).

252 *Reiser*, Die Kompositionen des Felix Mendelssohn-Bartholdys, in Musik – Stadt, 113 (123).

253 *Walter*, Die Oper ist ein Irrenhaus, S. 239.

Einer sofortigen Veröffentlichung der Werke ohne vorherige Aufführung stand bei den größeren Werken dennoch vorwiegend ein praktischer Grund entgegen – die Partituren enthielten oft Fehler und bedurften mithin zunächst einer tatsächlichen Erprobung.[254]

Während die Komponisten in der Kammermusik die Musik noch selbst prüfen konnten, da diese Werke leicht im kleineren Rahmen gespielt werden konnten, war dies bei größeren Stücken unmöglich. Außerdem war es äußerst schwierig, die verschiedenen Orchesterstimmen in einem größeren Werk fehlerfrei zu notieren. Viele Mängel fielen freilich schon bei den Proben auf, aber häufig kam es auch nach einigen Aufführungen noch zu Änderungen.[255] Die Veröffentlichung ohne Erprobung hätte demnach zwangsläufig fehlerhafte Partituren bzw. Werke zur Folge gehabt.

bb) Vermarktung der Werke

Des Weiteren diente das Hinauszögern der Veröffentlichung der Vermarktung der Werke. Hier kommt ein überaus professionelles Vorgehen zum Vorschein.

Da Neuheiten beim Publikum besonders beliebt waren, fand die Erstverwertung der Werke auf Konzertreisen statt. Erst anschließend wurde die Veröffentlichung des Werkes durch den Druck erwogen.[256]

Zum Teil wurde diese bewusst länger hinausgezögert, um die Neugierde der Interessenten weiter anzustacheln. Wurden die Verleger gar von dritter Seite zur Veröffentlichung eines bereits aufgeführten Werkes angesprochen, konnte dies den Marktwert nur steigern.[257]

Exemplarisch nennt *Beer* das Vorgehen von *Bernhard Romberg*. Als Cellovirtuose reiste er durch Europa und erlangte bald auch für seine Kompositionen große Popularität. In Bezug auf die Veröffentlichung seiner Werke verhielt er sich jedoch äußerst zögerlich. So wurde bereits im Jahr 1818 äußerst positiv über sein Capriccio für Violoncello und Orchester op. 47 berichtet. *Romberg* selbst plante die „*baldige*" Veröffentlichung des Werks erst für 1823.[258] Diese erfolgte tatsächlich erst 1829, also ganze elf Jahre später.[259]

254 *Beer*, Musik zwischen Komponist, Verlag und Publikum, S. 232 f.
255 *Beer*, Musik zwischen Komponist, Verlag und Publikum, S. 229.
256 *Beer*, Musik zwischen Komponist, Verlag und Publikum, S. 227.
257 *Beer*, Musik zwischen Komponist, Verlag und Publikum, S. 228.
258 *Beer*, Musik zwischen Komponist, Verlag und Publikum, S. 226.
259 *Beer*, Musik zwischen Komponist, Verlag und Publikum, S. 226.

Auch *Beethoven* ließ seine ersten beiden Klavierkonzerte erst vier bzw. sechs Jahre nach der Uraufführung drucken, nachdem sein drittes Konzert schon bereit für die Aufführung war.[260]

Beethoven ging explizit auf diese Praxis ein, als er an Breitkopf & Härtel schrieb,

> *„es erfordert die Musikalische Politick, die besten Konzerte eine Zeitlang bey sich zu behalten“.*[261]

6. Forderungen der Komponisten zum Aufführungsrecht im 19. Jahrhundert

Die Entwicklung des musikalischen Urheberrechts wurde trotz dieser evidenten Missstände nur wenig durch gemeinsame Forderungen und Vorschläge der Komponisten beeinflusst. Bis weit in das 19. Jahrhundert hinein stand dem ein fehlendes Standesbewusstsein und Gemeinschaftsgefühl der Komponisten entgegen.[262] Trotzdem lassen sich einige Initiativen der Komponisten zum Aufführungsrecht nachweisen.

a) Beethovens Auseinandersetzung über die Schlachtensinfonie

Als früheste Auseinandersetzung um das Aufführungsrecht im deutschsprachigen Raum ist die Klage *Beethovens* gegen *Johann Nepomuk Mälzel* (1772–1838) um unbefugte Aufführungen der im Jahr 1813 uraufgeführten *Schlachtensinfonie* überliefert.

Mälzel ließ diese martialische Sinfonie über Wellingtons Sieg in Victoria ohne *Beethovens* Genehmigung unter eigenem Namen in München und in London aufführen. Daraufhin strengte *Beethoven* einen Prozess an und bezichtigte *Mälzel* öffentlich des *„Schurkischen Betruges“*.[263]

Dabei ist fraglich, ob *Beethovens* Ärger überhaupt berechtigt war. Vieles spricht dafür, dass zwischenmenschliche Verstimmungen mit *Mälzel* den eigentlichen Grund für *Beethovens* Ärger darstellten. Schließlich erklärte *Mälzel* öffentlich, er habe *Beethoven* die Sinfonie abgekauft.[264] Zudem beruht die Sinfonie auf

---

260 *Raynor,* A Social History of Music, S. 334.

261 Ludwig van Beethoven an Breitkopf & Härtel, Wien 22.4.1801: http://www.beethoven-haus-bonn.de/sixcms/detail.php?id=&template=dokseite_digitales_archiv_de&_dokid=b555&_seite=1-2, zuletzt abgerufen am 14.06.2019.

262 *Hüttl,* UFITA Bd. 20, 1955 II, 300 (304); *D'Albert,* Verwertung, S. 21.

263 *Reinitz,* Beethoven im Kampfe mit dem Schicksal, S. 52.

264 *Ernest,* Beethoven, S. 303.

einer Anregung *Mälzels*, der mit *Beethoven* zunächst auch gemeinsam auf Konzertreise ging.[265] Umstritten war somit das Eigentum an dem Werk. Die Klage, die *Beethoven* später zurückzog,[266] hätte also keinen Präzedenzfall für das Aufführungsrecht dargestellt.

Nichtsdestoweniger fällt auf, wie viel Kritik *Beethoven* für sein Vorgehen einstecken musste. Sein Biograf *Thayer* bezeichnet sein Vorgehen sogar als „*unedel*".[267] Es stelle geradezu einen „*schwarzen Fleck*" in seinem Leben dar.[268] Dies macht deutlich, dass es noch zu *Beethovens* Zeiten den Komponisten nicht zugebilligt wurde, sich für ihr Eigentum an den eigenen Kompositionen einzusetzen.

b) Hummels Initiative gegen den Nachdruck

Einige Jahre später beteiligte sich *Beethoven* an einer Initiative gegen den Nachdruck, die vom Komponisten *Johann Nepomuk Hummel* (1778–1837) initiiert wurde. *Hummel* wollte seine mit über 2200 Notenbeispielen versehene, dreibändige Übungsreihe *Ausführliche theoretisch-practische Anweisung zum Pianoforte vom ersten Elementar-Unterricht an bis zur vollkommensten Ausbildung* im Deutschen Bund gegen den Nachdruck schützen lassen.[269]

Im Gegensatz zu *Goethe*, der sich im Jahr 1825 für den Schutz seiner Gesamtausgabe an die Bundesversammlung in Frankfurt am Main wandte,[270] versuchte *Hummel* diesen Schutz über die Einzelstaaten zu erreichen.[271]

Dies verlief zunächst erfolgreich. Da *Hummel* aber erkannte, dass ein bundesweites Nachdruckverbot noch in weiter Ferne lag, versuchte er, angesehene Komponisten für eine Initiative zu gewinnen.[272] Schnell konnte sich *Hummel* die Unterstützung von *Carl Czerny* (1791–1857), *Ignaz Moscheles* (1794–1870), *Friedrich Kalkbrenner* (1785–1849), *Johann Peter Pixis* (1788–1874) sowie *Louis Spohr* und *Carl Maria von Weber* sichern.[273]

Besonders wichtig scheint *Hummel* die Unterschrift *Beethovens* gewesen zu sein. Er besuchte ihn noch 1827 kurz vor seinem Tode, um ihn für sein Vorhaben

265 *Ernest*, Beethoven, S. 300 f.
266 *Ernest*, Beethoven, S. 308.
267 Zit. nach: *Reinitz*, Beethoven im Kampfe mit dem Schicksal, S. 52.
268 Zit. nach: *Reinitz*, Beethoven im Kampfe mit dem Schicksal, S. 52.
269 *Rehbinder*, J. N. Hummel, in: FS Pfennig, 103 (106).
270 *Wadle*, Goethes Gesuch, in: Beiträge zur Geschichte, 297 (297 ff.).
271 *Rehbinder*, J. N. Hummel, in: FS Pfennig, 103 (106).
272 *Rehbinder*, J. N. Hummel, in: FS Pfennig, 103 (107 f.).
273 *Rehbinder*, J. N. Hummel, in: FS Pfennig, 103 (107).

gewinnen zu können.[274] *Beethoven* sicherte *Hummel* seine Unterstützung zu und fertigte sogar ein Begleitschreiben an, in dem er seinen Wunsch nach einer baldigen Reglung ausdrückte, um noch eine Gesamtausgabe eigener Werke veröffentlichen zu können.[275]

In dem Entwurf seiner Petition bezog sich *Hummel* hauptsächlich auf das Problem des Nachdruckes und des Nachstiches. Dabei wird leicht übersehen, dass er auch auf den Manuskriptendiebstahl und somit auch auf das Aufführungsrecht einging.

> *„Eben so soll in Bezug auf Opern andere Opergl. grossen Werke die der Autor bloss einzeln in Abschrift an die Theater Direction od. Musiksozietäten verkauft, und nur daraus den Lohn seiner Arbeit beziehen kann, aller Missbrauch abgestellt und aller weiter Verkauf aus 2-ter u. 3-ter Hand verboten, und mit Strafe des 10-fach dafür bezahlten Honorars belegt werden; es soll von einer solchen Abschrift auch nichts ohne Census des Autors gedruckt werden.“*[276]

Jedoch lassen sich in den Akten der Bundesversammlung Recherchen *Wadles* zufolge keine Hinweise auf diese Petition finden.[277] Wahrscheinlich hat *Hummel* seine Schrift nie dort eingereicht.[278]

Die Gründe hierfür sind unklar. Es lässt sich allerdings eine Verbindung zur Gründung des Vereins der Deutschen Musikalienhändler (VdDM) 1829 herleiten. Deren Gründungsvereinbarung beinhaltete fast alle Punkte aus *Hummels* Schrift.[279]

Möglicherweise erkannte *Hummel,* dass ein Verlegerkartell mehr Einfluss ausüben konnte als die Bittschrift einiger Komponisten.[280] Die Passage zum Manuskriptendiebstahl fand sich allerdings, ebenso wenig wie andere Überlegungen zum Aufführungsrecht, nicht in der Vereinbarung der Musikalienhändler

---

274 *Sachs,* Hummel and the Pirates, 31 (48); *Kroll,* Johann Nepomuk Hummel, S. 67.

275 *Sachs,* Hummel and the Pirates, 31(49).

276 Zit. nach: *Benyovszky,* J. N. Hummel, S. 131 ff.; *Rehbinder*, J. N. Hummel, in: FS Pfennig, 103 (108).

277 *Wadle,* Aufführungsrecht, in: GE II, 277 (282).

278 *Wadle,* Aufführungsrecht, in: GE II, 277 (282); *Beer,* Musik zwischen Komponist, Verlag und Publikum, S. 64; daher kann nicht von einem erfolgreichen Ausgang Hummels Plan gesprochen werden, so aber in: *Kroll,* Johann Nepomuk Hummel, S. 68.

279 *Benyovszky,* J. N. Hummel, S. 137; *Beer,* Musik zwischen Komponist, Verlag und Publikum, S. 68; *Rehbinder,* J. N. Hummel, in: FS Pfennig, 103 (110 f.)

280 *Rehbinder,* J. N. Hummel, in: FS Pfennig, 103 (114); *Kawohl,* Urheberrecht in Preußen, S. 187.

wieder.[281] Schließlich streben die Musikalienhändler angesichts der unzureichenden Gesetzgebung, zunächst nur eine gegenseitige Achtung der Eigentumsrechte an.[282]

Fraglich ist daher, welche Bedeutung *Hummels* Bemühungen beigemessen werden kann. Zum Teil wird *Hummel* als treibende Kraft aus Reihen der Komponisten bewertet.[283] Andere hingegen warnen davor, *Hummels* Aktivitäten zu überschätzen.[284] Richtig ist beides. Einen direkten Einfluss auf die Gesetzgebung übte *Hummel* indes nicht aus, da es nie zu einer Übergabe seiner Schrift an die Bundesversammlung kam.

Unumstritten ist hingegen *Hummels* Verdienst für eine Vereinigung der Komponisten gegen den Nachdruck. Ein gemeinsames Eintreten der Komponisten für ihre Rechte schloss nämlich bereits das fehlende Gemeinschafts- und Standesbewusstsein aus.[285]

Angesichts der 39 verschiedenen Staaten im Deutschen Bund vermochte ein einzelner Komponist, sei er noch so bedeutend, nur bei einigen, wenigen Regierenden Gehör finden. Eine einheitliche, bundesweite Lösung eines Nachdruckverbots sowie eines Aufführungsrechts war, wenn überhaupt, nur durch eine Bündelung der Kräfte zu erreichen.[286]

Ein erster Schritt hin zu einem gemeinsamen Kampf der Komponisten für ihre Rechte war also durch *Hummels* Bemühungen erfolgt. Weitergehende Bemühungen lassen sich jedoch vonseiten der Komponisten in dieser Zeit nicht nachweisen.

c) Rufe nach einer Komponistenvereinigung

Das gering ausgeprägte Gemeinschaftsgefühl wird auch angesichts der vielen Rufe nach einer Komponistenvereinigung in den darauffolgenden Jahren deutlich: So ging *Franz Liszt* (1811–1886) im Jahr 1835 in einer Artikelserie ausführlich auf Möglichkeiten zur „*Hebung*“ der Tonkunst ein.[287] Der schwierigen

---

281 Druck der Konventionalakte von 1829 und der Erweiterungsakte von 1830 findet sich in: *Kawohl*, Urheberrecht in Preußen, Anl. 1, S. 237 ff.

282 *Kawohl*, Urheberrecht in Preußen, S. 177.

283 *Sachs*, Hummel and the Pirates, 31 (60); *Benyovszky*, J. N. Hummel, S. 138.

284 *Riethmüller*, Das Beethoven-Handbuch, S. 802.

285 Zwar forderte der Jurist und Komponist *Thomasius* 1778 die Komponisten zu der Gründung eines gemeinsamen Verlags auf. Dies wurde jedoch nie umgesetzt und betraf zudem nicht das Aufführungsrecht. Vgl. dazu: *Pohlmann*, Frühgeschichte, S. 149; *Preußner*, Die bürgerliche Musikkultur, S. 191.

286 Ähnlich: *Sachs*, Hummel and the Pirates, 31 (60).

287 *Liszt*, Zur Stellung der Musiker, in: Gesammelte Schriften, Bd. 2, S. 3 ff.

gesellschaftlichen Stellung der Komponisten müsse durch eine weltweite Tonkünstlervereinigung entgegengetreten werden. Zudem sollten die wichtigsten neuen Werke von der Regierung erworben und gedruckt werden.[288]

Robert *Schumann* (1810–1856) skizzierte 1837 Pläne für eine Berufsorganisation, die sich dem Vertrieb der Werke widmen sollte:

> *„Noch labe ich mich an einer andern Idee, die mit der vorigen leicht in Verbindung zu setzen, aber von allgemeinerer Wichtigkeit wäre, der Begründung einer Agentur für Herausgabe von Werken aller Komponisten, die sich den Statuten dieser Agentur unterwerfen wollten, und die den Zweck hätte, alle Vorteile, die bis jetzt den Verlegern in so reichem Maße zufließen, den Komponisten zuzuwenden. Dazu bedürfte es nichts als eines unter gerichtlichem Schutz geschworenem Agenten, der das Geschäft leitete: Die Komponisten müßten Kaution für die Auslagen der Herstellung ihrer Werke stellen und erhielten dagegen alljährlich etwa Bericht über den Absatz, Auszahlung des Ueberschusses nach geschehener Deckung der Auslagen. Dies vorläufig, und denken Sie der Sache einmal recht herzhaft nach, sie kann zur großen Wohlfahrt des Künstlerstandes in Ausführung gebracht werden. Bitte, denken und schreiben Sie mir.*“[289]

Schumann strebte also neben einer gemeinsamen Interessensvertretung auch eine gemeinsame Rechtewahrnehmung durch die Komponisten an. In seinen Ausführungen bezieht sich *Schumann* dabei nur auf die Verleger und damit wohl nur auf die Verlagsrechte. Auch einer Verwertung von Aufführungsrechten war *Schumann* offensichtlich nicht abgeneigt, da er später der SACEM beitreten sollte.[290]

1847 kam es schließlich zur Gründung eines gesamtdeutschen Tonkünstlerverbands. Dieser setzte sich jedoch nicht für die rechtlichen Belange der Komponisten ein und war auch an der späteren Tantiemenbewegung nicht beteiligt.[291]

Im selben Jahr skizzierte *Schumann* sogar die Idee, ein „*Gesetz in Deutschland für Opernkompositionen, wie in Frankreich zu erwirken*“.[292] Diese Ideen vertrat *Schumann* allerdings nicht mit letzter Konsequenz. So beabsichtigte er 1847, auf einer Tonkünstlerversammlung einige Vorschläge einzubringen, die auch den Schutz älterer Werke gegen Bearbeitungen enthielten. Selbst anreisen wollte *Schumann* dafür wiederum nicht und überließ die Präsentation einem Vertreter.[293] Dass keine weiteren Fortschritte dieser Initiative bekannt sind, kann also kaum verwundern.

---

288 *Dümling*, Musik hat ihren Wert, S. 34.
289 *Schumann* an *Zucalmaglio* am 18.5.1837, in: *Storck*, Schumann-Briefe, S. 81.
290 *Dümling*, Musik hat ihren Wert, S. 26.
291 *Schmidt*, Tantiemenbewegung, S. 584.
292 *Wasliewski*, Robert Schumann – Eine Biographie, S. 125.
293 *Rehberg*, Robert Schumann, S. 312.

Im Jahr 1861 setzte *Liszt* letztlich seine Idee aus den Dreißigerjahren um. Der von ihm mitgegründete Allgemeine Deutsche Musikverein (ADMV) lud fortan regelmäßig zu Tonkünstlerversammlungen ein, in denen neue Werke vorgestellt wurden.[294]

Es ist jedoch zweifelhaft, ob es dem Musikverein möglich war, für alle Komponisten zu sprechen. Der ADMV verfolgte die polarisierende, ästhetische Programmatik der *Neudeutschen Schule*, die um *Johannes Brahms* (1833–1897) und *Eduard Hanslick* (1825–1904) rasch einflussreiche Gegner fand. Der entstehende Parteienstreit zwischen der Neudeutschen Schule und den Brahmsianern lähmte die Komponisten zusätzlich.[295] Zudem diente der ADMV auch als Vertretung der ausübenden Künstler und weiterer Beteiligter des Musiklebens.[296] Der ADMV konnte daher kaum als Basis für ein gemeinsames Vorgehen der Komponisten in rechtlichen Fragen dienen.

294 *Dümling*, Musik hat ihren Wert, S. 34.
295 *Dümling*, Musik hat ihren Wert, S. 30.
296 *Jäger*, Der Musikalienverlag, in: Geschichte des dt. Buchhandels, 7 (52).

C. Das Aufführungsrecht als Erstveröffentlichungsrecht

Der vorherige Abschnitt hat gezeigt, dass sich sowohl die Komponisten als auch die Dramatiker schon zu Beginn des 19. Jahrhunderts der Schutzbedürftigkeit ihrer Aufführungen bewusst waren.

Im Folgenden wird die Rechtsentwicklung des Aufführungsrechts analysiert. Zunächst wird dafür die akademische Diskussion dargestellt (I.), um anschließend die Auseinandersetzung zu untersuchen (II., III.), die den ersten Gesetzgebungen in Preußen (IV.) und im Deutschen Bund (V.) vorausgingen.

I. Die juristischen Überlegungen in Deutschland

Im Laufe des 18. Jahrhunderts setzte sich in der Rechtswissenschaft immer mehr der Gedanke eines „geistigen Eigentums" durch. Die Legitimation von Nachdruckverboten wurde Teil der Rechtsdogmatik. Der Weg *von Locke zu Pütter* wurde schon vielfach nachgezeichnet und soll hier nicht erneut begangen werden.[297]

Für die Darstellung der Entwicklung des musikalischen Aufführungsrechts bedarf es jedoch der Klärung der beiden Grundvoraussetzungen: Zum einen ist zu untersuchen, ab wann musikalische Werke in den frühen urheberrechtlichen Überlegungen mit den Schriftwerken gleichgestellt wurden. Zum anderen ist zu prüfen, ab wann das Aufführungsrecht in dem wissenschaftlichen Diskurs auftauchte.

1. Vom Musikwerk als Kunstwerk hin zum Geisteswerk

Grundvoraussetzung des musikalischen Aufführungsrechtes ist zunächst die eines urheberrechtlichen Schutzes der Musikwerke. Die Frühgeschichte des Urheberrechts bezog sich in der Nachdruckdebatte hingegen fast ausschließlich auf Bücher. Bücher waren der Inbegriff von Geisteswerken. An ihnen setzten demnach auch die Legitimationsversuche des geistigen Eigentums an.[298]

297 Siehe dazu u. a.: *Gieseke,* Privileg, S. 210 ff.; *Jänich,* Geistiges Eigentum, S. 42 ff.; *Vogel,* Urheber- und Verlagsrechtsgeschichte, Sp. 51 ff; *Seifert,* Kleine Geschichte(n) des Urheberrechts, S. 119 ff.

298 *Kawohl,* Urheberrecht in Preußen, S. 125.

Musikwerke galten hingegen, ausgehend von der Herstellung durch den Kupferstich, als Kunstwerke.[299]

Die Aufführung eines niedergeschriebenen Werkes wurde also ähnlich wie der Abdruck eines Bildes behandelt. Die Komponisten wurden zudem meist für das Autograf des Werkes bezahlt, nicht jedoch für die Druckerlaubnis. Dies erschwerte eine Gleichbehandlung mit den übrigen Druckwerken zusätzlich.[300] Daher wird auch von einer eigenständigen Entwicklung der Musik im Urheberrecht gesprochen.[301]

Das Musikverlagswesen entwickelte sich in Deutschland spät, vor allem im Vergleich zu anderen europäischen Staaten. Während die Erfindung des Buchdruckes Mitte des 15. Jahrhunderts den Startschuss für die massenweise Verbreitung von Literatur und die Entstehung des Buchmarktes markierte, hatte die Erfindung des Notendrucks im Jahr 1498 durch *Ottaviano Petrucci da Fossombrone* (1466–1539) keine vergleichbare, bahnbrechende Wirkung.[302] So musste sich das Notationssystem überhaupt erst herausbilden.

Erst gegen 1600 entwickelten sich die musikalischen Ausdrucksmöglichkeiten durch Harmonien und erst ab 1700 wurden überhaupt Taktstriche gesetzt.[303] Zudem stand die Qualität der Notendrucke lange Zeit in keinem adäquaten Verhältnis zu den hohen Kosten. Deshalb war bis in das 17. Jahrhundert das händische Abschreiben durch Kopisten weit verbreitet. Nur bei besonders großer Nachfrage wurden Kupferstiche angefertigt. Die Notendrucktechnik geriet währenddessen in Vergessenheit.[304]

Erst *Immanuel Breitkopf* (1719–1794) entdeckte das Verfahren des Typendrucks 1755 wieder.[305] Selbst nach dieser Wiederentdeckung wurden Musikwerke jedoch weiterhin zumeist abgeschrieben und nur selten gedruckt.[306] Bis 1770 übernahmen kleinere Buchverlage die Verbreitung von Musik, spezialisierte Musikverlage existierten noch nicht.[307]

Die Schutzfähigkeit der Musik war dabei keinesfalls selbstverständlich. Noch im 18. Jahrhundert sprachen einige Autoren musikalischen Werken die

---

299 *Kawohl,* Urheberrecht in Preußen, S. 125.
300 *Kawohl,* Urheberrecht in Preußen, S. 115.
301 *Gieseke,* Privileg, S. 107.
302 *Hüttl,* UFITA Bd. 1955 II, 300 (300 f.).
303 *Hüttl,* UFITA Bd. 1955 II, 300 (301).
304 *Hüttl,* UFITA Bd. 1955 II, 300 (302).
305 *Hüttl,* UFITA Bd. 1955 II, 300 (303).
306 *Kawohl,* Urheberrecht in Preußen, S. 115.
307 *Beer,* Leipziger Musikverlagswesen, 3 (5).

Notwendigkeit eines urheberrechtlichen Schutzes per se ab. Schließlich seien die Komponisten als Hofangestellte bereits ausreichend abgesichert.[308]

Kant und *Hegel* erwähnten die Kategorie der Kunstwerke, zu denen die Musik gezählt wurde, in ihren Schriften lediglich, um sie vom Nachdruckschutz auszuschließen.[309] Das aus ihren Werken ableitbare Verbot des Manuskriptendiebstahls wäre demnach nur für dramatische Werke anwendbar gewesen. Die Kategorie der Kunstwerke wurde letztlich weniger geschützt als die der Schriftwerke.[310]

Noch 1811 galten musikalische Werke „*als Nebenobjecte und Geistesproducte im entfernteren Sinn.*“[311] Das österreichische Gesetz aus demselben Jahr nahm Kupferstiche ausdrücklich vom Nachdruckverbot aus. Bei diesen mache „*die Schöhnheit des Stiches den Hauptwert aus*“,[312] ein Nachstich sei daher bei gleicher Schönheit ebenfalls ein Kunstwerk und nicht wie beim Nachdruck bloß mechanische Arbeit.[313]

Es bedurfte somit noch im 19. Jahrhundert der Erkenntnis, dass auch das abstrahierte Werk der Musik schützenswert war und nicht nur das zugrundeliegende Medium.[314]

Als erstes Gesetz in Deutschland schützte § 997 des PrALR von 1794 „*Nicht bloss Bücher, sondern auch Landcharten, Kupferstiche, topographische Zeichnungen und musikalische Compositionen*“ als einen Gegenstand des Verlagsrechts.[315] Auch andere Partikulargesetze erkannten in den folgenden Jahren die Schutzfähigkeit von musikalischen Werken an.

Den Büchern gleichgestellt als Geistesprodukte wurden Kompositionen erstmals 1830 durch das hessisch-darmstädtische Gesetz.[316] Noch 1837 konnte sich Preußen im Deutschen Bund mit dem Antrag, Musikwerke den Schriftwerken

---

308 *Kawohl,* Urheberrecht in Preußen, S. 149.

309 *Kawohl,* Urheberrecht in Preußen, S. 123 ff.

310 *Kawohl,* Urheberrecht in Preußen, S. 149.

311 *Joseph Dupree,* zit. nach: *Schuster*, Urheberrecht der Tonkunst, S. 40; vgl: *Kawohl,* Urheberrecht in Preußen, S. 124.

312 Zit. nach: *Schuster,* Urheberrecht der Tonkunst, S. 37 f., Fn. 1; vgl. *Kawohl,* Urheberrecht in Preußen, S. 149.

313 Zit. nach: *Schuster,* Urheberrecht der Tonkunst, S. 37, f. Fn. 1; vgl. *Kawohl,* Urheberrecht in Preußen, S. 149.

314 *Kawohl,* Urheberrecht in Preußen, S. 114.

315 Allgemeines Gesetzbuch für die preussischen Staaten, Bd. 1, S. 399.

316 *Kawohl,* Urheberrecht in Preußen, S. 122 f.

gleichzustellen, allerdings nicht durchsetzen.[317] Auch das sächsische Gesetz von 1844 stellte klar:

> *„Musicalische Compositionen gehören zu den litterarischen Erzeugnissen nicht; die hier zur Versinnlichung der geistigen Erstrebung dienenden Mittel, die Noten, sind Zeichen, keine Schrift. Sie gehören zu den Erzeugnissen der Kunst und zwar der schönen Kunst. Die Werke der schönen Kunst soll das Gesetz, neben litterarischen Erzeugnissen, schützen.*“[318]

Erst nachdem das PrALR die Schutzfähigkeit von musikalischen Werken 1794 kodifizierte, war zumindest in Preußen ein Schutz des musikalischen Aufführungsrechts überhaupt möglich. Hieraus lässt sich die Vermutung ableiten, dass die Diskussion um das Aufführungsrecht indirekt die Anerkennung der Musikwerke als Geisteswerke vorantrieb.[319] Schließlich wurde hier ein Modell für den Schutz der Aufführung dramatischer Werke entwickelt, in das die Musik miteinbezogen werden musste. Eine analoge Regelung für Kunstwerke wäre hier mutmaßlich nicht schlüssig vertretbar gewesen.[320]

Diese These erscheint nach genauerer Betrachtung hingegen zweifelhaft. Richtig ist, dass ein musikalisches Aufführungsrecht ab dem Zeitpunkt entstehen konnte, in dem Musikwerke auch als Geisteswerke anerkannt waren. Die zeitliche Parallelität dieser beiden Entwicklungen lässt sich hingegen plausibler mit einer langsamen Abkehr der Diskussion von den Nachdruckverboten hin zu einem positiven Schutz des Urheberrechts herleiten. Denn erst diese Abkehr ermöglichte überhaupt erst die Konstruktion eines Aufführungsrechts sowie eines Schutzes von Musikwerken.

2. Die Anerkennung des Aufführungsrechts in der Rechtswissenschaft

Heutzutage stellt der Werkbegriff gemäß § 2 UrhG das „*Eingangstor in das Urheberrecht*“[321] dar. Das Werk an sich ist demnach die Grundvoraussetzung für

---

317 *Kawohl*, Urheberrecht in Preußen, S. 132 f.; Geht auch aus der Sortierung der Akten im Bundesarchiv hervor: BArch DB 1/I 308 beinhaltet den „Nachdruck, insbesondere musikalischer Compositionen und dramatischer Werke“, während die BARch DB 1/I 304 sich auf denselben Zeitraum bezieht, den Schutz dieser Werke jedoch ausklammert.

318 *Meinert*, Das Königlich Sächsische Gesetz, UFITA Bd. 107, 1988, S. 149, 162.

319 *Kawohl*, Urheberrecht in Preußen, S. 114 f.

320 *Kawohl*, Urheberrecht in Preußen, S. 114.

321 *Bullinger*, in: Wandtke/Bullinger, UrhR, § 2 Rn. 1; *König*, Der Werkbegriff in Europa, S. 370; ähnlich: *A. Nordemann*, in: Nordemann UrhG, § 2 Rn. 1.

die Geltendmachung der verschiedenen Rechte eines Urhebers.[322] Die frühen urheberrechtlichen Schutzüberlegungen bezogen sich dagegen ausnahmslos auf einen materiellen Träger als Schutzobjekt. Geschützt wurde das Druckwerk als Sacheigentum und nicht der dem Druckwerk zu Grunde liegende geistige Inhalt.[323]

In allen Gesetzen des 19. Jahrhunderts stand deshalb das Nachdruckverbot im Zentrum – ausgehend schon von Artikel 18 d der Deutschen Bundesakte, der sich nur auf den Nachdruck bezog.[324] Von dieser Basis aus bedurften alle weiteren Befugnisse des Urhebers einer, notfalls analogen, Rechtfertigung. Inwieweit diese Rechte überhaupt gewährt werden konnten, hing dabei schon von der Rechtfertigung des Nachdruckverbots selbst ab. Hier werden im Folgenden nur diejenigen Theorieansätze dargestellt, die den Urhebern auch einen Rechtsschutz gegen unbefugte Aufführungen ermöglichten.

a) Vom Nachdruckverbot zum Aufführungsrecht

Die Abstraktion des Werkes von seinen körperlichen Trägern war bei Schriftwerken mit der Theorie vom „geistigen Eigentum“ schon gelungen.[325] Dennoch bereitete sie bei der Aufführung dramatischer und musikalischer Werke Probleme. So unterschied *Johann Gottlieb Fichte* (1762–1814) im Jahr 1793 an Hand eines Buches deutlich zwischen dem Eigentum am bedruckten Papier und dem Eigentum am geistigen Inhalt.[326]

Alle Rechte der Urheber wurden über eine Analogie zum Nachdruckverbot gerechtfertigt.[327] Deshalb waren diese Überlegungen zum geistigen Eigentum auf das unkörperliche Aufführungsrecht nicht übertragbar. Denn zum einen fehlte es bei einer unbefugten Aufführung an einem körperlichen Objekt, welches kopiert wurde. Zum anderen fehlte es nach einer Aufführung auch an einem körperlichen Beweisstück.[328]

---

322 *Wiebe* in: Spindler/Schuster UrhG, § 2 Rn. 1; *Bullinger* in: Wandtke/Bullinger, UrhR, § 2 Rn. 1; *Kaiser*, in: Erbs/Kohlhaas, Strafrechtliche Nebengesetze, UrhG § 2 Rn. 1; *A. Nordemann*, in: Nordemann UrhG, § 2 Rn. 1.

323 *Bappert*, Wege zum Urheberrecht, S. 257 ff.; *Bandilla*, Urheberrecht im Kaiserreich, S. 17; *Kawohl*, Urheberrecht in Preußen, S. 127; *Jänich*, Geistiges Eigentum, S. 38 ff.

324 Siehe B.IV.2.b).

325 *Wandtke*, UFITA 2000 II, 453 (464).

326 *Fichte*, Beweis der Unrechtmässigkeit des Büchernachdrucks, 223 (225); vgl. *Dölemeyer /Klippel*, Der Beitrag der deutschen Rechtswissenschaft, 185 (199).

327 *Kawohl*, Urheberrecht in Preußen, S. 127.

328 *Kawohl*, Urheberrecht in Preußen, S. 127.

Ein Verbot des Manuskriptendiebstahls ließ sich hingegen schon mit Überlegungen *Kants* und auch *Hegels* begründen.[329]

Immanuel Kant (1724–1804) legitimierte 1785 das Recht der Autoren aus einem unveräußerlichen Persönlichkeitsrecht heraus. Der Nachdruck, so *Kant*, verletze dabei, wie in der Schlussfolgerung auch der Manuskriptendiebstahl, *„das Recht zur Führung eines Geschäfts"*,[330] welches der Autor dem Verleger übertrage. Ein Eigentum an unkörperlichen Gegenständen ist nach der Vorstellung *Kants* allerdings nicht möglich. Nach seiner Vorstellung sind ausschließliche Rechte wie das Eigentum nur im Verhältnis zwischen Personen möglich und können nicht als geistiges Eigentum absolut bei einer Einzelperson liegen.[331]

Der Manuskriptendiebstahl wäre damit lediglich nach *Kants* Maxime der Geschäftsführungsbefugnis des Autors untersagt gewesen, nicht hingegen nach einem allgemeinen Autorenrecht.

Deutlicher lässt sich ein Verbot des Manuskriptendiebstahls nach *Georg Wilhelm Friedrich Hegel* (1870–1831) rechtfertigen. Denn die *„allererste Beförderung der Wissenschaften und Künste ist, diejenigen, die darin arbeiten, gegen Diebstahl zu sichern und ihnen den Schutz ihres Eigentums angedeihen zu lassen"*.[332]

Ein Manuskript zu stehlen, zu kopieren und aufzuführen, wäre demnach unrechtmäßig. *Hegel* begründete so, wie auch *Fichte*, eine dauerhafte Verbindung zwischen Autor und Werk.[333] Ein positiv formulierter Schutz der Aufführung lässt sich von *Kant, Hegel* und *Fichte* indes nicht ableiten.

b) Die Abstraktion des Werkes vom körperlichen Träger

Anders ist dies bei *Leopold Joseph Neustetel* (1797–1825), der 1824 in seiner Schrift *Der Büchernachdruck nach Römischem Recht betrachtet* den Schutz der Autoren gegen den Nachdruck vor allem mit persönlichkeitsrechtlichen Argumenten rechtfertigte.

Interessanterweise lassen sich seine Ausführungen über den Nachdruck auch auf das unkörperliche Recht der öffentlichen Wiedergabe zuspitzen. Diesen Schritt vollzog er selbst jedoch nicht. So mache *Neustetel* zufolge der Verfasser eine Druckschrift durch die Veröffentlichung allgemein:

---

329 *Reiners,* Das Bühnenwerk, S. 41.

330 *Kant,* Von der Unrechtmässigkeit des Büchernachdrucks, S. 208 f.; vgl. *Kawohl,* Urheberrecht in Preußen, S. 77.

331 *Breimesser,* Urheberrecht und Rechtsbegriff, S. 116.

332 *Hegel,* Grundlinien der Philosophie des Rechts, S. 103.

333 *Kawohl,* Urheberrecht in Preußen, S. 105.

„d. i. er bietet jedermann zur Benutzung dar, den Inhalt seiner Schrift, und zugleich auch die Form, die diesem Inhalte geliehen ist; aber sein Recht des Bekanntmachens derselben macht er nicht allgemein […]. Es mag daher Jeder Form und Inhalt eines von ihm erworbenen Exemplars, wie und wozu er immer will, benutzen; nur kann ihm Besitz und Eigenthum des Exemplars nicht das Recht verleihen, die Schrift selbstständig bekannt zu machen, und sich in so weit an die Stelle des Verfassers zu setzen."[334]

Auch mit *Neustetel* lässt sich so aber kein Verbot der öffentlichen Aufführung rechtfertigen. Nach seinen Worten verkünde nämlich auch derjenige, der bloß den Inhalt eines fremden Werks bekannt mache, nichts Fremdes, da dieser Inhalt in sein eigenes Bewusstsein gekommen sei.[335] Dies gelte selbst dann nicht, wenn die dritte Person dadurch „*die Ehre fremden Verdienstes sich aneignen will (Plagiarius)*",[336] da es kein Zwangsrecht auf Lob und Ruhm gebe. Daher könne auch das Vorlesen fremder Werke nicht verboten werden. Einerseits widerspreche dies nicht der Absicht des Verfassers und andererseits gefährde eine solche, dem Umfang nach so beschränkte und momentane Bekanntmachung, nicht die Rechte des Urhebers.[337]

Neustetel warf zudem die Frage auf, ob das Vorlesen eines fremden Werkes auch dann erlaubt sein sollte, wenn es „*Redebühnen hoch genug, und Stimmen scharf genug, daß ganz Europa hören könnte*",[338] gäbe.

Spätestens die Mitteilung per Übertragung mittels des erst über fünfzig Jahre später erfundenen Radios schien *Neustetel* dem Urheber vorbehalten zu wollen. Mit diesem Gedanken war er seiner Zeit weit voraus.

Damit nahm *Neustetel* schon im Jahr 1824 das erst 1926 vom Reichsgericht anerkannte[339] und erst in § 20 UrhG kodifizierte Senderecht vorweg. Obwohl er ein Vortrags- und somit auch ein Aufführungsrecht verneinte, zeigte *Neustetel* damit die Grenzen der damaligen Dogmatik auf.

Drei Jahre später wurden diese Grenzen von *Wilhelm August Kramer* (1798–unbekannt) überwunden. Er stellte fest, dass die Aufführung eines Werkes die Nutzung eines fremden Rechtes darstelle. Geschehe dies ohne Rechtsgrund, müsse dem „*Schrifteigenthümer*"[340] oder deren Erben, eine Entschädigung

334 *Neustetel,* Der Büchernachdruck nach Römischem Recht betrachtet, S. 57.
335 *Neustetel,* Der Büchernachdruck nach Römischem Recht betrachtet, S. 59.
336 *Neustetel,* Der Büchernachdruck nach Römischem Recht betrachtet, S. 59.
337 *Neustetel,* Der Büchernachdruck nach Römischem Recht betrachtet, S. 59 f.
338 *Neustetel,* Der Büchernachdruck nach Römischem Recht betrachtet, S. 60.
339 Reichsgericht, Urteil vom 12.5.1926, RGZ 113, 413 – Der Tor und der Tod; siehe dazu: *Seifert,* Kleine Geschichte(n) des Urheberrechts, S. 215 f.
340 *Kramer,* Die Rechte der Schriftsteller und Verleger, S. 67.

zustehen.[341] Obwohl *Kramer* auf eine argumentative Herleitung verzichtete, bezogen sich später sowohl die Motive der preußischen Gesetzesrevision als auch die Kommentierung des ersten Urheberrechtsgesetzes auf sein Werk.[342]

c) Eduard Gans zum Aufführungsrecht

Noch mehr Einfluss konnte *Eduard Gans* (1797–1839), ein bekannter Rechtsprofessor an der Berliner Universität und Intimfeind *Friedrich Carl von Savignys* (1779–1861), ausüben.[343]

Gans stimmte ganz mit den Gedanken *Neustetels* überein[344] und befasste sich in seinem Werk *Gesetzesrevision* in Preußen zu Beginn der Dreißigerjahre ausführlich mit dem Recht der Aufführung gedruckter Theaterstücke.

Gleich zu Beginn seiner Ausführungen stellte er fest, dass das geltende Recht angesichts der neuen *„Mittel, Gedanken zu vervielfältigen"* nicht nur unvollständig sei, sondern sich auch in *„unauflösliche Widersprüche verwickelt"*.[345] Das Gewohnheitsrecht, welches die Aufführung nur bis zur Drucklegung schütze, habe bis dahin zwar nur wenig Widerspruch zu erdulden gehabt, sei inhaltlich jedoch *„durchaus unwahr"*.[346]

Die theatralische Aufführung sei vielmehr dem Nachdruck gleichzustellen. Schließlich ziehe man sowohl bei der Aufführung als auch beim Nachdruck aus der Geistestätigkeit des Autors einen Gewinn und auch die Kosten für die Schauspieler seien mit den Druckkosten vergleichbar. Allerdings werde bei einer Aufführung das Werk *„der Oeffentlichkeit noch ganz anders und in verstärkterem Maaße, wie durch den Druck übergeben"*.[347] *Gans* machte dadurch deutlich, dass ein Nachdruck für den Autor nur einen Vermögensschaden bedeute, da der Inhalt nicht verändert werde.

Dagegen werde bei der theatralischen Inszenierung eines Stückes zwangsläufig auch auf das Stück selbst eingewirkt. Der Autor könnte sich daher durch eine unbefugte Aufführung Missfallen ausgesetzt sehen, sowohl vonseiten des

---

341 *Kramer*, Die Rechte der Schriftsteller und Verleger, S. 67.
342 *Kawohl*, Urheberrecht in Preußen, S. 131.
343 *Kawohl*, Urheberrecht in Preußen, S. 93 ff.
344 *Gans*, Büchernachdruck nach Römischem Recht betrachtet, 311 (317).
345 *Gans*, Gesetzesrevision, S. 377.
346 *Gans*, Gesetzesrevision, S. 380.
347 *Gans*, Gesetzesrevision, S. 381.

Publikums, als auch von staatlichen Stellen. *Gans* bezog sich dabei vor allem auf die Theaterzensur, die im 19. Jahrhundert noch weit verbreitet war.[348]

In dieser Zeit waren Menschenansammlungen, zu denen es im Rahmen von Theateraufführungen kommen konnte, noch höchst unüblich. Das Theater konnte daher durch emotionalisierende Vorstellungen die öffentliche Ordnung gefährden.[349] Kam es nach einer unbefugten Theateraufführung zu Protesten gegen die Obrigkeit, stand auch der Autor unmittelbar mit diesen in Verbindung, auch wenn dieser die Vorstellung selbst weder genehmigt hatte, noch mit der Inszenierung selbst einverstanden war.

Der Schutz des Autors bei *Gans* sollte also nicht nur, wie bei *Fichte* und *Hegel,* sich auf das zurückbehaltene Eigentum des Autors an jedem einzelnen Werkexemplar beziehen, sondern außerdem auf potenzielle negative Rückschlüsse vom Werk auf den Autor.[350]

Gans rechtfertigte daher das Aufführungsrecht, analog zu *Neustetels* Schrift zum Nachdruck, aus zwei Gründen: Zum einen sei es anderen sonst möglich, sich aus dem Eigentum eines Dramatikers oder Komponisten zu bereichern. Zum anderen müsse die Entscheidung über die Publikation beim Autor liegen. Dies sei ohne ein Aufführungsrecht jedenfalls nicht gewährleistet.[351]

Auf Basis dieser Überlegungen verfasste *Eduard Gans* einen eigenen Gesetzesvorschlag:

„§ 1. *Die Theateraufführung gedruckter Stücke ist nur unter folgenden Bedingungen erlaubt.*

§ 2. *Stehende Bühnen, herumziehende Theatergesellschaften, oder solche Vereinigungen, die nach vorhergegangener öffentlicher Anzeige, und gegen Entrichtung eines Eintrittsgeldes Stücke aufführen lassen, müssen dem Dichter den zehnten Theil einer jeden Bruttoeinnahme entrichten.*

§ 3. *Stehende Bühnen haben zur Controllirung dieser Quoten eine besonders dazu bestimmte Person anzustellen; bei anderer Aufführung ist von der Ortsbehörde ein solcher Controlleur zu erbitten, und es kann ohnedies keine Erlaubniß zur Aufführung ertheilt werden.*

§ 4. *Das öffentliche angezeigte Vorlesen dramatische Gedichte, wofür ein Eintrittspreis bezahlt wird, soll ganz nach den obigen Bestimmungen beurtheilt werden.*

§ 5. *Hat der Autor eines Stückes die Aufführung untersagt, oder dieselbe an bestimmte Bedingungen geknüpft, so muß man sich lediglich nach dem Willen des Verfassers*

348 *Gans,* Gesetzesrevision, S. 380 f.; *Walter,* Die Oper ist ein Irrenhaus, S. 277 ff.; *Becker,* Inszenierte Moderne, S. 73.

349 *Becker,* Inszenierte Moderne, S. 74.

350 *Kawohl,* Urheberrecht in Preußen, S. 105.

351 *Kawohl,* Urheberrecht in Preußen, S. 95 f.; *Wadle*, Aufführungsrecht, in: GE II, 277 (279).

richten, und im Contraventionsfalle das Dreifache der Bruttoeinnahme einer jeden Aufführung als Strafe an denselben zahlen.

§ 6. *Bei Manuscripten muß die Erlaubniß des Autors zur Aufführung eingeholt, und seine Bedingungen sollen entgegen genommen werden, widrigenfalls die im § 5. ausgesprochene Strafe eintritt.*

§ 7. *Zehn Jahre nach dem Tode eines Autors werden seine dramatischen Arbeiten ein öffentliches Eigenthum, und die in §. 2-6. enthaltenen Bestimmungen hören auf gültig zu seyn.*[352]

Gans zeigte folglich erstmals auf, wie eine gesetzliche Regelung des Aufführungsrechts in Deutschland aussehen könnte. Dabei schlug er eine Vergütungspflicht der Bühnen in Höhe von 10 Prozent der Bruttoeinnahme bei Aufführung eines geschützten Werkes vor, die im Übrigen unabhängig davon erfolgen sollte, ob das Werk schon veröffentlicht war oder nicht. Darüber hinaus sah *Gans* in § 4 auch ein Vortragsrecht vor. Dieses kam in der damaligen Diskussion bis dahin kaum vor und sollte erst durch das Reichsurhebergesetz von 1901 eingeführt werden.

Dies macht deutlich, wie fortschrittlich die Ideen von *Gans* waren, als der Gesetzentwurf schon eine frappierende Ähnlichkeit zur heutigen Rechtsausübung aufweist.

II. Preußische Initiative für das Aufführungsrecht

Die ersten gesetzgeberischen Überlegungen hinsichtlich eines Aufführungsrechtes finden sich in den preußischen Akten über die Revision des allgemeinen Landrechts. Für die Vorbereitung der Reform in Preußen sandten Gerichte und Behörden diverse Vorschläge in Berlin ein.[353]

Bereits im Jahr 1808 soll der preußische Minister *Heinrich Friedrich Karl vom und zum Stein* (1757–1831) den Vorschlag unterbreitet haben, „*dramatische Vorstellungen*" als Analogie zum Nachdruck schützen zu lassen.[354] Dies erfolgte jedoch ohne die Nennung einer Primärquelle und lässt sich zudem nicht in den gedruckten Akten des *Reformministerium Stein* nachweisen.[355]

Die ersten Reformvorschläge zum Aufführungsrecht lassen sich erst zwanzig Jahre später nachweisen.

---

352 *Gans,* Gesetzesrevision, S. 387 f.

353 *Wadle*, Aufführungsrecht, in: GE II, 277 (278).

354 Siehe die Zitate in: *Jährig-Ostertag,* Das dramatische Werk, S. 6; *Reiners,* Das Bühnenwerk, S. 40; *Klein,* Der preussische Staat und das Theater, S. 25.

355 *Scheel* (Hrsg.), Das Reformministerium Stein, 3 Bd.

1. Überlegungen im preußischen Ministerium für Gesetzesrevision

1828 unterbreitete das Oberlandesgericht Frankfurt an der Oder einen Vorschlag zum Aufführungsrecht, nach dem die *„unbefugte Aufführung dramatischer Werke, ohne des Dichters Willen, oder deren eigenmächtige Abänderung, mit Strafe zu bedrohen, wie es der Art. 428 des Code pénal thut“*,[356] sei.

Dieser Vorschlag wurde allerdings bald vom zuständigen Ministerium *Danckelmann,* welches für die Strafrechtspflege zuständig war, abgelehnt.[357]

Schutzwürdig sei das Eigentum an Dichtungen, dieses enthalte jedoch nicht den Schutz mimischer Darstellungen. Der Schutz von Aufführungen betreffe vielmehr *andere Rechte*, die hier nicht mit einbezogen werden könnten.[358] Es werde zum einen das Bedürfnis nach einem solchen Strafgesetz nicht erkannt und zum anderen

> *„wäre auch nach den jetzigen Vorschriften, für das Eigenthum an Dichtungen, keine Beeinträchtigung desselben darin enthalten. Die mimische Darstellung ist an sich ein, von dem Gedichte oder Drama verschiedenes, Kunstwerk.“*[359]

Das nun unter der Zuständigkeit von *Karl Albert von Kamptz* (1769–1849) stehende Ministerium für Gesetzesrevision befasste sich ebenso mit dem Aufführungsrecht und sollte in den folgenden Auseinandersetzungen einen bedeutenden Part einnehmen.

Kamptz war eine höchst umstrittene Persönlichkeit. Als Mitglied einer Ministerialkommission gegen demagogische Umtriebe leitete er Untersuchungen gegen national-konstitutionelle Bestrebungen in Preußen und in Süddeutschland. Dabei machte er durch sein hartes Durchgreifen so sehr von sich reden, dass *E. T. A. Hoffmann* ihn als den *Geheimen Hofrat Knarrpanti* in die Erzählung *Meister Floh* einbrachte.[360] Der preußische Staatskanzler *Hardenberg* veranlasste daraufhin die Versetzung *Kamptzs* in das Justizministerium, wo er mit der Neufassung der preußischen Gesetzgebung betraut wurde.[361]

---

356 *Regge,* Straf- und Strafprozeßrecht, Ministerium Danckelmann 1828 – 1830, S. 275; vgl: *Wadle,* Aufführungsrecht, in: GE II, 277 (278 f.).

357 *Regge,* Straf- und Strafprozeßrecht, Ministerium Danckelmann 1828 – 1830, S. 275, vgl: *Wadle,* Aufführungsrecht, in: GE II, 277 (279).

358 *Wadle,* Aufführungsrecht, in: GE II, 277 (279).

359 *Regge,* Straf- und Strafprozeßrecht, Ministerium Danckelmann 1828 – 1830, S. 275, vgl: *Wadle,* Aufführungsrecht, in: GE II, 277 (279).

360 Dazu: *Deterding,* E. T. A. Hoffmann: die großen Erzählungen und Romane, Bd. 2, S. 76 ff.

361 *Baumgart,* Kamptz, Karl v., in: NDB Bd. 11, 95 (96).

Hier wusste er zu überzeugen. Nach dem Tod des Justizministers *Danckelmann* wurde er im Jahr 1830 zunächst kommissarisch, ab 1832 ordentlicher preußischer Justizminister. *Kamptz* konnte seine Arbeit an der Gesetzesrevision jedoch nicht vollenden. Er hinterließ eine umfangreiche Materialsammlung, als er 1842 von *Savigny* abgelöst wurde.[362] Aus diesen umfangreichen Unterlagen hat *Wadle* die Ausführungen über den Nachdruck und das Aufführungsrecht herausgearbeitet.

Kamptz vertrat den sich auf Sachen beschränkenden, aus dem römischen Recht stammenden Eigentumsbegriff. Er machte deutlich, dass geistiges Eigentum keinesfalls über das allgemeine Nachdruckverbot im Sinne des preußischen Landrechts hinausgehen dürfe.[363] So könnte Eigentum nur dann Anerkennung finden, wenn

> *„es sich durch gewisse äußere Zeichen kund giebt. Nun aber denkt Niemand daran, das ausgesprochene Wort, oder den niedergeschriebenen Buchstaben solchergestalt als sein Eigenthum in Anspruch zu nehmen, daß kein Anderer das Gesagte oder Geschriebene wiedergeben dürfe. Ein solches In-Anspruch-nehmen eines dem Eigenthum ähnlichen Verhältnisses kündigt sich erst an, wenn Jemand in derjenigen Weise, die einmal auf dem gegenwärtigen Stand der Lebensverhältnisse die hergebrachte ist, die Verbreitung unternimmt, d. i. durch den Druck – nicht durch bloßes Aussprechen oder Niederschrieben des Gedankens. Jedenfalls ist ein Eigenthum an den Gedanken rechtlich nicht begründet, sofern man es nicht anerkennt, und man kann es nur anerkennen in einer bestimmten äußeren Form, worin derselbe kund gegeben wird.*[364]

Auch das Aufführungsrecht wird im März 1831 dementsprechend kritisch betrachtet und jedwede dahingehende Regelung abgelehnt:

> *„Sobald nämlich ein dramatisches Gedicht durch den Druck dem Publikum übergeben ist, kann ein Jeder es für sich lesen oder Anderen vorlesen, aber auch mimisch darstellen, unentgeldlich oder entgeldlich, ganz wie er will; und es ist kein Grund abzusehen, dieses zu verbieten, – kein rechtlicher, weil der Schriftsteller sein äußerstes Recht ausgeübt hat dadurch, daß er sein Werk als einen Gegenstand des Buchhandels hingegeben,- kein politischer, weil die dramatische Dichtkunst durch ein Gesetz, welches eben durch den Schutz, den es gewährte, ihren tiefen Verfall bezeugen würde, nicht wieder gehoben werden kann.“*[365]

---

362 *Baumgart*, Kamptz, Karl v., in: NDB Bd. 11, 95 (97).

363 *Wadle*, Preußisches Urheberrechtsgesetz, in: GE I, 167 (183).

364 GStA PK, I. HA Rep. 80 (Staatsrat) Nr. 208, S. 22; vgl. *Wadle*, Preußisches Urheberrechtsgesetz, in: GE I, 167 (182).

365 *Schubert/Regge*, Obligationenrecht, S. 181 f.; vgl. *Wadle*, Aufführungsrecht, in: GE II, 277 (280).

Kamptz vertrat demnach die Meinung, dass mit Inverkehrbringen die Befugnisse des Urhebers an seinem Werk erschöpft seien.

So wird in der Argumentation *Kamptz* evident, dass sich die Trennung zwischen dem sachenrechtlichen Eigentum an einem Vervielfältigungsstück der Partitur und der urheberrechtlichen Befugnis am geistigen Eigentum noch nicht durchgesetzt hatte. Demgemäß lehnte *Kamptz* selbst für ungedruckte Manuskripte einen urheberrechtlichen Schutz ab,

> *„denn derjenige, dem der Verfasser sein Manuscript übergeben hat, ist dem letzteren, wenn er einen anderen Gebrauch davon macht, als den verabredeten, ex contractu zur Schadloshaltung verpflichtet; und wer im Stande ist, nachdem er der mimischen Vorstellung beigewohnt, das dramatische Gedicht schriftlich oder mündlich wiederzugeben, dem kann solches eben so wenig untersagt werden, als das Nachschreiben einer Predigt, einer öffentlich gehaltenen Rede, oder dergleichen.“*[366]

Kamptz sah die Urheber durch die Möglichkeit, bei dem Verkauf des Manuskripts Bedingungen zu stellen, bereits als ausreichend gesichert an.[367] Diese könnten sich *„aber nur gegen den Käufer, nicht gegen Dritte“*[368] richten.

Schon gegen den Manuskriptendiebstahl mochte *Kamptz* die Urheber offensichtlich nicht durch neue Regelungen schützen. Dabei konnte schon dieser nicht durch Vertragsbestimmungen verhindert werden, da sich allein die Beweisführung für die geschädigten Autoren äußerst schwierig gestaltete.

Noch deutlicher wird eine *Kamptz* zugeschriebene[369] handschriftliche Anmerkung am Rande des Entwurfs dieser Ausführungen:

> *„Ein dramatischer Schriftsteller hat m. E. überall kein Recht, der Darstellung seines in den Buchhandel gekommenen Werks zu widersprechen. Er hat durch den Verlagskontrakt das geistige Eigenthum verloren [...]. Der Verleger hat nur ein Recht gegen Nachdruck. Der Käufer eines in den Buchhandel gekommenen Exemplar kann mit demselben machen was er will, es für sich allein und in großer Gesellschaft gratis oder gegen Honorar vorlesen und mimisch darstellen. Der Sculpteur, der seine Statuen verkauft hat, hat kein Recht, von demjenigen, der sie für Geld sehen lässt, einen Teil der Entrée* [unleserlich: zu erhalten]. *Wer*

366 *Schubert/Regge,* Obligationenrecht, S. 182; vgl. *Wadle,* Aufführungsrecht, in: GE II, 277 (280).

367 Aktenvermerk *Kamptz'* vom 25.11.1835, in: GStA PK, I. HA, Rep. 84 (JustizM), II Tit. 2 N, Nr. 1 Bd. 1, Bl. 135 v.; vgl: *Wadle,* Preußisches Urheberrechtsgesetz, in: GE I, 167 (183 f.).

368 Aktenvermerk *Kamptz'* vom 25.11.1835, in: GStA PK, I. HA, Rep. 84 (JustizM), II Tit. 2 N, Nr. 1 Bd. 1, Bl. 135 v.; vgl: *Wadle,* Preußisches Urheberrechtsgesetz, in: GE I, 167 (183 f.).

369 *Wadle,* Aufführungsrecht, in: GE II, 277 (280).

Predigten, ärztliche Recepte, Muster, landwirtschaftliche [unleserlich: Fertigung] *in den Buchhandel gibt, ist nicht berechtigt, zu untersagen, daß ein Prediger sie hält, ein Arzt oder ein Landwirt sie in Arbeit bringt. Will ein Bühnendichter das nicht, so muß er sein Geistesproduct als Manuscript an Theaterdirectionen verkaufen; als Manuscript und öffentlicher Buchhandelsartikel geschützt kann er sie unmöglich* [unleserlich: besitzen]."[370]

2. Lebrun-Prozess in Preußen

Ein Urteil des Königlichen Stadtgerichts Berlin vom 16. April 1833 bedrohte die Rechte der Dramatiker und Komponisten sogar noch stärker als die ohnehin stagnierende Rechtsentwicklung:[371]

Der Kläger, der Dramatiker *Karl August Lebrun* (1794–1842), bearbeitete und übersetzte ein französisches Stück über einen geheimnisvollen Staatsgefangenen mit dem Titel *Der Mann mit der eisernen Maske* und verkaufte dieses an zwei Bühnen. Auch *Friedrich Cerf* (1771–1845), der Direktor des Königstädtischen Theaters bat *Lebrun* um die Übersendung des Manuskriptes.

Nachdem dies nicht erfolgt war, verschaffte sich *Cerf* das Stück von einem anderen Theater, mit dem Hinweis, er sei mit dem Urheber zu einer Einigung gekommen. *Cerf* ließ das Stück anschließend sieben Mal aufführen, woraufhin er von *Lebrun*

„*1) auf Herausgabe des Manuskripts,*
2) auf Zahlung einer Strafe von 1000 Gulden für eine mehrmalige Aufführung des fraglichen Stücks,
3) auf Rechnungsablegung wegen Aufführung der sieben Darstellungen"[372]

verklagt wurde.

Das Stadtgericht wies die Klage *Lebruns* in der ersten Instanz ab. Die Herausgabe der Abschriften könne dem Kläger nicht zugestanden werden, schließlich habe er nur das Recht an dem Werk selbst, nicht jedoch an den Abschriften.[373] Außerdem könne *Lebrun* seine Rechte auch nicht aus dem Verlagsrecht herleiten. Zwar sei

„*nicht zu leugnen, daß diese beiden Verhältnisse etwas miteinander gemein haben, das Verlagsrecht und das Aufführungsrecht eines theatralischen Stücks ist aber wesentlich*

370 GStA PK, I. HA, Rep. 84 II 4 XIV, 152 (JustizM) Nr. 2 Bd. 3, fol. 149; vgl: *Kawohl*, Urheberrecht in Preußen, S. 242 f.

371 Der Prozess wird sehr ausführlich von *Gülich*, S. 162 ff. besprochen, daher soll hier nur kurz auf die wichtigsten Aspekte eingegangen werden.

372 *Lebrun*, UFITA 2002 III, 845 (848).

373 *Lebrun*, UFITA 2002 III, 845 (854).

verschieden. Das erste erhält nur derjenige, dem der Verfasser die Befugnis erteilt, das Werk zu vertreiben, das zweite aber hängt nicht von dem Willen des Verfassers ab.“[374]

Zudem beziehe sich das Nachdruckverbot dem Stadtgericht zufolge nicht auf handschriftliche Kopien. Dem Autor stehe *„ein gewisses geistiges Eigentum an seinem Werke zu, dies könne jedoch nicht so weit ausgedehnt werden, daß derselbe die von seinem Werke gemachten Abschriften vindizieren könne“*.[375]

Am 3. Dezember 1833 bestätige das Kammergericht dieses Urteil sogar. Die Berufungsinstanz erkannte lediglich an, dass

„Unzählige Verträge, die die Bühnen-Vorsteher in und außer Preußen schon seit langer Zeit fortwährend mit den Theater-Dichtern und Komponisten abschließen und in denen sie bedeutende Aufopferungen machen, um sich das Recht der Aufführungen [...] zu verschaffen [...], bestätigen anscheinend, daß sich als Rechtssitte und allgemeine Gewohnheit ein System von Grundsätzen ausgebildet hat [...].“[376]

Allerdings sei dies nicht als Gewohnheitsrecht im Sinne des preußischen Rechts zu werten, auch eine Analogie zwischen den Vorschriften zum Verlagsrecht und dem Aufführungsrecht könne nicht gezogen werden.[377]

Den Urhebern schien somit auch die gewohnheitsrechtliche Anerkennung des Aufführungsrechts verloren zu gehen.

3. Berliner Entwurf von 1833

Parallel zu den Diskussionen in der eigenen Regierung engagierte sich Preußen stark für ein Gesetz im Deutschen Bund.[378] Verstärkt wurde dieses Vorhaben durch *Goethes* Streben nach einem umfassenden Nachdruckschutz in allen deutschen Ländern.[379]

Aber die süddeutschen Staaten, u. a. Bayern und Württemberg, waren nach wie vor nicht für eine bundesweite Lösung zu gewinnen.[380] Preußen schloss jedoch zahlreiche Gegenseitigkeitsabkommen mit anderen Staaten. Zusammen mit der Anerkennung der Inländergleichbehandlung durch die Bundesversammlung

374 *Lebrun,* UFITA 2002 III, 845 (855).
375 *Lebrun,* UFITA 2002 III, 845 (853).
376 *Lebrun,* UFITA 2002 III, 845 (861 f.).
377 *Lebrun,* UFITA 2002 III, S. 845 (862 ff.).
378 S.a.: *Wadle,* Berliner Entwurf, in: GE II, 257 – 276; die dazugehörigen Akten finden sich heute in GStA PK, III. HA (MdA) I Nr. 8953; GStA PK, III. HA I (MdA) Nr. 8954.
379 Siehe: *Wadle,* Goethes Gesuch, in: Beiträge zur Geschichte, 297 (297 ff.).
380 *Wadle,* Goethes Gesuch, in: Beiträge zur Geschichte, 297 (320).

konnte so ein erster Schutz gegen den Nachdruck auf Bundesebene gewährt werden.[381]

Das preußische Außenministerium setzte sich vor allem für eine vereinheitlichte Gesetzgebung ein. So brachte es, vermutlich im September 1833,[382] einen detaillierten Gesetzentwurf in Umlauf, dessen dritter Abschnitt explizit das Aufführungsrecht behandelte.[383] Demnach sollte gemäß § 45 das Aufführungsrecht uneingeschränkt den Urhebern zustehen, solange das Werk nur im Manuskript existierte und noch nicht durch den Druck veröffentlicht worden war.[384] Bei Verstößen sah § 46 des Entwurfs Schadensersatzregelungen vor.[385] Diese Vorschriften bedeuteten schon für sich gesehen einen großen Fortschritt.

§ 51 des Entwurfs ging sogar noch weiter: Zwar behielt dieser die traditionelle Regelung bei, dass nach einem rechtmäßigen Abdruck jede Bühne befugt sei, auch ohne Einwilligung des Urhebers ein Stück aufzuführen. In diesem Fall sollte den Dramatikern und Komponisten aber ein Entschädigungsanspruch, also eine Tantieme, zustehen.[386]

Die Urheber hätten folglich sowohl vor dem Druck des Werkes gemäß §§ 45, 46 Ansprüche auf Unterlassen und Schadensersatz besessen, als auch nach dem Druck gemäß § 51 auf Entschädigungszahlungen. Der preußische Entwurf stieß in der Bundesversammlung überwiegend auf Zustimmung.

Allerdings bemerkte der einflussreiche badische Gesandte *Freiherr von Blittersdorff*, einem allgemeinen Gesetz stünden *„unübersteigliche Hindernisse“*[387] entgegen.

So argumentierte das badische Innenministerium, eine Einigung der Staaten über die materiell-rechtlichen Aspekte sei nicht zu erwarten. Ferner sei dieser Gesetzesvorschlag schon formell nicht zulässig, da Artikel 18 d der Bundesakte

---

381 *Wadle,* Goethes Gesuch, in: Beiträge zur Geschichte, 297 (320); *Wadle,* Preußisches Urheberrechtsgesetz, in: GE I, 167 (169).

382 *Wadle,* Die Berliner „Grundzüge“, in: GE II, 257 (257).

383 GStA PK, III. HA (MdA) I Nr. 8953 (Unnummeriert); Druck in: *Wadle,* Die Berliner „Grundzüge“, in: GE II, 257 (265 ff.).

384 GStA PK, III. HA (MdA) I Nr. 8953 (Unnummeriert); Druck in: *Wadle,* Die Berliner „Grundzüge“, in: GE II, 257 (265 ff.).

385 GStA PK, III. HA (MdA) I Nr. 8953 (Unnummeriert); Druck in: *Wadle,* Die Berliner „Grundzüge“, in: GE II, 257 (265 ff.).

386 GStA PK, III. HA (MdA) I Nr. 8953 (Unnummeriert); Druck in: *Wadle,* Die Berliner „Grundzüge“, in: GE II, 257 (265 ff.).

387 GStA PK, III. HA (MdA) I Nr. 8954 (Unnummeriert); vgl: *Wadle,* Die Berliner „Grundzüge“, in: GE II, 257 (259).

von 1815 sich nur auf Maßnahmen gegen den Nachdruck beziehe.[388] Es könnten daher nur „*gemeinsame Grundsätze*“[389] verabschiedet werden.

Daraufhin verbreitete *Blittersdorff* einen badischen *Entwurf für einen Bundesbeschluß*.[390] Die preußische Seite reagierte umgehend mit eigenen Verbesserungsvorschlägen und konnte diese bei den Regelungen zum Aufführungsrecht durchsetzen.

In der Beschlussfassung der Kommission vom 23. Juni 1834 hieß es daher:

> *„A. Jede Vervielfältigung der literarischen und Kunst-Werke, sie möge durch die Presse oder sonst auf mechanischem Wege erfolgen, zu welcher nicht die Einwilligung des Urhebers oder desjenigen, dem derselbe sein Eigenthums-Recht an dem Original übertragen hat, nachgewiesen werden kann, ist verboten.*
> *Ein Eingriff dieser Art in die Rechte der Verfasser und Verleger ist als strafbarer Nachdruck zu betrachten.*
> *Unter obigen Werken sind nicht bloß Druckschriften, sondern auch Kupferstiche, Lithographien, Landcharten, thopographische Zeichnungen und musikalische Compositionen begriffen.*
> *Einens gleichen Schutzes soll sich auch das Recht der Verfasser musikalischer Compositionen und dramatischer Werke gegen unbefugte Aufführung und Darstellung zu erfreuen haben.*“[391]

Die Kommission entschied sich somit dafür, Artikel 18 d der Bundesakte weit auszulegen und auch auf den Verfasser musikalischer Kompositionen und dramatischer Werke gegen unbefugte Aufführungen zu beziehen. Es sei kein Grund vorhanden,

> *„weshalb der Verfaßer eines musikalischen oder dramatischen Werkes, nicht eben so gegen unbefugte Darstellung und Aufführung seines Werkes geschützt werden sollte, als der Verfasser eines wissenschaftlichen oder Kunstwerkes gegen unbefugte Vervielfältigung. Ohngeachtet daher der Artikel 18 d der Bundesakte sich streng genommen nicht auf diesen Gegenstand erstreckt, so glaubt die Commission dennoch den Zusatz in Antrag bringen zu sollen.*

388 GStA PK, III. HA (MdA) I Nr. 8954 (Unnummeriert); vgl: *Wadle*, Die Berliner „Grundzüge“, in: GE II, 257 (259).
389 GStA PK, III. HA (MdA) I Nr. 8954 (Unnummeriert); vgl: *Wadle*, Die Berliner „Grundzüge“, in: GE II, 257 (259).
390 GStA PK, III. HA (MdA) I Nr. 8954 (Unnummeriert); vgl: *Wadle*, Die Berliner „Grundzüge“, in: GE II, 257 (276).
391 BArch DB/1/I 304, Bd. 1 von 3 (Unnummeriert); vgl: *Wadle*, Aufführungsrecht, in: GE II, 277 (285 f.).

> *„Einens gleichen Schutzes soll sich auch das Recht der Verfasser musikalischer Compositionen und dramatischer Werke gegen unbefugte Aufführung und Darstellung zu erfreuen haben*“““[392]

Die Beschlussfassung der Kommission schlug somit ein Aufführungsrecht für dramatische und musikalische Werke vor. Auch ein Wegfall des Aufführungsrechts nach Veröffentlichung des Werkes, wie es damals gewohnheitsrechtliche anerkannt war, lässt sich dem Vorschlag nicht entnehmen.

Die Verabschiedung eines solchen Gesetzes wäre beispiellos in Europa gewesen. Schließlich sahen zu diesem Zeitpunkt weder die französischen[393], noch die englischen Gesetze[394] einen derart weitgehenden Schutz des musikalischen Aufführungsrechts vor.

4. Petition der Dramatiker und Komponisten

Zur selben Zeit setzten sich auch die Dramatiker und Komponisten erstmals für das Aufführungsrecht ein. Das nach wie vor fehlende Urheberrechtsgesetz und die Urteile im Lebrun-Prozess beunruhigten die Künstler.

Das Lebrun-Urteil erkannte ihnen, auch in der Berufungsinstanz, sogar den gewohnheitsrechtlichen Schutz des Aufführungsrechts ab. Daher bereitete ein Komitee, bestehend aus Dramatikern und Komponisten, eine Petition an den Gesetzgeber vor.[395]

Dieser Schritt wurde sorgfältig vorbereitet, indem bereits im Mai 1834 in der Zeitung *Der Gesellschafter oder Blätter für Geist und Herz*[396] Artikel erschienen, die, zusammen mit einem Artikel der *Blätter für literarische Unterhaltung*[397] der Petition bei Einreichung an beim Bundestag beigelegt wurden.[398] Diese Texte setzten sich für das Aufführungsrecht ein,

---

392 BArch DB/1/I 304, Bd. 1 von 3 (Unnummeriert); vgl: *Wadle*, Aufführungsrecht, in: GE II, 277 (286).

393 Siehe: B.III.4.

394 Siehe: B.III.2.

395 Siehe dazu ausführlich: *Gülich*, Theaterautoren, S. 172 ff.

396 Der Gesellschafter oder Blätter für Geist und Herz, 19.5.1834, und 21.5.1834, zu finden in: GStA PK, III. HA I Nr. 8954 (unnummeriert); GStA PK, I. HA, Rep. 84 (JustizM) II Tit. 2 N, Nr. 1 Bd. 1, Bl. 98 r.

397 Blätter für literarische Unterhaltung, 29.9.1833, Nr. 272, S. 1123, in: GStA PK, III. HA I Nr. 8954 (unnummeriert).

398 BArch DB 1/I 308, Bd. 1 von 2 (Unnummeriert).

„denn täglich sehen wir die Manuscripte unserer armen Dramatiker der Habsucht zur Beute, ja zum Gegenstande eines schimpflichen Handels werden, wobei Alle, Abschreiber, Directionen, Schauspieler und Publikum gewinnen und nur der Vefasser allein leer ausgeht“.[399]

Die „*Vorstellung der deutschen dramatischen Schriftsteller und Componisten an einen Hohen Bundestag*“[400] wurde am 22. Dezember 1835 in Frankfurt eingereicht. Darin beklagten 109 Dramatiker und Komponisten, unter ihnen auch *Spontini* und *Hummel*,[401] dass schon gegen den Nachdruck nur ein dürftiger und überaus unzureichender Schutz existierte. Jedoch lägen „*die Rechte, der für das Theater arbeitenden Dichter und Componisten erst gar im Argen.*“[402]

Die fehlende Gesetzgebung wirke sich für Dichter und Komponisten im Verhältnis zu den deutschen Bühnen vor allem wirtschaftlich negativ aus. Am vorteilhaftesten sei es für die Künstler, wenn eine Bühne ein Werk direkt vom Urheber kaufe. Dies geschehe allerdings selten. Noch seltener sei es, dass ein großer Erfolg nachträglich belohnt werde. Vielmehr eigne sich eine Bühne regelmäßig ein schon gedrucktes Stück als *res derelicta* an und ignoriere damit die Rechte des Urhebers vollkommen. Einige Bühnen würden sogar ausschließlich so verfahren.[403]

Noch viel schlimmer sei aber der Manuskripten-Diebstahl:

Viele Bühnen nämlich – und leider nicht allein kleine, herumziehende, sondern auch größere, ansäßige – kaufen die Manuscripte nicht vom Autor, noch warten sie auf den Druck, sondern sie suchen sich Abschriften derselben für ein Douceur über die Copir= Gebühren zu verschaffen. An gewissenlosen Subjecten, die damit einen schamlosen Trafik durch ganz Deutschland treiben, die Abschriften der gangbaren Stücke den Directoren aufdringen, ja, von Stücken, die noch nicht einmal zur Aufführung kamen, im Voraus Abschriften anbieten, fehlt es nicht. Verschiedene Unterbeamte der Theater und vagabundirende Schauspieler trieben ganz offen dieses räuberische Handwerk, und pochen darauf, daß die Gesetze, wie sie sind, ihnen nichts anhaben können.“[404]

399 Blätter für literarische Unterhaltung, 29.9.1833, Nr. 272, S. 1123, in: GStA PK, III. HA I Nr. 8954 (unnummeriert).

400 Druck in: BArch DB 1/1 308, Bd. 1 (Unnummeriert); GSTA PK, III. HA (MdA) I Nr. 8955, Bl. 154 v.

401 *Rehbinder*, J. N. Hummel, in: FS Pfennig, 103 (118).

402 GSTA PK, III. HA (MdA) I Nr. 8955, Bl. 154 v.

403 GSTA PK, III. HA (MdA) I Nr. 8955, Bl. 155 v.

404 GSTA PK, III. HA (MdA) I Nr. 8955, Bl. 155 r.

Zudem sei ein reger Partituren-Tauschhandel entstanden:

> *„Einige Theater kaufen auch ein Manuscript, aber sie legen sich nun das Recht bei, es weiter zu verkaufen, oder zu vertauschen, und auf diese Weise wandert ein von irgend einer Bühne rechtmäßig erstandenes Stück durch alle kleineren Theater, ohne daß der Autor einen andern Vortheil davon gezogen als die Paar Thaler, welche ihm diese erste Bühne dafür entrichtet hat. Ebenso gehen die Partituren der Componisten im Diebestausch und Diebeslauf durch ganz Deutschland.“*[405]

Zwar sei allein die Tatsache, dass es zu solchen Missbräuchen komme, nichts Ungewöhnliches. Jedoch hätten die Urheber keine Möglichkeit, gegen diesen Missbrauch vorzugehen.

> *„Dem Dichter, und noch häufiger dem Componisten wird sein Werk oft nachgeschrieben, und es erscheint im Druck.“*[406]

Auffällig ist, dass die Dramatiker und Komponisten nicht nur die durch den Missbrauch entstandenen Schäden beklagten. So enthält die Petition Argumente, die heute dem Urheberpersönlichkeitsrecht zuzuordnen sind:

So seien die unberechtigterweise angefertigten Mitschriften häufig unvollständig und fehlerhaft. Zudem fügten manche Theaterdirektoren das erlangte Material selbst zusammen und erhielten dafür sogar noch Privilegien.[407]

In den Augen der Dramatiker und Komponisten bestand somit stets die Gefahr von entstellenden Eingriffen. Die missliche Rechtslage gefährdete mithin die Integrität der Werke an sich. Konsequenterweise enthielt die Petition zwei zentrale Forderungen:

> „1. *Daß keine deutscher Theater= Direction berechtigt seyn soll, ein poetisch= oder musikalisch=dramatisches Werk, es sey bloß handschriftlich vorhanden oder schon im Druck erschienen, ohne vorgängige Einigung mit dem Verfasser desselben aufzuführen, bei Strafe des doppelten, oder wenn die Aufführung unter verändertem Titel geschehen ist, des dreifachen Honorars; und daß zur Verhütung der Contravention jede Theater =Direction die Verpflichtung haben soll, bei Vorlegung eines Stückes oder einer Oper zur Spiel=Erlaubniß, die Einwilligung des Autors nachzuweisen.*
> 2. *Daß der Druck oder die sonstige Vervielfältigung eines Stückes oder einer Composition für das Theater, sey es ganz oder in wesentlichen Theilen, unter fiscalischer Strafe, nur mit Erlaubniß des Verfassers und Componisten erfolgen dürfe.“*[408]

Es fällt auf, dass die Forderungen, die im Ergebnis den heutigen Regelungen gleichen, sich nur auf Schriftwerke sowie *musikalisch-dramatische* Werke bezogen. Musikalische Werke wurden hingegen nicht berücksichtigt.

---

405 GSTA PK, III. HA (MdA) I Nr. 8955, Bl. 155 r.
406 GSTA PK, III. HA (MdA) I Nr. 8955, Bl. 155 r.
407 GSTA PK, III. HA (MdA) I Nr. 8955, Bl. 156 r.
408 GSTA PK, III. HA (MdA) I Nr. 8955, Bl. 156 r.

Dies könnte auf die Behauptung zurückzuführen sein, die Komponisten hätten sich dem Vorhaben der Dramatiker lediglich angeschlossen.[409] Diese ist allerdings schon deshalb fraglich, als sich die Protokolle der Bundesversammlung ausschließlich auf den Musikdirektor *Ferdinand Rieß* (1784–1838) und den Kapellmeister *Spontini* beziehen.[410]

Daher ist anzunehmen, dass musikalische Werke in diesen frühen aufführungsrechtlichen Überlegungen schlicht nicht vorkamen. Zum einen war das öffentliche Konzert zu diesem Zeitpunkt noch nicht vollständig etabliert. Denn erst in der zweiten Hälfte des 19. Jahrhunderts kam es zur völligen Entfaltung des öffentlichen Konzertwesens in Deutschland, durch das eine Durchsetzung des Aufführungsrechts erst wirtschaftlich wurde.[411] Zum anderen ist zu unterstellen, dass die Dramatiker und Komponisten bei einer Möglichkeit der Verwertung von Konzertaufführungen diese auch als Maximalforderung in ihre Petition mit einbezogen hätten.

5. Reaktionen auf die Petition

Rasch konnten die Künstler einen ersten Erfolg erreichen. Nachdem sie die Petition bereits am 18. Juni 1834 den preußischen Ministerien und dem König zur Billigung vorgelegt hatten,[412] gab dieser am 19. Juli 1834 die Kabinettsorder an das Außenministerium, „*das Erforderliche zu verfügen*",[413] um die Situation der Künstler zu verbessern.

Kurz darauf teilte wiederum das Außenministerium am 26. Juli 1834 den Dramatikern und Komponisten mit, dass „*bereits Einleitungen getroffen worden sind, in deren Folge der Hoffnung Raum gegeben werden darf, daß die deutschen Bundes = Regierungen sich künftig*" auf einen Schutz der Verfasser „*musikalischer Compositionen und dramatischer Werke gegen unbefugte Aufführung und Darstellung*" zu einigen vermögen.[414] Diese Hoffnung war greifbar, schließlich enthielt der „*Berliner Entwurf*" eines Urheberrechtsgesetzes vom 23. Juni 1834

409 *Schuster,* GRUR 1901, 14 (14); *Mauruschat,* GEMA-Nachr. Nov. 1999, Nr. 160, 128 (130).
410 ProtBV 1840, § 194, S. 340 ff.
411 Siehe: D.I.4.b).
412 GStA PK, III. HA I Nr. 8954 (Unnummeriert); vgl: *Wadle,* Aufführungsrecht, in: GE II, 277 (283).
413 GStA PK, III. HA I Nr. 8954 (Unnummeriert); vgl: *Wadle,* Aufführungsrecht, in: GE II, 277 (283).
414 GStA PK, III. HA I Nr. 8954 (Unnummeriert); vgl: *Wadle,* Aufführungsrecht, in: GE II, 277 (283).

ein Aufführungsrecht.[415] Trotzdem wird man nur schwer von einem gescheiterten Vorstoß der Dramatiker und Komponisten sprechen können, auch wenn die Petition nicht unmittelbar zum Erfolg führte.[416] Schließlich war es schon ein Erfolg, dass es zu diesem gemeinsamen Vorstoß der Dramatiker und Komponisten kam. Noch Jahrzehnte später sollten die Komponisten nämlich nicht in der Lage sein, sich wie im Zuge des Lebrun Prozesses für die eigenen Interessen geschlossen einzusetzen.

Dennoch stagnierte die Gesetzgebung an dieser Stelle. Der bereits von der Kommission der Bundesversammlung angenommene Entwurf wurde nicht in die Bundesversammlung eingebracht, da *Metternich* auf der inzwischen begonnenen Wiener Ministerialkonferenz neue Vorschläge zur Organisation des Buchhandels einbringen wollte.[417] Auf der Ministerialkonferenz endete das „*Junktim zwischen Zensur und Nachdruck*",[418] welches lange Zeit die Urheberrechtsgesetzgebung erschwert hatte. Das Aufführungsrecht wurde dort allerdings nicht behandelt.

Das Bestreben der Urheber nach einem Aufführungsrecht erlitt an dieser Stelle einen entscheidenden Rückschlag. Denn die erfolgte Einigung im Berliner Entwurf wurde nicht umgesetzt. Eine Regelung vergleichbaren Umfanges sollte es erst im Jahr 1901 im Deutschen Reich geben.

Die Dramatiker und Komponisten hatten zu diesem Zeitpunkt also weder ein richterlich anerkanntes gewohnheitsrechtliches Aufführungsrecht inne, noch bestand Aussicht auf Besserung durch eine rechtliche Regelung.

6. Höchstinstanzliche Entscheidung im Lebrun-Prozess

Am 6. April 1835 urteilte das Königlich Preußische Geheime Obertribunal als höchste Instanz zugunsten *Lebruns* und erkannte den Dramatikern und Komponisten den gewohnheitsrechtlichen Schutz des Aufführungsrechts vor Drucklegung des Werkes an.

In der Begründung orientierte es sich an § 49 der Einleitung zum PrALR, nach dem bei fehlender gesetzlicher Entscheidungsgrundlage der Richter nach allgemeinen Grundsätzen zu einer Erkenntnis kommen müsse.[419]

---

415 Siehe: C.III.2.

416 So aber: *Schmidt,* Tantiemenbewegung, S. 526.

417 ProtBV 1835, § 140, S. 270; vgl: *Wadle,* Die Berliner „Grundzüge", in: GE II, 257 (260); *ders.,* Aufführungsrecht, in: GE I, 277 (286).

418 *Wadle,* Junktim zwischen Zensur und Nachdruckschutz, in: GE II, 241 (256).

419 *Lebrun,* UFITA 2002 III, 845 (879).

Als allgemeinen Grundsatz zog das Obertribunal die Anerkennung des Verlagsrechts nach § 996 Tit. 1 I Teil I des PrALR heran.[420] Zwar, so das Gericht, beziehe sich dieser Fall weder auf das Verlagsrecht noch auf den Nachdruck, jedoch gestehe das Verlagsrecht dem Schriftsteller die Befugnis zu, „*über das Erzeugnis seines Geistes in dem Maße zu verfügen, daß derselbe ausschließlich das Recht hat, sein Werk durch den Druck zu vervielfältigen und unter das Publikum zu verbreiten.*"[421] Dies müsse auch auf andere Arten der Veröffentlichung übertragbar sein. Mithin auch für die „*theatralische Aufführung eines* [...] *Geistes-Werks*".[422]

Im Ergebnis scheiterte *Lebrun* daher in seinem Begehren, *Cerf* auf Herausgabe des Manuskriptes zu verurteilen. Schließlich wäre die Herausgabe des Manuskriptes nach Meinung des Obertribunals gar nicht dazu geeignet gewesen, weiteren Missbrauch vorzubeugen.[423]

Diese Argumentation ist plausibel. *Lebrun* konnte nämlich, wie schon das Stadtgericht Berlin als Eingangsinstanz dargelegt hatte, keine Rechte am körperlichen Manuskript geltend machen.

Das geheime Obertribunal ging somit noch weiter als die Vorinstanzen.

Als erstes Gericht im Deutschen Bund unterschied es zwischen Ansprüchen, die sich aus der Verwertung des Geistesinhaltes ergeben und Rechten, die sich aus dem Eigentum am Manuskript ergeben.

III. Wiederaufnahme der preußischen Bemühungen im Deutschen Bund

Im Sommer 1835 veranlasste Preußen erneut eine Initiative für ein bundesweites Nachdruckgesetz. Das bloße Nachdruckverbot wurde als unzureichend wahrgenommen. Schließlich bezog es sich nur auf Schriftwerke und nicht auf musikalische und dramatische Werke.[424]

In diesem Rahmen wies Preußen erneut auf das Schutzbedürfnis der Urheber hin. Mit einer Stellungnahme des preußischen Gesandten am 25. Juni 1835 in der Bundesversammlung wurden die einschlägigen Forderungen nach einem Nachdruckgesetz, die auch eine Einführung des Aufführungsrechts enthielten, erneut vorgetragen.[425]

---

420 *Lebrun,* UFITA 2002 III, 845 (878 f.).
421 *Lebrun,* UFITA 2002 III, 845 (879).
422 *Lebrun,* UFITA 2002 III, 845 (879).
423 *Lebrun,* UFITA 2002 III, 845 (881).
424 *Rehbinder,* ZUM 1987, 328 (329).
425 ProtBV 1835, § 224, S. 478 ff.; vgl: *Wadle,* Aufführungsrecht, in: GE II, 277 (286).

1. Kommissionsgutachten im Deutschen Bund

Ein Kommissionsgutachten des Deutschen Bundes[426] bestätigte die Berechtigung der preußischen Forderungen weitestgehend.

In der Frage des Aufführungsrechts enthielt es sich jedoch einer Empfehlung – die Regierungen sollten sich lediglich erklären, *„ob und in wie fern das Recht der Verfasser musikalischer Compositionen und dramatischer Werke gegen unbefugte Aufführung und Darstellung von Seiten der Gesammtheit der Bundesglieder anzuerkennen und zu schützen sey“*.[427]

Die Kommission befürchtete, den Rahmen, des ihr durch Artikel 18 d der Bundesakte erteilten Auftrags, zu überschreiten.[428] Die Notwendigkeit eines Aufführungsrechts auch vor der Drucklegung des Werkes erkannte die Kommission im Grundsatz dennoch an. So könne es

> *„nicht in Abrede gestellt werden, daß das schriftstellerische Eigenthum der Dichter und Componisten an musikalischen Compositionen und dramatischen Werken so lange nicht hinreichend geschützt* […] *ist, als nicht Fürsorge gegen die unbefugte Aufführung und Darstellung ihrer Werke getroffen ist.“*[429]

Die Dichter und Komponisten fänden gegen diese kein *„Schutz und Hülfe“*.[430]

Dem Urheber sei es selbst unmöglich, ein Manuskript geheim zu halten. Vielmehr sei er gezwungen, es den Direktoren, Regisseuren, Kapellmeistern und Künstlern in vielen Exemplaren mitzuteilen, um eine Aufführung überhaupt zu ermöglichen. Zusätzlich würden auch noch nach einem Druck des Werkes die Rechte des Urhebers durch die unbefugte Aufführung verkürzt.

Schließlich bestehe *„der Werth seines Werkes vorzüglich in der Wirkung* […], *den es bei der Aufführung und Darstellung hervorbringt“*.[431]

Dem schlossen sich Österreich und Württemberg in der Bundesversammlung in ihren Voten an: Württemberg wollte hierdurch vor allem die eigene Nachdruckindustrie schützen.[432] Österreich widersprach der preußischen Forderung

---

426 Druck in: ProtBV 1835, 27. Sitzung, Beilage 12, S. 1053 ff.

427 ProtBV 1835, 27. Sitzung, Beilage 12, S. 1053 (1067).

428 ProtBV 1835, 27. Sitzung, Beilage 12, S. 1053 (1060); vgl. *Wadle,* Aufführungsrecht, in: GE II, 277 (287).

429 ProtBV 1835, 27. Sitzung, Beilage 12, S. 1053 (1060)

430 ProtBV 1835, 27. Sitzung, Beilage 12, S. 1053 (1060).

431 ProtBV 1835, 27. Sitzung, Beilage 12, S. 1053 (1060).

432 *Gergen,* Die Nachdruckprivilegienpraxis Württembergs, S. 316 ff.; ebd., S. 364 ff.; *Wadle,* Weg zum gesetzlichen Schutz, in: GE II, 3 (25); *Seifert,* Kleine Geschichte(n) des Urheberrechts, S. 158.

aus machtpolitischen Gründen, da es eine preußische Dominanz im Deutschen Bund unbedingt verhindern wollte.[433]

Offiziell machte Österreich hingegen die Sorge geltend, die Kompetenzen aus Artikel 18 d zu überschreiten, sodass über das Aufführungsrecht *„besser abgesondert“*[434] entschieden werden sollte. Tatsächlich war Österreich schon von der Notwendigkeit des Aufführungsrechts keinesfalls überzeugt. So hieß es am 11. Februar 1836 aus der Hofkanzlei, eine

> *„Aufführung werde erst strafbar, wenn sie mit dem unrechtmässigen Besitz eines materiellen Exemplars verbunden ist und aus diesem hervorgeht. Die strafwürdige Handlung liegt also dann eigentlich nicht in der Aufführung selbst, sondern vielmehr nur in der unrechtmässigen Erwerbung eines fremden Eigentums und einem damit getriebenen Missbrauch.“*[435]

Im Gegensatz dazu machte sich die großherzoglich-sächsische Landesregierung für das Aufführungsrecht stark: Der preußische Antrag könne

> *„nicht dankbar genug anerkannt werden von einem Jeden, welchem das Emporkommen und Aufblühen auch der schönen Künste im deutschen Vaterlande am Herzen liegt. Wie lange schon und wie schmerzlich haben die Freunde derselben allgemeine Maaßnahmen zum Schutze des künstlerischen Eigenthums vermißt, die in dem Nachbarstaate Frankreich das Gedeihen der Kunst so glänzend beförderten!“*[436]

Besonders hervorzuheben ist, dass der sächsische Gesandte die besondere Notwendigkeit des Aufführungsrechts anhand des Schicksals bekannter Komponisten erläuterte, während sich die Debatte ansonsten weit überwiegend nur auf den Schutz der Dramatiker bezog.

> *„Man weiß, daß Mozarts ganze Einnahmen für ein unsterbliches Meisterwerk Don Giovanni in 300 Gulden bestanden hat, die ihm der Theaterunternehmer Guardasoni zu Prag dafür bezahlte, während alle Theater in Europa ihre Cassen durch die Vorstellungen dieser Oper füllten, ja in England der Fall vorkam, daß ein Theaterunternehmer, welcher sich auf ähnliche Weise bereichert hatte, von einem Andern, der ihm den Rath dazu gegeben, bloß dafür auf eine Tantieme von mehreren tausend Pfund belangt wurde. Man weiß, daß Beethoven für das Meisterwerk Fidelio überhaupt mehr nicht als 800 Gulden von dem Theater an der Wien bezog, deßhalb aber auf fernere dramatische Arbeiten verzichtet hat. Man weiß, welchen Mühseligkeiten und Streithändeln sich Maria von Weber unterziehen mußte, um nur eine kärgliche Belohnung für seine genialen Productionen zu retten. Und*

433 *Wadle*, Weg zum gesetzlichen Schutz, in: GE II, 3 (26).
434 ProtBV 1836, § 179, S. 473 f.
435 Zitier nach *Schuster*, Urheberrecht der Tonkunst, S. 221, Fn. 1.
436 ProtBV 1836, Beilage 6 zur 10. Sitzung 1836, S. 469.

den Dramaturgen ist es zu keiner Zeit besser ergangen. Unsers Erachtens dürfte die Französische Gesetzgebung [...] *zum Muster zu nehmen seyn*[...].“[437]

2. Das Aufführungsrecht in Reichweite

Das Kommissionsgutachten des Deutschen Bundes fand auch in Preußen Beachtung. Weiterhin bestand jedoch zwischen den einzelnen preußischen Ministerien keine Einigkeit. Während das Kultusministerium auf Anfrage des Außenministeriums erklärte, einen Schutz gegen unbefugte öffentliche Aufführungen zu befürworten, wehrte sich das Ministerium für Gesetzesrevision unter *von Kamptz* weiterhin nach Kräften dagegen.

Demzufolge wäre kein Rechtsgrund vorhanden, „*ein Prohibitiv-gesetz gegen das Wiedergeben dessen, was einer gehört, gesehen und sonst empfunden habe zu treffen.*“[438] Für einen Schutz der Urheber nach dem Druck wäre denn „*auch nicht die mindeste Veranlassung vorhanden*“, schließlich käme es auch niemandem in den Sinn, „*ein gedrucktes Buch einem oder mehreren Andern*“ vorzulesen.[439]

Auch die zwischenzeitlich favorisierte Möglichkeit eines Aufführungsvorbehalts, mit dem sich die Urheber das Aufführungsrecht auch nach dem Druck zusichern könnten, lehnte *Kamptz* ab.[440] Jedwede Regelung des Aufführungsrechts käme einem Bannrecht der Künstler gleich, welches den kleineren Bühnen und dem Publikum den Zugang zu neuen Stücken von der Willkür der Urheber abhängig mache.[441]

Einen Schutz durch eine allgemeine urheberrechtliche Regelung kam für ihn grundsätzlich nicht in Frage:

> „*Nach meiner Ansicht giebt es kein Geistes Eigenthum. Gedanken sind Geistes-Eigenthum, einmal ausgesprochen und bekannt gemacht, eben weil sie dies wurden, Gemein Gut.*“[442]

In Preußen standen sich somit das Außenministerium und das Ministerium für Gesetzesrevision mit unvereinbaren Forderungen gegenüber und weigerten sich, aufeinander zuzugehen.

---

437 ProtBV 1836, Beilage 6 zur 10. Sitzung, S. 469.

438 GStA PK, I. HA Rep. 80 Nr. 208, S. 42.

439 GStA PK, I. HA Rep. 80 Nr. 208, S. 42 f.; vgl: *Wadle,* Aufführungsrecht, in: GE II, 277 (289).

440 GStA PK, I. HA Rep. 80 Nr. 208, S. 6; vgl: *Wadle,* Aufführungsrecht, in: GE II, 277 (289).

441 GStA PK, I. HA Rep. 80 Nr. 208, S. 6; vgl: *Wadle,* Aufführungsrecht, in: GE II, 277 (290).

442 Aktenvermerk *Kamptz'* vom 25.11.1835, in: GStA PK, I. HA, Rep. 84 (JustizM), II Tit. 2 N, Nr. 1 Bd. 1, Bl. 134 v.; vgl: Wadle, Preußisches Urheberrechtsgesetz, in: GE I, 167 (183 f.).

Das Außenministerium agitierte weiterhin für die Durchsetzung des Aufführungsrechtes und versuchte, das positive Momentum, das durch die Veröffentlichung des Kommissionsgutachtens im Bund im November 1835 entstanden war, für sich zu nutzen. Im Januar 1836 veröffentlichte es eine ausführliche Denkschrift, welche die Notwendigkeit eines allgemeinen und grundsätzlichen Aufführungsrechts begründete.[443]

Tatsächlich sah es während der folgenden Verhandlungen im Frühjahr 1836 so aus, als könne sich das Außenministerium durchsetzen. Sowohl zwei den Stand der Verhandlungen zusammenfassende Entwürfe[444] als auch der endgültige Entwurf[445] eines Nachdruckgesetzes vom 20. August 1836 sahen, neben dem Schutz bis zur Veröffentlichung durch den Druck, auch die Möglichkeit vor, dass die Urheber sich das Aufführungsrecht durch die Anbringung eines notariellen Vorbehaltes auch noch nach der Veröffentlichung sichern konnten.

Dieser sog. Aufführungsvorbehalt sollte den somit Urhebern die Entscheidung überlassen, ob das Werk auch nach der Drucklegung geschützt sein sollte. Dadurch wurde das Argument, ein Aufführungsrecht nach der Drucklegung würde diejenigen Urheber beeinträchtigen, die sich wünschten, durch die Aufführungen ihrer Werke Bekanntheit zu erlangen, entkräftet.

Im Kreis der zuständigen Abteilungen herrschte Einigkeit, dass die „*Sache keine Schwierigkeit*“[446] habe, solange das Werk noch nicht gedruckt sei. Der Aufführungsvorbehalt wurde hingegen zur Abstimmung gebracht und konnte mit sechs zu zwei Stimmen verabschiedet werden.[447]

3. Anhaltender Widerstand in Preußen

Wie aus den Protokollen des preußischen Staatsrats hervorgeht, kämpfte *Kamptz*, vertreten durch den Geheimen Oberjustizrat *von und zu Mühlen*, weiter entschieden gegen jede weitere Ausdehnung des Gesetzes. Er argumentierte „*daß die preußische Gesetzgebung bereits den äußersten Grenzpunkt erreicht habe,*

443 GStA PK, III. HA (MdA) I Nr. 8955, Bl. 15 v. ff.

444 GStA PK, I. HA Rep. 80 (M) Justizsachen 117 Bl. 37 v. ff.; GStA PK, III. HA (MdA) III Nr. 18104, Bl. 93 v. f.; GStA PK, Rep. 80 I, Nr. 117a, Bl. 95v. f.; vgl: *Wadle*, Preußisches Urheberrechtsgesetz, in: GE I, 167 (200 ff.).

445 GStA PK, I. HA Rep. 80 Nr. 208, S. 8 -11; vgl: *Walde*, Preußisches Urheberrechtsgesetz, in: GE I, 167 (206 ff.).

446 GStA PK, I. HA Rep. 80 (Staatsrat) Nr. 208, S. 77.

447 GStA PK, I. HA Rep. 80 (Staatsrat) Nr. 208, S. 77.

bis zu welchem hin es zweckmäßig erscheinen könne, dem Rechte der Schriftsteller einen gesetzlichen Schutz angedeihen zu lassen.“[448]

Schon der Schutz von Vorträgen und Predigten sei unzweckmäßig. Der Vortragende habe es schließlich selbst gewählt, sein Werk nicht schriftlich zu veröffentlichen, zudem gehöre es zum Auftrag des Predigers, das Wort Gottes so weit wie möglich zu verbreiten. Es sei daher „*fast eine Satyre zu nennen*“,[449] wenn ein Prediger solch einen Schutz in Anspruch nehmen wollte.

Kamptz sah daher für einen Schutz nach der Veröffentlichung „*auch nicht die mindeste Veranlassung*“,[450] denn man dürfe es ebenso wenig verbieten, ein gedrucktes Buch vorzulesen. Auch der Vorbehalt selbst „*sey gegen alle Rechtsgrundsätze*“[451], da man auch ein Buch, fehlte es an einem gesetzlichen Nachdruckverbot, nicht durch einen Vorbehalt gegen den Nachdruck schützen könnte.[452] Obwohl *Kamptz* die erste Abstimmung im Staatsrat verloren hatte, konnte er noch in der Entwurfsphase Einschränkungen des Aufführungsrechtes nach der Drucklegung durchsetzen.

Dies wird schon am finalen, später zur Abstimmung gestellten Entwurf deutlich. In Wortlaut und Struktur gleicht dieser dabei dem Entwurf des Außenministeriums.

So wurde die Dauer des Vorbehaltes von zehn auf fünf Jahre halbiert. Auch die Rechtsfolge bei unbefugten Aufführungen von Werken, die alleinig per Vorbehalt geschützt werden sollten, wurde bei Aufführungen von wandernden Bühnen sowie von veröffentlichen Werken abgemildert.[453]

> „*§. 22. Die öffentliche Aufführung eines dramatischen oder musikalischen Werkes darf nur mit Erlaubniß des Autors, oder seiner Erben, oder sonstiger Rechtsnachfolger Statt finden, so fern dieser das Werk nicht durch den Druck veröffentlicht hat.*
> *Das ausschließliche Recht, diese Erlaubniß zu ertheilen, steht dem Autor lebenslänglich, und seinen Erben oder Rechtsnachfolgern demnächst noch zehn Jahre zu.*

448 GStA PK, I. HA Rep. 80 (Staatsrat) Nr. 208, S. 22.
449 GStA PK, I. HA Rep. 80 (Staatsrat) Nr. 208, S. 23.
450 GStA PK, I. HA Rep. 80 (Staatsrat) Nr. 208, S. 42 f.
451 GStA PK, I. HA Rep. 80 Nr. 208, S. 43; vgl: *Wadle*, Aufführungsrecht, in: GE II, 277 (289).
452 GStA PK, I. HA Rep. 80 Nr. 208, S. 43; vgl: *Wadle*, Aufführungsrecht, in: GE II, 277 (289).
453 Zur Veranschaulichung sind die verschiedenen von Kamptz durchgesetzten Änderungen unterstrichen, die den Anwendungsbereich des Aufführungsrechts nach der Veröffentlichung durch den Druck gleichwohl erheblich einschränkten.

§. 23. Veröffentlicht der Autor sein Werk durch den Druck, so kann er sich und seinen Erben das ausschließliche Recht, die Erlaubniß zur öffentlichen Aufführung zu ertheilen, nur durch eine gerichtliche oder notarielle Erklärung vorbehalten, die jedoch jedem einzelnen Exemplare seines Werks vorgedruckt seyn muß.
Dieser Vorbehalt erlischt indessen stets nach Verlauf von 5 Jahren.
§. 24. Wer hiernach unbefugter Weise ein dramatisches oder musikalisches Werk auf einer stehenden Bühne öffentlich aufführt, hat, wenn dasselbe noch nicht durch den Druck veröffentlich ist (§. 22), den ganzen Betrag der Einnahme von jeder Aufführung, ohne Unterschied, ob das Stück allein oder mit einem andern zusammen den Gegenstand derselben ausgemacht hat, wenn aber dasselbe durch den Druck bereits veröffentlicht war (§. 22.), die Hälfte derselben zur Strafe zu entrichten und zwar dergestalt, daß 2/3 der Strafe dem Autor oder dessen Erben und 1/3 der Armenkasse des Orts zufallen.
Hat die öffentliche Darstellung auf einer wandernden Bühne Statt gefunden, bei welcher die Führung einer regelmäßigen Kasse nicht vorauszusetzen ist, so soll im ersten Falle (§. 22.) statt des Verlustes der ganzen Einnahme eine Geldbuße von 10 bis 100 Thalern, und im zweiten Falle (§. 23) statt der Hälfte der Einnahme eine Geldbuße von 5 bis 50 Thalern eintreten und in gleicher Art zwischen dem Autor oder dessen Erben und der Armenkasse vertheilt werden."[454]

Der Versuch, ein Aufführungsrecht nach der Drucklegung zu verabschieden, war hier somit an die äußerste Grenze gelangt. Weitere Einschränkungen hätten das Recht zu einer kaum durchsetzbaren Hülle entstellt.

Die Motive des Entwurfes beziehen sich vor allem auf den Zweck des Aufführungsrechtes und stellen auf die dogmatische Bedeutung ab, indem zu Beginn herausgearbeitet wird, dass Vervielfältigung und Aufführung zwei verschiedene Benutzungsarten sind:

„*Musikalische und dramatische Werke lassen sich theils durch Druck oder Stich, theils durch Darstellung oder Aufführung öffentlich mittheilen und verbreiten.* […] *Beide Arten der Veröffentlichung lassen sich auf verschiedene Benutzungsarten des Eigenthums an dem Werke zurückführen, von denen der Eigenthümer es seinem Interesse gemäß finden kann, eine ausschließend, oder eine nach der andern, oder auch beide zugleich zu gebrauchen. Wer eine Oper komponirt, kann es zunächst nur auf eine öffentliche Darstellung oder Aufführung abgesehen haben, weil sein Werk als Ganzes nur durch diese Art der Aufführung aufgefaßt und genossen wird. Dies ist der eigentliche Gebrauch seines Werks, und will er allein hiervon Nutzen ziehen, so wird er sich auch darauf beschränken, solches nur zur öffentlichen Aufführung mitzutheilen. Eine Oper enthält aber auch einzelne Stücke, Arien etc., deren Kunstgenuß man sich mit Hülfe der Noten aneignen kann, ohne daß es hierzu der Darstellung der Oper im Ganzen bedarf. Mit dem Verlangen, das sich aus diesem Grunde nach den Noten im Publikum kund giebt, und mit der Gelegenheit, die sich für ihn*

454 GStA PK, I. HA Rep. 80 (Staatsrat) Nr. 208, S. 90; vgl: *Wadle*, Preußisches Urheberrechtsgesetz, in: GE I, 167 (212 ff.).

darbietet, davon Vortheil zu ziehen, entsteht für den Komponisten eine Veranlassung, seine Oper in Druck zu geben oder stechen zu lassen. Er macht so Gebrauch von einer anderen Benutzungsart.“[455]

Das Außenministerium nahm somit, im Gegensatz zu *Kamptz,* eine klare Trennung zwischen dem zivilrechtlichen Eigentum an dem Vervielfältigungsstück der Partitur und der urheberrechtlichen Inhaberschaft des geistigen Eigentums vor. Obwohl es den umstrittenen Begriff des *geistigen Eigentums* selbst vermied, wurden aus diesem die verschiedenen Rechte des Urhebers abgeleitet. Einmal auf den Druck des Werkes, einmal auf die Aufführung.

Obwohl der Staatsrat sich zu diesem Zeitpunkt über den Aufführungsvorbehalt geeinigt hatte, spricht diese Begründung an sich für eine extensivere, vorbehaltslose Auslegung des Aufführungsrechts. Diese Argumentation veranschaulicht, dass der Druck und die Aufführung nicht mehr in Verbindung zueinanderstanden.

Zunächst einmal galt es jedoch für das Außenministerium, die Widerstände in der eigenen Regierung zu überwinden. Obwohl die Gegenwehr immer stärker wurde, trat das Außenministerium auch im Bund weiterhin für eine Kodifizierung des Aufführungsrechts ein.

Schließlich sei in

„*dem Verbote des Nachdrucks selbst* [...] *schon das Verbot der analogen Rechtsverletzungen, insbesondere des ohne Zustimmung oder gar wider den Willen des Autors erfolgten Abdruckens von Manuscripten und von nachgeschriebenen Kanzel= und Lehrvorträgen mit ausgesprochen*“[456].

Es müsse dem Schriftsteller unantastbar bleiben, „*über sein Erzeugniß in der besonderen Form, in welcher er seine Gedanken dargestellt hat, so weit es dabei auf eine Verbreitung oder Veröffentlichung ankommt*“, zu verfügen.[457]

Diese Überlegungen der Kommission stellte auch die preußische Regierung in einer am 1. September 1836 dem Bundestag überreichten Denkschrift an. Dabei wurde erneut, in Anlehnung an den preußischen Entwurf, die Forderung eines uneingeschränkten Aufführungsrechts bis zur Veröffentlichung durch den Druck, sowie der anschließenden Möglichkeit des Vorbehalts, postuliert.

Im April 1837 schien somit sowohl in Preußen als auch im Bund eine Einigung über das Aufführungsrecht in greifbarer Nähe zu sein.

455 GStA PK, I. HA Rep. 80 (Staatsrat) Nr. 208, S. 79.
456 GStA PK, I. HA Rep. 80 (Staatsrat) Nr. 208, S. 23.
457 GStA PK, I. HA Rep. 80 (Staatsrat) Nr. 208, S. 23 f.

4. Das Aufführungsrecht bis zur Veröffentlichung in Preußen

Am 6. Mai 1837 kam es zur finalen Abstimmung im Plenum des preußischen Staatsrats. Dabei wurde nicht über das Gesetz als Ganzes entschieden, sondern 26 Fragen separat zur Abstimmung gestellt.

Bei der 20. Frage, „*Kann der Autor eines dramatischen oder musikalischen Werkes, wenn er es durch den Druck veröffentlicht, das ausschließliche Recht, die Erlaubniß zur öffentlichen Aufführung desselben zu ertheilen, sich annoch* [sic!] *vorbehalten oder nicht?*“,[458] entschied sich das Plenum mit 18 zu 7 Stimmen, entgegen der vorherigen Entwürfe, gegen ein Aufführungsrecht auch nach der Veröffentlichung durch den Druck.[459]

In den Gesetzesmotiven war folgerichtig nicht mehr von den verschiedenen Benutzungsarten, nämlich Aufführung und Druck, die Rede. Stattdessen hieß es, den Urhebern würde durch einen Schutz nach Drucklegung sowohl ein doppelter Schutz als auch ein doppeltes Honorar gewährt.

Dies sollte zum einen den Schutz gegen unbefugten Nachdruck und Aufführungen umfassen. Zum anderen waren Zahlungen von Verlegerseite und von den Theater- und Konzertdirektionen an die Urheber vorgesehen. „*Weiter*“, als das Aufführungsrecht bis zum Druck zu schützen, „*könne man nicht gehen, ohne das Publikum unzulässig zu beschränken*“.[460] Ohnehin sei das Aufführungsrecht angesichts der Vielzahl von kleinen, wandernden Bühnen kaum durchsetzbar. Insbesondere die Aufführung musikalischer Werke sei schwer zu erfassen, als es an einer Differenzierungsmöglichkeit zwischen kleinen und großen Stücken fehle.[461]

Das Ergebnis der Abstimmung im preußischen Staatsrat stellte für die Urheber einen großen Rückschlag dar. Schließlich konnten diese nun auch im Deutschen Bund nicht mehr darauf hoffen, dass sich das Preußische Außenministerium mit dem Vorschlag eines uneingeschränkten Aufführungsrechts würde, das Außenministerium konnte sich nämlich nun kaum noch glaubwürdig für das Aufführungsrechft im Deutschen Bund einsetzen, wenn es dies schon im eigenen Staat nicht durchsetzen konnte.

---

458 GStA PK, I. HA Rep. 80 (Staatsrat) Nr. 208, S. 94.

459 GStA PK, I. HA Rep. 80 (M) Justizsachen 117 Bl. 184 v.; vgl. *Wadle*, Aufführungsrecht, in: GE II, 277 (290).

460 GStA PK, I. HA rep. 80 (M) Justizsachen 117 Bl. 184 v; *Wadle*, Aufführungsrecht, in: GE II, 277 (291).

461 GStA PK, I. HA rep. 80 (M) Justizsachen 117 Bl. 184 v; *Wadle*, Aufführungsrecht, in: GE II, 277 (291).

5. Keine Entscheidung über das Aufführungsrecht im Deutschen Bund

Obwohl die entscheidenden Abstimmungen in Preußen bereits am 6. Mai 1837 stattgefunden hatten und das Gesetz am 11. Juni 1837 vom preußischen König unterzeichnet worden war, entschied die Regierung sich, das Gesetz noch nicht zu veröffentlichen. Sie wollte damit die Bemühungen im Deutschen Bund nicht gefährden.

Die Tatsache, auch in der eigenen Regierung das Aufführungsrecht nur bis zum Zeitpunkt der Veröffentlichung durchgesetzt zu haben, erschwerte die Bemühungen im Deutschen Bund erheblich. Schließlich fehlte es schon der internen Ermächtigung, sich im Bund für einen weitergehenden Schutz der Aufführung im Bund als im eigenen Staat einsetzen, zumal sich vor allem Österreich weiterhin gegen jegliche Regelung des Aufführungsrechts sperrte.

Als die Bundesversammlung am 9. November 1837 die *„gleichförmigen Grundsätze gegen den Nachdruck“*[462] verabschiedete, verständigte man sich bezüglich des Schutzes der Aufführung nur darauf, eine Kommission einzusetzen, die das weitere Vorgehen beraten werde.

Die Diskussion im Bund war von grundsätzlicher Natur. Württemberg und Österreich leisteten Widerstand gegen jede über das Nachdruckverbot hinausgehende Regelung. So konnte sich Preußen auch nicht mit seinen Forderungen nach einer dreißigjährigen Schutzfrist durchsetzen.

Der Bundesbeschluss sah lediglich einen Schutz von zehn Jahren nach Veröffentlichung des Werkes vor.[463]

Angesichts dieser Streitigkeiten um ein wirksames Nachdruckgesetz rückte die Frage nach einem Aufführungsrecht in den Hintergrund und wurde zunächst ausgeklammert.[464] Vermutlich konnte nur auf diesem Weg überhaupt eine Einigung der Bundesstaaten erreicht werden.

Da der Bundesbeschluss davon abgesehen weitestgehend dem preußischen Gesetz folgte, kann die Nichtberücksichtigung des Aufführungsrechts, angesichts der Bemühungen der Dramatiker und Komponisten, trotzdem erstaunen.

---

462 ProtBV 1837, S. 846[a] ff.

463 *Gieseke,* Privileg, S. 232 ff.

464 *Wadle,* Aufführungsrecht, in: GE II, 277 (293).

IV. Das preußische Gesetz vom 11. Juni 1837

Das preußische Gesetz vom 11. Juni 1837 erfasste erstmals nicht nur den Schutz der Schriftsteller und Verleger gegen unbefugte Vervielfältigung und Nachbildung, sondern schützte auch Werke der bildenden Kunst und Musikwerke.[465] Bezugspunkt des Gesetzes war der Nachdruck.

Das Aufführungsrecht wurde am Ende des Gesetzes gesondert in den §§ 32 ff. geregelt. Die Bestimmungen lauteten:

> *„§ 32. Die öffentliche Aufführung eines dramatischen oder musikalischen Werkes im Ganzen oder mit unwesentlichen Abkürzungen darf nur mit Erlaubnis des Autors seiner Erben oder Rechtsnachfolger stattfinden, solange das Werk nicht durch den Druck veröffentlicht worden ist. Das ausschließende Recht, diese Erlaubnis zu ertheilen, steht dem Autor lebenslänglich und seinen Erben oder Rechtsnachfolgern noch zehn Jahre nach seinem Tode zu.*
> *§ 33. Hat der Autor jedoch irgend einer Bühne gestattet, das Werk ohne Nennung eines Namens aufzuführen, so findet auch gegen andere Bühnen kein ausschließendes Recht Statt.*
> *§ 34. Wer dem ausschließenden Rechte des Autors oder seiner Rechtsnachfolger zuwider ein noch nicht durch den Druck veröffentlichtes dramatisches oder musikalisches Werk öffentlich aufführt, hat eine Geldbuße von zehn bis hundert Thaler verwirkt.*
> *Findet die unbefugte Aufführung eines dramatischen Werkes auf einer stehenden Bühne Statt, so ist der ganze Betrag der Einnahme von jeder Aufführung ohne Abzug der auf dieselbe verwendeten Kosten, und ohne Unterschied ob das Stück allein, oder verbunden mit einem andern den Gegenstand der Aufführung ausgemacht hat, zur Strafe zu entrichten.*
> *Von den vorstehenden Geldbußen fallen zwei Drittheile dem Autor oder seinen Erben, und ein Drittheil der Armenkasse des Orts zu.“*[466]

Das preußische Gesetz schützte somit als erstes Gesetz im Deutschen Bund die Urheber bis zur Veröffentlichung des Werkes durch den Druck gegen unbefugte Aufführungen.[467]

Zudem hieß es in § 3 des Gesetzes, in Ergänzung zu den tatsächlichen Nachdruckkonstellationen:

> *„§. 3. Dem Nachdruck wird gleich geachtet, und ist daher ebenfalls verboten, der ohne Genehmigung des Autors oder seiner Rechtsnachfolger bewirkte Abdruck*

---

465 *Dölemeyer*, Urheber- und Verlagsrecht, in: *Coing*, Handbuch, 3955 (4020).

466 Gesetzessammlung für die Königlichen Preußischen Staaten 1837, S. 170; GStA PK, I. HA Rep. 84 (JustizM) II 2 N Nr. 1 Bd. 2, Bl. 3 r. f.; vgl: *Wadle*, Preußisches Urheberrechtsgesetz, in: GE I, 167 (215 ff.).

467 *Wadle*, Aufführungsrecht, in: GE II, 278 (278); *Gieseke*, Privileg, S. 240; *Wolf*, Aspekte des Urheberrechts, S. 30.

a) von Manuscripten aller Art;
b) von nachgeschriebenen Predigten und mündlichen Lehrvorträgen, gleichviel, ob dieselben unter dem wahren Namen des Autors herausgegeben werden oder nicht.“[468]

Mithin wurden durch das preußische Gesetz erstmals auch unveröffentlichte Werke geschützt. Diese durften fortan nicht durch andere veröffentlicht werden, weder durch Aufführung noch durch Nachdruck.

Auffällig ist, dass auch das Abdrucken von Predigten und Lehrvorträgen unter den Nachdruckbegriff subsumiert wurde. Offensichtlich wurden gravierende Unterschiede zwischen der Aufführung eines dramatischen Werkes und dem Halten von Predigten und Lehrvorträgen angenommen, als Letztere nur gegen den Nachdruck, aber nicht gegen den Vortrag geschützt wurden.

Aus heutiger Sicht verwundert dies, schließlich sind das Aufführungs- und das Vortragsrecht in § 19 Abs. 3 UrhG parallel geregelt. Schon 1837 wäre es demnach nur ein Schritt weiter gewesen, neben der Anerkennung der Schutzfähigkeit von Vorträgen, auch das öffentliche Halten des Vortrags parallel zur Aufführung zu schützen. An dieser Stelle wird deutlich, dass das preußische Gesetz von 1837 nur den Ausgangspunkt eines längeren Gesetzgebungsprozesses darstellte.

V. Die Erweiterung des Bundesbeschlusses am 22. April 1841

Vier Jahre nach dem preußischen Nachdruckgesetz wurde das Aufführungsrecht auch auf Bundesebene erstmals mit der Erweiterung des Bundesbeschlusses am 22. April 1841 kodifiziert.

1. Entstehung

Nachdem die Bundesversammlung die Frage des Aufführungsrechts 1837 noch ausgeklammert und eine Kommission mit der Erstellung eines Gutachtens beauftragt hatte, kam es in Österreich zu unerwarteten Entwicklungen.

a) Österreichischer Meinungsumschwung

Obwohl Österreich, zumeist zusammen mit Württemberg, über Jahre versucht hatte, jedwede urheberrechtliche Gesetzgebung zu blockieren, fragte *Metternich* am 5. Dezember 1837 in einem Vermerk, ob es

„nachdem einmal der Nachdruck ferner nicht geschützt werden solle, es nicht angezeigt wäre, mit einem den preußischen Ansichten sich nähernden strengeren (internen) Gesetz

---

468 Gesetzessammlung für die Königlichen Preußischen Staaten 1837, S. 165.

voranzugehen und so bei den Beratungen uns nicht mehr hemmend, sondern an die Spitze zu stellen.“[469]

Österreich wollte die preußische Einflussnahme auf die urheberrechtliche Gesetzgebung nun durch Eigeninitiative reduzieren.[470]

Innenpolitisch hatte Österreich sogar schon von der Förderung des Nachdrucks abgesehen und sah die Zensurpolitik im eigenen Land nicht mehr bedroht.[471] Zudem musste die österreichische Seite davon ausgehen, dass Preußen sein Gesetzesvorhaben weiterverfolgen würde. So warb etwa der preußische Bundestagsgesandte *von Schöler* in einem Brief an *Metternich* vom 6. Dezember 1839 weiterhin für das Aufführungsrecht und propagierte erneut die Ansicht des preußischen Außenministeriums, dass Aufführung und Druck unterschiedliche Nutzungen eines Werkes seien.[472]

b) Staatsvertrag zwischen Österreich und Sardinien

Erstes Resultat des Wandels in Österreich stellte der Abschluss eines Staatsvertrages zwischen den von Österreich kontrollierten Gebieten Italiens und mit Sardinien am 22. Mai 1840 dar.[473]

Neben der wechselseitigen Anerkennung des nationalen Urheberrechts enthielt der Staatsvertrag erstmals einen von Österreich anerkannten Schutz des Aufführungsrechts.[474] Dabei stieß der Entwurf des Staatsvertrages, der ein vorbehaltloses Aufführungsrecht für Dramatiker vorsah, bei der österreichischen Hofkommission in Justizgesetzsachen auf erbitterten Widerstand.

Die Begründung war nicht neu: Allenfalls könne ein als Manuskript gedrucktes Werk gegen die Aufführung geschützt werden, ansonsten berechtige der

---

469 Zit. nach: *Schuster*, UFITA 2000 II, 513 (546 f.).

470 *Dölemeyer*, Urheber- und Verlagsrecht, in: *Coing*, Handbuch, 3955 (4040).

471 *Dölemeyer*, Urheber- und Verlagsrecht, in: *Coing*, Handbuch, 3955 (4040); *Hofmeister*, Österreichisch-sardinische Urheberrechtsvertrag, S. 239 (251); *Wadle*, Bundesbeschluß vom 9. November 1837, in: GE I, 223 (259); *Wolf*, Aspekte des Urheberrechts, S. 38.

472 *Schuster*, Urheberrecht der Tonkunst, S. 220 Fn. 1.

473 *Hofmeister*, Österreichisch-sardinischer Urheberrechtsvertrag, 239 (239 ff.); *Wolf*, Aspekte des Urheberrechts, S. 36 ff.; *Dölemeyer*, Urheber- und Verlagsrecht, in: *Coing*, Handbuch, 3955 (4039 ff.).

474 *Hofmeister*, Österreichisch-sardinischer Urheberrechtsvertrag, 239 (239 ff.); *Wolf*, Aspekte des Urheberrechts, S. 36; *Dölemeyer*, Urheber- und Verlagsrecht, in: *Coing*, Handbuch, 3955 (4039 f.).

Kauf einer Werkausgabe auch zur öffentlichen Aufführung.[475] Zudem sei kein Unterschied zwischen dramatischen Werken und wissenschaftlichen Büchern erkennbar. Letztere müssten von jedermann frei in der Lehre verwendet werden können.[476]

Nur eine Stimme sprach sich für ein vorbehaltloses Aufführungsrecht aus und forderte sogar eine Tantiemenregelung. Schließlich könne der Entwurf der „*Aufmunterung der Dramatiker*" dienen.[477] Am vorteilhaftesten sei hierfür indes eine prozentuale Beteiligung an den Einnahmen einer Aufführung, da diese als Quelle des Vorteils des Urhebers angesehen werden müsse.[478]

Trotz dieser Gegenwehr trat der Vertrag[479] durch die Ratifikation am 10. Juni 1840 in Kraft. Dessen Artikel 2 Satz 2 bestimmte:

> „*Dramatische Werke dürfen ohne die Zustimmung ihrer Verfasser oder deren Rechtsnachfolger nicht aufgeführt werden, unbeschadet übrigens der für die öffentlichen Vorstellungen theatralischer Werke in den respectiven Staaten geltenden oder noch zu erlassenden Normen.*"[480]

Musikalische Werke wurden dagegen vom Staatsvertrag nur gegen den Nachdruck, nicht jedoch gegen die unbefugte Aufführung geschützt.[481] Da der Vertrag allerdings nur zwischen den von Österreich kontrollierten Gebieten Italiens und Sardinien geschlossen wurde, konnten sich in Österreich nur Angehörige des Königreichs Sardinien auf den Vertrag berufen, die somit bessergestellt waren als die österreichischen Dramatiker.[482]

Dennoch enthielt der Vertrag ein starkes Bekenntnis zugunsten einer Ausweitung des Urheber- und Aufführungsrechts. Letzten Endes erhöhte dies den innenpolitischen Druck in Österreich, auch den österreichischen Künstlern einen vergleichbaren Schutz zuzugestehen.[483] Darüber hinaus diente der Vertrag

---

475 *Hofmeister*, Österreichisch-sardinischer Urheberrechtsvertrag, 239 (246).

476 *Hofmeister*, Österreichisch-sardinischer Urheberrechtsvertrag, 239 (246).

477 *Hofmeister*, Österreichisch-sardinischer Urheberrechtsvertrag, 239 (246).

478 *Hofmeister*, Österreichisch-sardinischer Urheberrechtsvertrag, 239 (246).

479 Druck in: Zeitschrift für österreichische Rechtsgelehrsamkeit und politische Gesetzeskunde, Bd. 3 1840, 377 ff.

480 Zeitschrift für österreichische Rechtsgelehrsamkeit und politische Gesetzeskunde, Bd. 3 1840, 377 (378); vgl. *Gülich*, Theaterautoren, S. 178.

481 *Schmidl*, Das österreichische Urheberrecht, S. 10.

482 *Schmidl*, Das österreichische Urheberrecht, S. 10; *Helmensdorfer*, UFITA 2001 II, 457 (465); *Wolf*, Aspekte des Urheberrechts, S. 38; *Dölemeyer*, Urheber- und Verlagsrecht, in: *Coing*, Handbuch, 3955 (4040).

483 *Gülich*, Theaterautoren, S. 178; *Dölemeyer*, Urheber- und Verlagsrecht, in: *Coing*, Handbuch, 3955 (4040).

als Grundlage für das österreichische Urheberrechtsgesetz von 1846.[484] Vor allem sollte sich in der Folge die Gesetzgebung auf Bundesebene durch den österreichisch-sardischen Vertragsschluss erheblich erleichtern. Denn mit Österreich trat ein vormals großer Kritiker plötzlich nicht mehr gegen, sondern für das Urheber- und Aufführungsrecht ein.

Zeitgleich wurde auch in Baden in den Jahren 1840 und 1841 ein Entwurf zum *Gesetz über den Schutz des Eigentums* diskutiert.[485] Dieser übernahm die Regelungen Preußens zum Aufführungsrecht aus dem Jahr 1837. Die Beratungen über den Entwurf wurden jedoch später aufgegeben, wohl auch, weil das Gesetz aufgrund der inzwischen erlassenen Bundesbeschlüsse von 1841 und 1845 nicht mehr erforderlich war.[486]

Die Entwicklung in diesen bedeutenden Staaten lässt erahnen, dass sich auch die Bundesversammlung den Forderungen nach einem Aufführungsrecht nicht mehr lange versagen konnte.

c) Einigung im Deutschen Bund

Am 30. Juli 1840 kam es sodann zu der Vorstellung des Kommissionsberichts in der Bundesversammlung.[487] Einführend erinnerte der Vorsitzende die Abgeordneten an den schon 1837 herrschenden Konsens über die Notwendigkeit eines Schutzes. Man habe sich daher sofort der „*Frage zuwenden* […] *können, wie der den Verfassern musikalischer Compositionen und dramatischer Werke zugedachte Schutz sich zu äussern habe*“[488].

Die Anträge der einzelnen Staaten orientierten sich stark am preußischen Entwurf und gingen nur in Teilaspekten über diesen hinaus. So wünschte etwa Kurhessen, „*daß dem Componisten und Dichter etwa auch noch der Ertrag einer oder mehrerer Beneficevorstellungen vorbehalten werde*“[489], ohne dass dieser Antrag weiterverfolgt wurde.

Dementsprechend entsprach der seitens der Kommission gestellte Antrag dem preußischen Gesetz von 1837. Ein Aufführungsrecht sollte eingeführt werden, ein Schutz nach der Veröffentlichung wurde jedoch weiterhin abgelehnt.

484 *Schmidl,* Das österreichische Urheberrecht, S. 10; *Dölemeyer,* Urheber- und Verlagsrecht, in: *Coing,* Handbuch, 3955 (4040).
485 *Wadle,* Der badische Entwurf, in: Beiträge zur Geschichte, 369 ff.
486 *Wadle,* Der badische Entwurf, in: Beiträge zur Geschichte, 369 (390).
487 ProtBV 1840, § 193, S. 336 ff.
488 ProtBV 1840, § 193, S. 337.
489 ProtBV 1840, § 193, S. 337.

Die Gründe werden in den Ausführungen des Vorsitzenden der Kommission deutlich. Bei musikalischen Werken sei dies nicht sachgemäß, da

> *„der Druck oder Stich derselben offenbar nur die wirkliche Aufführung zum Hauptzwecke hat, und höchstens einige tiefer Eingeweihte am bloßen Lesen einer Partitur oder einzelner Stimmen Genuß finden. Zur Aufführung ist daher jeder Musiker oder jedes Orchester berechtigt, welches ein Exemplar des einmal durch den Stich oder Druck veröffentlichten Tonwerks auf rechtmäßige Weise an sich gebracht hat.“*[490]

Bezüglich der dramatischen Werke argumentierte die Kommission anders: So könne der

> *„Unterschied, welcher zwischen der Veröffentlichung, resp. Vervielfältigung durch Nachdruck, und jener durch Darstellung, zwischen todtem Mechanismus und lebendiger Handlung, zwischen Lesen oder Lesenhören und Anschauung besteht, nur bei beschränkter Auffassung verkannt werden.“*[491]

Die Aufführung stelle selbst eine Kunstgattung dar, die frei bleiben müsse. Zur Begründung wurden dabei altbekannte Argumente über die Monopolisierungsgefahr der Urheberrechte bemüht:[492]

> *„Ist eine solche Dichtung erst einmal durch rechtmäßigen Druck Gemeingut des Publikums geworden, so muss er der Kunst des Mimen freistehen.“*[493]

Das Werk dürfe nicht zum *„zweitenmale zur Waare monopolisirenden Eigennutzes gestempelt werden“*[494]. Schließlich könnten Aufführungsrechte es den Bühnen erschweren, verschiedene, neuere Werke aufzuführen.[495]

Auch einige Autoren teilten diese Sorge, dass die Bühnen nach Einführung eines Aufführungsrechts auf freie, ältere Werke ausweichen würden.[496]

Die Kommission würdigte auch die persönlichkeitsrechtlichen Argumente der Autoren, ohne dass dies eine gesetzliche Anerkennung zu Folge gehabt hätte. Die Sorge vor *„Verstümmelung“* der Werke durch unbefugte *„Abänderungen und Abkürzungen“*[497] sei berechtigt. Jedoch könne jeder Autor sich dieser Gefahr

490 ProtBV 1840, § 194, S. 341.
491 ProtBV 1840, § 194, S. 341.
492 *Rehbinder,* Kein Urheberrecht ohne Gesetzesrecht, 91 (92).
493 ProtBV 1840, § 194, S. 341.
494 ProtBV 1840, § 194, S. 341.
495 ProtBV 1840, § 193, S. 339.
496 *Dümling,* Musik hat ihren Wert, S. 35 f.
497 So der Wortlaut in der Petition, in: GSTA PK, III. HA (MdA) I Nr. 8955, Bl. 156 v.

entziehen, indem er den Druck des Werkes aufschiebe. Daher sei ein ausgedehnter Schutz nicht notwendig.[498]

2. Inhalt

In der Abstimmung am 22. April 1841 konnte daher folgender Bundesbeschluss verabschiedet werden:

> *„Die im Deutschen Bunde vereinigten Regierungen werden zum Schutze der inländischen Verfasser musikalischer Kompositionen und dramatischer Werke gegen unbefugte Aufführung und Darstellung derselben im Umfange des Bundesgebiets folgende Bestimmungen in Anwendung bringen.*
>
> 1) *die Öffentliche Aufführung eines dramatischen oder musikalischen Werkes im Ganzen oder mit Abkürzungen darf nur mit Erlaubniß des Autors, seiner Erben oder sonstigen Rechtsnachfolger, statt finden, so lange das Werk nicht durch den Druck veröffentlicht worden ist;*
> 2) *dieses ausschließende Recht des Autors, seiner Erben oder sonstigen Rechtsnachfolger, soll wenigstens während zehn Jahren von der ersten rechtmäßigen Aufführung des Werks an in sämmtlichen Bundesstaaten anerkannt und geschützt werden.* […]
> 3) *dem Autor oder dessen Rechtsnachfolgern steht gegen jeden, welcher dessen ausschließendes Recht durch öffentliche Aufführung eines noch nicht gedruckten dramatischen oder musikalischen Werkes beeinträchtigt, Anspruch auf Entschädigung zu;*
> 4) *die Bestimmung dieser letztern und der Art, wie dieselbe gesichert und verwirklicht werden soll, so wie die Festsetzung der etwa noch neben dem Schadenersatze zu leistenden Geldbußen, bleibt den Landesgesetzen vorbehalten; stets ist jedoch der ganze Betrag der Einnahme von jeder unbefugten Aufführung, ohne Abzug der auf dieselbe verwendeten Kosten und ohne Unterschied, ob das Stück allein oder eine Verbindung mit einem andern den Gegenstand der Aufführung ausgemacht hat, im Beschlag zu nehmen.*“[499]

Der Bundesbeschluss entsprach dem Schutzumfang des preußischen Gesetzes und ging durch das Verbot der teilweisen Aufführung sogar noch etwas weiter.[500] Der Schutz beschränkte sich jedoch auf die unveröffentlichten Werke.

In den Worten des Dramatikers *Devrient* blieben die gedruckten Werke „*vogelfrei*“.[501] Der Urheber eines dramatischen Werkes musste also weiterhin den Druck seines Werkes aufschieben, um sein Aufführungsrecht geltend machen zu können.

---

498 ProtBV 1840, § 194, S. 341 f.
499 ProtBV 1841, § 131, S. 235.
500 *Wächter*, Verlagsrecht, Bd. 2, S. 635.
501 *Devrient*, Aus seinen Tagebüchern, Bd. 1, S. 116.

VI. Bewertung

Das preußische Gesetz von 1837 stellte geradezu einen Durchbruch dar. Es ist das erste moderne Gesetz zum Urheberrecht in Deutschland[502] und war maßgebend für die Rechtsentwicklung in den folgenden Jahrzehnten.[503] Schließlich enthielt es nicht nur die erste gesetzliche Kodifizierung des Aufführungsrechts in Deutschland.[504] Es markierte zudem die Wende weg von den Verlegerorientierten Privilegien, hin zu einem wirksamen Schutz für die Urheber, auch wenn dieser sich zunächst weitestgehend auf den Nachdruckschutz beschränkte.[505]

Das Gesetz kodifizierte erstmals das ausschließliche, übertragbare und vererbbare Recht der Veröffentlichung und Vervielfältigung.[506] So sprach § 19 den Komponisten die ausschließliche Befugnis zur Vervielfältigung musikalischer Kompositionen zu, während § 20 den Komponisten sogar das Bearbeitungsrecht vorbehielt. Dabei war man offensichtlich bis zuletzt bemüht, jeder grundsätzlichen Streitigkeit auszuweichen. So wird das Wort *Eigenthum* nur in Titel und Einleitung des Gesetzes in Anlehnung an den Bundesbeschluss von 1835 verwendet.[507]

Auch die zeitgenössische Literatur begrüßte das Gesetz einstimmig. Die spezifischen Regelungen zum Aufführungsrecht zogen allerdings einige Kritik auf sich.[508] Die *Allgemeine Preßzeitung* kritisierte etwa, es sei allgemein bekannt, dass der Bundesbeschluss zum Aufführungsrecht nicht ausreiche.[509]

---

502 *Gieseke,* Privileg, S. 241; *Ulmer,* Urheber- und Verlagsrecht, S. 58; *Rehbinder,* ZUM 1987, 328 (328); *Vogel,* GRUR 1987, 873 (875); *ders.,* Entwicklung des Urheberrechts, in: Geschichte des dt. Buchhandels, 122 (125).

503 *Loewenheim/Vogel,* Handbuch des Urheberrechts, § 2 Rn. 12; *Helmensdorfer,* UFITA 2001 II, 457 (464); *Wolf,* Aspekte des Urheberrechts, S. 30; *Dölemeyer,* Urheber- und Verlagsrecht, in: *Coing,* Handbuch, 3955 (4014).

504 *Wadle,* Aufführungsrecht, in: GE II, 278 (278); *Staats,* Aufführungsrecht und kollektive Wahrnehmung, S. 11; *Gülich,* Theaterautoren, S. 177; *Kawohl,* Urheberrecht in Preußen, S. 126; *Dölemeyer,* Urheber- und Verlagsrecht, in: *Coing,* Handbuch, 3955 (4014).

505 *Kawohl,* Urheberrecht in Preußen, S. 124; *Rigamonti,* Geistiges Eigentum, S. 33; *Seifert,* Kleine Geschichte(n) des Urheberrechts, S. 145; *Vogel,* GRUR 1987, 873 (875); *Wolf,* Aspekte des Urheberrechts, S. 30.

506 *Dölemeyer,* Urheber- und Verlagsrecht, in: *Coing,* Handbuch, 3955 (4014).

507 *Rigamonti,* Geistiges Eigentum, S. 34.

508 *Gieseke,* Privileg, S. 241.

509 *N. N.,* Allgemeine Preßzeitung 1844, Nr. 16, 23.2.1844, 61 (62).

Auch der Schriftsteller *Karl Gaillard* (1813–1851) beanstandete 1847 den unzureichenden Schutz der dramatischen Werke und grenzte sich dabei deutlich von den Komponisten ab:

> *„Wenn ein Bänkelsänger irgendwo acht Takte gestohlen hat, sie drucken läßt und sich einbildet, daß er sie wirklich erfunden, oder so frech ist, dies zu behaupten, und zwar das eine oder das andere in dem Maße, daß er vor Gericht einen Eid darauf leistet, so hat er sich in Deutschland ein durch schwere Strafen geschütztes Privilegium auf diese acht Takte erworben. Nimmt irgendeine Bühne ein im Druck erschienenes dramatisches Werk und bringt es zur Aufführung, um Geld damit zu verdienen, so würde der Dichter nach den bestehenden Gesetzen abgewiesen werden, wollte er bei irgend einem Gericht um Schutz gegen die Plünderung seines Eigentums einkommen.“*[510]

Sogar der prominente Strafrechtler und Verleger *Julius Hitzig* (1780–1849), der selbst am preußischen Gesetz mitwirkte[511] und dieses anschließend in einem Referentenkommentar fast euphorisch besprach, schlug eine weitergehende Regelung des Aufführungsrechts vor.[512]

Hitzig machte dabei sowohl theoretische als auch praktische Gründe für einen Schutz gedruckter Werke geltend.[513] Dabei griff er die Argumentation des preußischen Außenministeriums wieder auf, nach der die Aufführung eine spezifisch andere Benutzungsart sei als der Druck des Werkes.

Zudem lasse sich nur durch einen Schutz der Aufführung nach der Veröffentlichung der Handel mit Manuskripten wirksam unterbinden. Ansonsten sei der Urheber weiterhin gezwungen, sein Werk drei bis vier Jahre lang als Manuskript zu verkaufen.[514]

Hitzig ging darüber hinaus auch auf urheberpersönlichkeitsrechtliche Aspekte ein: Viele Werke würden durch die Direktoren und Regisseure mit der Absicht zerschnitten und verstümmelt, diese bühnengerecht zu machen. Hiergegen könnten die Autoren nicht vorgehen. Den Dramatikern wäre es also nie möglich, sich einer dramatischen Form zu bedienen, das Werk aber nicht auf der Bühne zu veröffentlichen. Dies schade nicht nur dem Ruf des Dichters, sondern auch dem Publikum und der dramatischen Kunst selbst.[515]

---

510 *Gaillard,* Stellung der dramatischen Dichter in Deutschland, 1847, S. 1; siehe auch: *Jakoby-Goldstand,* Dramatiker im Kampf um den Lohn ihrer Arbeit, S. 20.

511 *Seifert,* Kleine Geschichte(n) des Urheberrechts, S. 108 f.

512 *Hitzig,* UFITA Bd. 107, 1988, 163 (222, Fn. 1); vgl. *Gieseke,* UFITA 2006 I, 173 (180).

513 *Hitzig,* UFITA Bd. 107, 1988, 163 (222, Fn. 1).

514 *Hitzig,* UFITA Bd. 107, 1988, 163 (223, Fn. 1).

515 *Hitzig,* UFITA Bd. 107, 1988, 163 (224, Fn. 1).

Auf diese Argumentation wurde in den folgenden Jahren immer wieder zurückgegriffen. In einem Gutachten zu einer Revision des Gesetzes im Jahr 1850 beriefen sich die Motive sogar ausschließlich auf die Kommentierung von *Hitzig*.[516]

Die Enttäuschung der Beteiligten ist nachvollziehbar. Umfassende Vorschläge konnten nicht durchgesetzt werden und im Ergebnis wurde lediglich das Lebrun-Urteil unter Einbeziehung der musikalischen Werke ratifiziert.[517] Von einem eigenständigen Aufführungsrecht der heutigen Ausprägung war man noch weit entfernt.[518] Vielmehr entsprach die Regelung dem heutigen Erstveröffentlichungsrecht gemäß § 12 Abs. 1 UrhG.[519]

Das Gesetz verknüpfte weiterhin das Sacheigentum an der Werkausgabe mit dem Recht der Aufführung.[520] So wurde auch weitestgehend angenommen, dass bald Erweiterungen des Aufführungsrechtes folgen müssten.[521]

Dennoch darf nicht unterschätzt werden, welchen Fortschritt dieses Gesetz darstellte: Schließlich war die Annahme vieler Theaterunternehmer, der bloße Besitz eines Manuskripts berechtige sie schon zur Aufführung, widerlegt. Allein dadurch fiel eine große Hürde für die Etablierung eines umfassenderen Aufführungsrechtes weg.

Angesichts der sehr polemisch geführten Debatten in Preußen, in der *Kamptz* häufig eine sachbezogene Diskussion um das Aufführungsrecht verhinderte, indem er sich gegen jeglichen Schutz des geistigen Eigentums als solches aussprach, sowie der gegensätzlichen Wirtschaftsinteressen im Deutschen Bund, stellte jede Verabschiedung von urheberrechtlichen Regelungen einen Fortschritt dar.

Der Weg zu einem uneingeschränkten Aufführungsrecht, auch nach der Veröffentlichung des Werkes, war 1837 noch weit. Das preußische Gesetz stellte hierfür allerdings eine wichtige Grundlage dar, von der aus weitere Schritte folgten.

---

516 Dokument vom 28.10.1850, in: GStA PK, I. HA Rep. 76 (KultusM) Ve Sekt 1, Abt. XV, Nr. 40, Bd. 5, S. 5 (Händisch).

517 *Henzel*, Das Aufführungsrecht an Bühnen- und Tonkunstwerken, S. 5.

518 *Gieseke*, Privileg, S. 243.

519 *Wündisch*, Wagner und das Urheberrecht, S. 50; *ders.*, GRUR Int. 2007, 302 (303); *Wolf*, Aspekte des Urheberrechts, S. 47.

520 *Wündisch*, Wagner und das Urheberrecht, S. 50.

521 Siehe z.B. die Stellungnahmen Preußens und Sachsens in der Bundesversammlung: ProtBV 1840, § 229; ProtBV 1840, § 287; 1846, § 233.

Im Vergleich zur heutigen Rechtslage bot dieses Gesetz nur rudimentären Schutz. Das oberste Ziel Preußens lag darin, ein Modellgesetz zu schaffen, an dessen Grundsätzen sich die anderen Staaten orientieren sollten.[522] Um diesen Zweck zu erfüllen, wurden insofern wohl auch unbefriedigende Ergebnisse hingenommen.

Zudem war gerade bei musikalischen Werken fraglich, ob ein höherer Schutz überhaupt wünschenswert gewesen wäre: Die mögliche Durchsetzung eines uneingeschränkten Aufführungsrechts war noch völlig ungeklärt. Einer individuellen Rechteverwertung standen erhebliche Schwierigkeiten gegenüber.

So existierte weder in Deutschland, noch in anderen Ländern, eine Verwertungsgesellschaft für musikalische Werke.[523] In Deutschland fehlte es außerdem noch an einem ausgeprägten öffentlichen Konzertwesen, welches die Voraussetzung zur ökonomisch sinnvollen Wahrnehmung des musikalischen Aufführungsrechts darstellte.[524]

522 *Hitzig*, UFITA Bd. 107, 1988, 163 (219 ff.).

523 Die 1829 gegründete Société des Auteurs et Compositeurs Dramatiques (SACD) beschränkte sich in Frankreich auf den Schutz der Schriftsteller.

524 Siehe unten: D.I.4.b).

D. Das eingeschränkte Aufführungsrecht

Mitte des 19. Jahrhunderts kam es in Preußen und im Deutschen Bund zu einer deutlichen Ausweitung des Aufführungsrechts.

Dem gingen Entwicklungen in Gesetzgebung und Rechtsprechung in Sachsen, Österreich und Frankreich sowie auch die ersten Tantiemenzahlungen voraus (I.), die zunächst dargestellt werden sollen. Anschließend wird der Gesetzgebungsprozess in Preußen (II.) sowie im Deutschen Bund (III.) dargestellt.

I. Allgemein

Wenige Jahre nach Inkrafttreten der ersten, schwer umkämpften urheberrechtlichen Gesetze hatte sich die Debatte entschärft. So sah schon der Grundrechtsteil der Paulskirchenverfassung von 1848 explizit den Schutz des geistigen Eigentums durch die Reichsgesetzgebung vor.[525] Obwohl diese Verfassung nie Wirksamkeit entfalten sollte, ist hier abzulesen, dass sich die Idee des Schutzes geistiger Werke etabliert hatte.

Noch in den Fünfziger- und Sechzigerjahren des 19. Jahrhunderts stritt die Rechtswissenschaft heftig um die Begründung des urheberrechtlichen Schutzes. Dabei standen sich auf der einen Seite die Theorie des geistigen Eigentums und auf der anderen Seite die Lehre vom Persönlichkeitsrecht gegenüber.[526] Die Berechtigung des Autorenschutzes an sich wurde nicht mehr infrage gestellt.[527] Die urheberrechtlichen Gesetzgebungsvorhaben konnten daher wesentlich sachbezogener diskutiert werden, zumal diese Debatten nicht auf das Aufführungsrecht eingingen.

Ab den Fünfzigerjahren des 19. Jahrhunderts wurde in Folge der Wechselwirkungen zwischen Bundesbeschlüssen und Partikulargesetzgebungen von einem allgemein etablierten Urheberrecht im Deutschen Bund gesprochen.[528] Einige dieser Partikulargesetze betrafen auch Details des Aufführungsrechts.

525 § 164, S. 3 der Verfassung des Deutschen Reiches von 1849.

526 Siehe dazu: *Dölemeyer/Klippel,* Der Beitrag der deutschen Rechtswissenschaft, S. 185 ff.

527 *Wadle,* Weg zum gesetzlichen Schutz, in: GE II, 3 (50).

528 *Dölemeyer,* Urheber- und Verlagsrecht, in: *Coing,* Handbuch, 3955 (4015).

1. Sächsische Gesetzgebung von 1844 und 1846

Bereits Ende 1842 wurde die Diskussion um ein Aufführungsrecht in Sachsen wieder aufgenommen.

In der *Petition an die hohe Ständeversammlung des Königreichs Sachsen: um Herstellung eines angemessenen und wirksamen Rechtsschutzes für das Eigenthum deutscher dramatischer Autoren u. Opern-Componisten an ihren Werken gegenüber den Bühnen-Direktionen* kritisierten die Urheber die unzureichende Rechtslage, welche „*in hohem Grade einer Vervollständigung*" bedürfe.[529] Schließlich verzögerten viele Bühnen die „*Aufführung so lange, bis es im Druck erschienen, und der Autor dann eines Honorarrechtes verlustig ist.*"[530] Zwar hätten einzelne Theater Tantiemenzahlungen eingeführt, diese müssten aber ausgeweitet werden.[531]

Das sächsische Gesetz von 1844[532] enthielt noch keinerlei Regelung des Aufführungsrechts.

Daraufhin wurde 1846 ein Gesetzentwurf „*den Schutz dramatischer und musikalischer Werke gegen unbefugte Aufführung betreffend*"[533] diskutiert. Dieser entsprach im Schutzumfang zunächst den bestehenden Regelungen in Preußen und dem Deutschen Bund von 1837 und 1841.

Nachdem der Entwurf die erste Kammer der sächsischen Ständeversammlung passiert hatte, ging bei der zweiten Kammer eine weitere Petition ein, in der 47 Schriftsteller und Komponisten für eine Ausweitung ihrer Rechte eintraten.[534]

Daraufhin nahm der zuständige Ausschuss einige Änderungen an dem Entwurf vor. Demnach sollten auch gedruckte Werke geschützt werden können, soweit der Urheber sich das Aufführungsrecht durch eine Erklärung auf dem Titelblatt des Werkes, dem Aufführungsvorbehalt, sicherte. Zudem sollte die Schutzdauer auf zehn Jahre nach dem Tod des Autors ausgeweitet werden.[535]

Die zweite Kammer erklärte sich grundsätzlich mit diesen Änderungen einverstanden, wollte das Aufführungsrecht jedoch auf „*Opern, Singspiele u. dgl.*

529 Petition an die hohe Ständeversammlung, S. 3.
530 Petition an die hohe Ständeversammlung, S. 4.
531 Petition an die hohe Ständeversammlung, S. 5.
532 Gesetz, den Schutz der Rechte an literarischen Erzeugnissen und Werken der Kunst betreffend, vom 22.2.1844, Druck in: Allgemeine Preßzeitung 1844, Nr. 20, 8.3.1844, S. 77 ff.
533 Druck in: Allgemeine musikalische Zeitung (AmZ) Bd. 48, Nr. 3, 21.1.1846 Sp. 33-35.
534 AmZ 1846, Bd. 48, Nr. 30, 29.7.1846, Sp. 498.
535 AmZ 1846, Bd. 48, Nr. 3, 21.1.1846, Sp. 33 ff.

[...] *nicht aber auf andere, für die Bühne nicht bestimmte Compositionen*"[536] ausweiten. Rein musikalische Werke wären demnach vom Schutz ausgeschlossen gewesen.

Die erste Kammer nahm diese Vorschläge nur in Teilen an. Obwohl sie der Ausweitung der Schutzfrist zustimmte und dafür eintrat, auch Oratorien in den Schutz mit einzubeziehen, sprach sie sich dennoch gegen die Ausdehnung des Aufführungsrechts auf gedruckte Werke aus.[537]

Da die zweite Kammer daraufhin von der Ausweitung des Aufführungsrechts auf gedruckte Werke abrückte, kam es in Sachsen, von der Schutzfrist abgesehen, durch das *Gesetz zur weiteren Ausführung des Bundesbeschlusses über den Schutz musikalischer und dramatischer Werke gegen unbefugte Aufführungen*[538] vom 27. Juli 1846 nicht zu einer Ausweitung des Aufführungsrechts.[539]

Nichtsdestoweniger schützte das sächsische Gesetz, wie im Übrigen auch das Braunschweiger *Gesetz zum Schutz des Eigenthums an Werken der Wissenschaft und Kunst* vom 10. Februar 1842[540], ausdrücklich neben den dramatischen Werken auch musikalische Werke gegen die unbefugte Aufführung.

2. Österreichisches Gesetz von 1846

Auch in Österreich wurde die Regelung des Aufführungsrechts diskutiert. Trotz der Ratifizierung des Bundesbeschlusses vom 22. April 1841 am 15. Mai 1841 und des Abschlusses des Staatsvertrags mit Sardinien fehlte es weiterhin an einer eigenen, inländischen Nachdruckgesetzgebung.

Nach wie vor forcierte *Metternich* den Gesetzgebungsprozess und schlug am 17. August 1842 ein Aufführungsrecht für dramatische Werke auch nach Drucklegung vor.[541] Explizit begründete er dies mit der Notwendigkeit der Urheber, ihre Werke auf doppelte Weise verwerten zu können. Diese seien angesichts der ungenügenden Aufführungshonorare auch auf die Einnahmen aus dem Verlagsvertrag angewiesen.

536 AmZ 1846, Bd. 48, Nr. 30, 29.7.1846, Sp. 499.

537 AmZ 1846, Bd. 48, Nr. 30, 29.7.1846, Sp. 500.

538 Druck in: AmZ 1846, Bd. 48, Nr. 44, 7.10. 1846, Sp. 666 ff.

539 "§ 1. Das ausschließende Recht, die Erlaubniß zur öffentlichen Aufführung eines noch nicht durch den Druck veröffentlichten dramatischen oder musikalischen Werkes zu ertheilen, steht dem Autor lebenslänglich und seinen Erben oder dessen Rechtsnachfolgern noch Zehn Jahre nach seinem Tode zu."

540 *Volkmann*, Zusammenstellung der gesetzlichen Bestimmungen, S. 45.

541 *Schuster*, Urheberrecht der Tonkunst, S. 221.

An eben jenem Tag empfing *Metternich* auch *Robert* und *Clara Schumann* in seiner Residenz in Königswart. Dies könnte den Schluss nahelegen, die *Schumanns* hätten sich bei dieser Gelegenheit erfolgreich für das Aufführungsrecht eingesetzt. Die Tagebuchaufzeichnungen *Robert Schumanns* sprechen jedoch dagegen. Zwar äußert sich *Schumann* enthusiastisch über *Metternich*, seine Zusammenfassung des Treffens enthält allerdings keinen Hinweis darauf, dass auf dem Treffen auch rechtliche Aspekte besprochen wurden.[542]

Metternich konnte sich aber mit seiner Forderung nach einem Schutz des Aufführungsrechts nach der Veröffentlichung des Werkes nicht durchsetzen. Der anschließend erstellte Entwurf von 1843 sah diese Ausweitung des Aufführungsrechts nämlich nicht vor. Stattdessen rechtfertigten die Motive des Entwurfs ausführlich den Schutz musikalischer Werke, in ausdrücklicher Abgrenzung zu *Metternichs* Vorschlag, der sich nur auf dramatische Werke bezog:

> „*Warum sollte z. B. eine Symphonie von Beethoven, ein Oratorium von Haydn oder Mendelssohn-Bartholdy, ein musikalisches Schlachten-gemälde von Weber u. dgl. nicht auf gleichen gesetzlichen Schutz Anspruch haben, wie ein Theatersingspiel oder die erste beste Operette*“.[543]

Das am 19. Oktober 1846 verabschiedete Gesetz schützte daher auch musikalische Werke gegen die öffentliche Aufführung. Zudem trat es der „*zum Teil mit gränzenloser Unverschämtheit*“ erfolgten Ausnutzung der Autoren durch die Theaterunternehmer, auch durch die eingeübte betrügerische „*Veruntreuung*“ des Manuskriptes,[544] noch etwas weiter als das preußische Gesetz entgegen. Auch nach dem Druck einzelner Exemplare konnte der Autor sich das Recht an der Aufführung vorbehalten, solange er die gedruckten Werke ausdrücklich als Manuskript bezeichnet hatte.[545]

§ 8 des österreichischen Patents, *in Betreff des Schutzes des literarischen und artistischen Eigenthums gegen unbefugte Veröffentlichung, Nachdruck und Nachbildung*[546] bestimmte:

---

542 *Schumann*, Tagebücher, Bd. 2 (1836 – 1854), S. 241 ff.

543 Zit. nach: *Schuster*, Urheberrecht der Tonkunst, S. 227.

544 Aus den Motiven des österreichischen Entwurfs von 1843, zit. nach: *Schuster*, Urheberrecht der Tonkunst, S. 219 f.

545 *Reiners*, Das Bühnenwerk, S. 43; *Gülich*, Theaterautoren, S. 196; *Helmensdorfer*, UFITA 2001 II, 457 (469).

546 Gesetz zum Schutze des literarischen und artistischen Eigenthums gegen Veröffentlichung, Nachdruck und Nachbildung, S. 6 (Händisch).

> *„Zu den ausschließenden Rechte des Urhebers eines musikalischen oder dramatischen Werkes (§. 2) gehört auch jenes der öffentlichen Aufführung (Production) und es ist diese vor Ablauf der gesetzlichen Schutzfrist (§. 23 und 24) sowohl im Ganzen, als mit Abkürzungen oder unwesentlichen Abänderungen ohne Einwilligung des Autors oder seiner Rechtsnachfolger in so lange verboten, als das Werk nicht durch den Druck oder Stich veröffentlicht worden ist.*
> *Als eine solche Veröffentlichung ist nicht anzusehen, wenn der Autor einzelne in Druck gelegte Exemplare als Manuscript ausgibt, und das ausdrücklich auf den Exemplaren ersichtlich ist.* […]“[547]

Die Aufführung sollte also erst ab der tatsächlichen Veröffentlichung des Werkes im Buchhandel, nicht bereits durch die bloße Drucklegung, freigestellt werden.[548]

Die Klausel bestimmt jedoch nicht, dass Opern auch nach dem Druck nur mit der Zustimmung der Komponisten aufgeführt werden durften.[549] Außerdem konnten die Urheber die Klausel nicht als einen allgemeinen Vorbehalt des Aufführungsrechtes nutzen, indem sie jedem Werkexemplar den Vermerk, *als Manuskript gedruckt*, anbrachten.[550]

Dennoch bedeutete sie in der Praxis eine wesentliche Erleichterung für die Komponisten. Erstmals stand ihnen nun eine rechtliche Handhabe gegen den oben beschriebenen *Manuskriptendiebstahl* zur Verfügung. Somit konnten auch gedruckte Werke im Deutschen Bund vom Schutz gegen unbefugte Aufführung erfasst werden.

Diese Klausel ist demnach „*Taschenspielertrick*“[551] und Notbehelf in einem. Schließlich billigte der Vermerk den Urhebern ein Aufführungsrecht auch nach dem Druck des Werkes zu, obwohl ein Aufführungsrecht nach der Veröffentlichung durch den Druck ausdrücklich verneint wurde.

Demzufolge konnte nach Anbringen des Vermerks „*als Manuskript gedruckt*“ ein Werk auch gedruckt werden, ohne dabei für die Aufführung freigegeben zu werden.

---

547 Gesetz zum Schutze des literarischen und artistischen Eigenthums gegen Veröffentlichung, Nachdruck und Nachbildung, S. 6 (Händisch); vgl: *Harum*, Österreichische Pressgesetzgebung, S. 275 f.

548 *Harum*, Österreichische Preßgesetzgebung, S. 175.

549 So aber: *Walter*, Die Oper ist ein Irrenhaus, S. 221.

550 *Harum*, Österreichische Preßgesetzgebung, S. 176, befürwortet die preußische Regelung von 1854, die einen solchen Vorbehalt enthielt. Im Umkehrschluss beinhaltete das österreichische Gesetz dies nicht.

551 *Helmensdorfer*, UFITA 2002 III, 825 (832 f.).

3. Die SACEM und das Zuckerwasser

Auch in Frankreich entwickelte sich das Aufführungsrecht für musikalische Werke erst mit Verzögerung. Nachdem die Gesetze von 1793 nur die dramatischen Werke geschützt hatten, wurde dies 1834 zunächst nur auf die konzertante Aufführung von Opern ausgeweitet.[552]

Erst Mitte des 19. Jahrhunderts wurden in Frankreich in Folge eines Urteils des Pariser Gerichtshofes auch die übrigen musikalischen Werke geschützt.[553]

Das diesem Urteil vorausgehende Geschehen wird im Folgenden dargestellt.

a) Die Bourget-Prozesse[554]

In Paris waren Mitte des 19. Jahrhunderts sog. Cafékonzerte besonders beliebt. Oft querfinanziert durch einen geringen Aufschlag auf die Getränke spielten kleinere Orchesterbesetzungen gefällige Musik.

Besonders bekannt und geschätzt waren die Kompositionen von *Ernest Bourget* (1814–1864). Dieser besuchte eines Tages das Konzertcafé *Les Ambassadeurs* und hörte dabei zufälligerweise im Hintergrund seine eigenen Kompositionen. Daraufhin weigerte er sich, für das von ihm konsumierte Zuckerwasser, zuzüglich eines Aufpreises für die Musik, zu zahlen. Wenn man von ihm verlange, dass seine Musik unentgeltlich gespielt würde, so dürfe er wiederum unentgeltlich essen und trinken.[555]

Der Wahrheitsgehalt dieser Geschichte lässt sich heute leider nicht mehr ermitteln.[556] Denn es kursiert auch eine abweichende Version, nach der *Bourget* den Betreiber des *Café Morel* verklagte.

---

552 *Sprang,* Grand Opera, S. 56 ff.

553 *Schmidt,* Tantiemenbewegung, S. 83, Fn. 113.

554 U. a. dargestellt in: *Schulze,* Urheberrecht der Musik, S. 41 ff.; *Unger,* Die Entwicklung der Musikindustrie und die Rolle der Medien, S. 11; *Dümling,* Musik hat ihren Wert, S. 25; *Melichar,* Die Wahrnehmung von Urheberrechten durch Verwertungsgesellschaften, S. 1 ff.; *Keiderling,* Die VG-Wort, S. 21; *Seifert,* Kleine Geschichte(n) des Urheberrechts, S. 233 f.; *Schwab,* Urheberverwertungsgesellschaften in Frankreich, S. 38.

555 *Dümling,* Musik hat ihren Wert, S. 25; *Schulze,* Urheberrecht der Musik, S. 41 ff.; *Unger,* Die Entwicklung der Musikindustrie und die Rolle der Medien, S. 11; *Melichar,* Die Wahrnehmung von Urheberrechten durch Verwertungsgesellschaften, S. 1 ff.; *Keiderling,* Die VG-Wort, S. 21; *Seifert,* Kleine Geschichte(n) des Urheberrechts, S. 233 f.; *Schwab,* Urheberverwertungsgesellschaften in Frankreich, S. 38.

556 *Albinsson,* A Costly Glass of Water, 59 (61).

Auch hier ist der Sachverhalt ähnlich skurril:[557] *Bourget* wollte eine Aufführung eigener Werke im *Café Morel* besuchen und gedachte nur ein Zuckerwasser zu trinken. Da dies dem Personal jedoch nicht lohnend genug erschien, wurde *Bourget* des Cafés verwiesen. *Bourget* beklagte sich bitter in einem Brief an *Morel* und verlangte, dass seine Musik fortan nicht mehr gespielt werden dürfe.

Sicher ist, dass *Bourget* sowohl die Eigentümerin des *Les Ambassadeurs*, als auch den Eigentümer des *Café Morel* verklagte. Während die Eigentümerin des *Les Ambassadeurs* freigesprochen wurde, als *Bourget* ihr gegenüber sein Verlangen auf Unterlassen nicht erklärt hatte, wurde Monsieur *Morel* 1847 auf Unterlassung verurteilt. 1848 klagte *Bourget* zudem erfolgreich auf Schadensersatz. Ein Jahr später sicherte auch die von *Morel* angerufen Berufungsinstanz *Bourget* diesen Anspruch zu.[558]

b) Gründung der SACEM

Ermutigt durch dieses Urteil, gründete *Bourget* am 18. März 1850 mit den Dramatikern *Victor Parizot* (1819–1866) und *Paul Henrion* (1819–1901) und der finanziellen Unterstützung des Verlegers *Jules Colombier* (1809–1884) eine Zentralstelle für die Wahrnehmung der Rechte der Autoren und Komponisten – die Agence Centrale pour la perception des droits des auteurs et compositeurs de musique.[559] Diese wurde 1851 von der Gesellschaft der Autoren, Komponisten und Musikverleger, der Société des Auteurs, Compositeurs et Éditeurs de Musique (SACEM) ersetzt.[560]

Mitnichten darf angenommen werden, dass die Idee der Verwertung von Aufführungsrechten eines Nachmittags im Café entdeckt wurde und anschließend reibungslos umgesetzt werden konnte.

Ganz zu schweigen von der Entwicklung in Deutschland, war auch das Aufführungsrecht in Frankreich keineswegs unumstritten. Bereits in den ersten Jahren ihres Bestehens wurde die SACEM für ihre rigorose Rechtsdurchsetzung stark kritisiert.[561] So erhob die SACEM etwa Gebühren von Komponisten, die

---

557 Folgende Nacherzählung folgt: *Albinsson,* A Costly Glass of Water, 59 (62 ff.).

558 *Albinsson,* A Costly Glass of Water, 59 (65).

559 *Piakowski*, Collective Management in France, in: *Gervais,* 169 (172); *Seifert,* Kleine Geschichte(n) des Urheberrechts, S. 233 f.; *Schwab,* Urheberverwertungsgesellschaften in Frankreich, S. 38.

560 *Seifert,* Kleine Geschichte(n) des Urheberrechts, S. 233 f.; *Schwab,* Urheberverwertungsgesellschaften in Frankreich, S. 39; *Schulze,* Geschätzte und geschützte Noten, S. 15.

561 *Sprang,* Grand Opera, S. 163 ff.

auf Benefizkonzerten ihre eigenen Werke aufführten. Dies sorgte auch innerhalb der SACEM für Streitigkeiten.[562] Auch kam es in Frankreich noch 1888 und 1893 zu Gesetzesentwürfen, die eine deutliche Einschränkung des Aufführungsrechts vorsahen.[563]

Es mag erstaunen, dass Urheber und Verlage gemeinschaftlich in der SACEM involviert waren. Immerhin stand das Aufführungsrecht originär den Komponisten und nicht den Verlegern zu. Zunächst haben jedoch nur die Verlage Forderungen für die konzertante Aufführung von den bei ihnen verlegten Stücken geltend gemacht. Als die Komponisten begannen, sich gemeinsam für die Wahrnehmung ihrer Rechte zu engagieren, wandten die Verleger ein, aus Gewohnheitsrecht an der Verwertungsgesellschaft beteiligt werden zu müssen.[564]

Da eine Bündelung der Kräfte für beide Seiten Vorteile bot, ließen die Komponisten die geteilte Rechtewahrnehmung zu. Vereint konnten Komponisten und Verlage nun noch entschiedener und stärker gegenüber den Bühnen auftreten, ohne sich bei der Rechtewahrnehmung durch gegenseitige Streitigkeiten zu behindern.[565]

Ohnehin waren die Komponisten und Verleger, nicht nur in Frankreich, auf einander angewiesen.[566] Nur die Infrastruktur der Verlage ermöglichte den Komponisten den teuren Druck ihrer Werke. Zudem war es für die Komponisten schwierig, die Aufführungsrechte selbst wahrzunehmen. Auch diese Aufgabe übernahmen die Verlage häufig.[567]

4. Aufkommende Tantiemenzahlungen in Deutschland

In den Jahren nach der ersten Kodifizierung des Aufführungsrechts kam es auch in Deutschland immer öfter zu Zahlungen von Tantiemen an Autoren und Komponisten.

Dies stellte allerdings keineswegs ein Novum dar. Bereits 1822 machte das Wiener Hoftheater *Carl Maria von Weber* das Angebot, für die Oper *Euryanthe* ein fortlaufendes Honorar zu beziehen. Doch *Weber* lehnte ab, schließlich könne

562 *Sprang,* Grand Opera, S. 163 ff.

563 *Opet,* Theaterrecht, S. 283, m. w. N.

564 *Sprang,* Grand Opera, S. 161.

565 *Sprang,* Grand Opera, S. 161; *Schwab,* Urheberverwertungsgesellschaften in Frankreich, S. 39.

566 *Unverricht,* Autor – Komponist – Musikverleger, in: FS Vötterle, 562 (576); *Beer,* Musikverlagswesen, 3 (10).

567 Siehe: F.I.4.

eine nachträgliche Entlohnung „*leicht Ursache zu Verstimmungen*“[568] geben. Offensichtlich war *Weber* die Tantieme zu diesem Zeitpunkt noch unbekannt. Meist ließen sich die Komponisten die Aufführungsrechte pauschal abkaufen.[569]

1839 führte das Wiener Burgtheater eine erste ausformulierte Tantiemenregelung ein, diese lautete:

> „*Der Verfasser eines Originalwerks erhält ohne Rücksicht, ob dasselbe gedruckt oder noch im Manuscript sei, auf Lebenszeit von der bei den Vorstellungen seines Products auf dem k.k. Hofburgtheater sich ergebenden Bruttoeinnahme, zu welcher auch der von dem jährlichen Abonnement auf den Theaterabend entfallende Quotient gerechnet werden wird, nachbenannte Antheile: a) für ein, den ganzen Theaterabend ausfüllendes Stück 10 Procent; b) für ein Stück, welches, um den Abend zu füllen, eines einactigen Vor= oder Nachspiels bedarf, 6 Procent; c) für ein Stück, welches hierzu eines mehractigen Vor= oder Nachspiels bedarf, 3 Procent.*“[570]

§ 2 der Wiener Tantiemenregelung bestimmte, dass auch die Erben noch zehn Jahre nach dem Tod des Urhebers von eben dieser Regelung profitieren sollten. Kurz darauf zogen weitere Bühnen mit ähnlichen Regelungen nach, wie z.B. das Hamburger Stadttheater 1841[571] und die Königlichen Schauspiele in Berlin 1844.[572]

a) Frustration über die geringe Entlohnung

Obwohl die Regelung für das Hamburger Theater eine Verdoppelung der Ausgaben für Manuskripte und Partituren zur Folge hatte, konnte sie für die Komponisten kaum zufriedenstellend sein.

So erhielt *Wagner* nach der zehnten Vorstellung seiner Oper *Rienzi* im August 1844 63 Prozent dessen, was der Hauptdarsteller *Tichatschek* für eine Vorstellung erhielt. Am Ende der Spielzeit erhielt *Wagner* für die Komposition, Einstudierung des Werkes sowie das Dirigat einiger Vorstellungen deutlich weniger als *Tichatschek* für drei Abende, und war damit, im Vergleich zu anderen Komponisten, immer noch gut bedient.[573]

---

568 *Wolf*, Aspekte des Urheberrechts, S. 128.
569 *Wolf*, Aspekte des Urheberrechts, S. 129.
570 Druck in: Allgemeine Preßzeitung, 1844 Nr. 19, 5.3.1844, S. 76.
571 *Walter*, Die Oper ist ein Irrenhaus, S. 217.
572 Druck in: *Walter*, Die Oper ist ein Irrenhaus, S. 219 f.
573 *Walter*, Die Oper ist ein Irrenhaus, S. 218.

Ähnlich ging es vielen Dramatikern. *Karl Gutzkow* schrieb 1852 frustriert:

> „*Zopf und Schwert hat hier* [in Dresden] *mindestens schon 6000 Thaler eingebracht, ich erhielt 55 Rth. Man kann daraus eine Gleichung machen: Der Hochmuth und die Selbstgefälligkeit der deutschen Bühne verhält sich zu ihrer Berücksichtigung der Literatur wie 6000 zu 55.*“[574]

Acht Jahre später bilanzierte *Gutzkow*:

> „*Für Zopf und Schwert habe ich von sämtlichen deutschen Bühnen 1200 Taler eingenommen. Ein französischer Autor hätte mit einem so einschlagenden Stück 12,000 Taler gewonnen.*“[575]

Die Einkünfte aus Tantiemen stellten somit allenfalls einen attraktiven Nebenerwerb dar.[576] Meist mussten die Autoren und Komponisten zwischen der einmaligen Entlohnung und der Zahlung von Tantiemen wählen.[577] So empfahl *E. T. A. Hoffmann* bereits 1816 dem Dichter *Fouqué*, das Aufführungsrecht an seinen Dichtungen pauschal an die Berliner Bühne zu verkaufen. So könne er sich den Ärger ersparen, mit anderen Bühnen verhandeln zu müssen.[578]

Für die Urheber bot die Wahl der Tantieme hingegen, sofern keine weiteren Vereinbarungen wie Mindestspieldauer etc. getroffen waren, auch die Gefahr, keine Entlohnung zu erhalten.[579]

b) Möglichkeit einer deutschen Verwertungsanstalt

Nun stellt sich für den deutschen Rechtsraum die Frage, wieso die Urheber nicht, dem französischen Vorbild folgend, eine eigene Verwertungsanstalt gegründet haben, um ihre Aufführungsrechte kollektiv zu verwerten.

Dem stand einerseits entgegen, dass das Aufführungsrecht nur bis zur Drucklegung gesichert war. Andererseits verfügten die Urheber durch die Herauszögerung der Drucklegung[580] oder der Beschränkung des Druckes auf den Klavierauszug an Mitteln[581], sich das Aufführungsrecht über einen längeren Zeitpunkt vorzubehalten.

---

574 *Karl Gutzkow* am 19.1.1852 an *Feodor Wehl*, zit. nach: *Friesen*, Karl Gutzkow und der Buchhandel, Sp. 1493 (1532).

575 Zit. nach: *Friesen*, Karl Gutzkow und der Buchhandel, Sp. 1493 (1532).

576 *Wolf*, Aspekte des Urheberrechts, S. 130; *Jährig-Ostertag*, Das dramatische Werk, S. 25.

577 *Walter*, Die Oper ist ein Irrenhaus, S. 218.

578 *Alfred Hoffmann*, E. T. A. Hoffmann, S. 223; vgl. *Sprang*, Grand Opera, S. 61.

579 Wie *Lortzing* im Jahr 1846 bei seinem Waffenschmied, s.a.: *Wolf*, Aspekte des Urheberrechts, S. 128.

580 Siehe: B.V.5.b)cc).

581 Siehe: B.V.5.d).

Allerdings ist auffallend, dass es in Deutschland keine Bestrebungen gab, dem französischen Vorbild zu folgen. Vielmehr bezog sich die Petition der Dramatiker und Komponisten aus dem Jahr 1834 lediglich auf das dramatische und *dramatisch-musikalische* Aufführungsrecht, nicht jedoch auf das Aufführungsrecht für rein-musikalische Werke.[582]

Eine Erklärung lässt sich dabei aus der ökonomischen Analyse der Voraussetzungen für die Verwertung des Aufführungsrechts ableiten. *Staffan Albinsson* stellt die Hürden für das Aufführungsrecht anhand der Transaktionskosten für Vertragsabschlüsse zwischen Autoren und Bühnen dar.[583]

Transaktionskosten entstanden demnach durch die Verwertung des Aufführungsrechts auf drei Wegen:[584] Erstens entstand die Notwendigkeit, alle Werke zentral zu erfassen, um bekannt zu machen, wem welche Rechte zustanden. Zweitens entstanden zwangsläufig Verhandlungskosten zwischen Bühnen und Rechteinhabern. Drittens mussten die Urheber die Überwachung und Verfolgung nicht lizenzierter Aufführungen organisieren.

In seiner Analyse stellt *Albinsson* fest, dass die Transaktionskosten für Opernproduktionen insgesamt vergleichsweise gering ausfielen, da es sowohl wenige Produktionen als auch wenige Spielorte gab. Ähnlich stellte sich dies bei dramatischen Werken dar, obwohl deren Aufführungen im Vergleich zu Opernproduktionen mit etwas weniger Aufwand verbunden waren und daher an mehreren Spielorten vorkamen, was größere Transaktionskosten der zweiten und dritten Kategorie zur Folge hatte.[585]

Vor allem im Verhältnis zu musikalischen Aufführungen blieb die Anzahl der möglichen Spielorte hingegen überschaubar. Letztere waren bereits durch einen einzigen Aufführenden möglich, der zudem einen ganzen Abend mit vielen kurzen Stücken verschiedener Komponisten gestalten konnte, was die Transaktionskosten zusätzlich in die Höhe steigen ließ.[586]

Die Höhe der Transaktionskosten wird am Beispiel des italienischen Komponisten *Giuseppe Verdi* (1813–1901) deutlich. Dieser erhielt von seinem Verleger *Ricordi* nur 30 Prozent der Einnahmen für die Leihe der Aufführungsmaterialien an Bühnen. *Ricordi* begründete dies ausdrücklich mit den hohen Transaktionskosten für die vielen angestellten Agenten zur Überwachung der Provinzbühnen

582 Siehe: C.II.4.

583 *Albinsson,* The Advent of Performing Rights in Europe, S. 7 f.

584 *Albinsson,* The Advent of Performing Rights in Europe, S. 7; *D'Albert,* Verwertung, S. 22.

585 *Albinsson,* The Advent of Performing Rights in Europe, S. 7 f.

586 *Albinsson,* The Advent of Performing Rights in Europe, S. 7 f.; *Sprang,* Grand Opera, S. 61; *D'Albert,* Verwertung, S. 25 ff.

und Anwälte in den großen Städten, um Auseinandersetzungen über die Aufführungsverträge führen zu können.[587]

Angesichts dieses großen Überwachungsaufwands bedurfte die lohnende Verwertung der musikalischen Aufführungen einer Vielzahl von tantiemenpflichtigen Aufführungen.[588] Im Gegensatz zu Italien, wo es im Jahr 1882 zur Gründung der Verwertungsgesellschaft SIAE (*Societa Italiane degli Autori e degli Editori*) kam,[589] war das Erreichen dieser Schwelle in Deutschland noch in weiter Ferne.

Die ökonomischen Hürden des musikalischen Aufführungsrechts sanken erst im Verlauf des 19. Jahrhunderts, als die Nachfrage nach Musik parallel zum Durchschnittseinkommen der Bürger anstieg.[590] Erst in der Folge begannen auch die Komponisten, sich für die Ausweitung des musikalischen Aufführungsrechts einzusetzen und die Gründung einer Verwertungsanstalt zu forcieren.

c) Willkürliche Tantiemenzahlungen

Um einen allgemeinen Anspruch auf Tantiemenzahlungen auch nach Veröffentlichung des Werkes durchzusetzen, bedurften die Urheber weiter der Hilfe durch den Gesetzgeber.[591]

Beachtlich ist in diesem Sinne § 3 der *Bekanntmachung* des Königlichen Theaters in Berlin, wonach die Auszahlung des Anteils der Autoren an der Einnahme nur bei „*deutschen Originalwerken*“ stattfinde, „*welche, nach einem deutschen Text componirt, auf einer Bühne Deutschlands zuerst zur Darstellung kommen; bei Uebersetzungen und Bearbeitungen findet der Autorenantheil nicht statt*“.[592]

Französische und italienische Opern waren somit, unabhängig von der Nationalität des Komponisten, von der Tantiemenregelung ausgeschlossen. Auch *Giacomo Meyerbeer*, 1842 zum Generalmusikdirektor der Berliner Oper ernannt, erhielt daher für seine sehr erfolgreiche, aber auf französisch uraufgeführte Oper *Der Prophet* keine Tantiemen.[593]

---

587 *Scherer*, Quarter Notes and Bank Notes, S. 179.

588 *Albinsson*, The Advent of Performing Rights in Europe, S. 7 f.; *Sprang*, Grand Opera, S. 61; *Schwab*, Urheberverwertungsgesellschaften in Frankreich, S. 36 f.

589 *Freundenberg*, in: Möhring/Nicolini, UrhR, WahrnG, § 1 Rn. 6; *Santoro*, Geschichte des Buchhandels in Italien, S. 152.

590 *Scherer*, Quarter Notes and Bank Notes, S. 47 f.

591 *Jährig-Ostertag*, Das dramatische Werk, S. 30.

592 Druck in: *Walter*, Die Oper ist ein Irrenhaus, S. 220.

593 *Walter*, Die Oper ist ein Irrenhaus, S. 221.

Zweck der Regelung war somit einerseits die Achtungsbezeugung für die Erfolge des Autors.[594] Andererseits diente sie aber vor allem als Mittel um *„das Loos der vaterländischen Schriftsteller und Componisten zu verbessern"*.[595] Die Zahlungen stellten also vielmehr ein national motiviertes, willkürliches finanzielles Entgegenkommen als eine Reaktion auf die Gesetze von 1837 und 1841 dar.[596]

Nicht zuletzt konnten sich die Theater durch die Tantiemen auch gegen Fehlkalkulationen absichern, schließlich waren nur bei einem Erfolg der Aufführungen Zahlungen an die Autoren vorgesehen.

5. Der Aufführungsvorbehalt

Mitte des 19. Jahrhunderts erhielten Partiturvermerke, mit denen sich die Urheber das Aufführungsrecht auch nach der Veröffentlichung vorbehielten, immer größere Anerkennung an den Theatern.[597]

Bereits in Sachsen und Österreich im Vorfeld der Gesetze von 1846 als Ausweitung des Aufführungsrechts nach der Veröffentlichung erwogen, brachte *Richard Wagner* ab 1852 bei seinen Arbeiten stets einen solchen Vorbehalt an. Auf diese Weise geschützt ließ *Wagner* die Werke anschließend von einem Theateragenten vermarkten.[598] Dabei machte er aber auch deutlich, dass es ihm nicht allein um den bestmöglichen Profit aus den Aufführungsrechten ging.

So lässt sich die Idee der Bayreuther Festspiele auch auf das noch nicht vollständig ausgebildete Aufführungsrecht zurückführen. *Wagner* litt regelrecht unter der schlechten Qualität mancher Darstellung seiner Opern. Oft waren die Bühnen nicht in der Lage, die mehrstündigen, opulenten Werke komplett und in einer angemessenen Besetzung aufzuführen.

Wagner klagte sogar, sein Ruhm berufe *„sich auf schlechte, sehr schlechte Aufführungen von meinen Werken"* und somit auf *„Missverständnissen"*.[599] Seine Opern *Tannenhäuser* und *Lohengrin* habe er sogar durch die Übergabe an einen

---

594 *Pargner*, Zwischen Tränen und Kommerz, S. 275.

595 So etwa der Generalintendant d. Berliner Hoftheaters, Karl Theodor von Küstner, zit. nach: *Walter*, Die Oper ist ein Irrenhaus, S. 221.

596 *Walter*, Die Oper ist ein Irrenhaus, S. 217 ff.

597 *Wündisch*, GRUR Int., 303.

598 *Wündisch*, Wagner und das Urheberrecht, S. 50; *ders.*, GRUR Int, 303 (304).

599 *Wagner* an *Franz Liszt* im Oktober 1854, zit. nach: *Zelinsky*, Verfall, Vernichtung, Weltentrückung, 309 (312 f.)

„*Theaterschacher*“ verstoßen, sie sollten ihm nur noch Geld bringen.[600] Einen rechtlichen Anspruch über die Art und Weise der Aufführung gab es noch nicht. Lediglich ein vertraglich vorbehaltenes Kontrollrecht war anerkannt.[601] Obwohl auch *Wagner* später derartige Klauseln, die ihm ein Kontrollrecht zugestanden, in die Aufführungsverträge aufnahm, konnte er seine szenischen Vorstellungen nicht immer durchsetzen.[602]

Aus diesem Grund wollte *Wagner* bei seiner letzten Oper, dem *Parsifal*, im Jahr 1880 unbedingt sicherstellen, dass diese auch posthum seinen Vorstellungen entsprechend aufgeführt werde. Deshalb verfügte er am 28. September 1880 in einem Brief an den bayrischen König *Ludwig II.*, der *Parsifal* solle einzig und allein in dem von ihm mitentworfenen Festspielhaus in Bayreuth aufgeführt werden.[603]

II. Das preußische Gesetz von 1854

Angesichts dieser weiterhin unbefriedigenden Rechtslage rissen die Forderungen nach einer Ausweitung des Aufführungsrechts nicht ab. Der preußische Abgeordnete *Blankensee* sprach gar von einer „*Kette von Petitionen* […] *in denen derselbe Schutz, wie ihn die französische Gesetzgebung* […] *im Jahre 1791 gewährte, erbeten wird*“.[604]

Auch in den Akten des preußischen Staatsarchivs findet sich der Hinweis, dass die Ausdehnung des Aufführungsrechts von mehreren Seiten beantragt wurde.[605]

Tatsächlich wehrten sich vor allem die Dramatiker gegen einen Wegfall des Aufführungsrechts nach der Veröffentlichung durch den Druck.[606]

So bezeichnete *Karl Gutzkow* die Aufführung eines gedruckten Werkes als „*Unbilligkeit*“.[607] Diese gehöre zu „*jener vulgären Rechtspraxis*“, nach der „*auch*

600 *Wagner* an *Franz Liszt* im Oktober 1854, zit. nach: *Zelinsky,* Verfall, Vernichtung, Weltentrückung, 309 (312 f.) *Wagner* weiter: „*Tannhäuser und Lohengrien müssen zu den Juden gehen*“.

601 *Wündisch,* Wagner und das Urheberrecht, S. 53.

602 *Wündisch,* Wagner und das Urheberrecht, S. 52 f.

603 *Wagner* an König *Ludwig II.* am 28.9.1880, Druck in: *Bahr,* Parsifalschutz ohne Ausnahmegesetz, S. 32 f.; *Schulze,* Geschätzte und geschützte Noten, S. 110.

604 *Blankensee* in der Parlamentsdebatte von 17.12.1853, GStA PK, HA I, Rep. 77 (MdI) Tit. 338, Nr. 1, Bd. 6, Bl. 59 r.

605 GStA PK, HA I, Rep. 77 (MdI) Tit. 338, Nr. 1, Bd. 6, Bl. 48 v.

606 Siehe dazu: *Gülich,* Theaterautoren, S. 190 ff.

607 *Gutzkow,* Unterhaltungen am häuslichen Herd, Nr. 21, 1853, S. 336; vgl: *Gülich,* Theaterautoren, S. 203.

der Nachdruck erlaubt ist und in manchen gelehrten Schriften allen Ernstes vertheidigt würde."[608]

Der Dramatiker *Rudolf Gottschall* (1823–1909) schloss sich dem an und forderte ein gemeinsames Vorgehen der Dramatiker und Komponisten.[609] Schließlich war das gemeinsame Streben von Dramatikern und Komponisten nach einer Verbesserung der Rechtslage in den letzten Jahren wieder zum Erliegen gekommen.

1. Ladenbergs Bemühungen in Preußen

Die Forderungen *Gutzkows* und *Gottschalls* fanden in der preußischen Diskussion um ein Theatergesetz ab 1848 Widerhall. Erklärtes Ziel stellte die Gründung eines Nationaltheaters dar, das allen Schichten einen offenen, „*heiligen Tempel nationaler Kunstentfaltung*"[610] ermöglichen sollte. Hierfür sollten die bisherigen Hoftheater in sog. Staatstheater umgewandelt werden, um den Regenten die Möglichkeit der Einflussnahme zu nehmen.[611]

a) Vorschläge für ein Kunst- und Theatergesetz

Die Initiative in der Gesetzgebung übernahm das preußische Kultusministerium. Der Kultusminister *Adalbert von Ladenberg* (1798–1855) hatte sich nach seinem Amtsantritt am 8. Juli 1848 ganz der „*Neuorganisation der Kunstangelegenheiten*"[612] verschrieben und öffentlich dazu aufgerufen, Vorschläge für eine neue Gesetzgebung einzureichen.[613]

Bald gingen vielfältige Forderungen bei ihm ein. Beantragt wurden unter anderem die Gründung einer Theaterschule, Pensionsfonds sowie eine Theatersteuer.[614]

Einige Stimmen forderten auch obligatorische Tantiemenzahlungen, etwa der *Rittermeister v. d. Armee von Kessel* im Juli 1848.[615]

---

608 *Gutzkow*, Unterhaltungen am häuslichen Herd, Nr. 21, 1853, S. 336; vgl: *Gülich*, Theaterautoren, S. 203.

609 *Gülich*, Theaterautoren, S. 201.

610 *Klein*, Der preussische Staat und das Theater, S. 1.

611 *Pargner*, Zwischen Tränen und Kommerz, S. 238.

612 Zit. nach: *Nomine*, Sachverständigenverein, S. 397.

613 *Nomine*, Sachverständigenverein, S. 397; *Zielske*, Hoftheater und Stadttheater, 43 (67); *Klein*, Der preussische Staat und das Theater, S. 52.

614 *Zielske*, Hoftheater und Stadttheater, 43 (68, Fn. 48).

615 Mehr in: *Klein*, Der preussische Staat und das Theater, S. 75; *Gülich*, Theaterautoren, S. 197; *Jakoby-Goldstandt*, Dramatiker im Kampf um den Lohn ihrer Arbeit, S. 21 f.

In der Eingabe des Rittermeisters hieß es, er wisse aus eigener Erfahrung, wie schwer es für einen noch unbekannten Dramatiker sei, mit seinen Werken bei einer Bühne anzukommen. Letztendlich werde er gezwungen, sein Werk zu drucken, um es einer literarischen Kritik auszusetzen, wodurch das Werk wiederum schutzlos werde.[616]

Klein argwöhnt, die Lustspiele des Rittermeisters wären auch später weder aufgeführt noch gedruckt worden.[617] Die Argumentation *Kessels* ist trotzdem schlüssig, da die Bühnen die bedeutendsten Multiplikatoren für dramatische und viel mehr noch für musikalische Werke darstellten.

Der Schriftsteller *Karl Gaillard* sprach am 22. August 1849 sogar selbst beim Minister vor und forderte eine angemessene Beteiligung der Autoren an den Aufführungen.[618]

Auch *Richard Wagner* beteiligte sich an der Debatte, indem er 1849 einen *Entwurf zur Organisation eines deutschen National-Theaters für das Königreich Sachsen* verfasste.[619] In dieser Abhandlung ging er ausführlich auf die Notwendigkeit und die Ausgestaltung eines deutschen Nationaltheaters ein. Zudem behandelte der Entwurf auch die Honorierung der Urheber an den Bühnen: So sollte ein *Verein der dramatischen Dichter und Komponisten* gegründet werden, dessen Hauptaufgabe es sei, *„über die Erhaltung der ästhetischen, sittlichen und nationalen Reinheit des Nationaltheaters zu wachen"*.[620]

Daneben sollte der Verein auch die materiellen Interessen seiner Mitglieder wahren und darauf ausgerichtet sein,

> *„den Anteil der Bühnendichter und Komponisten an dem Ertrage ihrer, durch die Schauspieler und Sänger zutage geförderten, Geistesprodukte zu vertreten: – er hat in Übereinkunft mit den Direktoren der Nationaltheater die Höhe dieses Anteils die Art der Erhebung desselben festzusetzen"*.[621]

Da die Vorschläge *Wagners* einhergingen mit dem Verbot der Wandertheater, hätte dies eine lohnende Regelung für die Komponisten dargestellt.

---

616 Zit. nach: *Klein,* Der preussische Staat und das Theater, S. 75.
617 *Klein,* Der preussische Staat und das Theater, S. 75.
618 *Klein,* Der preussische Staat und das Theater, S. 124.
619 *Ghiradini-Kurzweil,* Das Theater in den politischen Strömungen der Revolution von 1848, S. 13; *Preußner,* Die bürgerliche Musikkultur, S. 204 ff.
620 *Wagner,* Gesammelte Schriften und Dichtungen, Bd. 2, S. 315.
621 *Wagner,* Gesammelte Schriften und Dichtungen, Bd. 2, S. 238.

b) Gesetzesentwürfe über die Kunst- und Theaterangelegenheiten

Aufbauend auf diesen und vielen weiteren Vorschlägen verfasste das Kultusministerium den „*Entwurf zu einem Gesetz für die Organisation der Kunstangelegenheiten*",[622] um „*in die Kunst, in ihrer ganzen Ausdehnung nach, eine Einheit zu bringen*".[623] Der vom preußischen Kultusministerium Anfang Dezember 1850 fertiggestellte Gesetzesentwurf[624] sicherte den Dramatikern auch den Anspruch auf eine Tantieme zu, die ihnen auch nach dem Druck des Werkes zukommen sollte.[625]

Obwohl die Beteiligten sogar hofften, dass die Nationalversammlung in der Paulskirche den Entwurf bald zu einem Bundesgesetz erklären würde,[626] konnte das Kunst- und Theatergesetz schon in Preußen nicht durchgesetzt werden, als die übrigen Ministerien einwandten, dass der Schutz der Künstler nicht per Gesetz befohlen werden könnte.[627]

c) Entwurf eines Theatergesetzes

Das Kultusministerium versuchte jedoch zumindest im Hinblick auf Aspekte, in deren Mittelpunkt die Regelung von Theaterangelegenheiten wie Streitigkeiten zwischen Direktoren und Bühnenpersonal stand, eine Lösung zu erzielen, und trennte diese folglich aus dem Entwurf heraus.[628]

Der in der Folge entstandene präzise Entwurf verfolgte in § 18 den ungewöhnlichen Ansatz, dass die Aufführung der Werke dramatischer Autoren generell freigestellt sein sollte. Dafür müsste stets nach detaillierten Sätzen eine Tantieme zu zahlen sein.

---

622 Druck in: *Klein,* Der preussische Staat und das Theater, S. 189 ff.

623 So *Ladenberg* am 21.2.1850 in einer Rede vor der ersten Kammer des preußischen Parlaments, zit. nach: *Klein,* Der preussische Staat und das Theater, S. 206.

624 *Klein,* Der preussische Staat und das Theater, S. 230.

625 *Klein,* Der preussische Staat und das Theater, S. 241 f.; *Gülich,* Theaterautoren, S. 199; *Jakoby-Goldstandt,* Dramatiker im Kampf um den Lohn ihrer Arbeit, S. 22; *Ghiradini-Kurzweil,* Das Theater in den politischen Strömungen der Revolution von 1848, S. 11.

626 *Pargner,* Zwischen Tränen und Kommerz, S. 250; *Klein,* Der preussische Staat und das Theater, S. 71.

627 *Gülich,* Theaterautoren, S. 198; *Klein,* Der preussische Staat und das Theater, S. 207.

628 *Gülich,* Theaterautoren, S. 198; *Klein,* Der preussische Staat und das Theater, S. 229.

„Gewinnanteil der Autoren. § 18.

Bei allen Theaterunternehmen innerhalb des Allgemeinen Theaterverbandes soll ein Gewinnanteil (Tantieme) für die dramatischen Autoren und deren Erben, soweit diesen das Eigentum an einem Bühnenwerk nach dem Gesetze zusteht, eingeführt werden, und zwar nach folgenden Grundsätzen:

a) für ein deutsches Originalschauspiel, Trauspiel oder Lustspiel, wenn es einen ganzen Spielabend ausfüllt, 5 Prozent;
b) für ein solches, wenn noch ein kleineres dazugegeben werden muß, 3 Prozent, überall sub a, b, c von der Bruttoeinnahme.
c) für ein solches, wenn ein größeres dazugegeben werden muß, 2 Prozent, überall sub a, b, c von der Bruttoeinnahme.
d) müssen mehr als zwei Stücke gegeben werden, um den Spielabend auszufüllen, so werden 5 Prozent der Bruttoeinnahmen nach Maßgabe der Zeitdauer auf dieselben verteilt;
e) bei deutschen Originalopern, das heisst bei solchen Opern, welche von einem deutschen Tonsetzer nach einem deutschen Originaltexte komponiert sind, sollen unter a, b, c bezeichnete Abstufungen nach der Dauer gültig sein, er Tantiemensatz jedoch um die Hälfte erhöht werden. Dagegen ist es Pflicht des Komponisten, den Theaterunternehmungen nachzuweisen, dass ein Abkommen mit dem Autor des Textbuches stattgefunden hat. Rührt das letztere von einem nichtdeutschen Verfasser her, so fällt die Erhöhung der Tantiemen fort.
f) Baudevilles und Liederspiele, sowie Melodramen, überhaupt dramatische Originalwerke, bei welchen Gesang und Musik eine untergeordnete Stellung einnehmen, sollen nicht als Opern erachtet, sondern nach a, b und c, mit Aufschlag eines halben Prozents, honoriert werden. Dagegen bleibt es wiederum Pflicht des Dichters, dem Theaterunternehmen nachzuweisen, daß ein Abkommen mit dem Komponisten stattgefunden hat. Auch hier fällt die Erhöhung der Tantiemen fort, auch wenn der Komponist ein Deutscher ist.“[629]

Musikalische Aufführungen erfasste das Gesetz allerdings nicht. Dies ist naheliegend, als musikalische Aufführungen eben nicht in den Anwendungsbereich eines Theatergesetzes gehören.

Zweifelhaft ist, ob die hier gefundenen Lösungen überhaupt tragfähig gewesen wären: Zum einen waren sich die Petenten häufig bewusst, dass das Aufführungsrecht einer bundesweiten Lösung bedurfte und ein Handeln Preußens allein nicht genügte.[630] Zum anderen erscheint es sehr unsystematisch, das dramatische Aufführungsrecht in einem Gesetz über Theaterangelegenheiten, welches sich ansonsten auf die Rechtsstellung der Theaterangestellten und nicht auf die Autorenrechte bezog, auszuweiten.

629 Druck in: *Klein*, Der preussische Staat und das Theater, S. 241 f.
630 *Klein*, Der preussische Staat und das Theater, S. 181.

Offensichtlich fehlte es im Kultusministerium an hinreichenden Erfahrungen über die Materie des Aufführungsrechts. Schließlich zeigt diese Arbeit, dass die Debatte in Preußen zunächst nur vom Außenministerium und dem Ministerium für Revision der Gesetzgebung geführt wurde, während sich das Kultusministerium bis dahin nicht mit eigenen Entwürfen hervortrat.

Zu einer Umsetzung dieses Entwurfs kam es im Ergebnis jedenfalls nicht. *Ladenberg* trat am 19. Dezember 1850 in Folge der Ernennung des konservativen *Otto Theodor von Manteuffel* zum Ministerpräsidenten von seinem Amt zurück. Dies bedeutete das endgültige Scheitern des Theatergesetzes.[631]

Ohnehin ist fraglich, wie die Ratifikation dieses Gesetzes die Rechtsentwicklung beeinflusst hätte. Immerhin barg der Entwurf erhebliche Vorteile für die Dramatiker. Dabei muss zunächst berücksichtigt werden, dass die Tantiemenregelung im Entwurf nur ein Beiwerk darstellte.[632] Vermutlich wären die Vorteile der Dramatiker insofern zwar unmittelbare, jedoch nur kurzfristige gewesen.

Der Verwirklichung eines umfassenden Aufführungsrechts hätte eine solche Einführung einer Tantiemenregelung durch die Hintertür hingegen nicht dienen können.

Außerdem beinhaltete das Theatergesetz lediglich einen Vergütungsanspruch und kein Verbotsrecht und hätte den Autoren jede Möglichkeit genommen, entstellende Aufführungen zu verhindern. Damit wäre es sogar hinter der damals bestehenden Rechtslage zurückgeblieben.

2. Der Sachverständigenverein zum Aufführungsrecht

Offensichtlich betrachtete *Ladenberg* selbst diesen Versuch nicht als abschließende Lösung des Aufführungsrechts. Bereits am 2. Juli 1850, also noch vor dem endgültigen Scheitern des Theatergesetzes, stieß er auf anderem Wege eine Reform des Aufführungsrechts an: Er beauftragte den literarischen Sachverständigenverein, Vorschläge für die Ausweitung des Aufführungsrechts auf bereits durch den Druck veröffentlichte dramatische Werke zu unterbreiten.[633]

Ladenberg drängte den literarischen Sachverständigenverein zur Eile, sodass bereits am 14. September 1850 ein Gutachten vorgelegt werden konnte.[634]

631 *Klein,* Der preussische Staat und das Theater, S. 146 ff.; *Jakoby-Goldstandt,* Dramatiker im Kampf um den Lohn ihrer Arbeit, S. 22; *Pargner,* Zwischen Rührung und Kommerz, S. 250; *Zielske,* Hoftheater und Stadttheater, 43 (68).

632 *Walter,* Die Oper ist ein Irrenhaus, S. 101.

633 *Gülich,* Theaterautoren, S. 204.

634 *Nomine,* Sachverständigenverein, S. 320.

Die Sachverständigen befürworteten, dem Wunsch des Ministers entsprechend, einen Schutz dramatischer und *dramatisch-musikalischer* Werke auch nach der Drucklegung.

Seit dem ersten preußischen Gesetz von 1837 hätten immer mehr Theaterdirektionen *„das Recht des Autoren, über die Aufführbarkeit und Aufführung seiner dramatischen Arbeiten selbst zu bestimmen"*,[635] anerkannt. Für einen Schutz nach der Drucklegung spreche ferner, dass die bisherige Regelung die Autoren dazu verleite, ihre Werke der Öffentlichkeit vorzuenthalten.

Zudem müsste den Urhebern die Möglichkeit zustehen, ein Werk nur in den Druck zu geben, es aber nicht aufführen zu lassen. Dies sei wiederum bei Predigten und öffentlich gehaltenen Lehrvorträgen möglich, die zwar *„öffentlich gesprochen, aber darum noch nicht der Öffentlichkeit des Druckes Preis gegeben"*[636] seien.

Umgekehrt müsse somit auch gelten, dass Werke gedruckt, aber nicht öffentlich aufgeführt werden dürften. Besonders interessant ist, dass der Sachverständigenverein zwischen zwei verschiedenen Aspekten des Aufführungsrechts differenzierte:

> *„Ein Recht auf pekuniäre Entschädigung, ein Droit d'auteur, eine tantième oder dergleichen wird anerkannt werden müssen, wenn auch das dramatische Werke ohne Vorbehalt durch den Druck veröffentlicht ist, auch wenn der Autor die Entscheidung über die Aufführbarkeit und Aufführung versagt sein sollte."*[637]

Zweifelhafter erscheine aber die Frage, ob dem Autor auch das Recht, über die Entscheidung der Aufführbarkeit seines Werkes grundsätzlich selbst bestimmen zu dürfen, zugestanden werden sollte.

Hier müsse den Autoren zumindest durch die Möglichkeit, sich das Aufführungsrecht durch die Anbringung eines Vorbehaltes zu sichern, eine Konzession gemacht werden.[638] Dieser Vorbehalt könne aus einer Analogie zum preußischen Gesetz von 1837 hergeleitet werden, dessen § 4 Schriftstellern die Möglichkeit eröffne, sich das Übersetzungsrecht an ihren Werken für zwei Jahre vorzubehalten.[639]

Eine Aufführung sei für die Autoren jedoch immer mit einer Gefahr verbunden, der sich diese möglicherweise nicht aussetzen wollten. Die Sachverständigen bezogen sich hierbei auf die Möglichkeit, dass ein Werk durch eine

635 GStA PK, I. HA Rep. 76 (KultusM) Ve Sekt. 1 Abt. XV Nr. 40 Bd. 5 (S. 2 Händisch).
636 GStA PK, I. HA Rep. 76 (KultusM) Ve Sekt. 1 Abt. XV Nr. 40 Bd. 5 (S. 3 Händisch).
637 GStA PK, I. HA Rep. 76 (KultusM) Ve Sekt. 1 Abt. XV Nr. 40 Bd. 5 (S. 4 Händisch).
638 GStA PK, I. HA Rep. 76 (KultusM) Ve Sekt. 1 Abt. XV Nr. 40 Bd. 5 (S. 4 Händisch).
639 GStA PK, I. HA Rep. 76 (KultusM) Ve Sekt. 1 Abt. XV Nr. 40 Bd. 5 (S. 4 Händisch).

Aufführung verstärkt und verändert wiedergegeben werden kann. Dadurch konnte der Autor, wie von *Eduard Gans* 1835 dargelegt,[640] auch ohne mit der konkreten Aufführung selbst übereinzustimmen, den Zorn der Mächtigen auf sich ziehen. Daher würden die Sachverständigen „*diese unbedingte Entscheidung über Aufführbarkeit im Allgemeinen und Aufführung durch die einzelnen Bühnen insbesondere nur dem Autor für seine Person, aber auch für seine ganze Lebenszeit, einräumen.*"[641]

Dieser persönlichkeitsrechtliche Schutz des Aufführungsrechts sollte hingegen nur den Autoren selbst eingeräumt werden. Den Erben und Rechtsnachfolgern billigten die Sachverständigen dieses Recht nicht zu. Diese sollten weiterhin nur über die Aufführung von Werken entscheiden dürfen, welche noch nicht durch den Druck veröffentlicht wurden.[642]

Die Sachverständigen differenzierten mithin genau zwischen den Persönlichkeitsrechten und den Verwertungsrechten der Urheber. Eine Vergütungspflicht sollte bei einer Aufführung, analog der bereits existierenden Tantiemenregelungen, grundsätzlich immer bestehen. Nur ein Verbot der Aufführung sollte den Autoren nicht uneingeschränkt zugebilligt werden.

Dem schloss sich das Ministerium in einem vermutlich von *Ladenberg* selbst stammenden Dokument an, indem es in einem Schreiben vom 28. Oktober 1850 die Notwendigkeit einer Ausweitung des Aufführungsrechts darlegte.[643] Dabei ging es jedoch nur auf die dramatischen Werke ein, wobei zur Begründung im Wesentlichen auf die Motive von *Hitzig* aus dem Jahr 1837 verwiesen wurde.

Konsequenterweise bat man den musikalischen Sachverständigenverein nur pro forma, ein Gutachten zu erstellen, „*obwohl in musikalischer Beziehung ein bestimmtes Bedürfnis zur Veränderung des gesamten Gesetzes (vom 11.6.1837) sich nicht ergeben sollte*".[644]

Ladenberg versuchte somit auf verschiedenen Wegen eine Ausweitung des Aufführungsrechts zu erreichen, wenngleich nur für dramatische Werke.

---

640 Siehe: C.I.2.c).

641 GStA PK, I. HA Rep. 76 (KultusM) Ve Sekt. 1 Abt. XV Nr. 40 Bd. 5 (S. 5 Händisch).

642 GStA PK, I. HA Rep. 76 (KultusM) Ve Sekt. 1 Abt. XV Nr. 40 Bd. 5 (S. 6 Händisch).

643 Schreiben an den Staats- und Justizminister vom 28.10.1850, in GStA PK, I. HA Rep. 76 (KultusM) Ve Sekt 1 Abt. XV Nr. 40 Bd. 5 (S. 5. Händisch).

644 Schreiben an den Staats- und Justizminister vom 28.10.1850, in GStA PK, I. HA Rep. 76 (KultusM) Ve Sekt 1 Abt. XV Nr. 40 Bd. 5 (S. 1 Händisch).

3. Wiederaufnahme der Beratungen

Auch nach dem Rücktritt *Ladenbergs* im Dezember 1850 nahm das Gesetzgebungsvorhaben zunächst seinen üblichen Lauf, indem im Januar 1851 die Delegierten der verschiedenen Ministerien für die Vorberatungen bestimmt wurden. Nun allerdings versandeten die Bemühungen vorübergehend.

Erst am 18. September 1852 stieß der neue Kultusminister *von Raumer* die Beratungen wieder an. Eine im Januar 1851 gegründete Kommission nahm daraufhin um die Jahreswende 1852/1853 ihre Arbeit wieder auf.[645] Die hier gefundenen Ergebnisse mündeten schon am 9. August 1853 in einen Gesetzesentwurf. Im Gegensatz zu den Verhandlungen von 1837 entstand dieses Gesetz ohne größere Auseinandersetzungen.

Früh herrschte Einigkeit über die Ausweitung des Aufführungsrechts dramatischer und *dramatisch-musikalischer* Werke.

Die Versäumnisse der Gesetzgebung von 1837 sollten nachgeholt werden, wie die Motive des Gesetzesentwurfes vom 9. August 1853 ganz deutlich zum Ausdruck brachten.[646]

Bereits vor dem Gesetz von 1837 hätte sich das Staatsministerium in den Beratungen zunächst für den Schutz der Aufführungen auch nach der Veröffentlichung ausgesprochen. Hierfür hätten schon damals das äußerst geringe Honorar der Autoren sowie die negativen Folgen für das Publikum, wenn die Autoren sich das Aufführungsrecht durch Verzögerung der Drucklegung vorbehielten, gesprochen.[647] Im Laufe der Zeit habe sich aber die Überzeugung, dass eine Erweiterung des § 32 des Gesetzes vom 11. Juni 1837 *„eben so gerecht, als zweckmäßig sein würde“*[648], durchgesetzt.

Das Aufführungsrecht habe sich *„immer mehr verbreitet und befestigt, so daß nicht länger Anstand genommen werden konnte, die oben erwähnten ursprünglichen Vorschläge des Staats = Ministeriums wieder aufzunehmen. Es ist dabei nicht minder die rechtliche, als die technische Seite der Frage ins Auge zu fassen.“*[649]

Wie bereits die Motive des gescheiterten preußischen Entwurfs vom 20. August 1836[650], arbeitet der Gesetzentwurf heraus, dass Druck und

645 *Nomine,* Sachverständigenverein, S. 320 f.

646 GStA PK, HA I, Rep. 77 (MdI) Tit. 338, Nr. 1, Bd. 6, Bl. 32 v. ff; Druck in: ebd., Bl. 45 ff.; GStA PK, I. HA Rep. 84 a (JustizM) Nr. 2375, S. 357 ff.

647 GStA PK, I. HA Rep. 84 a (JustizM) Nr. 2375, S. 357.

648 GStA PK, HA I, Rep. 77 (MdI), Tit. 338, Nr. 1, Bd. 6, Bl. 48 r.

649 GStA PK, HA I, Rep. 77 (MdI), Tit. 338, Nr. 1, Bd. 6, Bl. 48 r.

650 Siehe: C.III.2.

Aufführung zwei verschiedene Benutzungsarten sind. Der Urheber müsse das Recht haben, „*sein Werk von Hause aus lediglich für die Veröffentlichung durch den Druck zu bestimmen und von der öffentlichen Aufführung für immer oder doch für Zeit auszuschließen.*“[651] Schließlich gebe es auch Produktionen, bei denen der Autor von vornherein nur eine befristete Aufführung intendiere.
Hier könne es

> „*nur dem wahren Nutzen der Autoren, der Bühnen und des Publikums, ja der dramatischen Kunst selbst dienlich sein, wenn der Autor nicht davon zurückgeschreckt wird, den Druck seines Werkes der Aufführung vorausgehen zu lassen. Er wird aber davon zurückgeschreckt, wenn er sein Werk nicht drucken lassen darf, ohne dasselbe dadurch zugleich der Aufführung Preis zu geben.*“[652]

Die Gesetzesmotive begründen, wie bereits zuvor der literarische Sachverständigenverein, die Ausweitung des Aufführungsrechts mit § 3 des preußischen Gesetzes, der Predigten und Lehrvorträge gegen den Nachdruck schützt. Diese seien „*öffentlich gesprochen, aber darum noch nicht der Oeffentlichkeit des Druckes Preis gegeben.*“[653] Dementsprechend müsse dies analog auch für dramatische Werke gelten:

> „*Das Werk ist öffentlich gedruckt, aber darum noch nicht der Oeffentlichkeit des Aufführens Preis gegeben. Dort war öffentlich gesprochen, aber nicht für den Druck; hier ist öffentlich gedruckt, aber nicht für die Aufführung. Wer diese Konsequenz nicht anerkennen will, verfällt unwillkürlich in die Sophistik der Nachdrucker:*
> >W*ir haben dieses Buch gekauft, können also damit machen was wir wollen.*<“[654]

Dieses Bekenntnis solle freilich für rein musikalische Werke nicht gelten, da „*bloße Instrumental = Kompositionen, wenn sie einmal durch den Stich veröffentlicht sind, der öffentlichen Aufführung, der Natur der Sache nach, sich nicht entziehen lassen.*“[655] Hier bediente man sich somit ausgerechnet der soeben verurteilten „*Sophistik der Nachdrucker*“.[656]

Auch auf den Entwurf des Theatergesetzes von 1850 gehen die Motive ein. Es sei nicht überzeugend, die Aufführung generell gegen eine Zahlung einer festgesetzten Tantieme freizustellen. Nicht nur sei es schwierig, diese generell

651 GStA PK, I. HA Rep. 84 a (JustizM) Nr. 2375, S. 358.
652 GStA PK, I. HA Rep. 84 a (JustizM) Nr. 2375, S. 358.
653 GStA PK, I. HA Rep. 84 a (JustizM) Nr. 2375, S. 358.
654 GStA PK, I. HA Rep. 84 a (JustizM) Nr. 2375, S. 358.
655 GStA PK, I. HA Rep. 84 a (JustizM) Nr. 2375, S. 359.
656 GStA PK, I. HA Rep. 84 a (JustizM) Nr. 2375, S. 359.

festzusetzen, sondern viel wichtiger sei es, den Autoren auch das Recht zu gewähren, ein Werk nicht aufführen zu lassen.[657]

Ganz einvernehmlich verlief die Ergebnisfindung freilich nicht: So wurden in der Kommission der zweiten Kammer[658] laut dem „*Bericht der Kommission der Zweiten Kammer zur Prüfung des Gesetz = Entwurfs wegen Abänderung einiger Bestimmungen des Gesetzes vom 11. Juni 1837, betreffend dem Schutz des Eigenthums an Werken der Wissenschaft und Kunst gegen Nachdruck und Nachbildung*" verschiedene Meinungen vertreten.

Ein Kommissionsmitglied trat beispielsweise dafür ein, auch rein musikalischen Werken den Schutz nach Drucklegung zu gewähren. Nur so werde das Prinzip des Vorbehalts konsequent durchgehalten, da „*es an einem inneren Grunde für die Unterscheidung zwischen dramatisch = musikalischen und einfach musikalischen Werken gebreche, und daß der Begriff eines dramatisch-musikalischen Werkes überhaupt nicht feststehe.*"[659]

Diese Argumente wurden jedoch mit altbekannten Motiven abgelehnt: Sobald ein Komponist ein Werk drucken ließe, könne man den Willen, „*daß die Komposition dem Reich der Töne angehören solle*",[660] voraussetzen. Zudem hätten die musikalischen Werke, im Gegensatz zu den *dramatisch-musikalischen*, „*nur einen Zweck, den der Aufführung, ohne welche sie eben ungenießbar seien.*"[661]

In den Akten des Geheimen Staatsarchivs Preußischer Kulturbesitz ist am Rand dieser Ausführungen mit unbekannter Hand vermerkt: „*Aber der öffentlichen?*"[662]

Offensichtlich wurde dieses Argument, wohl angesichts der unterschiedlichen Bedeutung der *privaten* und der *öffentlichen* Aufführung, nicht als zutreffend erachtet.

Auch die Voten[663] des Justizministers *Simon* und des Innenministers *von Westphalen* differierten leicht. Umstritten waren dabei Formulierungsfragen,

---

657 GStA PK, I. HA Rep. 84 a (JustizM) Nr. 2375, S. 359.

658 GStA PK, HA I, Rep. 77 (MdI) Tit. 338, Nr. 1, Bd. 6, Bl. 62 v. ff. = GStA PK, I. HA Rep. 84 a (JustizM) Nr. 2375, S. 385 ff.

659 GStA PK, HA I, Rep. 77 (MdI), Tit. 338, Nr. 1, Bd. 6, Bl. 63 v.; GStA PK, I. HA Rep. 84 a (JustizM) Nr. 2375, S. 388.

660 GStA PK, HA I, Rep. 77 (MdI), Tit. 338, Nr. 1, Bd. 6, Bl. 63 v.; GStA PK, I. HA Rep. 84 a (JustizM) Nr. 2375, S. 388.

661 GStA PK, HA I, Rep. 77 (MdI), Tit. 338, Nr. 1, Bd. 6, Bl. 63 v.; GStA PK, I. HA Rep. 84 a (JustizM) Nr. 2375, S. 388.

662 GStA PK, HA I, Rep. 77 (MdI), Tit. 338, Nr. 1, Bd. 6, Bl. 63 v.; GStA PK, I. HA Rep. 84 a (JustizM) Nr. 2375, S. 388.

663 GStA PK, I. HA Rep. 76 Ve Sekt. 1 Abt. XV Nr. 40 Bd. 5 (Unnummeriert).

etwa ob in § 3 klargestellt werden sollte, dass jede öffentliche, unbefugte Aufführung sanktioniert werden würde. Diese Klarstellung wurde abgelehnt, da der Wortlaut schon so eindeutig sei und eine Änderung nur Irritationen hervorrufen würde.

4. Inhalt

Am 1. Februar 1854 nahm das preußische Parlament das *Gesetz, betreffend die Abänderung einiger Bestimmungen des Gesetzes vom 11. Juni 1837, über den Schutz des Eigenthums an Werken der Wissenschaft und Kunst gegen den Nachdruck* an, bevor es am 20. Februar 1854 zur Publikation des Gesetzes kam.[664]

Die das Aufführungsrecht betreffenden Paragraphen 2 und 3 hatten folgenden Wortlaut:

> *„§ 2. Veröffentlicht der Autor eines dramatischen oder dramatisch=musikalischen Werkes sein Werk durch den Druck, so kann er sich und seinen Erben das ausschließende Recht, die Erlaubniß zur öffentlichen Aufführung zu ertheilen, durch eine mit seinem darunter gedruckten Namen versehende Erklärung vorbehalten, die jedem einzelnen Exemplare seines Werkes auf dem Titelblatte vorgedruckt sein muß. Ein solcher Vorbehalt bleibt wirksam auf Lebenszeit des Autors selbst und zu Gunsten seiner Erben oder Rechtsnachfolger noch zehn Jahre nach seinem Tode.*
> *§ 3. Wer ohne die nach §. 2. erforderliche Erlaubniß gedruckte dramatische oder dramatisch=musikalische Werke öffentlich aufführt, hat eine Geldbuße von fünf bis fünfzig Thalern verwirkt. Findet die unbefugte Aufführung auf einer stehenden Bühne statt, so ist die Hälfte der Einnahme von ohne Abzug der auf dieselbe verwendeten Kosten, und ohne Unterschied, ob das Stück allein, oder verbunden mit einem anderen, den Gegenstand der Aufführung ausgemacht hat, zur Strafe zu entrichten. Von diesen Geldbußen fallen zwei Dritttheile dem Autor oder seinen Erben, und ein Dritttheil der Armenkasse des Orts, an welchem die Aufführung stattgefunden hat, zu.“*[665]

Dramatische und dramatisch-musikalische Werke konnten sich somit durch die Anbringung einer Erklärung an jedem Werkexemplar auf dem Titelblatt das Aufführungsrecht auch nach dem Druck vorbehalten. Dieser Schutz endete zehn Jahre nach dem Tod des Urhebers.

Für musikalische Werke galt diese Regelung hingegen nicht. Sinfonien, Solowerke, Lieder etc. waren demnach weiterhin nur bis zur Veröffentlichung des Werkes durch den Druck geschützt.

---

664 GStA PK, HA I, Rep. 77 (MdI) Tit. 338, Nr. 1, Bd. 6, Bl. 65 v. ff.

665 GStA PK, I. HA Rep. 84 a (JustizM) Nr. 2375, S. 410 f.

III. Die Ausweitung des Bundesbeschlusses vom 12. März 1857

Nach dem Abschluss des Gesetzgebungsverfahrens im eigenen Staat strebte Preußen an, den Beschluss auch auf Bundesebene auszuweiten.

1. Entstehung

Am 8. November 1855 stellte Preußen in der Bundesversammlung den Antrag, das Aufführungsrecht im gesamten Deutschen Bund auszuweiten. Der bestehende Schutz habe sich

> *„in mehrfacher Beziehung nicht als ausreichend erwiesen, und es dürfte* [...] *wünschenswerth erscheinen, denselben im Interesse der Verfasser musikalischer Compositionen und dramatischer Werke weiter auszudehnen, indem man ihn namentlich auch den bereits gedruckten Werken der fraglichen Kategorie angedeihen lässt.*“[666]

Nach Ansicht der königlichen Regierung war es daher angemessen, die im eigenen Land beschlossenen Grundsätze auch im Deutschen Bund zum Beschlusse zu erheben. Diese lauteten:

> *„1) Veröffentlicht der Autor eines dramatischen oder dramatisch= musikalischen Werkes sein Werk durch den Druck, so kann er sich und seinen Erben das ausschließende Recht, die Erlaubniß zur öffentlichen Aufführung zu ertheilen, durch eine mit seinem darunter gedruckten Namen versehene Erklärung vorbehalten, die jedem einzelnen Exemplare seines Werkes auf dem Titelblatte vorgedruckt seyn muß;*
> *2) die Dauer der Wirksamkeit dieses Vorbehaltes erstreckt sich auf die unter Num. 2 des Bundesbeschlusses vom 22. April 1841 bestimmte Frist;*
> *3) die Bestimmung des zweiten Satzes in Num. 2 des ebengedachten Bundesbeschlusses wird aufgehoben.*“[667]

a) Initiative des Intendanten Küstner

Eigenen Angaben zufolge beruhte die preußische Initiative auf ein Ersuchen des Intendanten des Berliner Theaters, *Karl Theodor von Küstner* (1784–1864).[668] Dieser hatte bereits in den Zwanziger- und Dreißigerjahren des 19. Jahrhunderts als Theaterunternehmer und Leiter von Hoftheatern einige Dramatiker auch für bereits veröffentlichte Werke entlohnt.[669] Als Intendant des Berliner Hoftheaters führte er 1844 eine Tantiemenregelung ein.[670]

---

666 ProtBV 1855, § 298, S. 945 f.
667 ProtBV 1855, § 298, S. 946.
668 *Küstner*, Handbuch, S. 339; *Weisker*, Das wirtschaftliche Verhältnis, S. 120.
669 *Gülich*, Theaterautoren, S. 185.
670 Siehe: D.I.4.

Es erscheint indes höchst zweifelhaft, dass *Küstner* die preußische Regierung tatsächlich zu einer Ausweitung des preußischen Gesetzes auf die Bundesebene bewegen konnte. Immerhin lag die Ausweitung des Aufführungsrechts ganz im Interesse Preußens, das sich so weiterhin als federführend in der Gesetzgebung zum Urheberrecht profilieren konnte.

Gesichert ist wenigstens, dass *Küstner* in der Presse Artikel lancierte, in denen die Notwendigkeit des Aufführungsrechts dargelegt wurde.[671] Diese bezogen sich vor allem auf die Darlegung der unterschiedlichen Nutzungen eines dramatischen Werks durch die Aufführung zum einen und dem Lesen zum anderen.[672]

b) Bericht des Bundesversammlungsausschusses

Die Bundesversammlung folgte dem preußischen Antrag und beschloss, zunächst die landesgesetzlichen Bestimmungen über das Aufführungsrecht einzuholen[673] und anschließend einen Ausschuss mit der Erstellung eines Gutachtens zu beauftragen.[674]

Interessanterweise stimmte der Ausschuss in seinem Bericht[675] nicht nur dem preußischen Antrag zu, sondern empfahl der Bundesversammlung sogar, über diesen hinaus zu gehen. Die Regelung des Aufführungsrechtes von 1841 sei mehrmals von verschiedener Seite für unzureichend erklärt worden. Daher sei der Bundesversammlung die Einführung einer Vorbehaltsregelung zu empfehlen.

Während der preußische Antrag diese jedoch nur für dramatische und *dramatisch-musikalische* Werke und für eine Dauer von lediglich zehn Jahren nach der Uraufführung vorsah, beinhaltete der Vorschlag des Ausschusses eine Vorbehaltsregelung auch für rein musikalische Werke und dehnte die Schutzfrist auf zehn Jahre nach dem Tod des Urhebers aus.[676]

Im Deutschen Bund wurde wie auch in Preußen die Ausdehnung des Aufführungsrechts in Anlehnung an die frühen Debatten begründet. So habe es im Jahr 1841 noch geheißen, man dürfe es den Bühnen durch die lange Schutzfrist nicht allzu sehr erschweren, dem Publikum ein vielfältiges Angebot zu bieten. Schließlich seien nur Meisterwerke noch zehn Jahre nach der Veröffentlichung

671 M. w. N.: *Küstner*, Handbuch, S. 340; *Weisker*, Das wirtschaftliche Verhältnis, S. 120.
672 *Weisker*, Das wirtschaftliche Verhältnis, S. 120, Fn. 15.
673 Gesammelt in: BArch DB 1/I 308, Bd. 2/2.
674 ProtBV 1855, § 318, S. 970.
675 ProtBV 1856, § 297, S. 702 ff.
676 ProtBV 1856, § 297, S. 705.

attraktiv genug für die Bühne. Das Gros der Dichtungen und Kompositionen sei zu diesem Zeitpunkt schließlich bereits veraltet.

Dieses Argument vermochte der Ausschuss nun aber als „*durchgreifend nicht mehr zu erkennen*".[677] Viele Werke bräuchten erst einige Jahre, um sich durchzusetzen und allgemeine Anerkennung zu erlangen. Zudem müsste der Grundgedanke gelten, dass dem Autor die Verfügung über sein geistiges Eigentum und damit der Anreiz zu neuem Schaffen zu ermöglichen sei.[678] So führten viele deutsche Bühnen mehr ausländische, überwiegend französische, Werke auf als umgekehrt ausländische Bühnen deutsche Werke.

Diese „*Entlehnung des Fremden* [sei] *gewiß nicht einmal wünschenswerth*".[679] Außerdem müsse man sich fragen, ob dieser Unterschied auf das im Ausland besser geschützte Autorenrecht zurückgehe.[680] So sei im französischen Recht das Aufführungsrecht eines Werkes auch ohne Vorbehalt noch dreißig Jahre *post mortem auctoris* geschützt.[681] Da der Ausschuss allerdings den Zweck des Bundesbeschlusses nicht beeinträchtigen und nicht zu weit in die innere Gesetzgebung der einzelnen Bundesstaaten eingreifen wollte, hielt man die Ausdehnung auf zehn Jahre *post mortem auctoris* für angemessen.[682]

Interessanterweise ging der Ausschuss in seiner Argumentation nicht auf die musikalischen Werke ein. Dies erweckt den Anschein, dass nur das Aufführungsrecht von dramatischen und *dramatisch-musikalischen* Werken ausgeweitet werden sollte. Erst im finalen Antrag[683] wurde deutlich, dass auch bei musikalischen Werken die Anbringung des Aufführungsvorbehalts möglich sein sollte.

c) Verhandlungen in der Bundesversammlung

Der Vortrag des Ausschusses erntete bald die Zustimmung wichtiger Staaten im Deutschen Bund. So erklärten Österreich, Bayern, Baden und das Königreich Sachsen ihr Einverständnis.[684]

Einzig Württemberg äußerte Kritik. Schon bezüglich der Schutzfrist neige man „*zu der Ansicht, daß dieselbe zu weit ausgedehnt sey*".[685] Da man jedoch für

677 ProtBV 1856, § 297, S. 703
678 ProtBV 1856, § 297, S. 703
679 ProtBV 1856, § 297, S. 704.
680 ProtBV 1856, § 297, S. 704.
681 ProtBV 1856, § 297, S. 704.
682 ProtBV 1856, § 297, S. 705.
683 ProtBV 1856, § 297, S. 705.
684 ProtBV 1857, § 82, S. 156 f.
685 ProtBV 1857, § 82, S. 156.

einheitliche Gesetze eintrete, werde man die Zustimmung nicht verweigern. Sehr skeptisch stand Württemberg auch der Vorbehaltsregelung gegenüber und erachtete die geltende Regelung als ausreichend. Den Urhebern dürfe neben dem Verkauf des Werkes an den Verlag nicht auch noch die Einnahmen an der Aufführung zuzubilligen sein. Dies stelle ansonsten eine *„doppelte Ernte, die unter Beeinträchtigung des Publikums erfolgt“*,[686] dar.

Schon gar nicht sollten die Komponisten von dieser doppelten Ernte profitieren. Es sei nicht einzusehen, wieso die Kommission den von Preußen gestellten Antrag sogar überschreite. Daher werde Württemberg seine Zustimmung versagen. Nur falls Württemberg am Ende mit seiner Ablehnung allein stehe, dürfe der Gesandte dem Antrag zustimmen.[687]

Da sämtliche anderen Staaten dem Antrag zustimmten, konnte dieser letztlich trotz der württembergischen Kritik verabschiedet werden.[688]

2. Inhalt

Der Bundesbeschluss vom 12. März 1857 billigte den Urhebern dramatischer und musikalischer Werke die Möglichkeit zu, ihre Werke auch nach der Veröffentlichung durch den Druck durch die Anbringung eines Vorbehalts gegen die unbefugte Aufführung zu schützen. Auch die Schutzdauer wurde an das preußische Gesetz angeglichen und auf zehn Jahre *post mortem auctoris* ausgeweitet.

Der Beschluss lautete wörtlich:

> *„1) Die öffentliche Aufführung eines dramatischen oder musikalischen Werkes im Ganzen oder mit Abkürzungen darf nur mit Erlaubniß des Autors, seiner Erben oder sonstigen Rechtsnachfolger stattfinden, so lange das Werk nicht durch den Druck veröffentlicht worden ist. Das ausschließende Recht, diese Erlaubniß zu ertheilen, steht dem Autor lebenslänglich und seinen Erben oder sonstigen Rechtsnachfolgern noch zehn Jahre nach seinem Tode zu.*
>
> *2) Auch in dem Falle, daß der Autor eines dramatischen oder musikalischen Werkes sein Werk durch den Druck veröffentlicht, kann er sich und seinen Erben oder sonstigen Rechtsnachfolgern das ausschließende Recht, die Erlaubniß zur öffentlichen Aufführung zu ertheilen, durch eine mit seinem darunter gedruckten Namen versehene Erklärung vorbehalten, die jedem einzelnen Exemplare seines Werkes auf dem Titelblatte vorgedruckt seyn muß. Ein solcher Vorbehalt bleibt wirksam auf Lebenszeit des Autors selbst und zu Gunsten seiner Erben oder sonstigen Rechtsnachfolger noch zehn Jahre nach seinem Tode.*

686 ProtBV 1857, § 82, S. 157.
687 ProtBV 1857, § 82, S. 157.
688 ProtBV 1857, § 82, S. 158.

3) Dem Autor oder dessen Rechtsnachfolgern steht gegen Jedem, welcher dessen ausschließendes Recht durch öffentliche Aufführung eines noch nicht durch den Druck veröffentlichten, oder mit der unter Ziffer 2 erwähnten Erklärung durch den Druck veröffentlichten dramatischen oder musikalischen Werkes beeinträchtigt, Anspruch auf Entschädigung zu. [...]“[689]

3. Probleme in der Umsetzung des Bundesbeschlusses

Die Staaten publizierten diese Fassung ohne Änderungen. Kurz darauf entstand jedoch Unklarheit über den Schutzumfang.[690]

Umstritten war, ob auch musikalische Werke von der Vorbehaltslösung umfasst sein sollten. Schließlich ließ der Wortlaut des Bundesbeschlusses dies erkennen. Während der Gesetzesverhandlungen kam diese Ausdehnung allein zur Sprache, als Württemberg diese kritisiert hatte.

Noch ein Jahrzehnt später war diese Frage nicht abschließend geklärt. Während der Verhandlungen des Frankfurter Entwurfes zum Urheberrecht 1863 machten die Bevollmächtigten Hannovers und Württembergs geltend, dass viele Partikulargesetze, unter anderem das preußische, keine Differenzierung zwischen *dramatisch-musikalischen* Werken und rein musikalischen vornähmen.[691]

Die Gegenseite wandte sofort ein, dass dies sehr zweifelhaft sei. Schon in der Abstimmung im Bundestag habe sich immerhin Widerstand gegen die Bezeichnung *musikalische* Werke gebildet. Das Gesetz sei hier lediglich nicht mehr aufzuhalten gewesen. Trotzdem sei es oft nur einschränkend interpretiert worden.[692]

Auch in der rechtswissenschaftlichen Literatur hieß es, der Wortlaut, der den rein musikalischen Werken die Möglichkeit des Vorbehalts zubillige, sei fehlerhaft. Der Gesetzgeber habe lediglich versucht, in der Formulierung an das Gesetz von 1841 anzuknüpfen und dabei unbeabsichtigt die musikalischen Werke in den Schutz mit einbezogen.[693]

Dagegen hieß es Jahre später in einem Entwurf für das Urheberrechtsgesetz im Norddeutschen Bund,

---

689 ProtBV 1857, § 132, S. 228.

690 Sammlung der Publikationspatente zu finden in: BArch DB 1/I 308, Bd. 2/2.

691 Frankfurter Entwurf, Nachdruck UFITA Bd. 120, 1992, 177 (255).

692 Frankfurter Entwurf, Nachdruck UFITA Bd. 120, 1992, 177 (256).

693 *Kaiser,* Die Preußische Gesetzgebung, S. 89; *Wächter,* Verlagsrecht, Bd. 2, S. 645; anders: *Klostermann,* Urheberrecht und Verlagsrecht, S. 176, der das preußische Gesetz als abweichenden Ausnahmefall beschreibt.

„es ist daher unrichtig, wenn in einer Petition des Berliner Tonkünstlervereins [...] vorausgesetzt wird, daß den Autoren rein musikalischer Werke das ausschließende Recht gegen öffentliche Aufführung unbedingt versagt sei, wenn das Werk durch Druck veröffentlicht ist. Durch besonderen Vorbehalt kann sowohl in Preußen wie in jedem Gebiet, wo der Bundesbeschluß vom 12. März 1857 publizirt worden ist, ein Schutz auch nach der literarischen Edition des Werkes aufrecht erhalten werden".[694]

Der Wille der Bundesversammlung bei der Verabschiedung der Vorbehaltsregelung ist aus heutiger Perspektive nicht mehr zu ermitteln. Es ist jedoch zu vermuten, dass es sich bei der Einbeziehung der musikalischen Werke tatsächlich um einen Redaktionsfehler handelte.

Schließlich kam das Aufführungsrecht für musikalische Werke bis dahin kaum in der Diskussion um das Urheberrecht vor. Während des Gesetzgebungsverfahrens in der Bundesversammlung bezog sich lediglich der Gesandte Württembergs auf die Ausdehnung des musikalischen Aufführungsrechts. Auch die Gesetzesmotive gehen nicht auf die Ausdehnung des Aufführungsrechts musikalischer Werke ein.

Eventuell war die antragsstellende Kommission vor allem an einer Vereinfachung des Wortlauts interessiert, indem sie statt *dramatisch-musikalischen* nur *musikalische* Werke in den Schutz mit einbezog, und war sich der Auswirkung dieser Änderung nicht bewusst. Rechtssicherheit konnte hierdurch jedenfalls nicht hergestellt werden.

IV. Bewertung

Die Diskussionen, die der Regelung des Vorbehalts in Preußen und im Deutschen Bund vorausgingen, erfolgten deutlich sachlicher und zielorientiert als noch zwanzig Jahre vorher.

In den preußischen Archivunterlagen wird deutlich, dass einzelne Versäumnisse des Gesetzes von 1837 nachgeholt werden sollten. Dies zeigt zunächst der Name, *Gesetz betreffend die Abänderung einiger Bestimmungen des Gesetzes vom 11. Juni 1837 über den Schutz des Eigenthums an Werken der Wissenschaft und Kunst gegen Nachdruck und Nachbildung*[695].

Die durch das Staatsministerium bereits 1837 beabsichtigten Regelungen sollten nun endlich umgesetzt werden.[696]

---

694 Drucksachen zu den Verhandlungen des Bundesrathes des NDB, Nr. 89, S. 70.

695 GStA PK, I. HA Rep. 84 a (JustizM) Nr. 2375, S. 410 f.

696 Rede des Referenten der 5. Kommission im Parlament am 17.12.1853, GStA PK, HA I, Rep. 77 (MdI) Tit. 338, Nr. 1, Bd. 6, Bl. 62 v. ff.; Kommissionsbericht vom 14.12.1853, ebd., Bl. 50 r, S. 4; Gesetzesentwurf vom 9.8.1853, ebd., Bl. 32 ff.

Laut *Weisker* gelang dies, als das Gesetz allen Erwartungen entsprochen habe.[697] So bezeichnete *Wächter* das Gesetz immerhin als einen „*wesentlichen Fortschritt*".[698]
Auch der Intendant *Küstner* lobte das Gesetz in höchsten Tönen. Dieses sei

> „*der Schlußstein, welcher das Gebäude des geistigen Eigenthums der dramatischen Dichter in Deutschland vollendet; durch dasselbe werden in sämmtlichen deutschen Bundestaaten* [...] *die gerechten Ansprüche der dramatischen Autoren anerkannt und wird ihnen ein angemessener, würdiger Lohn ihres Fleisses und Talents verabfolgt; dadurch endlich wird wesentlich zur Hebung der deutschen dramatischen Dicht= und Tonkunst beigetragen.*"[699]

Die Gesetze von 1854 und 1857 markieren einen wichtigen Schritt in der Entwicklung des Aufführungsrechts. Wie schon 1841 folgte der Deutsche Bund dabei einem kurz zuvor erlassenen preußischen Gesetz.

Erstmals war es Urhebern in Deutschland möglich, auch nach der Veröffentlichung durch den Druck über das Aufführungsrecht zu verfügen. Die von einigen Dramatikern und Komponisten verwendeten Vorbehalte wurden somit auch gesetzlich legitimiert. Die Gesetze füllten also eine Lücke der bestehenden Gesetze, die bis dahin durch Gewohnheitsrecht besetzt war. Eine komplette Neuregelung des Aufführungsrechts war nicht bezweckt.

Zu kritisieren ist dagegen die durch das preußische Gesetz entstandene Unsicherheit bezüglich der Unterscheidung zwischen *dramatisch-musikalischen* und *musikalischen* Werken. Für die Komponisten war diese Differenzierung von großer Bedeutung, schließlich entschied diese darüber, ob sie ihre Werke auch nach der Veröffentlichung durch die Anbringung eines Vorbehalts gegen Aufführungen schützen konnten oder nicht.

Ebenso unglücklich war die unpräzise Formulierung über den Schutzumfang im Gesetz des Deutschen Bundes 1857, welche weder den Bühnen noch den Komponisten Rechtssicherheit über die Frage, ob musikalische Werke auch nach der Drucklegung durch die Anbringung eines Vorbehalts geschützt werden konnten, bot.

Ob der Vorbehalt in der Praxis auch gegenüber den Verlegern und Bühnen durchgesetzt werden konnte, ist jedoch zu bezweifeln, da das Gesetz auf zwei Weisen Unsicherheit schuf: Zum einen war unklar, ob die Musikwerke überhaupt von der Schutzmöglichkeit nach Veröffentlichung miteinbezogen waren. Nahm man dies nicht an, war zum anderen die Anbringung des Vorbehalts nur

---

697 *Weisker,* Das wirtschaftliche Verhältnis, S. 120.
698 *Wächter,* Verlagsrecht Bd. 2, S. 645.
699 *Küstner,* Handbuch, S. 343.

möglich, wenn das Werk als *dramatisch-musikalisches* zu kategorisieren war. Wie zu zeigen sein wird, war auch diese Abgrenzung kaum klar zu treffen.

Kurzfristig konnte das Gesetz den Komponisten musikalischer Werke jedenfalls kaum helfen: Laut einer Darstellung *Klostermanns* aus dem Jahr 1871 kam der Vorbehalt in der Praxis nur bei *dramatisch-musikalischen* Werken zur Anwendung.[700] Auf dem Weg zu einem uneingeschränkten Aufführungsrecht, also vorbehaltlosem Aufführungsrecht auch nach der Veröffentlichung, war immerhin zumindest ein Zwischenziel erreicht.

700 *Klostermann,* Urheberrecht und Verlagsrecht, S. 176.

E. Das uneingeschränkte dramatische Aufführungsrecht

Der Weg zu einem uneingeschränkten dramatischen Aufführungsrecht war nicht mehr weit. Schon im Deutschen Bund sah der Frankfurter Entwurf von 1864 dieses vor (II.), bevor es dann 1870 im Norddeutschen Bund zur Vollendung des dramatischen Aufführungsrechts kommen sollte (III.).

Indes war eine Ausweitung des musikalischen Aufführungsrechts hin zu einem uneingeschränkten Recht noch nicht in Sicht.

In der ersten Hälfte des 19. Jahrhunderts bezog sich die Debatte über das Aufführungsrecht überwiegend auf dramatische Werke. Musikalische Aufführungen waren in dieser Zeit offensichtlich so selten, dass eine Tantiemenerhebung nicht in Frage kam.

Sogar die Dramatiker und Komponisten forderten in ihrer Petition das Aufführungsrecht nur für *dramatisch-musikalische* Werke. Bei den musikalischen Werken gab man sich hingegen mit der einmaligen Entlohnung aus dem Verlagshonorar zufrieden.

I. Allgemein

In den Fünfzigerjahren wurde ein Aufführungsrecht für rein musikalische Werke zumindest erwogen, obgleich es von vielen Seiten entschieden abgelehnt wurde.[701] Dies lässt sich auf den Aufschwung der öffentlichen Konzertkultur zurückführen, welcher im Folgenden dargestellt wird. Anschließend wird auf die Änderung des musikalischen Aufführungsbegriffes sowie die Behandlung des Aufführungsrechts durch das Musikverlagswesen und die Rechtswissenschaft eingegangen.

1. Aufschwung der öffentlichen Konzertkultur

Die zögerliche Entwicklung des musikalischen Aufführungsrechts geht auf das langsame Aufkommen der öffentlichen Konzertkultur zurück. Schließlich ermöglichte erst diese eine lohnende Verwertung der Werke.[702]

701 Siehe ab: D.II.2.

702 Siehe: D.I.4.b).

In Deutschland stand das öffentliche Konzert lange im Schatten der Oper. Dies belegt unter anderem der gescheiterte Versuch *Richard Wagners*, in Dresden im Jahr 1840 professionelle Konzerte zu etablieren.[703] Erst spät setzte in Deutschland die Professionalisierung des bürgerlichen Kulturbetriebes ein. Auch wenn dieser schon eine große Bedeutung in der Gesellschaft hatte, konnte lange Zeit das künstlerische Niveau der Höfe nicht erreicht werden. So war es oft nicht möglich, professionelle Musiker zu engagieren oder gar ein Orchester zu unterhalten. Aus dieser Not heraus übernahm das Bürgertum die Rolle des ausführenden Künstlers oft selbst. Das Dilettantentum hatte bis zur Mitte des 19. Jahrhunderts deshalb eine große Bedeutung[704] und wurde erst spät von einem professionalisierten Orchesterbetrieb abgelöst.

Der Kulturbetrieb professionalisierte sich in Deutschland deutlich später als in Italien und Frankreich.[705] Im Konzertwesen begann diese Entwicklung sogar erst in den Dreißigerjahren des 19. Jahrhunderts mit den Leipziger Gewandhauskonzerten.[706] Bis in die Siebzigerjahre des 19. Jahrhunderts hinein blieb Leipzig die Metropole der deutschen Musikkultur.[707] In Wien und vor allem in Berlin befand sich das Musikleben in den Fünfzigerjahren hingegen noch auf einem provinziellen Niveau. Dies änderte sich erst in den Siebzigerjahren des 19. Jahrhunderts.[708]

Ebenso bildeten sich heute bekannte Gattungen wie das Recital und der Liederabend erst 1840 bzw. 1870 aus.[709] Schließlich fragte das Bürgertum vor allem nach Musik, die auch im kleinen Rahmen selbst spielbar war. Die Komponisten versuchten daher, die Musik für diesen Rahmen leichter zugänglich zu machen, indem sie eingängige Melodien, einfache Rhythmen und starke Bilder, mithin Charakteristika der Frühromantik, verwendeten.[710]

Erst zum Ende des 19. Jahrhunderts waren die öffentlichen Konzerte derart populär, dass sogar von einer „*Konzerteflut*" gesprochen wurde.[711] Da die großen Bühnen überwiegend bereit waren, Tantiemen zu entrichten, vergrößerte sich

---

703 *Raynor*, A Social History of Music, S. 330.
704 *Hein*, Bürgerkultur, 35 (43).
705 *Daniel*, Hoftheater, S. 132 f.; *Raynor*, A Social History of Music, S. 317.
706 *Grotjahn*, Die Sinfonie im deutschen Kulturgebiet, S. 102.
707 *Grotjahn*, Die Sinfonie im deutschen Kulturgebiet, S. 102.
708 *Grotjahn*, Die Sinfonie im deutschen Kulturgebiet, S. 118 ff.
709 *Heister*, Das Konzert, S. 310.
710 *Burkholder*, A History of Western Music, S. 599.
711 *Messmer*, Gema Nachr. 1999, Nr. 160, S. 30.

die Notwendigkeit eines musikalischen Aufführungsrechts erst in dieser Zeit erheblich, als die Anzahl der kleinen und mittelgroßen Bühnen stark anstieg.

Auch dabei gilt es zu beachten, dass in ganz Europa die philharmonischen Gesellschaften viele Konzerte zu Bildungszwecken ohne bzw. nur mit geringem Eintritt veranstalteten,[712] als sich deren Idealismus nur schwer mit der Erhebung von Gebühren vertrug.

2. Die Änderung des musikalischen Aufführungsbegriffes

Erst die öffentliche Konzertkultur schuf durch die wiederholte Aufführung von Musikwerken die Voraussetzung für das Aufführungsrecht. Dies war für die Komponisten allerdings wertlos, solange das Gros der Konzerteinnahmen nur für die aufführenden Virtuosen bestimmt war,[713] welche noch dazu oft eigene Kompositionen aufführten.[714]

Zunächst stand im 19. Jahrhundert das Virtuosentum im Vordergrund des Publikumsinteresses, nicht die Musik.[715] Erst im letzten Drittel des 19. Jahrhunderts setzte sich die Interpretationskultur durch, die schon zum Ende des Jahrhunderts dominierte.

Deutlich wird diese Fortentwicklung der Aufführungspraxis an Hand eines Zitats *Heinrich Heines,* der das Klavierspiel Mitte des 19. Jahrhunderts als maschinelle Reproduktion einordnet:

> *„Diese ewige Klavierspielerei ist nicht mehr zu ertragen! (Ach! meine Wandnachbarinnen, junge Töchter Albion's, spielten in diesem Augenblick ein brillantes Morceau für zwei linke Hände). Diese grellen Klimpertöne ohne natürliches Verhallen, diese herzlosen Schwirrklänge, dieses erzprosaische Schollern und Pickern, dieses Fortepiano tötet all unser Denken und Fühlen, und wir werden dumm, abgestumpft, blödsinnig. Dieses Überhandnehmen des Klavierspielens und gar die Triumphzüge der Klaviervirtuosen sind charakteristisch für unsere Zeit und zeugen ganz eigentlich von dem Siege des Maschinenwesens über den Geist. Die technische Fertigkeit, die Präzision eines Automaten, das Identifizieren mit dem besaiteten Holze, die tönende Instrumentwerdung des Menschen, wird jetzt als das Höchste gepriesen und gefeiert.“*[716]

712 *Sprang,* Grand Opera, S. 237.
713 Siehe die geringe Entlohnung *Wagners* im Vergleich zum Sänger *Tichatschek*: D.I.4.a).
714 Siehe das Beispiel *Paganinis*: B.V.5.b).
715 *Weber,* Music and the Middle Class, 2nd Edition, S. 24; *Mauser* in NHdM, Bd. 11, S. 394.
716 *Heine,* Musikalische Saison von 1843, 299 (300).

Erst als das Werk selbst, und nicht die möglichst spektakuläre Darstellung eines vom Virtuosen selbst komponierten Stückes den Mittelpunkt der Konzerte bildete, waren die Konzertveranstalter darauf angewiesen, sich mit den Komponisten über die Aufführung ihrer Werke zu einigen.

Neben der Entwicklung der Konzertkultur schuf somit auch die Veränderung der musikalischen Aufführung den Weg für das uneingeschränkte musikalische Aufführungsrecht.

3. Musikverlage und das Aufführungsrecht

Anfang des 19. Jahrhunderts wurde das Musikverlagswesen immer erfolgreicher. Dies lässt sich mit der hohen Anzahl der archivierten Vertragsurkunden belegen.[717] Allein die im sächsischen Staatsarchiv befindlichen Unterlagen des Verlags Breitkopf & Härtel nehmen eine Länge von 310 Metern ein.[718] Einige Fortschritte der Reproduktionsverfahren von Musikwerken beschleunigte das Wachstum der Musikverlage in Deutschland ab 1860 zusätzlich.[719]

Da eine Verwertung des Aufführungsrechts für veröffentlichte dramatische und *dramatisch-musikalische* Werke in Preußen erst ab 1854, in Deutschland erst ab 1857 überhaupt möglich war, überrascht es nicht, dass *Lange*, in seiner detaillierten Untersuchung der Verlagsverträge, erst im Jahr 1860 die erste Erwähnung des Aufführungsrechts in einem Verlagsvertrag nachweisen kann.[720]

Noch 1864 beschreibt der Komponist und Jurist *Johann Vesque von Püttlingen* (1803–1883), der bereits 1840 den Staatsvertrag zwischen Österreich und Sardinien ausgehandelt hatte, die Übertragung des Aufführungsrechts vom Komponisten an den Theaterunternehmer als den Regelfall.[721]

Gleichwohl blieb die Auswirkung der Vorbehaltsregelung gering. Die Dramatiker konnten ohne Zweifel dennoch von ihr profitieren, als ihnen so zwei Wege der Verwertung offenstanden. Für die Komponisten änderte sich indes wenig. Während musikalische Werke ohnehin nach der herrschenden Ansicht nicht vom Vorbehalt erfasst wurden, blieben größere Werke wie Opern zumeist ungedruckt.[722]

---

717 Siehe: *Lange,* UFITA 2014 III, 691–727.

718 *Kluttig,* „Da ist Musik drin", in: Leipziger Musikverlagswesen, 455 (468).

719 *Ballstaedt, Widmaier,* Salonmusik, S. 105 f.

720 *Lange,* UFITA 2014 III, 691 (721).

721 *Vesque von Püttlingen,* Musicalische Autorrecht, S. 68.

722 *Walter,* Richard Strauss und das dt. Urheberrecht, in: Universal Edition, 45 (47).

4. Das Aufführungsrecht in der Rechtswissenschaft

In der Rechtswissenschaft galt die Einführung des Aufführungsvorbehalts zumindest bezüglich der dramatischen Werke als überfällig. Auch die Trennung zwischen Nachdruckverbot und Aufführungsrecht war in der Literatur inzwischen dogmatisch eindeutig geklärt.

So verlangte *Jolly* vom Gesetzgeber, dass das Verbot der Aufführung *„von dem des Nachdrucks getrennt und nicht als bloße Anwendung desselben behandelt werden“*[723] dürfe, ohne dabei jedoch dem Aufführungsrecht die Berechtigung versagen zu wollen.[724]

Ebenso sprach sich *Eisenlohr* gegen die Vorbehaltsregelung und für ein uneingeschränktes Aufführungsrecht aus.[725] Der Autor komme nur dann in den vollen Fruchtgenuss seines Werkes, wenn er auch das Recht besäße, den Gewinn aus den Aufführungen zu ziehen. Ein vernünftiger Grund für die Vorbehaltsregelung lasse sich im Übrigen nicht finden:

> *„Wie soll aus dem Druck eines Schauspiels das Recht der Aufführung für Andere folgen! So wenig als aus der Darstellung das Recht zum Druck. Beides sind Rechte, die Nichts gemein haben als den Ursprung, das Eigenthum des Urhebers, aber eben dieses Ursprungs willen unter jeder Bedingung zu schützen sind.“*[726]

Dem schlossen sich *Wächter* und *Vesque von Püttlingen* grundsätzlich an. Den Vorbehalt für musikalische Werke lehnten beide hingegen ab. Die Veröffentlichung musikalischer Werke hätte letztlich die Aufführung zum Zweck. Ein Vorbehalt könne daher nicht der Intention der Komponisten entsprechen.[727]

Vesque von Püttlingen begründete die Ansicht in seiner Arbeit, die sich sowohl an Musiker wie Juristen richtete,[728] noch etwas ausführlicher: Die *„nichtdramatische Musik“* könne, im Gegensatz zu der dramatischen Musik, *„nicht auf zweierlei Art verwerthet werden, nämlich durch die Herausgabe durch den Druck, und durch die Aufführung auf den Brettern.“*[729]

Diese Aussage überrascht angesichts der sich immer weiter ausbreitenden Hausmusikkultur. Schließlich wurden in dieser Zeit viele Werke vordergründig

---

723 *Jolly,* Die Lehre vom Nachdruck, S. 190.

724 *Jolly,* Die Lehre vom Nachdruck, S. 190; *Gülich,* Theaterautoren, S. 204.

725 *Eisenlohr,* Eigenthum u. Verlagsrecht, S. 61.

726 *Eisenlohr,* Eigenthum u. Verlagsrecht, S. 61.

727 *Wächter,* Verlagsrecht, Bd. 2, S. 645; *Vesque von Püttlingen,* Musicalische Autorrecht, S. 61.

728 *Vesque von Püttlingen,* Musicalische Autorrecht, Vorwort, S. V.

729 *Vesque von Püttlingen,* Musicalische Autorrecht, S. 61.

dafür geschaffen, von Laien zum privaten Vergnügen gespielt zu werden. Gerade deshalb konnten sie auf zwei verschiedenen Wegen verwertet werden.

Vesque von Püttlingen ging indes noch weiter und kritisierte die in Frankreich herrschende Praxis, die ein Aufführungsrecht auch für nichtdramatische Musik vorsah. Diese stelle ein Verbot dar, „*für das sich wenigstens die deutschen Tonsetzer im Interesse der Verbreitung ihres Werkes und ihrer Künstlerehre nicht bedanken würden.*“[730] Die Komponisten sollten also nur für die Kunst leben und sich nicht von weltlichen, monetären Interessen berühren lassen.

Eine ganz andere, neuartige Betrachtung bot *Albert Schäffle* (1831–1903). *Schäffle* ging davon aus, dass alle Autorenrechte ökonomisch zu rechtfertigen seien. Generell käme das Autorenrecht einer sozialökonomischen Lohnfunktion nach, weshalb dem Autor folglich eine einmalige Entlohnung durch den Verleger zustünde.[731]

Bei dramatischen Werken könne der Lohn nicht nur durch eine einmalige publizistische Verwertung erlangt werden, da der Autor stets mit mehreren Bühnen verhandeln müsse. Insofern wäre bei diesen Werken auch die Zahlung von Tantiemen zulässig, als der Autor nur so angemessen entlohnt werden könne.[732]

In seinen Ausführungen bezog sich *Schäffle* nur auf den Schutz von dramatischen Werken. Erst am Ende seines Werkes stellte er die musikalischen Werke[733] mit den literarischen dramatischen Werken gleich.[734]

Trotz der wachsenden ökonomischen Bedeutung der musikalischen Aufführungen blieben diese in der rechtswissenschaftlichen Bewertung insgesamt weiterhin im Schatten der dramatischen Aufführungen.

II. Der Frankfurter Entwurf eines Urheberrechtsgesetzes von 1864

Bereits während der Beratungen über den Bundesbeschluss von 1857 gab es Bestrebungen, ein gänzlich neues Urheberrechtsgesetz im Deutschen Bund zu schaffen. Diese gipfelten im Frankfurter Entwurf eines Urheberrechtsgesetzes von 1864.

---

730 *Vesque von Püttlingen,* Musicalische Autorrecht, S. 61, Fn. 2.

731 *Schaeffle,* Die ausschliessenden „Verhältnisse“, S. 318.

732 *Schaeffle,* Die ausschliessenden „Verhältnisse“, S. 319.

733 *Schaeffle* unterscheidet in seinem Werk nicht zwischen *dramatisch-musikalischen* und *musikalischen* Werke, daher ist davon auszugehen, dass er hier beide Werkkategorien meint.

734 *Schaeffle,* Die ausschliessenden „Verhältnisse“, S. 395.

So versuchten die in Frankreich bereits existierenden Verwertungsgesellschaften auch solche Konzerte in den Tantiemenanspruch mit einzubeziehen, die ohne Gewinnerzielungsabsicht veranstaltet wurden.[758] Dies hätte allerdings in anderen Ländern die philharmonischen Gesellschaften stark eingeschränkt, die häufig Werke allein aus Bildungszwecken bei freiem Eintritt aufführen ließen. Dies würdigten auch die Kongressteilnehmer, indem sie mehrheitlich dafür votierten, die Anwendung des Aufführungsrechts für diese Veranstaltungen zu begrenzen. Schließlich lägen diese Konzerte auch im Interesse der Kunst und des Ruhmes der Komponisten.[759]

Der Beschluss sah somit ein Verbietungsrecht der Autoren unabhängig von der Veröffentlichung des Werkes durch den Druck vor. Dieses Verbietungsrecht erstreckte sich hingegen nur auf Aufführungen mit Gewinnerzielungsabsicht.

Auf die Gesetzgebung in Deutschland hatte dieser Beschluss keine unmittelbaren Auswirkungen. Allen deutschen Beteiligten wurde allerdings deutlich, dass andere Länder in Fragen des Aufführungsrechts bereits zu weitergehenden Regelungen gekommen waren.

3. Verhandlungen über den Frankfurter Entwurf

Fünf Jahre nach der Publikation des Börsenvereinentwurfs wandte sich Sachsen am 23. Januar 1862 an die Bundesversammlung und bat um die Einrichtung einer Kommission, die auf Basis des Entwurfes ein allgemeines deutsches Gesetz erarbeiten sollte.[760]

Nicht vollständig geklärt ist das zwischenzeitliche Geschehen. Es ist zu vermuten, dass bereits Möglichkeiten einer Einigung sondiert wurden, als Preußen schon früh deutlich gemacht hatte, nicht am Gesetzgebungsverfahren teilnehmen zu wollen. Der Börsenverein der Deutschen Buchhändler trat dieser Haltung am 29. Oktober 1860 entgegen und ersuchte die preußische Regierung, *„auf die Beseitigung der materiellen Bedenken hinzuwirken, durch welche die kgl. preuß. Regierung bisher verhindert worden ist, auf die Berathung eines deutschen Nachdruckgesetzes einzugehen.“*[761]

Vier Jahre später, im Jahr 1864, hatte der preußische Kultusminister *von Mühler* zwar die Begutachtung des Börsenverein-Entwurfs in Auftrag gegeben,

758 *Sprang,* Grand Opera, S. 237.

759 *Sprang,* Grand Opera, S. 237.

760 ProtBV 1862, § 29, S. 31; *Dambach,* Die Gesetzgebung des Norddeutschen Bundes, S. 2; *Dölemeyer,* Urheber- und Verlagsrecht, in: *Coing,* Handbuch, 3955 (4016).

761 *Frommann,* Geschichte des Börsen-Vereins der Deutschen Buchhändler, S. 44.

konnte jedoch an der kategorischen Blockadehaltung des Außenministers *Otto von Bismarck* (1815–1898) nichts ändern.[762]

Formell wurde dies kaum haltbar mit der Erledigung von Artikel 18 d der Bundesakte durch den Bundesbeschluss von 1837 begründet.[763] Tatsächlich trat das preußische Außenministerium, seit 1862 unter der Führung *Bismarcks* stehend, allen Bemühungen für eine weitere Rechtsvereinheitlichung im Deutschen Bund entgegen, um diesen zu schwächen.[764]

Trotz der Ablehnung durch Preußen wurde aufgrund der Unterstützung Württembergs und Bayerns[765] der sächsische Antrag bewilligt und eine Kommission gegründet, die mit der Erstellung eines Gesetzesentwurfs betraut wurde.

Diesem lag neben der Ausarbeitung des Börsenvereins auch eine im Juli 1862 eingebrachte Vorlage der österreichischen Regierung zugrunde.[766] Schließlich sah Österreich nun die Chance, sich als treibende Kraft für die Vereinheitlichung des Urheberrechts zu profilieren und kehrte so die Rollenverteilung aus den Dreißigerjahren um.[767]

In der Frage des Aufführungsrechts sah der österreichische Entwurf denselben Schutzumfang wie der Börsenvereinentwurf vor. Bei dramatischen und *dramatisch-musikalischen* Werken sollte das Aufführungsrecht uneingeschränkt bestehen. Musikalische Werke konnten nach der Veröffentlichung durch den Druck weiterhin nur durch die Anbringung eines Vorbehalts gegen die Aufführung gesichert werden. Die das Aufführungsrecht betreffende Passage des österreichischen Entwurfs lautete:

> *„§ 32: Das Recht. ein dramatisches, dramatisch-musikalisches oder musikalisches Werk im Ganzen oder mit Abkürzungen oder mit unwesentlichen Veränderungen öffentlich aufzuführen oder aufführen zu lassen, steht dem Autor und feinen Rechtsnachfolgern ausschließend und zwar in solange zu, als dieselben durch das Gesetz gegen unbefugte Veröffentlichung und Nachbildung des Werkes überhaupt geschützt werden.*
> *§ 34: Das im § 32 gewährte ausschließende Recht bleibt bei dramatischen und dramatisch-musikalischen Werken unberührt, wenn dieselben auch durch den Druck oder Stich veröffentlicht werden; bei rein musikalischen Werken dagegen ist in diesem Falle die öffentliche*

762 *Nomine,* Sachverständigenverein, S. 323 ff.
763 ProtBV 1862, § 50, S. 53.
764 *Mayer,* Württembergs Beitrag, S. 97.
765 ProtBV 1862, § 29, S. 32.
766 Entwurf eines Gesetzes zum Schutze der Autorrechte an Werken der Literatur und Kunst, in: ProtBV 1862, § 251, Beilage 2, S. 453 ff.; *Dölemeyer,* Urheber- und Verlagsrecht, in: *Coing,* Handbuch, 3955 (4041).
767 *Wadle,* UFITA Bd. 120, 1992, 33 (40).

Aufführung in derselben Tonsatzweise Jedermann gestattet. wenn der Autor bei der Drucklegung nicht das Recht der öffentlichen Aufführung durch eine auf dem Titelblatte jedes Exemplares abgedruckte Erklärung ausdrücklich vorbehalten hat.
Ein solcher Vorbehalt bleibt wirksam auf die ganze Lebenszeit des genannten Autors und zu Gunsten feiner Rechtsnachfolger noch dreißig Jahre nach seinem Tode; bei anonymen, pseudonymen und posthumen Werken aber durch dreißig Jahre, welche von dem Erscheinen des Werkes, oder wenn die erste öffentliche Aufführung früher stattgefunden hat, von diesem Zeitpunkte zu berechnen sind. Ein dramatisches oder dramatisch-musikalisches Werk darf vor Ablauf der vorstehend bestimmten Schutzschriften auch in einer anderen Sprache als der des Originals nicht öffentlich aufgeführt werden, und zwar selbst dann nicht, wenn das ausschließende Recht des Autors zur Veranstaltung von Uebersetzungen bereits erloschen wäre.[768]

Die eingesetzte Kommission unter dem Vorsitz von *Vesque von Püttlingen* handelte auf Basis dieser beiden Entwürfe den Frankfurter Entwurf[769] aus.

Die zugrunde liegenden Verhandlungen sind umfangreich überliefert und lassen einen interessanten Blick auf die Auseinandersetzungen um das Urheberrecht in den Sechzigerjahren des 19. Jahrhunderts zu.

a) Das Aufführungsrecht unabhängig von der Veröffentlichung

Zunächst kam in der zehnten Sitzung der Kommission am 14. November 1863 einiger Widerstand gegen das Aufführungsrecht zum Ausdruck: Die Gesandten Bayerns und Badens hielten allenfalls einen Schutz vor Veröffentlichung des Werkes für angemessen. Nach dem Druck müsse die Aufführung jedoch freibleiben.[770]

Belegt wurde dies mit einer Fülle von Argumenten, die zum Teil schon in den Dreißigerjahren hervorgebracht worden waren: Kleinere Bühnen, die viel für die Bildung des Volkes leisteten, sowie Musikvereine müssten geschützt werden. Schließlich sei es diesen nicht zuzumuten, nur Stücke aufzuführen, deren Schutzfrist abgelaufen wäre. Wenn die Urheber eine Tantieme wollten, müssten sie eben andere Verträge mit den Bühnen aushandeln.

Die Ansicht Bayerns war noch sehr auf den Nachdruckbegriff fixiert. Nach wie vor wurden die über das Nachdruckverbot hinausgehenden Rechte der Urheber häufig nicht anerkannt. So hieß es, die Aufführung stelle keine untersagte mechanische Vervielfältigung dar, sondern sei eine freie geistige Benutzung

768 ProtBV 1862, § 251, Beilage 2, S. 460.
769 Einführend dazu: *Wadle*, UFITA Bd. 120, 1992, 33 – 55; *Mandry*, Urheberrecht an literarischen Erzeugnissen, S. 19.
770 Frankfurter Entwurf, Nachdruck UFITA Bd. 120, 1992, 177 (250).

einer fremden Produktion, die hier, wie in allen anderen Fällen, gestattet werden müsste.[771]

Der badische Gesandte argumentierte dagegen grundsätzlicher: Das Aufführungsrecht lasse sich nur aus der irrigen Annahme eines Autorenrechtes begründen, dessen Zweck es sei, dem Autor jeden möglicherweise aus seinem Werke zu ziehenden Gewinn ausschließlich zuzuwenden.[772] Bis jetzt gelte jedoch der Grundsatz, *„daß es sich bei allen in Frage stehenden Verboten um eine Beschränkung der natürlichen Freiheit handle, daß* [...] *aus besonderen Gründen gerechtfertigt werden müsse."*[773]

Außerdem sei es verwerflich, die Aufführung von Werken, die bereits gedruckt und denn auch für die Aufführung bestimmt seien, zu verbieten. Ohnehin sei die Rentabilität der Theaterbetriebe sehr niedrig. Noch dazu trügen diese das wirtschaftliche Risiko der Aufführung.[774]

Daneben wurden auch praktische Erwägungen eingebracht. So sei der Anteil der Autoren prinzipiell nicht *„arithmetisch"*[775] festsetzbar. Außerdem könnten die Aufführenden, die *„zum größten Teil einfach Privatleute aus allen möglichen Ständen oder auch unstet umherziehende Virtuosen"* seien, nicht wissen, wo sie den jeweiligen Autoren finden sollten, *„ob er noch lebe oder bereits gestorben, oder gar wer und wo dessen Erben seien."*[776]

Dieser Kritik trat der Vorsitzende *Vesque von Püttlingen* sogleich entgegen: Auch bei Werken der bildenden Kunst sei man über das Verbot der rein mechanischen Vervielfältigung hinausgegangen, indem die Nachbildung eines Kunstwerkes verboten wurde. Die Darstellung eines Stückes sei der Nachbildung ähnlich, ein Verbot sei deshalb ebenso gerechtfertigt.[777] Wenn man die Autoren nicht förderte, würden sich diese von den Theatern zurückziehen. Letztendlich würden durch ein Aufführungsrecht deshalb sogar die Theater gefördert.

Häufig erziele die Bühne darüber hinaus die größten Gewinne, während der Autor nur ein kümmerliches Honorar erhielte. Zudem sei eine Differenzierung zwischen *musikalischen* und *dramatischen* Werken notwendig: Bei Werken, die nur durch Bühnen aufgeführt werden könnten, wäre der Autor diesen gegenüber

---

771 Frankfurter Entwurf, Nachdruck UFITA Bd. 120, 1992, 177 (250 f.).
772 Frankfurter Entwurf, Nachdruck UFITA Bd. 120, 1992, 177 (251).
773 Frankfurter Entwurf, Nachdruck UFITA Bd. 120, 1992, 177 (251).
774 Frankfurter Entwurf, Nachdruck UFITA Bd. 120, 1992, 177 (251 f.).
775 Frankfurter Entwurf, Nachdruck UFITA Bd. 120, 1992, 177 (251 f.).
776 Frankfurter Entwurf, Nachdruck UFITA Bd. 120, 1992, 177 (251 f.).
777 Frankfurter Entwurf, Nachdruck UFITA Bd. 120, 1992, 177 (253).

zu schützen. Rein *musikalische* Werke sollten also weiterhin nicht vom Aufführungsrecht erfasst werden.

Der Kritik Badens und Bayerns schloss sich auch der württembergische Bevollmächtigte an. Schon 1857 hatte Württemberg der Erweiterung des Bundesbeschlusses nur zugestimmt, als es die Bundesversammlung nicht mit einer einzigen Gegenstimme blockieren wollte. Erneut machte Württemberg deutlich, auch diesmal politische Interessen über Überzeugungen stellen zu wollen. Bei aller Kritik am Aufführungsrecht sei eine Änderung dieser Regelung nur mit den größten Schwierigkeiten möglich, da die Staaten den Bundesbeschluss von 1857 gebilligt hätten.[778]

Dagegen wandte der großherzoglich-hessische Bevollmächtigte ein, dass es anerkannt sei, dass der Beschluss von 1857 unzureichend wäre. Ansonsten müsste nicht schon wieder über eine erneute Reform verhandelt werden.[779]

Außerdem würden die Bühnen durch die Freigabe gedruckter Werke keinen Schaden erleiden. Die Schriftsteller hielten sich von den Theatern fern, da dort ungünstige Verhältnisse herrschten und nicht etwa wegen des fehlenden Aufführungsrechts. Daran hätten auch die Regelungen von 1857 nichts geändert. Selbst in Frankreich wären die Zustände außerhalb von Paris nicht anders.[780]

In der Abstimmung konnten sich indes die Bedenken gegen ein Aufführungsrecht nach der Drucklegung nicht durchsetzen. Die Frage, *„Soll der Schutz gegen Aufführung davon abhängen, dass das Werk noch nicht im Buch- oder Musikhandel veröffentlicht ist?"*[781] wurde mit fünf zu drei Stimmen verneint.

b) Diskussion über den Schutz musikalischer Werke

Nur drei Tage später verhandelte die Kommission über das Aufführungsrecht musikalischer Werke.[782]

Zu Beginn beantragte der großherzoglich-hessische Bevollmächtigte, zwischen *dramatischen* und *dramatisch-musikalischen* Werken einerseits und musikalischen Werken andererseits zu unterscheiden. Die Aufführung rein *musikalischer* Werke solle nach der Veröffentlichung freistehen.[783]

778 Frankfurter Entwurf, Nachdruck UFITA Bd. 120, 1992, 177 (253).
779 Frankfurter Entwurf, Nachdruck UFITA Bd. 120, 1992, 177 (254).
780 Frankfurter Entwurf, Nachdruck UFITA Bd. 120, 1992, 177 (253 f.).
781 Frankfurter Entwurf, Nachdruck UFITA Bd. 120, 1992, 177 (254).
782 Frankfurter Entwurf, Nachdruck UFITA Bd. 120, 1992, 177 (255 ff.).
783 Frankfurter Entwurf, Nachdruck UFITA Bd. 120, 1992, 177 (254).

Bereits in der vorigen Sitzung hatte der Bevollmächtigte deutlich gemacht, dass die *musikalischen* Werke durch die Möglichkeit der Verwertung des Klavierauszugs neben der Aufführung bereits ausreichend geschützt seien.[784]

Daraufhin stellten Hannover und Württemberg einen Gegenantrag, der den Streit um den Regelungsgehalt des Bundesbeschlusses von 1857 wieder aufnahm. Viele Partikulargesetze hätten nach 1857 schon nicht mehr zwischen *dramatisch-musikalischen* und *musikalischen* Werken differenziert. Diese Differenzierung könne daher nicht wieder aufgegriffen werden.[785]

Nachdem die Gegenseite entgegnet hatte, viele Staaten hätten den Bundesbeschluss genau andersherum ausgelegt und *musikalische* Werke überhaupt nicht nach dem Druck geschützt,[786] kam es zur Abstimmung. In dieser wurde entschieden, dass nur *dramatische* und *dramatisch-musikalische* Werke unabhängig von der Veröffentlichung durch den Druck gegen Aufführungen geschützt sein sollten.

Für *musikalische* Werke sollte dieser Schutz nach der Veröffentlichung durch den Druck allerdings nicht gelten.[787]

c) Andauernde Schlechterstellung musikalischer Werke

Die Differenzierung zwischen *dramatisch-musikalischen* Werken und rein *musikalischen* Werken sollte mithin aufrecht gehalten werden. Zu klären war hingegen die Abgrenzung zwischen den beiden Werkarten. In der Diskussion wird deutlich, wie schwierig es war, triftige Unterscheidungskriterien zu finden.

Ein Antrag forderte, den Begriff *dramatisch-musikalisch* durch *Opern* zu ersetzen, um klarzustellen, dass Oratorien nicht als *dramatisch-musikalische* Werke von dem Schutz erfasst würden.[788] Dieser Vorschlag wurde jedoch abgelehnt, da auch andere, ähnliche Gattungen wie Melodramen und Singspiele erfasst werden sollten.

Es blieb daher bei dem Begriff *dramatisch-musikalische* Werke. Allerdings wurde klargestellt, dass sich der Schutzzweck nur auf Werke, die zur Bühnenaufführung bestimmt seien, erstrecken sollte.[789]

---

784 Frankfurter Entwurf, Nachdruck UFITA Bd. 120, 1992, 177 (254).
785 Frankfurter Entwurf, Nachdruck UFITA Bd. 120, 1992, 177 (255).
786 Frankfurter Entwurf, Nachdruck UFITA Bd. 120, 1992, 177 (256).
787 Frankfurter Entwurf, Nachdruck UFITA Bd. 120, 1992, 177 (256).
788 Frankfurter Entwurf, Nachdruck UFITA Bd. 120, 1992, 177 (256).
789 Frankfurter Entwurf, Nachdruck UFITA Bd. 120, 1992, 177 (256 f.).

Ein anderer Antrag sah vor, dass bei *dramatisch-musikalischen* Werken nur die bühnenmäßige Aufführung beschränkt, die konzertante Aufführung aber freigestellt sein sollte. Dies wurde aber mit Hinweis auf die vorzugswürdige richterliche Klärung abgelehnt.[790]

Ein letzter Antrag versuchte, den Begriff der *Öffentlichkeit* klarer zu definieren. Eine *öffentliche* Aufführung solle demnach jede sein, *„welche in einer Gesellschaft geschehe, die nicht streng auf die geschlossene Zahl der Mitglieder beschränkt, sondern in welcher ein Erscheinen auch von Nichtmitgliedern möglich sei"*.[791] Diese weite Auslegung des Begriffs der Öffentlichkeit wurde jedoch abgelehnt. Von einer öffentlichen Aufführung könne nur ausgegangen werden, wenn tatsächlich jedermann der Zutritt möglich sei. Auch hier wurde auf die richterliche Entscheidung im Einzelfall hingewiesen.[792]

d) Beibehaltung des Aufführungsvorbehalts

Als letzter Punkt wurde der Schutz der *dramatischen* und *dramatisch-musikalischen* Werke nach der Veröffentlichung behandelt.

Ein Antrag sah vor, die Vorbehaltsregelung zu streichen, womit ein vorbehaltloser Schutz für *dramatische* und *dramatisch-musikalische* Werke hergestellt worden wäre.[793]

Ein gegenläufiges Gesuch Hannovers forderte hingegen für alle Gattungen, also auch für rein *musikalische* Werke einen Vorbehalt.[794]

Beide Anträge wurden im Ergebnis abgelehnt. Der Vorschlag Hannovers widerspräche schon den vorher beschlossenen Grundsätzen, nach denen die verschiedenen Gattungen getrennt voneinander behandelt werden müssten.[795]

Bei *dramatischen* und *dramatisch-musikalischen* Werken verblieb es hingegen bei der Vorbehaltslösung. Diesbezüglich wurde durchaus anerkannt, dass diese faktisch keinen Unterschied zu einem uneingeschränkten Aufführungsrecht darstelle, da ohnehin die meisten Werke mit einem Vorbehalt versehen werden dürften. Hingegen sei die Vorbehaltslösung die zufriedenstellende Lösung, als es dem Autor so zumindest möglich sei, auf das Aufführungsrecht zu verzichten.[796]

790 Frankfurter Entwurf, Nachdruck UFITA Bd. 120, 1992, 177 (257).
791 Frankfurter Entwurf, Nachdruck UFITA Bd. 120, 1992, 177 (257).
792 Frankfurter Entwurf, Nachdruck UFITA Bd. 120, 1992, 177 (257).
793 Frankfurter Entwurf, Nachdruck UFITA Bd. 120, 1992, 177 (259).
794 Frankfurter Entwurf, Nachdruck UFITA Bd. 120, 1992, 177 (259).
795 Frankfurter Entwurf, Nachdruck UFITA Bd. 120, 1992, 177 (259).
796 Frankfurter Entwurf, Nachdruck UFITA Bd. 120, 1992, 177 (260).

4. Einigung auf den Frankfurter Entwurf

In der zweiten Lesung ab dem 28. November 1863 kam es in den Verhandlungen über das Aufführungsrecht[797] nur noch zu kleineren, redaktionellen Änderungen. So wurde der Zeitpunkt, bis zu dem die Werke uneingeschränkten Schutz genießen sollten, präzisiert. Statt „*durch den Druck oder Stich veröffentlicht*" hieß es nun „*im Buch- oder Musikalienhandel veröffentlicht*".[798] Hierdurch sollte sichergestellt werden, dass entsprechend des österreichischen Patents von 1846 der Druck von Manuskripten keinesfalls rechtlich nachteilig für die Autoren war.

In der dritten Beratung des Gesetzesentwurfs versuchte Sachsen erneut, den Vorbehalt für *dramatische* und *dramatisch-musikalische* Werke zu streichen. Zur Begründung hieß es, es sei unangemessen, ein Urheberrecht an eine reine Formalität zu knüpfen. Nirgendwo sonst im Urheberrecht sei dies so vorgesehen.[799] Diesen Antrag unterstützte auch der Vorsitzende *Vesque von Püttlingen*. Denn ein für die Bühne geschriebenes Werk habe die Aufführung als eigentlichen Zweck, nicht den Druck.[800]

Vesque von Püttlingen selbst hatte im Übrigen diese Feststellung in seinem Werk *Das musicalische Autorrecht* noch genutzt, um eine Ausweitung des Aufführungsrechts abzulehnen.[801]

Hier kam er aber zu einem anderen Ergebnis: Da ein Werk gerade für die Bühne geschaffen werde, müsse der Autor sein Werk vorher drucken lassen dürfen, ohne dadurch sein Recht an dem Werk aufzugeben. Demzufolge müsse das Recht des Autors auch ohne besonderen Vorbehalt nach dem Druck gewährt werden.[802]

An den Mehrheitsverhältnissen hatte sich jedoch seit der ersten Abstimmung über den Vorbehalt nichts geändert. Erneut stieß dieser Vorschlag somit auf Ablehnung.[803] Nach der abschließenden Klärung einiger Detailfragen lauteten die das Aufführungsrecht betreffenden Regelungen des Frankfurter Entwurfs:

> *„§ 42 Es ist verboten, dramatische, dramatisch-musikalische oder musikalische Werke ohne Genehmigung ihres Urhebers beziehungsweise seiner Rechtsnachfolger ganz oder teilweise öffentlich aufzuführen oder aufführen zu lassen, solange sie noch nicht im Buch- oder*

---

797 Frankfurter Entwurf, Nachdruck UFITA Bd. 121, 1993, 71 (148 ff.).
798 Frankfurter Entwurf, Nachdruck UFITA Bd. 121, 1993, 71 (148).
799 Frankfurter Entwurf, Nachdruck UFITA Bd. 121, 1993, 71 (238).
800 Frankfurter Entwurf, Nachdruck UFITA Bd. 121, 1993, 71 (238 f.).
801 *Vesque von Püttlingen*, Musicalische Autorrecht, S. 61.
802 Frankfurter Entwurf, Nachdruck UFITA Bd. 121, 1993, 71 (239).
803 Frankfurter Entwurf, Nachdruck UFITA Bd. 121, 1993, 71 (239).

Musikalienhandel veröffentlicht sind. Selbst nach einer derartigen Veröffentlichung dürfen dramatische oder dramatisch-musikalische Werke im Ganzen, oder einzelne Akte derselben, sei es auch mit Auslassungen oder einzelnen Veränderungen, nur mit Genehmigung des Urhebers beziehungsweise seiner Rechtsnachfolger auf der Bühne aufgeführt werden, sofern der Urheber sich auf dem Titelblatt das ausschließliche Recht zu Aufführungen ausdrücklich vorbehalten hat.
§ 43 Die Verbote des § 42 erstrecken sich auf die ganze Lebenszeit des Urhebers und die ersten zehn Jahre nach seinem Tode. [...]
§ 47 Wegen unbefugter Aufführung eines dramatischen, dramatisch-musikalischen oder musikalischen Werkes ist dem Berechtigten statt Entschädigung die zu ermittelnde Einnahme von jeder Aufführung, und zwar wenn der Unternehmer der Aufführung mit Verschulden gehandelt hat, ohne – außer diesem Falle nach Abzug der Tageskosten zuzuerkennen. [...]"[804]

Obwohl die Bundesversammlung am 6. Oktober 1864 den Entwurf angenommen[805] und den Bundesstaaten die Publikation empfohlen hatte, erfolgte diese nur sehr zögerlich und unter vielerlei Bedingungen. Einige Staaten reagierten zu Weilen gar nicht.[806]

Zeitgleich eskalierte der politische Konflikt zwischen Preußen und Österreich. Dies ließ den Versuch zur Rechtsvereinheitlichung im Urheberrecht endgültig scheitern.[807] Am 9. Juni 1866 brach der Deutsche Krieg aus.

In dessen Folge wurde der Deutsche Bund aufgelöst und Preußen gründete am 16. April 1867 mit 17 weiteren Staaten den Norddeutschen Bund.

Trotz des Scheiterns des Entwurfes blieben die Verhandlungen nicht folgenlos. Einerseits bildeten die gefundenen Lösungen die Grundlage des bayrischen Gesetzes vom 28. Juni 1865, welches in der Folge eines der modernsten Urheberrechtsgesetze Deutschlands war.[808]

Andererseits bereiteten sie schon den Weg für das spätere Nachdruckgesetz des Norddeutschen Bundes von 1870.[809] Zu diesem lassen sich sowohl viele personelle als auch inhaltliche Linien ziehen.[810]

---

804 Frankfurter Entwurf, Nachdruck UFITA Bd. 121, 1993, 81 (277 f.).

805 ProtBV 1864, § 253, S. 520 f.

806 *Mayer,* Württembergs Beitrag, S. 103 f.

807 *Wadle,* Weg zum gesetzlichen Schutz, in: GE II, 3 (28).

808 *Wadle,* UFITA Bd. 120, 1992, 33 (54); *Dölemeyer,* Urheber- und Verlagsrecht, in: *Coing,* Handbuch, 3955 (4017).

809 *Müller,* Deutscher Bund und deutsche Nation, S. 495.

810 *Müller,* Deutscher Bund und deutsche Nation, S. 495.

5. Deutliche Kritik des Börsenvereins

Harsche Kritik erntete der Frankfurter Entwurf von 1864 hingegen vom Börsenverein der Deutschen Buchhändler. In internen Ausschussverhandlungen[811] verlangte man Änderungen allein an 29 der 56 Paragraphen.[812]

Die Stellungnahme kritisierte, dass der Entwurf völlig den Boden verlasse, auf welchem der Entwurf des Börsenvereins ruhe,

> *„indem er einmal an der Stelle der möglichst principiellen Anordnung des Stoffes in dem Letzteren zu der willkührlichen, principlosen der früheren Nachdruckgesetze zurückkehrt, und statt von dem positiven Begriffe des Urheberrechts, ebenfalls wiederum von dem Nachdrucksverbote ausgeht.“*[813]

Zum Aufführungsrecht hieß es:

> *„Der Antrag, den § 50. des BVE aufzunehmen, der hierzu gestellt wird, rechtfertigt sich dadurch, daß der Entwurf der Bundescommission dem Componisten nicht einmal das Recht gewährt, sich die Bewilligung zur Aufführung seiner Compositionen, wenn er sie drucken läßt, auf dem Druckexemplare vorzubehalten. Es ist kein Grund vorhanden, dieses Recht, welches man dem Dichter gewährt, dem Componisten zu entziehen“.*[814]

Dabei unterschlug der Börsenverein freilich, dass auch der eigene Entwurf die *musikalischen* Werke nur mittels eines Aufführungsvorbehalts unter Schutz stellte.

Auch die Strafvorschriften des § 47 kritisierte der Börsenverein. Hier seien die eigenen Vorschläge, die unter anderem die Konfiszierung des unrechtmäßig benutzten Manuskripts vorsahen, *„practischer und wirksamer“* als die gefundene Lösung.[815]

Aus heutiger Sicht ist das Studium des Frankfurter Entwurfs hochinteressant, da in den umfangreich überlieferten Gesetzgebungsmaterialien die verschiedenen Argumentationslinien auf Bundesebene besonders deutlich werden.

---

811 Bericht des Ausschusses des Börsenvereins der Deutschen Buchhändler, in: GStA PK, HA I, Rep. 77 (MdI) Tit. 338, Nr. 1, Bd. 6, Bl. 369 v. ff.

812 Bericht des Ausschusses des Börsenvereins der Deutschen Buchhändler, in: GStA PK, HA I, Rep. 77 (MdI) Tit. 338, Nr. 1, Bd. 6, Bl. 369 v. ff.*Müller,* Deutscher Bund und deutsche Nation, S. 489.

813 Bericht des Ausschusses des Börsenvereins der Deutschen Buchhändler, in: GStA PK, HA I, Rep. 77 (MdI) Tit. 338, Nr. 1, Bd. 6, Bl. 371 v.

814 Bericht des Ausschusses des Börsenvereins der Deutschen Buchhändler, in: GStA PK, HA I, Rep. 77 (MdI) Tit. 338, Nr. 1, Bd. 6, Bl. 372 r.

815 Bericht des Ausschusses des Börsenvereins der Deutschen Buchhändler, in: GStA PK, HA I, Rep. 77 (MdI) Tit. 338, Nr. 1, Bd. 6, Bl. 372 r. f.

So versuchten die süddeutschen Staaten wie Württemberg, Baden und Bayern weiterhin penetrant jede Ausweitung des Aufführungsrechts zu verhindern und widersetzten sich damit den Forderungen Sachsens und des Großherzogtums Hessen. Weitergehende Regelungen, vor allem in Hinblick auf *musikalische* Werke, waren zu diesem Zeitpunkt nicht durchsetzbar.

Vor allem angesichts des schnellen Zustandekommens des Beschlusses von 1857 ist dies bezüglich des Aufführungsrechts besonders spannend. An sich beinhaltete der Frankfurter Entwurf keine inhaltlichen bahnbrechenden Neuerungen des Aufführungsrechts. Unter Berücksichtigung der unklaren Auslegung des Bundesbeschlusses von 1857 hätte eine Umsetzung jedoch allen Parteien Rechtssicherheit über die Frage gewährt, ob auch den Schöpfern von *musikalischen* Werken die Sicherung der Aufführungsrechte durch die Anbringung eines Vorbehalts offenstand.

III. Das Gesetz des Norddeutschen Bundes vom 1. Juni 1870

Nachdem der preußisch-österreichische Konflikt entschieden war, begann im neu gegründeten Norddeutschen Bund eine Dekade von Gesetzgebungen zum Schutz des geistigen Eigentums.[816] In weniger als einem Jahrzehnt entstanden 1870 das Urheberrechtsgesetz, 1874 das Markenschutzgesetz, 1876 das Musterschutzgesetz sowie 1877 das Patentgesetz.

1. Entstehung

Die Konstituierung des Norddeutschen Bundes eröffnete die Chance auf einen Neustart der urheberrechtlichen Diskussion:

Zum einen musste Preußen den Rivalen Österreich nicht mehr fürchten, und übernahm binnen kurzer Zeit wieder die Arbeit an einem neuen Urheberrechtsgesetz.[817] Offensichtlich sah Preußen plötzlich wieder die Notwendigkeit eines Bundesgesetzes. Die noch im Vorfeld des Frankfurter Entwurfes geäußerten Bedenken waren verflogen. Auch Sachsen unterstützte dieses Anliegen und erneuerte die Forderung nach einer bundesweiten Regelung des Urheberrechts.[818]

Zum anderen war es nicht mehr nötig, jede urheberrechtliche Regelung gemäß Artikel 18 d der Bundesakte als Analogie zum Nachdruck zu rechtfertigen.

816 *Wadle,* Weg zum gesetzlichen Schutz, in: GE II, 3 (49).
817 *Wadle,* Weg zum gesetzlichen Schutz, in: GE II, 3 (52 f.).
818 *Wadle,* Weg zum gesetzlichen Schutz, in: GE II, 3 (52).

Freilich enthielt die Verfassung keine ausdrückliche Garantie des geistigen Eigentums, wie es noch die Paulskirchenverfassung vorsah.[819] Dennoch erkannte die Verfassung die Existenz des geistigen Eigentums in Artikel 4 Nr. 6 an.[820]

Dies erleichterte die Diskussion um das Aufführungsrecht ungemein. Schließlich war es nun möglich, wie bereits 1852 von *Jolly* gefordert, das Aufführungsrecht unabhängig von den Regelungen zum Nachdruck zu betrachten.[821] Eine Rechtfertigung des Aufführungsrechts als Analogie zum Nachdruck war in der Folge nicht mehr geboten.

a) Forderungen in der Öffentlichkeit

Auch die öffentlichen Rufe nach einer Ausweitung des Urheberrechts rissen nicht ab. Bereits 1868 forderte der Berliner Tonkünstlerverein die Hinwirkung auf ein Gesetz, „*betreffend die Zahlung von Tantiemengeldern für öffentliche Vorführung von musikalischen und literarischen Werken jeglicher Art an die noch lebenden Autoren*".[822]

Auch die Erben sollten nach französischem Vorbild bis dreißig Jahre nach dem Tod der Autoren von den Zahlungen profitieren können.[823]

Offensichtlich hatte sich die Praxis der freiwilligen Tantiemenzahlungen in den letzten Jahren nicht geändert. Nur eine kleine Anzahl bedeutender Bühnen leistete diese. Der Petition zufolge kamen lediglich einige Ehrensold-Zahlungen von Männergesangsvereinen hinzu. Dies könne laut der Petition jedoch nicht ausreichen, da die Gesangsvereine sich in ihren Aufführungen nur auf einige wenige Gattungen beschränkten.[824]

Erstaunlicherweise stieß diese Forderung gerade in Komponistenkreisen auf Kritik. Deutlich wird dies an einer Kommentierung der von *Robert Schumann* gegründeten *Neuen Zeitschrift für Musik*:

---

819 *Rigamonti,* Geistiges Eigentum, S. 36.

820 „Artikel 4.
Der Beaufsichtigung Seitens des Bundes und der Gesetzgebung desselben unterliegen die nachstehenden Angelegenheiten: [...]
6) der Schutz des geistigen Eigenthums;" in: Bundesgesetzblatt des Norddeutschen Bundes 1867, Nr. 1, S. 1 (3 f.)

821 Siehe: E.I.4.

822 Verhandlung d. RT d. NDB, 1868, Bd. 6, Actenstück Nr. 167, S. 481.

823 Verhandlung d. RT d. NDB, 1868, Bd. 6, Actenstück Nr. 167, S. 481.

824 Verhandlung d. RT d. NDB, 1868, Bd. 6, Actenstück Nr. 167, S. 481.

„Der Berliner Tonkünstlerverein hat beim norddeutschen Reichstage beantragt, für Vorlage eines Gesetzes zu wirken, welches den Componisten und dessen Nachkommen innerhalb der ersten dreißig Jahre für die Aufführung eines jeglichen ihrer Werke seitens der Concertgeber eine Tantième sichert. So löblich ein derartiges Vorgehen, so sehr befürchten wir, daß dasselbe nicht den gewünschten Zweck erreichen werde. Ersten lässt sich ein derartiger Eingriff in die Ausübung einer freien Kunst von keiner Behörde ausüben, es sei denn, daß letztere durch eine Corporation sämmtlicher Componisten dazu autorisirt würde; Zweiten würde bei der bekannten Abneigung oder Scheu der meisten Concertinstitute vor Novitäten die beabsichtigte Maßregel wahrscheinlich Nichts weiter erreichen, als dieselben noch mehr als bisher von der Aufführung neuer Werke zurückzuhalten. Reeller erscheint uns dagegen eine Petition für Prämien aus Staatsmitteln, welche die Concertinstitute oder Concertgeber für die Aufführung von Novitäten erhalten und von denen sie einen bestimmten Antheil an die Autoren abzugeben haben.“[825]

Die *Neue Zeitschrift für Musik* bevorzugte also eine staatliche Subventionierung, um die Konzertinstitute nicht davon abzuhalten, Neuheiten auf die Bühne zu bringen. Dies lässt sich wohl durch die bereits ab 1852[826] in Deutschland geäußerte Kritik an der SACEM begründen. Die Komponisten wurden hierdurch nicht ermutigt, sich für die Verwertung ihrer Rechte einzusetzen.

Dieser Bewertung schloss sich auch die für Petitionen zuständige Reichstagskommission an. Vielfach wären Klagen über die Härten laut geworden, die die rücksichtslose Berechnung der Tantiemen in Frankreich bedeuteten.[827]

Auch die übrigen Argumente des Tonkünstlervereins konnten nicht im Reichstag durchdringen. Bereits die Rechtslage wäre nicht korrekt dargestellt worden. Durch den Beschluss von 1857 gäbe es nämlich bereits einen Schutz veröffentlichter Werke, es läge hiermit im *„freien Ermessen der Autoren“*, sich um einen ausreichenden Schutz zu bemühen.[828] Diese Antwort konnte die Komponisten nicht zufriedenstellen. Die Frage, ob die Vorbehaltslösung durch den Bundesbeschluss von 1857 auch rein *musikalischen* Werken offenstand, war, trotz der dies unterstellenden Antwort, derart umstritten, dass die Aufführungsrechte für diese Werke nach der Veröffentlichung nicht realisiert werden konnten.

b) Entwurf eines Bundesgesetzes

In Preußen wurde das Urheberrecht weiter vom Kultusministerium gefördert. Der Minister *von Mühler* warb noch im Dezember 1866, also kurz nach dem

825 *N. N.*, Neue Zeitschrift für Musik, 1868, Nr. 64, S. 226.
826 *Sprang*, Grand Opera, S. 163 ff.
827 Reichstag des NDB 1868, Bd. 6, Actenstück Nr. 167, S. 482.
828 Reichstag des NDB 1868, Bd. 6, Actenstück Nr. 167, S. 482.

Austritt Preußens aus dem Deutschen Bund im Juni 1866, für eine Wiederaufnahme des Gesetzgebungsvorhabens.

Das Außenministerium wies dieses Anliegen aber noch im Januar 1867 zurück, da „*die Verhältnisse des Norddeutschen Bundes noch nicht geordnet*" genug seien, „*um eine Berathung* [...] *eintreten zulassen*".[829] *Von Mühler* ließ sich allerdings nicht davon abbringen, für eine Revision der gesamten urheberrechtlichen Gesetzgebung einzutreten. Er konnte schließlich Bundeskanzler *Bismarck* überzeugen, „*ganz ergebenst* [zu bitten], *den Entwurf eines Bundesgesetzes, betreffend den Schutz des literarischen und artistischen Eigenthums ausarbeiten zu lassen*".[830] Dieser Entwurf wurde von *Friedrich Julius Kühn,* Professor an der Berliner Universität,[831] verfasst.[832]

Kühns Entwurf basierte auf dem des Börsenvereins von 1857 und berücksichtigte auch den Frankfurter Entwurf von 1864. So konnte er in „*Anschluß an eine der bestehenden gesetzgeberischen Arbeiten die neuerdings hervorgetretenen Interessen in Gestalt von Zusätzen und Aenderung gesetzlich*" sichern, anstatt einen „*vollkommen neuen Aufbau der Prinzipien*" vorzunehmen.[833]

Der sechste Teil, der die „*Öffentliche Aufführung dramatischer, musikalischer oder dramatisch = musikalischer Werke*"[834] behandelte, enthielt jedoch bedeutende Unterschiede, da *Kühn* ein vorbehaltloses Aufführungsrecht sowohl für *dramatische* und *dramatisch-musikalische* Werke, als auch für *musikalische* Werke vorschlug:

> „§ 63. Das Recht, ein dramatisches, musikalisches oder dramatisch=musikalisches Werk öffentlich aufzuführen, steht dem Urheber desselben ausschließlich zu.
> *Hierbei ist es gleichgültig, ob das Werk bereits durch den Druck veröffentlicht worden ist oder nicht* [...]
> *§ 65. Das im § 63. ertheilte ausschließende Recht auf Veranstaltung einer öffentlichen Aufführung erlischt mit dem Ablauf des dreißigsten Jahres nach dem Tode des Urhebers.*"[835]

Die bei den Verhandlungen zum Frankfurter Entwurf deutlich gewordenen Mehrheitsverhältnisse ließen nicht erwarten, dass *Kühns* Vorschlag auf breite Zustimmung stoßen würde.

---

829 Zit. nach: *Nomine*, Sachverständigen-Verein, S. 325 f.
830 Zit. nach: *Nomine*, Sachverständigen-Verein, S. 326 f.
831 Heutige Humboldt-Universität zu Berlin.
832 *Nomine*, Sachverständigen-Verein, S. 327.
833 Drucksachen des Bundesrathes, 1868 Nr. 89, S. 23.
834 Drucksachen des Bundesrathes, 1868 Nr. 89, S. 16 f.
835 Drucksachen des Bundesrathes, 1868 Nr. 89, S. 16 f.

Kühn begründete seine Vorschläge in den angehängten Motiven. Das Aufführungsrecht betreffend ging *Kühn* zunächst ablehnend auf die Forderung des Berliner Tonkünstlervereins nach einer Tantiemenanstalt ein.[836] Es fehle schon an Erfahrungswerten für die Berechnung der Tantiemenzahlungen. Hauptsächlich widerspreche es hingegen den Grundsätzen des Staatsrechtes, durch eine staatliche Tantiemenanstalt in die Sphäre des Privatrechtes einzugreifen. Der Autor habe die Tantiemenzahlungen selbst zu bestimmen und auszuhandeln, dies könne dem Staate nicht zur Pflicht gemacht werden.

Hingegen sei es nötig, die Vorbehaltslösung abzuschaffen. Schließlich folge diese der Annahme

> *„daß in der literarischen Mittheilung des Werkes ein Verzicht auf das ausschließende Recht hinsichtlich der Bewilligung öffentlicher Aufführung enthalten sei, daß derselbe demnach vermuthet werde, so lange das Gegentheil nicht durch den ausgesprochenen Vorbehalt jenes Rechtes erhelle."*[837]

Diese Auffassung hielt *Kühn* für unbegründet. Wer die eine Art der Mitteilung seines Werkes wolle, verzichte damit noch nicht auf den Gebrauch der anderen. Das Urheberrecht könne in jede Richtung ausgeübt werden, es dürfe aus der Ausübung des Urheberrechts durch literarische Mitteilung kein Verzicht auf das Recht der öffentlichen Aufführung hergeleitet werden. Somit sei die Anbringung des Vorbehalts eine reine Formalität, die keinen Nutzen bringe.

Kühn trat zudem für die Gleichbehandlung musikalischer und dramatischer Werke ein. Es läge

> *„kein Grund vor, hier zwischen dem Autor eines musikalischen und dem eines dramatischen oder dramatisch=musikalischen Werkes einen Unterschied zu statuiren."*[838]

Der althergebrachten, aber auch noch im Börsenvereinsentwurf von 1857 enthaltenen Argumentation, der Sinn der Veröffentlichung einer Komposition durch den Druck sei es, dem Erwerber das Spielen zu erlauben, widersprach *Kühn* aus mehreren Gründen.[839]

Zunächst entfalte ein Vorbehalt, der den Komponisten die öffentliche Aufführung zusichere, nur gegenüber dem Erwerber des Druckexemplars Wirkung. Dies könne jedoch nicht gegenüber demjenigen gelten, der etwas auswendig aufführe, ohne Eigentümer einer Druckausgabe des Werkes zu sein. Eine

836 Drucksachen des Bundesrathes, 1868 Nr. 89, S. 70 ff.
837 Drucksachen des Bundesrathes, 1868 Nr. 89, S. 71.
838 Drucksachen des Bundesrathes, 1868 Nr. 89, S. 71 f.
839 Drucksachen des Bundesrathes, 1868 Nr. 89, S. 71 f.

Aufführung setze daher viel mehr als den Erwerb des bloßen Werkexemplars voraus. Die Annahme, dies genüge, um das Recht der Aufführung zu erwerben, stelle daher eine bloße Abstraktion dar. Zudem bestehe ein Unterschied zwischen dem Spielen im Privaten und der Aufführung, da diese dem Aufführenden eine andere Verantwortlichkeit auferlege und andere Mittel erfordere.[840]

Die Forderung *Kühns* entsprach also sowohl im Umfang als auch in der dogmatischen Begründung dem heutigen Aufführungsrecht. Auffällig ist vor allem, dass *Kühn* zwischen der Aufführung in der Öffentlichkeit und dem Spielen im Privaten differenzierte.

Damit ging er weit über die bis dahin herrschenden Ansichten hinaus, die ein uneingeschränktes musikalisches Aufführungsrecht nach der Veröffentlichung generell versagen wollten.

c) Stellungnahme des Börsenvereins

Bald nach der Veröffentlichung des Entwurfs lud die Regierung verschiedene Interessensgruppen ein, Stellungnahmen zu dem Entwurf abzugeben. Daraufhin rief der Vorstand des Börsenvereins einige Buchhändler zusammen, um den Delegierten eine „*Richtschnur*" mitgeben zu können.[841]

Bei dem fünf Tage lang andauernden Treffen im Januar 1869 überarbeiteten die Verleger, unter denen sich mit *Härtel* und *Emil Bock* (1816–1871) auch zwei bekannte Musikalienhändler befanden, den gesamten Entwurf *Kühns*. Bei den Verhandlungen um das Aufführungsrecht nahmen die beiden Musikalienhändler gegensätzliche Positionen ein.

Während *Härtel* beantragte, „*die musikalischen Werke in Titel und Text hier* [aus dem gesamten Abschnitt; Anmerkung des Verfassers] *allenthalben zu streichen*" und damit rein musikalischen Werken das Aufführungsrecht völlig absprechen wollte, beantragte *Bock,* den Komponisten musikalischer Werke nach der Veröffentlichung die Möglichkeit zuzugestehen, sich das Aufführungsrecht vorzubehalten.[842] Letzterer erinnerte nicht nur an die materiellen Interessen der Komponisten, sondern auch an die ideellen Interessen. So müsse es den Komponisten vor allem möglich sein, den Ort der ersten Aufführung bestimmen zu können, welches nur durch die Möglichkeit des Vorbehalts gesichert sei.[843]

---

840 Drucksachen des Bundesrathes, 1868 Nr. 89, S. 72.
841 Protokolle über die am 11.- 15. Januar 1869 stattgehabten Verhandlungen, S. 3.
842 Protokolle über die am 11.- 15. Januar 1869 stattgehabten Verhandlungen, S. 36.
843 Protokolle über die am 11.- 15. Januar 1869 stattgehabten Verhandlungen, S. 36.

Härtel hielt indes schon die österreichische Lösung von 1846 für bedenklich, die den Komponisten immerhin den Druck des Manuskriptes ohne Verlust des Aufführungsrechtes ermöglichte.[844]

Damit setzte sich *Härtel* nach 1855 bereits zum zweiten Mal gegen eine Ausweitung des musikalischen Aufführungsrechts ein. *Härtel* zu Folge wäre ein Vorbehalt für weitere Aufführungen in jedem Falle nachteilig für die Komponisten, da diese keinen Verleger finden würden, und das Werk auf eigene Kosten drucken lassen müssten.

Obwohl die Verleger versuchten, die Ablehnung des Vorbehalts mit den Interessen der Komponisten zu begründen, schien hier deutlich die finanzielle Sorge durch, dass die Anbringung des Vorbehaltes dem Notenverkauf schaden könnte. Mit ebendiesem Argumentationsmuster lehnten die Verleger auch die uneingeschränkte Gewährung des Aufführungsrechts ab. Wenn in einem Konzert neuere Werke vorkommen sollten, dürfe es, zumindest nach dem Willen *Härtels,* keinen Schutz der Aufführung nach dem Druck des Werkes geben. Auch dies sei ganz im Interesse der Urheber, da der *„gute Vortrag einer Claviercomposition erst die Aufmerksamkeit und Kauflust des Publikums zu erregen pflege“.*[845]

Die Kommission folgte dem Vorschlag *Härtels* und strich die *musikalischen* Werke aus § 63 Alinea 1 des Entwurfes.[846]

Das Aufführungsrecht sollte sich nach dem Willen des Börsenvereins also nur noch auf *dramatische* und *dramatisch-musikalische* Werke beziehen, nicht jedoch auf rein *musikalische* Werke.

2. Verhandlungen des Reichstags

Am 14. Februar 1870 wurde der vom Reichstagspräsidium erneut überarbeitete Entwurf in das Parlament eingebracht.[847] Dieser enthielt wiederum die Differenzierung zwischen dramatischen, *dramatisch-musikalischen* und *musikalischen* Werken.

Offensichtlich konnten sich die Musikalienhändler um *Härtel* mit ihren Bedenken gegen das Aufführungsrecht durchsetzen.

---

844 Protokolle über die am 11.- 15. Januar 1869 stattgehabten Verhandlungen, S. 36.
845 Protokolle über die am 11.- 15. Januar 1869 stattgehabten Verhandlungen, S. 36.
846 Protokolle über die am 11.- 15. Januar 1869 stattgehabten Verhandlungen, S. 36.
847 Verhandlungen d. Reichstages des NDB 1870, Bd. 11, 44. Sitzung, S. 874.

§ 52. des Entwurfs lautete somit:

> *„Das Recht, ein dramatisches, musikalisches oder dramatisch= musikalisches Werk öffentlich aufzuführen, steht dem Urheber desselben und den Rechtsnachfolgern des Urhebers (§ 3.) ausschließlich zu.*
> *In Betreff der dramatischen und der dramatisch=musikalischen Werke ist es hierbei gleichgültig, ob das Werk bereits durch den Druck sc. veröffentlicht worden ist oder nicht. Musikalische Werke, welche durch Druck veröffentlicht worden sind, können ohne Genehmigung des Urhebers öffentlich aufgeführt werden.“*[848]

Sogar die Möglichkeit, die Werke nach Drucklegung durch einen Vorbehalt zu schützen, billigte der Entwurf den Schöpfern rein musikalischer Werke nicht mehr zu.

Die Motive des Entwurfs übernahmen weitestgehend die Vorarbeiten *Kühns.* Dies betraf auch die Begründung, wieso die Anbringung eines Vorbehaltes nicht mehr zeitgemäß wäre. Die klare Schlechterstellung musikalischer Werke, die *Kühn* noch uneingeschränkt schützen wollte, wurde allerdings, der Argumentation *Härtels* folgend, mit der

> *„Sitte des musikalischen Verkehrs begründet.* [...] *Es würde kaum möglich sein, ein Konzert mit neueren Kompositionen zu Stande zu bringen, wenn es verboten sein sollte, Sonaten, Symphonieen* [sic!] *sc., obwohl sie im Buchhandel erschienen, ohne Genehmigung des Komponisten öffentlich vorzutragen. Auch fordere das eigene Interesse des Autors die möglichste Verbreitung seiner Kompositionen durch öffentliche Aufführung.“*[849]

Durch die faktische Nichtgewährung des Aufführungsrechts diene man also den Interessen der Komponisten, die an der möglichst weiten Verbreitung ihrer Werke interessiert seien, welche, insbesondere bei neuen Werken, durch das Aufführungsrecht sonst nicht möglich wäre.

Insgesamt stellte die Problematik des Aufführungsrechts in der Debatte um das Urheberrecht jedoch eher einen Randaspekt dar.

Bei der Vorstellung des Gesetzesentwurfs im Reichstag am 21. Februar 1870 wurden *„einzelne,* [...] *brennende Fragen* [...], *die in dem Gesetzentwurf ihre Lösung gefunden haben“*,[850] hervorgehoben. Unter diesen befand sich allerdings keine zum Aufführungsrecht.

Vielmehr kamen im Reichstag Stimmen auf, die die Notwendigkeit der Ausweitung des Urheberrechts an sich bezweifelten. Schließlich hieß es, die Nennung des geistigen Eigentums in der Bundesverfassung sei nicht programmatisch motiviert, sondern weise lediglich dem Bund die Gesetzgebungskompetenz

848 Verhandlungen d. Reichstages des NDB 1870, Bd. 12, Actenstücke Nr. 7, S. 139.
849 Verhandlungen d. Reichstages des NDB 1870, Bd. 12, Actenstücke Nr. 7, S. 140.
850 Verhandlungen d. Reichstages des NDB 1870, Bd. 10, 7. Sitzung, S. 27.

zu.[851] Der liberale Abgeordnete *Dr. Braun* kam sogar ausdrücklich auf den problematischen Einfluss der Verleger zu sprechen, die wiederholt der Einflussnahme bezichtigt wurden.[852] Man dürfe sich *„nicht einseitig als Vertrauensmänner der Verlagsbuchhändler auffassen: wir müssen vor allen Dingen das Interesse der Masse im Auge haben,* [...] *das Interesse der Konsumenten, die man leider in solchen Fällen so wenig zu hören gewöhnt ist.*"[853]

Deshalb dürfe sich der Schutz nur auf ein enges Gebiet beschränken. *Braun* kritisierte daher vor allem die Länge der Schutzfrist sowie die Strafbestimmungen, die er insgesamt für unzulässig hielt. Im Reichstag erhielt *Braun* einige unterstützende Zurufe. Sein Antrag auf Vertagung der Verhandlungen wurde dennoch abgelehnt.[854]

Nach der ersten Debatte wurde der Entwurf erneut vom 28. März bis zum 8. April 1870 in zwölf Sitzungen binnen elf Tagen von einer Kommission beraten. Hier kam es nur zu einzelnen materiellen Änderungen. Der Aufbau des Gesetzes wurde jedoch stark umgestaltet. Spannend ist die Kommentierung des Entwurfs im Kommissionsbericht, der nach der Vorstellung der Änderungsvorschläge im Reichstag erstellt wurde.[855]

Der Kommissionsbericht orientierte sich dabei im Aufbau am ersten Entwurf. Im vierten Abschnitt[856] wurde zu Beginn die Bedeutung des Aufführungsrechtes für die vermögensrechtliche Verwertung an Hand des Beispiels der dramatischen Dichter dargelegt. Diese könnten, abgesehen von sogenannten Literaturdramen, auf dem buchhändlerischen Wege kaum je einen Ertrag gewinnen, der dem Wert seiner Schöpfung einigermaßen entspreche.[857] Dies sei nur durch die Verwertung der Darstellung des Werkes an den Bühnen möglich. Jener doppelte Schutz des Künstlers habe *„noch nicht die Folge gehabt, daß der Lohn für die Bühnendichter und Komponisten zu reichlich ausgefallen wäre"*.[858]

Daher begrüßte die Kommission sowohl die Anpassung der Schutzfrist an die übrigen urheberrechtlichen Bestimmungen als auch ein uneingeschränktes Aufführungsrecht bei *dramatischen* und *dramatisch-musikalischen* Werken.

851 Verhandlungen d. Reichstages des NDB, 1870, 7. Sitzung, S. 28; anders: *Klostermann,* Urheberrecht und Verlagsrecht, S. III.
852 *Pollmann,* Parlamentarismus im Norddeutschen Bund, S. 484.
853 Verhandlungen d. Reichstages des NDB 1870, Bd. 10, 7. Sitzung, S. 29.
854 Verhandlungen d. Reichstages des NDB 1870, Bd. 10, 7. Sitzung, S. 35.
855 Verhandlungen d. Reichstages des NDB 1870, Bd. 13, Actenstücke Nr. 138, S. 536.
856 Verhandlungen d. Reichstages des NDB 1870, Bd. 13, Actenstücke Nr. 138, S. 544 ff.
857 Verhandlungen d. Reichstages des NDB 1870, Bd. 13, Actenstücke Nr. 138, S. 544.
858 Verhandlungen d. Reichstages des NDB 1870, Bd. 13, Actenstücke Nr. 138, S. 544.

Bezüglich der *musikalischen* Werke könnten diese Überlegungen jedoch nur *„zum Theil"* angenommen werden.[859]

> *„Nur die Minderzahl der Komponisten wird in der Lage sein, die Erlaubniß zur öffentlichen Aufführung ihrer Werke an finanzielle Bedingungen zu knüpfen, die meisten werden den Konzertgebern danken, daß sie ihren Namen dem Publikum bekannt machen."*[860]

Den Wegfall der Möglichkeit des Aufführungsrechts bei *musikalischen* Werken, welches den Urhebern keine Schutzmöglichkeit nach der Veröffentlichung des Werkes zugebilligt hätte, billigte die Kommission hingegen nicht.

So sei die Annahme, dass die größtmögliche Verbreitung der Werke zuallererst im Interesse des Komponisten selbst stehe, richtig. Eben aus diesem Grund sei allerdings zu erwarten, dass die Konzertveranstalter keine Schwierigkeiten hätten, die Genehmigung zur Aufführung dieser Werke zu erlangen. Bekannte Musiker, *„die das Publikum gern hört"*,[861] würden bei Verwendung des Vorbehalts honoriert werden. *„Wer ein Konzert hören will, mag es bezahlen, und wer Konzerte gewerbsmäßig giebt, mag die Künstler honoriren"*.[862]

Auch der überarbeitete Entwurf sah somit die Möglichkeit eines Aufführungsvorbehalts für *musikalische* Werke vor, während es bei den *dramatischen* und *dramatisch-musikalischen* Werken bei dem uneingeschränkten Aufführungsrecht blieb.[863]

Nachdem es in der zweiten Beratung des Reichstags noch zu einer geringfügigen Klarstellung der Vorbehaltsregelung gekommen war,[864] wurde das Gesetz am 14. Mai 1870 in der Fassung des Kommissionsentwurfs angenommen.[865]

3. Inhalt

Das am 20. Juni 1870 bekannt gemachte *„Gesetz, betreffend das Urheberrecht an Schriftwerken, Abbildungen, musikalischen Kompositionen und dramatischen Werken"*[866] beinhaltete folgende Regelungen zum Aufführungsrecht:

---

859 Verhandlungen d. Reichstages des NDB 1870, Bd. 13, Actenstücke Nr. 138, S. 545.
860 Verhandlungen d. Reichstages des NDB 1870, Bd. 13, Actenstücke Nr. 138, S. 545.
861 Verhandlungen d. Reichstages des NDB 1870, Bd. 13, Actenstücke Nr. 138, S. 545.
862 Verhandlungen d. Reichstages des NDB 1870, Bd. 13, Actenstücke Nr. 138, S. 545.
863 Verhandlungen d. Reichstages des NDB 1870, Bd. 13, Actenstücke Nr. 138, S. 557.
864 *Scheele,* Das deutsche Urheberrecht, S. 135.
865 Siehe die Synopse der Entwürfe in: Verhandlungen d. Reichstages des NDB 1870, Bd. 1, Sitzungs-Per. 3, S. 195 ff.
866 Druck in: Bundesgesetzblatt des NDB 1870, Bd. 19, S. 339 – 353.

„§. 50.
Das Recht, ein dramatisches, musikalisches oder dramatisch-musikalisches Werk öffentlich aufzuführen, steht dem Urheber und dessen Rechtsnachfolgern (§. 3.) ausschließlich zu.
In Betreff der dramatischen und dramatisch-musikalischen Werke ist es hierbei gleichgültig, ob das Werk bereits durch den Druck etc. veröffentlicht worden ist oder nicht. Musikalische Werke, welche durch Druck veröffentlicht worden sind, können ohne Genehmigung des Urhebers öffentlich aufgeführt werden, falls nicht der Urheber auf dem Titelblatt oder an der Spitze des Werkes sich das Recht der öffentlichen Aufführung vorbehalten hat. [...]
§. 52.
In Betreff der Dauer des ausschließlichen Rechts zur öffentlichen Aufführung kommen die §§. 8. bis 17. zur Anwendung. [...]“[867]

Die Schutzfrist setzte § 8 des Gesetzes auf die Lebensdauer des Urhebers sowie dreißig Jahre *p.m.a.* fest.

Durch die Novemberverträge von 1870 traten Bayern, Baden und Württemberg dem, von jetzt an, *Deutschen Bund* bei. Aus diesem ging am 1. Januar 1871 das Deutsche Reich hervor. Wie die anderen Gesetze des Norddeutschen Bundes wurde auch das Urheberrechtsgesetz des Norddeutschen Bundes am 16. April 1871 zum Reichsgesetz erklärt.[868]

4. Bewertung

Das Urheberrechtsgesetz von 1870 überwand als einheitliche Kodifikation auf dem Gebiet des Norddeutschen Bundes und später des Deutschen Reiches die Partikulargesetzgebung im Urheberrecht.

Diese Partikulargesetze folgten zwar einheitlichen, von der Bundesversammlung vorgegebenen Grundsätzen, wichen allerdings in vielen Details voneinander ab, wodurch die Rechtsdurchsetzung der Urheber zusätzlich erschwert wurde.

Das Gesetz des Norddeutschen Bundes strebte nicht nach einer gänzlich neuen Regelung des Urheberrechts. Dementsprechend sah *Kohler* in dem Gesetz auch *„noch ein recht dunkles Tasten“*[869]. Das im Vordergrund stehende Ziel der Schaffung eines einheitlichen Urheberrechtes wurde aber immerhin erreicht.[870]

Inhaltlich stellte das Gesetz eine stringente Weiterentwicklung der Grundsätze des preußischen Gesetzes von 1837 sowie der Entwürfe des Börsenvereins von 1857 und des Frankfurter Entwurfs von 1864 dar.[871] Die Regelungen zum

867 Bundesgesetzblatt des NDB 1870, Bd. 19, S. 350.
868 Deutsches Reichsgesetzblatt 1871, Nr. 16, S. 63.
869 *Kohler,* Urheber- und Verlagsrecht, S. 100.
870 *Dambach,* Gesetz Norddeutscher Bund, S. 8.
871 *Dölemeyer,* Urheber- und Verlagsrecht, in: *Coing,* Handbuch, 3955 (4017).

Nachdruck standen auch im Zentrum des Urheberrechtsgesetzes von 1870, während die übrigen Regelungen unsystematisch angehängt wurden.[872] Dies führte zu einem zunehmenden Konturverlust des Nachdruckbegriffes.[873] Vor Gericht wurde er als bloßer Rechtsbegriff herangezogen, um vielfältige Probleme des Urheberrechts zu lösen,[874] so nicht zuletzt 1888 zur Klärung der Rechtmäßigkeit der mechanischen Wiedergabe von Musikwerken.[875]

Die größte Neuerung war die Abtrennung des Kunsturheberrechts von dem Urheberrechtsgesetz. Bis zur zweiten Lesung war das Kunsturheberrecht noch Teil des Gesetzesentwurfes. Danach wurde es jedoch ausgeklammert, da man sich nicht auf die Anerkennung des Musterschutzes einigen konnte.[876]

Ein ähnlicher Antrag, die Kompositionen aus dem Gesetz herauszulösen, wurde dagegen richtigerweise abgelehnt.[877] Hier wären die Konsequenzen, auch im Hinblick auf die Aufführung, kaum zu überblicken gewesen.

Obwohl das Gesetz keine radikale Umgestaltung des Urheberrechts darstellte, bedeutete es doch die Anerkennung des Aufführungsrechtes als selbstständiges Verwertungsrecht.[878] Den Komponisten war es erstmals möglich, neben dem Anspruch auf ein Verlagshonorar durch die Anbringung des Aufführungsvorbehalts gemäß § 50 S. 3 auch Tantiemen für ihre Werke zu fordern.

Allmählich setzte sich der Gedanke durch, dass das Aufführungsrecht ausschließlich dem Urheber zustehe. In dem Gesetz von 1870 wurde dies zunächst nur den dramatischen und dramatischen-musikalischen Werken zugestanden. Dies ist auch im Zusammenhang mit der Gewährung der Gewerbe- und damit auch der Theaterfreiheit im Jahr 1869 im Norddeutschen Bund zu sehen.

---

872 *Bandilla,* Urheberrecht im Kaiserreich, S. 88; *Wadle,* Weg zum gesetzlichen Schutz, in: GE II, 3 (55); *Vogel,* in: Schricker/Loewenheim, UrhR, Einleitung Rn. 73; *ders.,* GRUR 1987, 873 (877); *D'Albert,* Verwertung, S. 66.

873 *Vogel,* Entwicklung des Urheberrechts, in: Geschichte des dt. Buchhandels, 122 (131); *ders.,* GRUR 1987, 873 (877 f.); *Bandilla,* Urheberrecht im Kaiserreich S. 88; *Wadle,* Weg zum gesetzlichen Schutz, in: GE II, 3 (56).

874 *Bandilla,* Urheberrecht im Kaiserreich S. 88; *Wadle,* Weg zum gesetzlichen Schutz, in: GE I, 3 (56); *Vogel,* Entwicklung des Urheberrechts, in: Geschichte des dt. Buchhandels, S. 122 (131); *ders.,* in: Schricker/Loewenheim, UrhR, Einleitung Rn. 73.

875 *Wadle,* Weg zum gesetzlichen Schutz, in: GE II, 3 (58); *Vogel,* GRUR 1987, 873 (878).

876 Verhandlungen d. Reichstages des NDB 1870, Bd. 11, 44. Sitzung, S. 883 ff.; *Vogel,* Entwicklung des Urheberrechts, in: Geschichte des dt. Buchhandels, 122 (129); *Dölemeyer,* Urheber- und Verlagsrecht, in: *Coing,* Handbuch, 3955 (4017).

877 Verhandlungen d. Reichstages des NDB 1870, Bd. 11, 44. Sitzung, S. 874 ff.

878 *Wündisch,* Wagner und das Urheberrecht, S. 54 ff.

Schließlich stieg in der Folge die Anzahl der Theater deutlich an, was wiederum das Rechtsschutzbedürfnis der Urheber deutlich erhöhte.[879]

Zweifelsohne wurde die Ausweitung des Aufführungsrechts auch durch den Umstand erleichtert, dass Bayern, Baden und Württemberg erst nach Inkrafttreten des Urheberrechtsgesetzes dem Norddeutschen Bund beitraten. Schließlich waren es insbesondere diese Staaten, die in den früheren Verhandlungen, nicht zuletzt 1864 um den Frankfurter Entwurf, einer Ausweitung des Aufführungsrechts entgegenstanden. Gleichwohl sprachen sich die beteiligten Staaten trotz dieser Erleichterung weiterhin gegen ein uneingeschränktes musikalisches Aufführungsrecht aus.

Die Loslösung von der althergebrachten Auffassung, der Erwerb von Noten schließe das Aufführungsrecht mit ein, war weiterhin nicht gelungen. Dieser Ansicht zu Folge benachteilige ein uneingeschränktes Aufführungsrecht sowohl die Komponisten als auch die Nutzer.[880] Ferner erfordere es die Sitte des musikalischen Verkehrs, die öffentliche Aufführung zu gestatten, da dies der einzige Zweck des Erwerbes eines Musikstückes sei. Ein Musikstück könne eben nicht wie ein Buch gelesen werden.[881]

Angesichts der in den letzten Jahrzehnten des 19. Jahrhunderts aufgekommenen Hausmusikkultur muss diese Ansicht, die bereits in den Dreißigerjahren des 19. Jahrhunderts vertreten wurde, verwundern. Vor allem die kleineren Klavierwerke zielten explizit auf den Gebrauch im Privaten ab[882] und wurden daher eindeutig nicht nur für die Aufführung erworben. Diese Werke sind also eher mit den *dramatischen* Werken vergleichbar, die auch der privaten Lektüre offenstanden, als die geschützten Opernpartituren.

Eine duale Verwertung von Werken der Kammermusik, zum einen im Notenhandel, zum anderen durch die öffentliche Aufführung, wäre somit sehr wohl möglich gewesen. Zumal auch Aufführungen im Familienkreis vor etwaigen Tantiemenforderungen geschützt gewesen wären, da diese eben nicht *öffentlich* stattfanden. Negative Auswirkungen für die Öffentlichkeit wären somit bei einer Ausdehnung des Aufführungsrechtes zumindest hinsichtlich kleinerer, kammermusikalischer Werke nicht entstanden.

Die Ablehnung der Ausdehnung des musikalischen Aufführungsrechts scheint vielmehr durch den traditionellen Gedanken, eine doppelte Ernte der

879 *Watzka*, Verborgene Vermittler, S. 50.
880 *Fischer*, Gesetz betreffend das Urheberrecht vom 11. Juni 1870, S. 42 f.
881 *Fischer*, Gesetz betreffend das Urheberrecht vom 11. Juni 1870, S. 42 f.
882 *Salmen*, Musikgeschichte in Bildern, S. 28.

Urheber verhindern zu wollen, motiviert zu sein.[883] Offensichtlich wurde das Aufführungsrecht hinsichtlich *dramatischer* und *dramatisch-musikalischer* Werke nur akzeptiert, als sich die Autoren dieser Werke nicht allein durch die Verlagsrechte finanzieren konnten. Da dies den Komponisten *musikalischer* Werke durch den Notenverkauf möglich war, hielt man das Aufführungsrecht für die Komponisten dieser Werke hingegen nicht für notwendig.[884]

5. Differenzierung zwischen dramatisch-musikalischen und musikalischen Werken

Durch das Gesetz im Norddeutschen Bund trat ein Problem zu Tage, welches sich bereits Jahre zuvor in Folge des preußischen Gesetzes von 1854 angedeutet hatte: Die Abgrenzung zwischen *dramatisch-musikalischen* und *musikalischen* Werken. Schließlich wurden nur die *dramatischen* und die *dramatisch-musikalischen* Werke durch das uneingeschränkte Aufführungsrecht auch nach der Veröffentlichung geschützt, während die rein *musikalischen* Werke sich nach der Veröffentlichung durch den Druck weiterhin das Aufführungsrecht durch einen Vorbehalt sichern mussten.

Diese gesetzliche Differenzierung ist eine Besonderheit der deutschen Urheberrechtsentwicklung. Auch das Vorbild Frankreich differenzierte nicht auf diese Weise zwischen den unterschiedlichen Werkgattungen.[885]

In den Motiven des Gesetzes des Norddeutschen Bundes fehlten bewusst Kriterien, anhand derer die Abgrenzung der Werkarten hätte erfolgen können. Dies sollte den Gerichten überlassen werden. Die *Allgemeine Musikalische Zeitung* kommentierte dies höhnisch:

> *„Die Bestimmungen, die für den Rechtsgebrauch ganz passend und zeitgemäss sein mögen, enthalten doch auch manches, was Bedenken erregen muss. Dass das Gesetz nur zweierlei Rubriken von Tonwerken kennt – nämlich musikalische und dramatisch-musikalische – kommt ungefähr auf die Eintheilung der schwäbischen Weinsorten hinaus, welche bestehen erstens aus sauren und zweitens aus ganz sauren, und muss als ein Zeichen der Zeit angesehen werden. Die Unzulänglichkeiten derartiger Bestimmungen wird die Praxis wohl bald herausstellen.“*[886]

---

883 *Borchard,* Aufführungsrecht, S. 12.

884 *Borchard,* Aufführungsrecht, S. 12.

885 M.w.N.: *Melichar,* Verleger und Verwertungsgesellschaften, in: Urheberrecht in Theorie und Praxis, 74 (75).

886 AmZ 1870, Jg.5, Nr. 29, 20.7.1870, S. 232.

Auch Stimmen in der Rechtswissenschaft kritisierten, dass der Gesetzgeber hier noch einen großen Zweifel ließ.[887] Die Jurisprudenz hatte nämlich nun zu klären, ob Oratorien aufgrund der *dramatischen* Wiedergabe eines Bibeltextes zu den *dramatisch-musikalischen* Werken zählen sollten[888] und ob die konzertante Aufführung einer Oper eine rein musikalische Aufführung darstellte.[889]

Die herrschende rechtswissenschaftliche Literatur unterschied dabei anhand des Werkcharakters und nicht anhand der Art der Aufführung.[890] *Kohler* stellte etwa darauf ab, ob die Musik nur als Mittel zum dramatischen Ausdruck gebraucht wurde.[891] Dabei sollte die fortschreitende Handlung unter Zusammenwirken mehrerer Rollen genügen, um ein Werk als *dramatisch-musikalisch* zu klassifizieren. Lag einem Oratorium also eine inhaltlich dramatische Handlung zugrunde, wäre es als *dramatisch-musikalisches* Werk einzustufen.[892]

Schuster kritisierte dagegen, dass nach diesem Kriterium schon die meisten Duette als *dramatisch-musikalisch* zu bewerten seien.[893] Es käme deshalb im Wesentlichen auf die Art der Aufführung an. So sollten Oratorien und Kantaten grundsätzlich zu den *musikalischen* Werken zählen. Käme es jedoch zu dramatischen, mit Schauspiel erfolgenden Aufführungen von Oratorien, sollten diese als *dramatisch-musikalische* Werke vom uneingeschränkten Schutz des Aufführungsrechts erfasst werden.

Für diese Ansicht sprach, dass die konzertante Aufführung einer Oper musikhistorisch auf einer Analogie zu Oratorienaufführungen, die in der Regel ohne Schauspiel erfolgen, beruhte.[894]

Indes übersah *Schuster*, dass der Komponist einer Oper oder eines anderen *dramatisch-musikalischen* Werkes, wollte er die konzertante Aufführung

---

887 *Endemann*, Das Gesetz betreffend das Urheberrecht, S. 79; *Schuster*, Urheberrecht der Tonkunst, S. 228 ff.

888 *Schuster*, Urheberrecht der Tonkunst, S. 228 ff.

889 *Endemann*, Das Gesetz betreffend das Urheberrecht, S. 79.

890 *Staats*, Aufführungsrecht und kollektive Wahrnehmung, S. 14; *Bock*, Das Aufführungsrecht an dramatischen und musikalischen Werken, S. 35; *Schuster*, Urheberrecht der Tonkunst, S. 231; *Osterrieth*, GRUR 1904, 173 (174 ff.); *Kohler*, Urheber- und Verlagsrecht, S. 200.

891 *Kohler*, Urheber- und Verlagsrecht, S. 237; *ders.* Autorrecht, S. 365.

892 *Kohler*, Urheber- und Verlagsrecht, S. 237; *ders.* Autorrecht, S. 365; so auch: *Mandry*, Urheberrecht an literarischen Erzeugnissen, S. 308.

893 *Schuster*, Urheberrecht der Tonkunst, S. 292.

894 *Niedermüller*, Pragmatisches Provisorium und Instrument der Kanonisierung, in: Jenseits der Bühne, 62 (63).

verhindern, den Vorbehalt an den Werkausgaben hätte anbringen müssen.[895] Somit wäre jedes Werk, das auch nur in Teilen aus Musik bestand, nicht mehr ausschließlich, sondern nur noch durch einen Vorbehalt gegen Aufführungen zu schützen gewesen.

Das Reichsgericht behandelte diese Frage der Abgrenzung erstmals im Jahr 1912, nachdem das Urheberrechtsgesetz von 1870 bereits durch das *Gesetz betreffend das Urheberrecht an Werken der Literatur und Tonkunst* (LUG) von 1901 ersetzt worden war.[896] Das Reichsgericht entschied, dass ein *dramatisch-musikalisches* Werk seinen Charakter, der durch den Schöpfungsakt bestimmt werde, durch die konzertmäßige Aufführung nicht verliere.

Ein Konzertveranstalter, der eine Oper konzertant aufführen ließ, hatte somit die Genehmigung des Urhebers einzuholen.[897] Das Reichsgericht folgte insofern der Ansicht der herrschenden Lehre, die Unterscheidung anhand des Werkcharakters vorzunehmen. Wie genau diese Unterscheidung vorgenommen werden sollte, blieb aber weiterhin offen.

Die Differenzierung zwischen *dramatisch-musikalischen* und *musikalischen* Werken ist auch heute noch von Belang. Schließlich werden die *musikalischen* Werke als sog. *kleine Rechte* von der GEMA verwertet, während die *großen Rechte* der *dramatisch-musikalischen* Werke meist bei den Verlagen liegen.[898] Die genaue Abgrenzung ist dabei noch immer umstritten, etwa bei der Frage der konzertanten Aufführung eines Bühnenwerkes.[899]

Dass diese Problematik über mehr als 100 Jahre fortbestehen konnte, macht deutlich, wie unglücklich das Gesetz von 1870 zwischen *musikalischen* und *dramatisch-musikalischen* Werken unterschied. Es verdeutlicht aber auch, wie schwierig die Unterscheidung zwischen den verschiedenen Werkarten letztlich ist.

---

895 *Scheele,* Das deutsche Urheberrecht, S. 135.

896 Das LUG hatte zwar die Differenzierung zwischen *dramatisch-musikalischen* und *musikalischen* Werken beseitigt, die Entscheidung beruhte jedoch auf einer Übergangsvorschrift und somit der Rechtslage von 1870.

897 Reichsgericht, Urteil vom 13.7.1912, RGZ 80, 74 (75); *Staats,* Aufführungsrecht und kollektive Wahrnehmung, S. 14 f.

898 *Schulze,* in: Dreier/Schulze, UrhG, Vorb. § 31 Rn. 120; *Erhardt,* in: Wandtke/Bullinger, UrhG § 19 Rn. 15 ff.; *v. Ungern-Sternberg,* in: Schricker/Loewenheim, UrhR, § 19,Rn. 27 f.; *Wiebe*, in: Spindler/Schuster, UrhG § 19 Rn. 3; *Dustmann,* in: Nordemann UrhR, § 19 Rn. 20 f.; *Kroitzsch/Götting,* in: Möhring/Nicolini, UrhR, § 19 Rn. 27.

899 *Dreier* in: Dreier/Schulze, UrhG, § 19 Rn. 23; *Erhardt*, in: Wandtke/Bullinger, UrhG, § 19 Rn. 17; *Dustmann,* in: Nordemann, UrhR, § 19 Rn. 19; *v. Ungern-Sternberg,* in: Schricker/Loewenheim, UrhR, § 19 Rn. 16 ff.

F. Das uneingeschränkte musikalische Aufführungsrecht

Durch das LUG von 1901 kam es zur Vollendung des musikalischen Aufführungsrechts. Im Vorfeld kam es allerdings zu starken Auseinandersetzungen zwischen den Komponisten und den Verlegern über die Ausweitung des Aufführungsrechts (dazu I.). Auch die deutsche Rechtswissenschaft und die zunehmende Internationalisierung des Urheberrechts befassten sich explizit mit dem musikalischen Aufführungsrecht (dazu II.).

I. Allgemein

Richard Wagner äußerte nach dem Urheberrechtsgesetz von 1870 die Hoffnung, durch die Verwertung der Aufführungsrechte an ein Vermögen zu kommen.[900] Tatsächlich konnte *Wagner* in dieser Zeit seine Einnahmen aus der Verwertung des Aufführungsrechts erheblich steigern.[901]

Für das Gros der Komponisten erfüllte sich diese Hoffnung aber nicht. Schließlich bedurfte es für die Anbringung des Vorbehalts, die auf jedem Werkexemplar zu erfolgen hatte, der Zustimmung der Verleger. Diese befürchteten jedoch Einbußen im Notengeschäft, sollte das Aufführungsrecht nicht durch den Sachkauf mitübertragen werden.[902] Immerhin waren vor allem die kleinen, rein musikalischen Werke, wie Klaviermusik, Lieder oder Klavierauszüge von Opern gewinnträchtig, während die Edition größerer Werke, wie Oratorien, stets an der Grenze zur Unwirtschaftlichkeit stand.[903] Wenn möglich, verweigerten die Verleger somit die Zustimmung zur Anbringung des Vorbehaltes.
So hieß es im März 1887 in einer Denkschrift des Reichsjustizamts,

> *„die Praxis ergiebt, daß man einen solchen Vorbehalt nur bei größeren Werken [für Orchester (Symphonien pp.) oder für Orchester und Chor (Oratorien pp.)] Gebrauch gemacht wird, dagegen nicht bei kleineren Instrumental = oder Vokal = Werken.“*[904]

---

900 Tagebucheintrag vom 1.5.1872, zit. nach: *Wündisch,* Wagner und das Urheberrecht, S. 57.

901 *Wündisch,* Wagner und das Urheberrecht, S. 57.

902 *D'Albert,* Verwertung, S. 67; *Schulze,* Urheberrecht in der Musik, S. 31; *Schulze,* Geschätzte und geschützte Noten, S. 21.

903 *Schmitz,* Ein rentables Geschäft, 131 (150).

904 BArch, R 3001/6349, Bl. 117 r. f.

Da die meisten veröffentlichten Werke zur zweiten Kategorie zählten, war dementsprechend auch die Mehrheit der musikalischen Werke weiterhin nicht geschützt.[905] Schätzungen gehen sogar davon aus, dass 250.000 Musikwerke während der Geltung des Urheberrechtsgesetzes von 1870 bis 1901 veröffentlicht wurden, von diesen jedoch höchstens 1.000 mit einem Vorbehalt versehen wurden.[906]

Lediglich die erfolgreichsten Komponisten hatten eine Verhandlungsposition, die ihnen die Durchsetzung des Vorbehaltes ermöglichte. In den meisten Fällen aber waren die Komponisten den Verlegern wirtschaftlich derart unterlegen, dass sie das Aufführungsrecht nicht in den Verlagsverträgen realisieren konnten.

Da die Verleger den Vorbehalt somit regelmäßig nicht auf die Noten druckten, war das Aufführungsrecht meist schon zum Zeitpunkt der Veröffentlichung des Werkes wieder erloschen.[907]

1. Das Aufführungsrecht in den Verlagsverträgen

Zur Sicherung des Notengeschäfts nahmen die Verleger sogar in Kauf selbst auf Einnahmen aus den Aufführungsrechten zu verzichten. Dies zeigt eine Durchsicht der Verträge der Komponisten mit den Musikverlagen.[908] So lässt sich die Übertragung des Aufführungsrechts auf die Verleger erstmals in einem Verlagsvertrag von 1860 nachweisen.[909] Vorher war diese nicht Teil der Verlegergeschäfte.[910]

Erst als es in Deutschland zu einem Boom des öffentlichen Konzertwesens kam,[911] lässt sich in den Verlagsverträgen eine regelmäßige Übertragung des

905 *D'Albert*, Verwertung, S. 67; *Schmidt*, Tantiemenbewegung, S. 63; *Jäger*, Der Musikalienverlag, in: Geschichte des dt. Buchhandels, 7 (50); *Schulze*, Geschätzte und geschützte Noten, S. 21.

906 *D'Albert*, Verwertung, S. 67; *Schmidt*, Tantiemenbewegung, S. 63; *Jäger*, Der Musikalienverlag, in: Geschichte des dt. Buchhandels, 7 (50).

907 Denkschrift GDK 1899, S. 26 ff.; *Schmidt*, Tantiemenbewegung, S. 63 f.; *Bandilla*, Urheberrecht im Kaiserreich, S. 88; *Jäger*, Der Musikalienverlag, in: Geschichte des dt. Buchhandels, 7 (50); *D'Albert*, Verwertung, S. 67; *Siegrist/Bühner*, ZGE 2017 Nr. 2, 233 (246); ähnlich: *Kohler*, Urheber- und Verlagsrecht, S. 200.

908 S.a.: *Lange*, UFITA 2014 III, 691 – 727.

909 *Lange*, UFITA 2014 III, 691 (720 f.).

910 In den Verträgen des Leipziger Musikverlags *Hofmeister* lässt sich das Aufführungsrecht sogar erst ab 1878 nachweisen, s.a.: *Siegrist/Bühner*, ZGE 2017 Nr. 2, (246).

911 Siehe: E.I.1.

Aufführungsrechts beobachten. Hierfür enthielten die Verträge zumeist schon im Vordruck eine Klausel zur Übertragung des Aufführungsrechts.[912] Sollte die Klausel nicht zur Anwendung kommen, wurde diese zum Teil einfach durchgestrichen.[913]

Auch ein Musterverlagsschein des VdDM belegt die Übertragung der Aufführungsrechte an den Verlag als übliche Geschäftspraxis zwischen Komponisten und Verlegern zum Ende des 19. Jahrhunderts:[914] Dieser beinhaltete die Übertragung sämtlicher Urheberrechte an die Verleger. Eine spätere Beteiligung der Komponisten an Aufführungstantiemen oder auch an dem Notenabsatz war nicht vorgesehen.

Diese heute als unzumutbar erscheinenden Bedingungen stellten damals sogar insofern eine Verbesserung für die Komponisten dar, als dass keine Beteiligung an den Kosten der Aufführung vorgesehen wurde, wie sie etwa *Richard Wagner* bei seinen Opern *Rienzi, Der fliegende Holländer* und *Tannhäuser* zu tragen hatte.[915]

Zumeist akzeptierten die Urheber denn auch den Musterverlagsschein, nur selten wurden abweichende Regelungen ausgehandelt.[916]

Indem die Künstler mit Vertragsschluss alle Rechte an ihrem Werk abgaben, legten sie ihre Zukunft ganz in die Hände der Musikalienhändler.[917] Fehlte in den Verträgen eine Klausel, die die Übertragung des Aufführungsrechts vorsah, gingen die Musikverleger sogar im Sinne einer intendierten weitestgehenden Rechtseinräumung von einer fingierten Übertragung des Aufführungsrechts aus[918] – mit der Begründung, diese entspräche üblicherweise dem Willen der Vertragsparteien.[919]

Lange zweifelt jedoch berechtigterweise an der Rechtmäßigkeit dieser Fiktion, da eine derart einheitliche Vertragspraxis angesichts der Existenz von vertraglich abweichenden und gegensätzlichen Regelungen schlicht nicht vorgelegen habe.[920]

---

912 *Lange,* UFITA 2014 III, 691 (721 f.); *Siegrist/Bühner,* ZGE 2017 Nr. 2, 233 (246).
913 *Lange,* UFITA 2014 III, 691 (723 f.).
914 *Schmidt,* Tantiemenbewegung, S. 71 ff.; *Siegrist/Bühner,* ZGE 2017 Nr. 2, 233 (246).
915 *Mauruschat,* GEMA-Nachr. Nov. 2000, Nr. 162, 128 (131).
916 *Schmidt,* Tantiemenbewegung, S. 74; *Siegrist/Bühner,* ZGE 2017 Nr. 2, (246).
917 *Jährig-Ostertag,* Das dramatische Werk, S. 79.
918 *Lange,* UFITA 2014 III, 691 (723); *Schmidt,* Tantiemenbewegung, S. 78.
919 *Schmidt,* Tantiemenbewegung, S. 78.
920 *Lange,* UFITA 2014 III, 691 (724).

2. Die Verlagsinteressen

Zumeist strebten die Verlage die Übertragung des Aufführungsrechtes durch den Verlagsvertrag an. An der Durchsetzung des Aufführungsrechts waren die meisten Verleger hingegen nicht interessiert. Um den Notenabsatz zu sichern, war es für viele Verlage sogar von Vorteil, wenn das Aufführungsrecht nicht verwertet wurde.[921] So wurde das Aufführungsrecht häufig nur genutzt, um Konzertveranstaltern ein Verbot der Aufführungen anzudrohen, wenn diese nicht das gesamte Notenmaterial rechtmäßig erwarben.[922]

Einige Verlagshäuser engagierten sich allerdings auch früh in dem lukrativer werdenden Vertrieb der Bühnenrechte.[923]

Hugo Bock (1848–1932), der bereits im Alter von 23 Jahren den Berliner Verlag Bote & Bock übernahm,[924] erkannte als erster deutscher Verleger die Chance, selbst bei der Verwaltung der Aufführungsrechte als Vermittler tätig zu werden, und sicherte dem Verlag hierfür die Aufführungsrechte.[925] Anschließend ließ er auf allen von ihm herausgebrachten Werken den Vorbehalt drucken, um so die Erhebung von Tantiemen zu ermöglichen.[926] Bald galt er als engagierter Vorkämpfer für die materielle Entlohnung von Aufführungen.[927]

Diese, keinesfalls selbstlose Haltung, zeigte bereits sein Onkel *Emil Bock* 1869 in der Kommission des Börsenvereins, als er sich vergeblich gegenüber *Härtel* für eine Ausweitung des uneingeschränkten Aufführungsrechts auf musikalische Werke eingesetzt hatte.[928] Indes änderten solche Ausnahmen wenig an der fehlenden Möglichkeit der meisten Komponisten, ihre Rechte zu verwerten.

Die meisten Verleger verkannten schlichtweg das große Einnahmepotenzial, das in der Verwertung der Aufführungsrechte lag. Lieber pflegten sie weiterhin das Notengeschäft. So wurden Aufführungen organisiert, um Werke zu bewerben und so den Notenabsatz zu steigern, anstatt für Aufführungen Tantiemen zu kassieren.[929]

---

921 *D'Albert,* Verwertung, S. 20.
922 *Mauruschat,* GEMA-Nachr. Juni 2002, Nr. 165, 90 (92); *D'Albert,* Verwertung, S. 19.
923 *Watzka,* Verborgene Vermittler, S. 48 ff.
924 *Kunz,* Fünf Generationen einer Familie, in: FS Bote & Bock, S. 21.
925 *Jährig-Ostertag,* Das dramatische Werk, 70 f.
926 *Kunz,* Fünf Generationen einer Familie, in: FS Bote & Bock, S. 29; *Dümling,* Musik hat ihren Wert, S. 30.
927 *Jährig-Ostertag,* Das dramatische Werk, S. 70.
928 Siehe: E.III.1.c).
929 *Becker,* Inszenierte Moderne, S. 362 f.

Vor allem der Leipziger Verlag Breitkopf & Härtel stemmte sich als der größte Musikverlag Deutschlands gegen das Aufführungsrecht. Schließlich ging in Frankreich der Absatz von Musikwerken, die durch das Aufführungsrecht geschützt waren, in Folge der Tantiemenerhebung durch die SACEM zurück.[930]

Von Hase, der Leiter des Verlags,[931] wollte dies in Deutschland unbedingt vermeiden.

a) Das Netzwerk von Hases in Leipzig

Hierfür hatte *von Hase* am Verlagssitz Leipzig viele Möglichkeiten. In der damaligen kulturellen Hauptstadt Deutschlands des 19. Jahrhunderts waren alle für die Entwicklung des Aufführungsrechts einflussreichen Einrichtungen angesiedelt – unter ihnen die größten Musikverlage,[932] der VdDM, der Börsenverein der Deutschen Buchhändler und der ADMV. Auch bei der Entwicklung des öffentlichen, bürgerlichen Konzerts war Leipzig Ende des Jahrhunderts mit den vielen Gewandhauskonzerten unerreicht.

Bereits als Herausgeber der *Allgemeinen Musikalischen Zeitung* und anderer wichtiger musikwissenschaftlicher Zeitschriften hatte der Verlag Breitkopf & Härtel hier einige Einflussmöglichkeiten.[933]

Zudem waren in Leipzig die Musikverlage und der Konzertbetrieb kaum voneinander zu trennen.[934] So betätigten sich etwa die Gewandhauskapellmeister *Reinicke* und *Nikisch* als Berater des Verlages Breitkopf & Härtel.[935] Wechselnde Führungspersönlichkeiten von Breitkopf & Härtel, unter anderem *Christoph Gottlob Breitkopf*, *Wilhelm Christoph Härtel* und *Hermann Härtel* waren, wie andere Verleger auch, Mitglied im Direktorium des Gewandhauses.[936]

Dies ermöglichte ein gemeinsames Vorgehen des jeweils größten Musikverlags und größten Konzerthauses gegen ein uneingeschränktes musikalisches Aufführungsrecht, bzw. die Zahlung von Tantiemen.

Von Hase war darüber hinaus Vorsitzender im VdDM und auch bei der deutschen Buchdrucker-Berufsgenossenschaft. Ebenso im Börsenverein der

930 *Schmidt*, Tantiemenbewegung, S. 89.

931 *Schmidt*, Tantiemenbewegung, S. 68.

932 *Jäger*, Der Musikalienverlag, in: Geschichte des dt. Buchhandels, 7 (28).

933 *Schmitz*, Aspekte der institutionellen Vernetzung um 1900, in: Leipziger Musikverlagswesen, 329 (329 f.).

934 *Schmitz*, Johannes Brahms und der Leipziger Musikverlag Breitkopf & Härtel, S. 36.

935 *Schmitz*, Aspekte der institutionellen Vernetzung um 1900, in: Leipziger Musikverlagswesen, 329 (331 ff.).

936 *Schmitz*, Johannes Brahms und der Leipziger Musikverlag Breitkopf & Härtel, S. 35.

Deutschen Buchhändler engagierten sich Vertreter des Verlags.[937] Nicht zuletzt war *von Hase* ab 1892 Mitglied des Direktoriums des ADMV.[938]

Von Hase und mit ihm der Verlag Breitkopf & Härtel hatte deshalb insgesamt eine starke Machtposition im Musikbetrieb inne. Aus dieser heraus war es ihm möglich, auf verschiedensten Wegen gegen das Aufführungsrecht zu agieren.

b) Schwierige Realisierung des Aufführungsrechts

Auch strukturell fiel es den Komponisten schwer, ihre Aufführungsrechte zu realisieren. Ohne die Möglichkeit einer kollektiven Verwertung mussten sie selbst gegen unbefugte Aufführungen vorgehen, welches angesichts der Vielzahl von kleineren Aufführungen kaum möglich war.[939]

Abgesehen von den Wiener Walzerkomponisten, die ihre Werke selbst aufführten und sich so die Einnahmen sichern konnten,[940] bestand faktisch für rein *musikalische* Werke im Kaiserreich zunächst kein Aufführungsrecht.[941]

Auch für Urheber der geschützten *dramatischen* und *dramatisch-musikalischen* Werke bedeutete das uneingeschränkte Aufführungsrecht keinen plötzlichen Reichtum. Die Bühnenagenten und -verlage nutzten die finanzielle Schwäche der Urheber häufig aus. Letztere blieben so oft abhängig von dubiosen Zwischenhändlern.[942] An den Werken der erfolgreichen Autoren und Komponisten hatten die Vermittler naturgemäß großes Interesse und boten diesen vorteilhafte Konditionen. Die übrigen Autoren und Komponisten mussten jedoch, um überhaupt eine Chance auf eine Aufführung ihrer Werke zu haben, unzumutbare Konditionen in Kauf nehmen.[943] Der Mehrheit fiel es insgesamt schwer, die Aufführungsrechte zum eigenen Vorteil zu nutzen.[944]

Das Problem der Urheber war somit nicht primär rechtlicher Natur. Es lag unmittelbar in der Macht der Verleger begründet.[945]

---

937 *Schmitz,* Aspekte der institutionellen Vernetzung um 1900, in: Leipziger Musikverlagswesen, 329 (330).

938 *Schmitz,* Aspekte der institutionellen Vernetzung um 1900, in: Leipziger Musikverlagswesen, 329 (355).

939 *Opet,* AcP 1895, 151 (154).

940 *D'Albert,* Verwertung, S. 21.

941 *Schulze,* Urheberrecht der Musik, S. 31.

942 *Jährig-Ostertag,* Das dramatische Werk, S. 79 f.; *Jakoby-Goldstandt,* Dramatiker im Kampf um den Lohn ihrer Arbeit, S. 53.

943 Siehe: F.I.1.

944 *Jährig-Ostertag,* Das dramatische Werk, S. 80.

945 *Walter,* Richard Strauss und das deutsche Urheberrecht, in: Universal Edition, 45 (48).

3. Das Aufführungsrecht vor Gericht

Nach dem Gesetz von 1870 kam es vermehrt zu Prozessen um das Aufführungsrecht. In diesen wurde in der Regel um die Reichweite des Aufführungsrechtes sowie um Detailfragen gestritten. Unsicherheit bestand vor allem hinsichtlich der Frage, wer nach Abtretung der Rechte von der verlängerten Schutzfrist profitieren sollte. Die Erben der Urheber begehrten dabei, die Rechte nach Ablauf der alten Schutzfrist von den Verlegern zurückzuerhalten.[946]

Auch *Richard Wagner* stritt mit dem Leipziger Stadttheater über diese Frage. Ein Wiederaufleben des Aufführungsrechtes aufseiten des Urhebers wurde dabei ebenso abgelehnt, wie das Begehren auf Abänderung des Abtretungsvertrags nach einer erheblichen Erhöhung der Sitzplatzkapazitäten eines Saales.[947] Zu einschneidenden Entscheidungen kam es durch diese Prozesse nicht.

4. Die Verwertung des Aufführungsrechts durch Dritte

Angesichts der Schwierigkeiten bei der Verwertung des Aufführungsrechts beauftragten die Komponisten Dritte mit der Rechtewahrnehmung.[948] In Frage kamen hierfür Theateragenten, Bühnenverlage, aber auch die Vertriebsabteilungen der Verlage selbst.

Ab 1880 fungierten Verleger regelmäßig als Mittler zwischen Komponisten und Bühnen.[949] Verwendet wurden dabei zwei verschiedene Modelle:[950]

Zum einen der *Aufführungsagenturvertrag*, bei dem ein Agent gegen eine Provision von fünf bis zehn Prozent die Rechte verwertete.

Zum anderen der *Aufführungsübertragungsvertrag*, bei dem der Autor gegen eine einmalige Abfindung, beziehungsweise einen festen Anteil an den Erträgen (meist zwischen 75 Prozent und 90 Prozent), alle Rechte an einen Vermittler übertrug. Trotz dieser unterschiedlichen Ansätze führten beide Modelle kaum zu unterschiedlichen Einnahmen aufseiten der Urheber.[951]

---

946 Nach *Mayer*, Theater-Prozesse, 105 (108 ff.).

947 *Wündisch*, Wagner und das Urheberrecht, S. 60 f.; *Schuster*, Urheberrecht der Tonkunst, S. 238.

948 *Beilharz*, Der Bühnenvertriebsvertrag, S. 4.

949 *Lange*, UFITA 2014 III, 691 (722).

950 *D'Albert*, Verwertung, S. 23; *Jäger*, Der Musikalienverlag, in: Geschichte des dt. Buchhandels, 7 (50); *Borchard*, Aufführungsrecht, S. 37.

951 *D'Albert*, Verwertung, S. 23; *Jäger*, Der Musikalienverlag, in: Geschichte des dt. Buchhandels, 7 (50).

Eine bessere Durchsetzung der Aufführungsrechte gegenüber den Bühnen konnte so freilich nicht erreicht werden. Dies versprach nur ein gemeinsames Vorgehen der Komponisten.

In Frankreich kam es bereits 1851 zur Gründung der SACEM.[952] Unter anderem gehörten *Schumann, Brahms* und *Wagner* zu den ersten deutschen Mitgliedern der SACEM.[953] Allerdings weigerte sich die SACEM, die in Frankreich erhobenen Tantiemen an die aus anderen Ländern kommenden Mitglieder auszuzahlen, sofern in diesen Staaten keine mit Frankreich vergleichbaren Regelungen galten.[954]

Zwar übte die SACEM auf diese Weise Druck auf die deutsche Regierung aus, zu besonderer Popularität verhalf sie einer gesetzlichen Tantiemenregelung jedoch nicht. In Belgien, der Schweiz und Elsass-Lothringen entstand sogar großer Widerstand gegen die Methoden der SACEM, die oft durch rücksichtslose, zum Teil sogar unbefugte Einziehung von Tantiemen auffiel.[955]

Die SACEM erntete auch aufgrund der hohen Verwaltungskosten Kritik. Teilweise wurden bis zu 61,5 Prozent der Einnahmen einbehalten.[956] Einer Petition an den Schweizer Bundesrat, die sich gegen die Zahlung von Aufführungsgebühren richtete, schlossen sich immerhin 697 schweizerische Musik- und Gesangsvereine an.[957]

5. Die Genossenschaft dramatischer Autoren und Komponisten

Bald nachdem in Deutschland das uneingeschränkte Aufführungsrecht für *dramatische* und *dramatisch-musikalische* Werke verwirklicht worden war, gründete sich am 17. Mai 1871 die Genossenschaft dramatischer Autoren und Komponisten. Offizielles Organ der Genossenschaft war die *Neue Zeit,* eine wöchentlich erscheinende Zeitung für Theater, Kunst und Literatur, in der sich die Bemühungen der Genossenschaft gut verfolgen lassen.

So wird kurz nach der Gründung klargestellt, das Ziel der Vereinigung könne nur darauf gerichtet sein,

> *„die Theater zur allgemeinen Einführung der Tantième oder mindestens zur Bewilligung angemessener Honorare zu nöthigen. […] Zweck sei die Sicherstellung der* gesetzlichen

952 Siehe D.I.3.b).

953 *Albinsson,* The Advent of Performing Rights in Europe, S. 9; *D'Albert,* Verwertung, S. 66.

954 *Dümling,* Musik hat ihren Wert, S. 26; *D'Albert,* Verwertung, S. 66.

955 *Schmidt,* Tantiemenbewegung, S. 87; *D'Albert,* Verwertung, S. 64.

956 *D'Albert,* Verwertung, S. 65.

957 *Schmidt,* Tantiemenbewegung, S. 88.

Rechte der dramatischen Schriftsteller den Theatern gegenüber, dies lasse sich jedoch nur völlig erreichen, wenn hierzu auch die günstige Ausnutzung der Aufführungsrechte gehöre."[958]

Zunächst zielte die Genossenschaft dabei nur auf die Wahrnehmung der *großen* Rechte, also der *dramatischen* und *dramatisch-musikalischen* Werke, ab. Um diese zu ermöglichen, führte die Genossenschaft ein öffentliches Register ein, in das die Mitglieder die zu schützenden Werke eintragen konnten. Wurden Verstöße gegen die Aufführungsrechte festgestellt, forderte die Genossenschaft nicht nur Entschädigungszahlungen, sondern stellte auch Strafanträge.

So ging die Genossenschaft in den ersten 18 Monaten des Bestehens gegen 466 unbefugte, überwiegend dramatische Aufführungen, vor.[959] Nur 83 der Aufführungen waren *dramatisch-musikalischen* Inhalts.[960] Indes wurde im Jahr 1872 das Gründungsstatut sogar erweitert, um auch die Aufführungen im Konzertsaal „*mit in's Auge*"[961] zu fassen.

Die Genossenschaft erkannte somit, dass die Verwertung des Aufführungsrechts angesichts des boomenden Konzertwesens immer lohnenswerter wurde.[962] Zudem erleichterte die steigende Verbreitung von Zeitungen den Informationsfluss, welches bessere Möglichkeiten zur Überwachung und Verfolgung von unbefugten Aufführungen bedeutete.[963]

Dabei konnte die Genossenschaft aufgrund der spärlichen Verwendung des Aufführungsvorbehalts nur für wenige musikalische Werke Tantiemenzahlungen fordern. Daher rief sie die Theaterdirektionen dazu auf, im Rahmen eines freiwilligen Übereinkommens, Ehrensolde an die Komponisten zu entrichten.[964] Wie man den Bekanntmachungen in den folgenden Jahren entnehmen kann, kamen einige Bühnen dieser Aufforderung nach. Dies erfolgte sogar auch zu Gunsten von Komponisten, die nicht Mitglieder der Genossenschaft waren.[965]Dies erfolgte jedoch keineswegs flächendeckend, nur die größeren Bühnen beteiligten sich.

---

958 *Neue Zeit*, 1871, Nr. 1, S. 4 ff.

959 *Neue Zeit,* 1871, Nr. 35, S. 279.

960 *Neue Zeit,* 1871, Nr. 35, S. 279.

961 *Neue Zeit,* 1872, Nr. 49, S. 400.

962 Zu den ökonomischen Voraussetzungen der Verwertung des Aufführungsrechts s.a.: D.I.4.b).

963 *Albinsson,* The Advent of Performing Rights, S. 7.

964 *Neue Zeit,* 1872, Nr. 49, S. 400 ff.

965 U. a.: Oratorien Verein München, Neue Zeit, 1875, Nr. 3; Orchesterverein in Breslau, Neue Zeit, 1876, Nr. 30; Direktion der Privatconcerte in Bremen, Neue Zeit, 1876, Nr. 31; Sikker'schen Musikverein Erfurt, Neue Zeit, 1876, Nr. 33; Hofcapellconcerte zu

Schnell zeichneten sich Schwierigkeiten bei der Verwertung der Aufführungsrechte ab. So bat die Genossenschaft 1872 in einer Petition den Reichskanzler *Bismarck* um die Gewährung von Staatshilfen für die Kontrolle von Aufführungen.[966] Schon 200 Theater könne man kaum kontrollieren, noch zahlreicher und noch weniger stationär seien dagegen aber noch die Unternehmer musikalischer Aufführungen. Der dramatische Autor müsse, um die Aufführung seiner Werke wirksam zu überwachen, täglich „*hunderte von Zeitungen, Theaterzetteln und Programmen*" durchforschen, „*deren Beschaffung, abgesehen von dem Zeitverlust, schon fast eine Unmöglichkeit wäre*".[967] Daher forderte die Genossenschaft die Errichtung einer Zentralstelle, in der sämtliche Programme aller Bühnen gesammelt werden sollten.[968]

Diese Forderung griff der Entwurf eines Theatergesetzes durch die Genossenschaft auf, nach dem die zu errichtende Anstalt die „*Controle der Aufführung zu sichern*"[969] habe. Jeder Bühnenautor sollte demnach dazu verpflichtet werden, je ein Exemplar des „*Theaterzettels*"[970] sowohl an die Zentralstelle als auch an den Urheber zu schicken.

Die Genossenschaft konnte den Gesetzesentwurf jedoch nicht durchsetzen. Die Kontrolle der Aufführung blieb insofern beschwerlich, zumal bereits ab Anfang der Achtzigerjahre die Anzahl der Mitglieder zu sinken begann. Da diese Entwicklung nicht gestoppt werden konnte, kam es 1899 zu der Auflösung der Genossenschaft.[971]

Ein Grund mag der hohe Mitgliedsbeitrag gewesen sein. Schon das Eintrittsgeld in die Anstalt betrug 15 Mark und der Jahresbeitrag 9 Mark, während die ausgezahlten Ehrensolde zwischen 6 und 40, in Ausnahmefällen 60 Mark pro Konzertsaison und Bühne ergaben.[972] Zudem traten gerade die erfolgreichen Künstler der Genossenschaft nur vereinzelt bei, da ihnen die Theateragenturen bessere Konditionen bei der Rechteverwertung boten.[973]

Oldenburg, Neue Zeit, 1876, Nr, 36; Concertgesellschaft in Barmen, Neue Zeit 1876, Nr, 40; Hofttheater in Schwerin, Cäcilienverein Hamburg, Neue Zeit, 1878, Nr. 41.

966 *Neue Zeit,* 1872, Nr. 48, S. 383 (386).

967 *Neue Zeit,* 1872, Nr. 48, S. 383.

968 *Neue Zeit,* 1872, Nr. 48, S. 383.

969 *Neue Zeit,* 1872, Nr. 49, S. 401 ff.

970 *Neue Zeit,* 1872, Nr. 49, S. 403.

971 Meyers Großes Konversations-Lexikon, S. 570.

972 Durchsicht der Bekanntmachungen in: *Neue Zeit.*

973 *Jährig-Ostertag,* Das dramatische Werk, S. 94.

Die Existenz der Anstalt und ihre Bestrebungen auch bezüglich rein musikalischer Werke machen nichtsdestoweniger deutlich, dass die Frage der Tantiemenerhebung bei musikalischen Werken nicht erst 1895 aufkam.[974] Für die Komponisten bedeutete das Scheitern der Erhebung von freiwilligen Ehrensolden, dass weiterhin eine Einigung mit den Verlegern gesucht werden musste. Schließlich war das Aufführungsrecht für die meisten bereits veröffentlichen Werke schon verfallen, da diese ohne Vorbehalt veröffentlicht worden sind.

Um eine Verwertungsanstalt zu gründen, hätten alle zukünftigen Werke durch einen Vorbehalt geschützt werden müssen. Dies war indes nur mit Zustimmung der Verleger möglich.[975]

6. Die Forderungen der Musikalienhändler

Am 10. Juli 1885 stellte der VdDM in einer Eingabe an den Reichskanzler die Schwachpunkte der gegenwärtigen Rechtslage dar und forderte neben anderen Verbesserungsvorschlägen den Wegfall des Aufführungsvorbehalts.[976]

Der einzelne Komponist wisse schlicht nicht, ob andere vom Vorbehalt Gebrauch machen würden. Verwendeten nur wenige Komponisten den Vorbehalt, liefen sie Gefahr, nicht gespielt zu werden, da sich die Bühnen dann nur bei den freien Werken bedienen würden.[977]

Auch der Zahlung von Tantiemen durch die Konzertveranstalter standen die Musikalienhändler offen gegenüber:

> *„Keinesfalls aber könnte man in der Gleichstellung der musikalischen und dramatischen Werke hinsichtlich des Aufführungsschutze eine Härte gegenüber dem Veranstalter musikalischer Aufführungen erblicken oder die Besorgnis hegen, daß dies zur Erschwerung der Konzerte gereichen werde, indem bei der fortwährend im Steigen begriffenen Passion des Publikums für Konzertaufführungen und bei dem hierbei erzielten ansehnlichen Gewinn den Konzertgebern keine nennenswerten Opfer auferlegt sein würden, wenn sie von diesem Gewinn den Urhebern der zu Gehör gebrachten Werke den von ihnen gebührenden Teil zukommen zu lassen hätten.“*[978]

974 So jedoch *Schmidt,* Tantiemenbewegung, S. 89 f.

975 *D'Albert,* Verwertung, S. 67.

976 *Bandilla,* Urheberrecht im Kaiserreich, S. 64; *Dümling,* Musik hat ihren Wert, S. 31 f.

977 *Bandilla,* Urheberrecht im Kaiserreich, S. 64.

978 Eingabe des Vereins der Musikalienhändler an den Reichskanzler vom 10.7.1885, zit. nach: *Dümling,* Musik hat ihren Wert, S. 31; vgl. *Planck,* Denkschrift betreffend die Revision des Gesetzes vom 11. Juni 1870, UFITA 2010 I, 71 (84.)

Daher sei auch nicht damit zu rechnen, dass nach einer Ausweitung des musikalischen Aufführungsrechtes nur noch ältere, freie Werke und keine aktuellen, geschützten Werke aufgeführt werden würden.[979]

Von einer Solidargemeinschaft mit den Komponisten kann aber nicht gesprochen werden. Schließlich war der Vorsitzende des Musikalienverbandes, *von Hase,* nicht nur der Leiter des Verlags Breitkopf und Härtel, sondern zudem auch der Neffe der Brüder *Härtel,*[980] die sich in den letzten Jahrzehnten schon häufig gegen das Aufführungsrecht eingesetzt hatten.

II. Die Fortentwicklung in der deutschen Rechtswissenschaft und im internationalen Recht

Die Entwicklung des Urheberrechts im Kaiserreich wurde stark durch die deutsche Rechtswissenschaft als auch durch internationale Urheberrechtsverträge beeinflusst.

1. Das Aufführungsrecht in der deutschen Rechtswissenschaft

Während die ersten Gesetzgebungen von der wissenschaftlichen Literatur eher kommentiert als initiiert wurden, war die deutsche akademische Jurisprudenz bei der Gesetzgebung im Deutschen Reich deutlich präsenter.

Dies zeigt zum einen die Vielzahl von Publikationen und wird zum anderen auch bei der Durchsicht der Akten des Bundesarchivs deutlich: Wie auch heute wurden Gutachten einiger Professoren von den Behörden direkt angefragt,[981] aber auch von Verbänden eingereicht, um bestimmte Forderungen rechtlich zu unterstützen.[982]

Diskutiert wurden vor allem die Dauer der Schutzfrist, die Behandlung mechanischer Abspielgeräte, Fragen des Bearbeitungsrechts, sowie das Aufführungsrecht. Bezüglich des Aufführungsrechts deckten die Ansichten der Rechtswissenschaft dabei ein weites Meinungsspektrum ab:

Schuster trat 1891 in *Das Urheberrecht der Tonkunst* entschieden für ein ausschließliches Aufführungsrecht ein. Dies sei an sich selbsterklärend, da ein

---

979 *Dümling,* Musik hat ihren Wert, S. 31.

980 *Jäger,* Der Verlagsbuchhandel, in: Geschichte des dt. Buchhandels, 197 (200).

981 Wie z.B. von den Professoren *Kohler, Mommsen* und *Spitta*: eine Sammlung der Gutachten findet sich in: BArch R 3001/6349.

982 So überreichte die deutsche Schriftsteller Genossenschaft dem Justizminister ein Gutachten *Osterrieths* zur Reform des Urheberrechts, BArch R 3001/6350, Bl. 112.

Tonwerk nur durch die Aufführung zur Erscheinung gelange.[983] Interessanterweise wurde dieses Argument *Schusters* bis dato meist umgekehrt genutzt, um das Aufführungsrecht für veröffentlichte Musikwerke abzulehnen.[984] Dabei wurde die Auffassung vertreten, ein Musikwerk würde nur erworben, um es aufzuführen.

Schuster arbeitete zudem die verschiedenen Benutzungsbefugnisse des Urhebers an seinem Werk heraus. Seiner Auffassung nach konnte die schriftliche Reproduktion nur die Erlaubnis zur sonoren Wiedergabe im Privaten darstellen, nicht aber zur öffentlichen Aufführung.[985] Gerade die großen Werke für Chor und Orchester müssten nach *Schuster* jedoch anders behandelt werden. Daher sei ab der Veröffentlichung durch den Druck höchstens die Aufführung im Privaten freizustellen, vorher sei laut *Schuster* auch diese konsequenterweise zu untersagen.[986]

Auch *Opet*[987], *Kohler*[988] und *Osterrieth*[989] traten für eine Entlohnung der Urheber nach der Drucklegung ein. So arbeitete *Opet* heraus, dass die Gleichsetzung von Reproduktion und Aufführung sowohl sachlich als auch rechtlich unzulässig sei.[990] Er befürchtete hingegen Schwierigkeiten bei der Berechnung der Tantiemen und empfahl daher ein System, in dem die Aufführung gegen die Zahlung einer fest normierten Tantieme grundsätzlich freistünde.[991]

Kohler kritisierte dagegen die Vorbehaltslösung für *musikalische* Werke und bezweifelte dabei den Sinn der Unterscheidung zwischen *musikalischen* und *dramatisch-musikalischen* Werken.[992] Der Gesetzgeber wolle, so *Kohler*, die *dramatisch-musikalischen* Werke privilegieren, dies sei jedoch dann fragwürdig, wenn auf einer Parade, im Bierkeller oder im Tanzsaal reine Orchesterstellen einer Oper aufgeführt werden würden und der Komponist dies unter Berufung auf das Aufführungsrecht untersagen könne.[993] Daher sei das Erfordernis des Vorbehalts für *musikalische* Werke nicht gerechtfertigt.[994]

983 *Schuster*, Urheberrecht der Tonkunst, S. 217.
984 Siehe z.B. bei den Debatten um das Gesetz 1837: C.III.3.
985 *Schuster*, Urheberrecht der Tonkunst, S. 218.
986 *Schuster*, Urheberrecht der Tonkunst, S. 219.
987 *Opet*, AcP 1895, 151 (183 ff.)
988 *Kohler*, Autorrecht, S. 235 ff.
989 *Osterrieth*, Altes und Neues zur Lehre vom Urheberrecht, S. 36.
990 *Opet*, AcP 1895, 151(191).
991 *Opet*, AcP 1895, 151 (185).
992 *Kohler*, Autorrecht, S. 235 f.
993 *Kohler*, Autorrecht, S. 236.
994 *Kohler*, Autorrecht, S. 239.

Ebenso forderte *Osterrieth,* nachdem er es im Entwurf des Schriftstellerverbandes von 1893 nur angedeutet hatte, ausdrücklich einen allgemeinen Schutz und die Gleichbehandlung *musikalischer* Werke.[995]

Wiederholt wurde zudem versucht, bestimmte Aufführungen vom Aufführungsrecht auszunehmen. So sollte derjenige, der nur einen kurzen Werkausschnitt zitiere, dem Urheber hierfür keine Tantiemen zahlen müssen.[996]

Von besonderer Relevanz waren vereinzelte Forderungen, gemeinnützige Aufführungen freizustellen.[997] Denn auch in der Gesetzgebung wurde das besondere Förderungsbedürfnis von Aufführungen in Kirchen, Schulen und der Armee immer wieder betont.

Hiergegen wandten jedoch von *Mandy,*[998] *Püttlingen,*[999] *Wächter*[1000] und *Harum*[1001] ein, dass, wenn es beim Nachdruck nicht auf den Zweck ankomme, dies für die Aufführung ebenso gelten müsse.

2. Das Aufführungsrecht im internationalen Recht

Die Fortentwicklung des Urheberrechts im deutschen Kaiserreich wurde entscheidend durch die Entwicklung des internationalen Urheberrechts beeinflusst.[1002] In den meisten Staaten war das Aufführungsrecht inzwischen anerkannt.[1003]

Auf internationaler Ebene kehrten dennoch einige, längst überwunden geglaubte Probleme der Autoren zurück: So litten britische Autoren unter unbefugten Aufführungen in den USA und französische Komponisten unter solchen in Wien.[1004] Diese unbefugten Aufführungen konnten auch nicht durch die vielen bereits abgeschlossenen bilateralen Verträge untersagt werden.[1005] Darüber hinaus erhob etwa die SACEM Tantiemen für ihre deutschen Mitglieder, zahlte diese aber nicht aus.[1006]

---

995 *Osterrieth,* Altes und Neues zur Lehre vom Urheberrecht, S. 36.
996 *Opet,* AcP 1895, 151 (188).
997 *Opet,* AcP 1895, 151 (188 f.).
998 *Mandry,* Das Urheberrecht an literarischen Erzeugnissen, S. 309 f.
999 *Vesque von Püttlingen,* Das musicalische Autorrecht, S. 107.
1000 *Wächter,* Verlagsrecht, Bd. 2, S. 634.
1001 *Harum,* Österreichische Preßgesetzgebung, S. 212.
1002 *Dölemeyer,* Urheber- und Verlagsrecht, in: *Coing,* Handbuch, 3955 (4022).
1003 *D'Albert,* Verwertung, S. 90.
1004 *Becker,* Inszenierte Moderne, S. 363; ähnlich: *D'Albert,* Verwertung, S. 90.
1005 *Becker,* Inszenierte Moderne, S. 363.
1006 Siehe: F.I.4.

Der Ruf nach einer internationalen Regelung verstärkte sich hierdurch. Neben dem Börsenverein der Deutschen Buchhändler[1007] trat auch die Deutsche Genossenschaft dramatischer Autoren und Komponisten hierfür auf deutscher Seite ein.[1008] Daher bezogen sich die Verhandlungen über die Berner Übereinkunft ab 1884 auch auf das Aufführungsrecht.

Bedeutsam war dabei zunächst die Einigung auf den Grundsatz der Inländergleichbehandlung. Danach verpflichteten sich die Mitgliedsstaaten, den Urhebern aus anderen Mitgliedsstaaten den gleichen Schutz wie den eigenen Staatsangehörigen zuzusprechen.[1009]

Zudem setzte sich Frankreich in den Verhandlungen um die Mindestrechte, die jeder Staat den Urhebern gewähren musste, dafür ein, auch Tonwerken das Aufführungsrecht uneingeschränkt zu gewähren.[1010] Da dieser Vorschlag über die geltende deutsche Rechtslage hinausging, lehnte dies die Kommission auf Drängen der deutschen Delegation vorerst ab.[1011] Art. 9 Abs. 3 der Übereinkunft vom 9. September 1886[1012] ging daher nicht weiter als die deutsche Regelung.

Das Aufführungsrecht nach der Veröffentlichung wurde nach wie vor von der Anbringung eines Vorbehalts abhängig gemacht.[1013]

Bei der Pariser Konferenz zur Revision der Berner Übereinkunft 1896 kam es sogar zu einer weitergehenden Einigung, obwohl die deutsche Delegation eine verbindliche Gleichstellung durch den Beschluss eines Mindestrechts weiterhin abgelehnt hatte.[1014] Dies begründete diese damit, dass vor der Etablierung eines vorbehaltlosen Aufführungsrechts zunächst eine Vielzahl von Ausnahmen in den verschiedenen Staaten zu schaffen wäre, etwa für Gesangsvereine, Schulen etc., die wiederum nicht einheitlich zu regeln wären.[1015]

1007 *Vogel*, Entwicklung des Urheberrechts, in: Geschichte des dt. Buchhandels, 122 (132).

1008 *Becker*, Inszenierte Moderne, S. 363; *Neue Zeit*, 1872, Nr. 13, S. 97–100 und Nr. 15 S. 113–117.

1009 *Becker*, Inszenierte Moderne, S. 363; *Ensthaler*, Gewerblicher Rechtsschutz und Urheberrecht, S. 72; *Dümling*, Musik hat ihren Wert, S. 31; *Ulmer*, Urheber- und Verlagsrecht, S. 97 ff.

1010 *Röthlisberger*, Berner Übereinkunft, S. 216.

1011 *Schmidt*, Tantiemenbewegung, S. 94 f.

1012 Übereinkunft, betreffend die Bildung eines internationalen Verbandes zum Schutze von Werken der Literatur und Kunst vom 9.9.1886, RGBl. 1887, S. 493 ff.

1013 Übereinkunft, betreffend die Bildung eines internationalen Verbandes zum Schutze von Werken der Literatur und Kunst vom 9.9.1886, RGBl. 1887, S. 493 ff.; *Vogel*, Entwicklung des Urheberrechts, in: Geschichte des dt. Buchhandels, 122 (133).

1014 *Bandilla*, Urheberrecht im Kaiserreich, S. 46 f.; *D'Albert*, Verwertung, S. 74.

1015 *Bandilla*, Urheberrecht im Kaiserreich, S. 46 f.

Mit der Tendenz des französischen Vorschlags war man gleichwohl einverstanden, sodass die uneingeschränkte Erfassung *musikalischer* Werke unter das Aufführungsrecht den Mitgliedsstaaten als eine wünschenswerte Regelung empfohlen werden konnte.[1016]

Obwohl diese Verträge eine Novellierung der Regelungen zum Aufführungsrecht in Deutschland nicht voraussetzten,[1017] machten die Verhandlungen deutlich, dass in anderen europäischen Ländern die Entwicklung des Urheberrechts weiter fortgeschritten war als im Deutschen Reich. Das Bewusstsein in den deutschen Regierungskreisen über die Notwendigkeit einer Ausweitung des Aufführungsrechts sowie einer Tantiemenanstalt konnte sich so nur erhöhen.

III. Das Urheberrechtsgesetz des Deutschen Reichs vom 19. Juni 1901

Im Folgenden soll die letzte Wegetappe hin zur Vollendung des Aufführungsrechts im Jahr 1901 dargestellt werden. Diese war geprägt von eskalierenden Streitigkeiten, nicht nur zwischen Komponisten und Verlegern, sondern auch zwischen den Verlegern selbst, sowie von heftigen Auseinandersetzungen im Reichstag.

1. Erster Entwurf im Reichsjustizamt

Bereits in den Achtzigerjahren des 19. Jahrhunderts gab es konkrete Überlegungen im Hinblick auf ein Reichsurheberrechtsgesetz.

Im Jahr 1889 erarbeitete *Gottlieb Planck* im Auftrag des Reichsjustizamts in einer Denkschrift Eckpunkte eines solchen Gesetzes.[1018] Dabei erwog er, analog der italienischen Gesetze die Aufführung generell zu verbieten und diese erst nach Anfrage bei einer Zentralstelle, in der alle Werke registriert werden müssten, zu erlauben.[1019]

Dies hätte eine staatliche Tantiemenanstalt bedeutet, sowie eine Vergütungspflicht der Bühnen bei der Aufführung eines Werkes. Die Möglichkeit der Urheber, entstellende Aufführungen zu verbieten, wäre davon nicht erfasst gewesen. Angesichts der geringen Anzahl unbefugter Aufführungen sah *Planck* jedoch nicht das Bedürfnis für eine solche Regelung.[1020] Auch eine Ausdehnung des

---

1016 *Bandilla,* Urheberrecht im Kaiserreich, S. 46.

1017 So aber: *Watzka,* Verborgene Vermittler, S. 42.

1018 *Meder,* UFITA 2010 I, 11 (43).

1019 *Planck,* UFITA 2010 I, 71 (145 f.); *Bandilla,* Urheberrecht im Kaiserreich, S. 68 f.

1020 *Planck,* UFITA 2010 I, 71 (146).

musikalischen Aufführungsrechts entspreche laut *Planck* nicht dem öffentlichen Interesse – schließlich sei schon zweifelhaft, ob eine solche Ausdehnung überhaupt im Interesse der Mehrzahl der Komponisten sei.[1021]

Da die Denkschrift abgesehen vom Aufführungsrecht viele Änderungsvorschläge enthielt, entschied sich das Reichsjustizamt dafür, ein komplett neues Gesetz zu erarbeiten, anstatt das bestehende Gesetz aus dem Jahr 1870 nachzubessern.[1022]

Der demgemäß 1893 vorgestellte Arbeitsentwurf, an dem sich die weiteren Reformarbeiten orientieren sollten, beinhaltete wiederum den Aufführungsvorbehalt für musikalische Werke.[1023]

2. Eingaben der Lobbyverbände

Schon 1870 bei den Beratungen im Norddeutschen Bund wurde der große Einfluss der verschiedenen Interessensgruppen festgestellt. Zwanzig Jahre später hatten sich die Bemühungen dieser Kreise noch verstärkt. In den Akten im Bundesarchiv finden sich viele Eingaben verschiedener Verbände mit eigenen Vorschlägen.

Der deutsche Schriftstellerverband sowie der Börsenverein der Deutschen Buchhändler erarbeiteten sogar jeweils eigene Entwürfe eines Gesetzes.

Der von *Osterrieth* verfasste Entwurf des Schriftstellerverbandes von 1893 war sehr abstrakt gehalten und sah ein immerwährendes geistiges Eigentum vor. So untersagte § 4 des Entwurfs jede „*unbefugte Verfügung*" über „*Geisteswerke*"[1024] und zählte laut der Kommentierung auch die Aufführung zu einer solchen Verfügung.[1025] Eine Umsetzung des Entwurfs von *Osterrieth* hätte mithin ein uneingeschränktes Aufführungsrecht bedeutet.

Ganz anders wiederum der Börsenverein der Deutschen Buchhändler, der in vier Lesungen zwischen dem 29. November 1893 und dem 8. November 1895 tagte.[1026] Dort wurde beschlossen, den Aufführungsvorbehalt gänzlich aus dem Gesetz zu streichen und dafür das Aufführungsrecht auch für musikalische

---

1021 *Planck*, UFITA 2010 I, 71 (141).

1022 *Bandilla*, Urheberrecht im Kaiserreich, S. 72; *Meder*, UFITA 2010 I, 11 (49).

1023 *Bandilla*, Urheberrecht im Kaiserreich, S. 75.

1024 *Osterrieth*, Die Reform des Urheberrechts, S. 7.

1025 *Osterrieth*, Die Reform des Urheberrechts, S. 26.

1026 Börsenverein der Deutschen Buchhändler (Hrsg.), Beiträge zum Urheberrecht IX, S. 5 ff.

Werke uneingeschränkt anzuerkennen. Schließlich habe sich der Vorbehalt nur als eine lästige Einengung der Musikalienverleger erwiesen.[1027]

> *„Bei Werken junger Komponisten ist es bedenklich, diesen Zusatz anzubringen, der die Absicht öffentlicher Aufführungen, an denen dem Anfänger aber viel liegt, häufig im Entstehen unterdrückt. Bleibt der Zusatz aber fort, so berechtigt er den Besitzer des Abdruckes, das Werk noch nach langen Jahren, unter ganz veränderten Verhältnissen, ohne Anfrage beim Komponisten aufzuführen.“*[1028]

Nach dem Abschluss der Verhandlungen im Börsenverein machte der VdDM schriftlich Bedenken gegen die Ausweitung des Aufführungsrechts geltend. Die Musikalienhändler sahen die eigenen Interessen nicht ausreichend durch den Börsenverein berücksichtigt und schlugen vor, eine Vergütungspflicht des Konzertveranstalters mit der Pflicht zu verbinden, die Noten für die Aufführung rechtmäßig zu erwerben. Ein Verbotsrecht des Urhebers beinhaltete der Antrag nicht:

> *„Das Recht der Aufführung von musikalischen Werken und von musikalischen Teilen dramatisch=musikalischer Werke darf Dritten nicht versagt werden, wenn der Veranstalter einer Aufführung die zu benutzenden Noten vom Verleger rechtmäßig käuflich erworben hat und dem Urheber oder seinen Rechtsnachfolgern eine Gebühr sichert, die jedoch den Betrag von? %* [sic!] *der Bruttoeinnahme der Aufführung nicht zu übersteigen braucht. Die Gebühr ist nur bei öffentlichen Veranstaltungen zu bedingen, fällt aber bei Aufführungen in Kirche, Schule und Heer weg.“*[1029]

Diese Eingabe konnte zwar nicht mehr in den Entwurf eingearbeitet werden, zeigt die Interessen der Musikverleger dennoch deutlich auf. Diese sorgten sich weiterhin um das Notengeschäft und versuchten, die Aufführung mit dem rechtmäßigen Erwerb der Noten zu verknüpfen. Obwohl den Komponisten hier eine Beteiligung an den Aufführungseinnahmen zugestanden wurde, sollten einige Aufführungen davon ausgeklammert werden.

Auch die Association Littéraire et Artistique Internationale (ALAI), die sich seit ihrer Gründung 1876 immer wieder mit Fragen des Urheberrechts befasst hatte, schaltete sich in die Diskussion um das Reichsurheberrechtsgesetz ein. So

---

1027 Börsenverein der Deutschen Buchhändler (Hrsg.), Beiträge zum Urheberrecht IX, S. 96.

1028 Börsenverein der Deutschen Buchhändler (Hrsg.), Beiträge zum Urheberrecht IX, S. 96 f.

1029 Börsenverein der Deutschen Buchhändler (Hrsg.), Beiträge zum Urheberrecht IX, S. 97.

forderte die ALAI auf einem Kongress in Dresden im September 1895 die Gründung einer deutschen Gesellschaft für musikalische Aufführungsrechte.[1030]

Ein Jahr später erklärte die ALAI in einem Konferenzbeschluss die öffentliche Aufführung ohne Genehmigung des Urhebers als gänzlich unzulässig.[1031] Die drei bedeutendsten Eingaben forderten somit den Wegfall des Aufführungsvorbehalts – obgleich mit ganz verschiedenen Argumenten. Der Druck auf das Reichsjustizamt, bei der Reform des Reichsurheberrechtsgesetzes auch das Aufführungsrecht zu ändern, wurde dadurch immer größer.

3. Die Tantiemenbewegung

Die Verhandlungen um die Vollendung des Aufführungsrechts können nicht losgelöst von den Bestrebungen nach einer Tantiemenanstalt betrachtet werden. Die Tantiemenbewegung wurde bereits in einigen, zum Teil sehr umfangreichen Abhandlungen anlässlich des 100-jährigen Jubiläums der GEMA erschöpfend dargestellt.[1032] Hier sollen deshalb nur die wichtigsten Erkenntnisse dieser Arbeiten einfließen.

Wie schon dargestellt, zeichnete sich im Jahr 1895 die Ausweitung des musikalischen Aufführungsrechts bereits ab.[1033] In den Zeitungen wurden sogar erste Erwägungen über eine deutsche Verwertungsanstalt angestellt.[1034] Auf einem Kongress der ALAI schlug der Generalagent der SACEM sodann auch die Gründung einer deutschen Tantiemenanstalt vor.[1035]

Der Musikverleger *von Hase,* der sich 1885 noch für eine Ausweitung des musikalischen Aufführungsrechts und die Entrichtung von Tantiemen ausgesprochen hatte, befürchtete nun Einbußen im Notenverkauf, wenn das Aufführungsrecht nicht mehr durch den Sachkauf mitübertragen werden sollte.

1030 *Dümling,* Musik hat ihren Wert, S. 32; *Bandilla,* Urheberrecht im Kaiserreich, S. 83; *D'Albert,* Verwertung, S. 73.

1031 § 7 der Berner Konferenz, siehe: *Bandilla,* Urheberrecht im Kaiserreich, S. 84.

1032 *Dümling,* Musik hat ihren Wert; *Schmidt,* Tantiemenbewegung; *Mauruschat,* GEMA Nachr. Nov. 1999 – Nov. 202, Nr. 160 – 166.

1033 Siehe: F.III.2.

1034 *Jäger,* Der Musikalienverlag, in: Geschichte des dt. Buchhandels, 7 (51); *D'Albert,* Verwertung, S. 73 ff.

1035 *Jäger,* Der Musikalienverlag, in: Geschichte des dt. Buchhandels, 7 (51); *D'Albert,* Verwertung, S. 73 ff.

Daher lehnte er auf dem Kongress der ALAI die Gründung einer Tantiemenanstalt energisch hab.[1036] *Von Hase* machte geltend, dass das besondere deutsche Musikleben von der Einführung einer Konzerttantieme schwer geschädigt werden würde. Zwar sprach er sich weiterhin für eine Streichung des Aufführungsvorbehalts aus, das höhere Recht der Allgemeinheit, Musikwerke frei aufführen zu können, müsse jedoch, insbesondere in Kirche, Schule und Heer, sowie im volkstümlichen Vereinswesen, gewahrt werden. Dies vertrage sich nicht mit einer Übernahme der französischen Regelungen. Zudem sei die Tantieme auch für Komponisten, die sich eine möglichst weite Verbreitung ihrer Werke wünschten, inakzeptabel.[1037]

Diese Aussagen standen nicht nur im direkten Widerspruch zu *von Hases* eigenem Vorschlag von 1885, sondern stießen sogar auf der Versammlung auf sofortigen Widerstand. Der Berliner Verleger *Hugo Bock* hielt eine sofortige Gegenrede und machte geltend, *von Hase* habe nur für die Leipziger Händler und Verleger gesprochen, nicht aber für alle Deutschen.[1038] Anschließend sprach *Bock* sich, laut *Dümling* wohl als der erste Deutsche, für die Gründung einer Tantiemenanstalt aus.[1039]

Es standen sich nunmehr nicht nur Komponisten und Verleger gegenüber. Vielmehr spalteten sich Letztere auf in eine um Einigkeit mit den Komponisten bemühte, überwiegend aus Berlin stammende Fraktion um *Bock*, sowie eine gegensätzliche, die eigenen Interessen verfolgende, zumeist in Leipzig ansässige Gruppe um *von Hase*.[1040]

Obwohl *Bock* einige Unterstützung erhielt, stimmte der VdDM folgendem Antrag zu, der eine Verknüpfung des Aufführungsrechts mit dem Erwerb von Noten vorsah:[1041]

> *„Der Schutz des Aufführungsrechts musikalischer Werke bedarf keines Vorbehalts, doch darf das Recht der Aufführung von musikalischen Werken und von Teilen dramatisch-musikalischer Werke Dritten nicht versagt werden, wenn der Veranstalter einer Aufführung die dazu zu benutzenden Noten vom Verleger rechtmäßig käuflich erworben hat.“*[1042]

1036 *Dümling,* Musik hat ihren Wert, S. 36; *D'Albert,* Verwertung, S. 73; *Keiderling,* Die VG-Wort, S. 21.

1037 *Dümling,* Musik hat ihren Wert, S. 36 f.; *Schmidt,* Tantiemenbewegung, S. 91.

1038 *Dümling,* Musik hat ihren Wert, S. 37.

1039 *Dümling,* Musik hat ihren Wert, S. 37.

1040 *Jäger,* Der Musikalienverlag, in: Geschichte des dt. Buchhandels, 7 (52).

1041 *Schmidt,* Tantiemenbewegung, S. 96.

1042 Zit. nach: *Schmidt,* Tantiemenbewegung, S. 96.

4. Aufnahme der Verhandlungen über ein Reichsurheberrechtsgesetz

Ab 1895 gewann die Tantiemenbewegung in Deutschland immer mehr an Schwung, nicht zuletzt wegen der deutschen Haltung im Zuge der Revision der Berner Übereinkunft. Auch aus den Komponistenkreisen waren die ersten Forderungen zu verzeichnen.

So sprach sich der Komponist *Engelbert Humperdinck* (1854–1921) in der *Allgemeinen Musikalischen Zeitung* für die Gründung einer Verwertungsanstalt ohne eine Verlegerbeteiligung aus, und forderte von den Komponisten dahingehende Initiativen ein.[1043] In der Folge wurden auch die Bemühungen über ein Reichsurheberrechtsgesetz intensiviert.

Nachdem der erste Entwurf des Reichsjustizamtes im Jahr 1896 in Reaktion auf die verschiedenen Eingaben der Pariser Konferenz und Anregungen des Reichsamtes des Inneren erneut abgeändert worden war,[1044] genehmigte Kaiser *Wilhelm II.* am 27. April 1897 das Erbitten des Reichskanzlers, einen Entwurf über ein neues Gesetz zum Schutz von Werken der Literatur und Tonkunst zu erstellen.[1045]

In der Folge konnte das Reichsjustizamt auch formell mit der Vorbereitung der Verhandlungen beginnen. Diese Verhandlungen sollten in kleineren Runden, bestehend aus Sachverständigen und Regierungsvertretern, stattfinden. Zahlreiche Interessengruppen versuchten, sich Einladungen zu den Verhandlungen zu verschaffen.[1046] Einzig *Richard Strauss* wurde die Bitte gewährt, einen Abgesandten der Komponisten zu den Beratungen zu entsenden, woraufhin sein Vertrauter *Friedrich Rösch* (1862–1925) eingeladen wurde.[1047]

Dies war von besonderer Bedeutung, schließlich waren wichtige Vertreter des Musikalien- und Verlagswesens ohnehin als Sachverständige geladen, während die übrigen Berufsgruppen, unter ihnen die Komponisten, deutlich unterrepräsentiert waren.[1048]

Die Beratungen im Oktober stützten sich auf einen vom Reichsjustizamt im Juni 1898 ausgearbeiteten Entwurf, der dem bereits erwähnten Arbeitsentwurf

1043 *Dümling,* Musik hat ihren Wert, S. 38.
1044 *Bandilla,* Urheberrecht im Kaiserreich, S. 85.
1045 *Bandilla,* Urheberrecht im Kaiserreich, S. 87.
1046 *Bandilla,* Urheberrecht im Kaiserreich, S. 97.
1047 *Bandilla,* Urheberrecht im Kaiserreich, S. 98, *Schmidt,* Tantiemenbewegung, S. 400.
1048 *Bandilla,* Urheberrecht im Kaiserreich, S. 100.

stark ähnelte.[1049] So enthielt auch der neue Entwurf in § 17 einen Aufführungsvorbehalt für bereits veröffentlichte musikalische Werke.[1050]

5. Gründung der Leipziger Anstalt

In Folge der wachsenden Unterstützung für die Tantiemenanstalt kam es zu einem einschneiden Wechsel in der Politik der Musikalienhändler. Diese reagierten nämlich mit einem neuen, wohl überlegen Ansatz: Ihr Interesse, den Absatz der Noten nicht durch ein Aufführungsrecht zu gefährden, versuchten zu verteidigen, indem sie sich an die Spitze der Tantiemenbewegung setzten und sich um die Gründung einer Verwertungsgesellschaft bemühten.[1051] Letztlich hätte ein sehr geringer Tantiemenanteil an den Einnahmen einer Aufführung die eigenen Interessen nicht einmal gefährdet.[1052]

Zu diesem Zwecke arbeitete *von Hase* einen Satzungsentwurf einer Tantiemenanstalt aus und legte diesen der Reichsregierung am 26. Januar 1898 vor.[1053] Als Sitz der Anstalt wurde Leipzig bestimmt, denn dort stellte *von Hase* der Anstalt unentgeltlich Geschäftsräume zur Verfügung.[1054] Hier hatte auch der Verlag Breitkopf & Härtel seinen Sitz. Daher wurde die Anstalt auch Leipziger Anstalt genannt.[1055]

Die Struktur der Anstalt wurde wie die der SACEM angelegt, wobei keine Mitgliedschaft erforderlich war, da alle Aufführungsrechte ausschließlich wahrgenommen werden sollten. Der Tantiemenanteil an der Brutto-Gesamteinnahme einer Musikaufführung sollte dabei so gering wie möglich ausfallen.[1056]

Während die SACEM zwölf Prozent der Aufführungseinnahmen verlangte, sollte dieser Anteil in Deutschland bei nur einem Prozent liegen.[1057] Zusätzlich sollten die Schulen, Kirchen und das Heer ganz von der Gebührenpflicht befreit werden, damit das öffentliche Musikleben nicht geschädigt würde.

1049 *Bandilla,* Urheberrecht im Kaiserreich, S. 98.

1050 BArch R 3001/6351, Bl. 192.

1051 *Dümling,* Musik hat ihren Wert, S. 40, *Keiderling,* Die VG-Wort, S. 21 f.; *D'Albert,* Verwertung, S. 75.

1052 *Keiderling,* Die VG-Wort, S. 22; *Schmidt,* in: Recht und Praxis der Gema, 5 (6 ff.).

1053 *Bandilla,* Urheberrecht im Kaiserreich, S. 91.

1054 *Schmidt,* Tantiemenbewegung, S. 223.

1055 *Schmidt,* Tantiemenbewegung, S. 102.

1056 *Keiderling,* Die VG-Wort, S. 22; *Schmidt,* in: Recht und Praxis der Gema, 5 (6 ff.).

1057 *Dümling,* Musik hat ihren Wert, S. 41; *Keiderling,* Die VG-Wort, S. 22; *Jäger,* Der Musikalienverlag, in: Geschichte des dt. Buchhandels, 7 (52).

Um diesem Vorhaben zusätzliche Legitimität zu verleihen, wollte *von Hase* die Anstalt auf ein möglichst breites Fundament stellen, ohne dabei jedoch den Komponisten zu viel Einfluss zuzubilligen.[1058] Daher wurde der ADMV als Gründungsmitglied[1059] in die Satzung aufgenommen. Dies ließ den Schluss zu, die Anstalt berufe sich auf eine breite Unterstützung der Komponisten.

Tatsächlich war das fünfköpfige Direktorium des ADMV aber überwiegend mit Nichtmusikern besetzt,[1060] unter ihnen *von Hase.*[1061] Weitere Posten der Hauptversammlung des ADMV waren zusätzlich mit *von Hase* verbundenen Persönlichkeiten besetzt.[1062] Insbesondere waren auf der Hauptversammlung des ADMV am 27. Juni 1898 überwiegend keine Musikschaffenden, sondern Musikliebhaber anwesend, die die Problematik letztlich kaum nachvollziehen konnten.[1063]

a) Erster Widerstand der Komponisten

Bereits im Vorfeld der Tonkünstlerversammlung des ADMV regte sich aufseiten der Komponisten erster Widerstand.

Im April und im Mai 1898 veröffentlichte der Komponist *Hans Sommer* (1837–1922) die Denkschrift *Die Wertschätzung der Musik.*[1064] *Sommer* proklamierte in der Denkschrift erstmals eine Führungsrolle der Komponisten bei der Wahrnehmung der Urheberrechte.[1065] Er forderte den Gesetzgeber dazu auf, die Lage der Komponisten zu verbessern, beispielsweise durch eine Ausweitung der Schutzfrist.[1066] Speziell auf das Aufführungsrecht bezog er sich hingegen nicht.[1067]

1058 *Dümling,* Musik hat ihren Wert, S. 40.

1059 *Schmidt,* Tantiemenbewegung, S. 151.

1060 *Dümling,* Musik hat ihren Wert, S. 42.

1061 *Schmitz,* Aspekte der institutionellen Vernetzung um 1900, in: Leipziger Musikverlagswesen, 329 (355). Der Einfluss Breitkopf & Härtels auf den ADMV ging so weit, dass die Mitgliedsbeiträge sowie die Anmeldungen für die alljährlichen Tonkünstlerversammlungen an den Verlag zu richten waren. Auch die Vereinsbibliothek des ADMV befand sich im Verlagshaus von Breitkopf & Härtel.

1062 *Schmitz,* Aspekte der institutionellen Vernetzung um 1900, in: Leipziger Musikverlagswesen, 329 (359 f.).

1063 *Dümling,* Musik hat ihren Wert, S. 40; *D'Albert,* Verwertung, S. 75 f.; *Jäger,* Der Musikalienverlag, in: Geschichte des dt. Buchhandels, 7 (52).

1064 *Schmidt,* Tantiemenbewegung, S. 119; *Mauruschat,* GEMA-Nachr. Nov. 1999, Nr. 160, 128 (130).

1065 *Mauruschat,* GEMA-Nachr. Juni 2001, Nr. 161, 70 (71).

1066 *Schmidt,* Tantiemenbewegung, S. 128 f.

1067 *Schmidt,* Tantiemenbewegung, S. 130 f.

Dennoch rief die Denkschrift zahlreiche Reaktionen hervor,[1068] viele Komponisten begrüßten den Aufsatz und versprachen, die Vorschläge *Sommers* zu unterstützen.[1069] Die Komponisten begannen somit, erstmals selbst die Initiative für die Verbesserung ihres Rechtszustandes zu übernehmen.[1070]

Auf der Versammlung des ADMV widersprachen sodann auch einige Komponistenvertreter den Plänen *von Hases* und kritisierten, die Öffentlichkeit sei schon im Vorfeld von der Diskussion um den Satzungsentwurf ausgeschlossen worden.[1071]

Die Komponisten waren bei der Versammlung jedoch in der Minderheit, weshalb sie nichts gegen die Pläne *von Hases* ausrichten konnten. Ein dringlicher Aufruf an die komponierenden Mitglieder des ADMV, an der Versammlung teilzunehmen, da die Gründung einer Tantiemenanstalt geplant werde, hatte seine Wirkung verfehlt, als er vielen Komponisten gar nicht erst zugegangen war.[1072] Bezeichnenderweise hatten, auf Bitten der Komponisten, die Drucklegung und auch der Versand des Aufrufs in der Verantwortung des Verlags Breitkopf & Härtel gelegen.

Von Hase musste sich fortan auch gegen nicht belegbare Vorwürfe verwahren, durch Unterlassen des Druckes Einfluss genommen zu haben.[1073] Die schwache Beteiligung der Komponisten ist jedoch keinesfalls allein auf *von Hase* zurückzuführen, sondern liegt vielmehr im fehlenden Engagement der Komponisten begründet: Nicht einmal *Strauss* und *Schilling,* zwei von drei Unterzeichnern des erwähnten Aufrufs, erschienen zu der Versammlung.[1074]

Angesichts dieser klaren Mehrheitsverhältnisse wurde ein Antrag der Komponisten auf Vertagung der Entscheidung abgelehnt und die Satzung der Anstalt für musikalisches Aufführungsrecht von der Hauptversammlung des ADMV am 27. Juni 1898 verabschiedet.[1075] Nachdem *von Hase* die Satzung noch in einigen Punkten nach Einwänden des Reichsjustizamtes geändert hatte, nahm die Anstalt am 1. Oktober 1898 ihren Betrieb auf.[1076]

1068 *Schmidt,* Tantiemenbewegung, S. 132 f.
1069 *Schmidt,* Tantiemenbewegung, S. 134 f.
1070 *Mauruschat,* GEMA-Nachr. Juni 2001, Nr. 163, 70 (73).
1071 *Dümling,* Musik hat ihren Wert, S. 40; *Schmidt,* Tantiemenbewegung, S. 145.
1072 *Schmidt,* Tantiemenbewegung, S. 136 f.; *Dümling,* Musik hat ihren Wert, S. 53.
1073 *Schmidt,* Tantiemenbewegung, S. 137.
1074 *Schmidt,* Tantiemenbewegung, S. 142 f.
1075 *Schmidt,* Tantiemenbewegung, S. 142 f.; *Dümling,* Musik hat ihren Wert, S. 42.
1076 *Schmidt,* Tantiemenbewegung, S. 142 f.; *Dümling,* Musik hat ihren Wert, S. 42; *Schulze,* Geschätzte und geschützte Noten, S. 23.

Inzwischen hatte sich bereits einiger Widerstand gegen die Anstalt formiert: Die Komponisten fühlten sich sowohl bei der Gründung übergangen[1077] und kritisierten auch die Dominanz der Verleger, die die Hälfte der Einnahmen aus den Aufführungen erhalten sollten.[1078]

Auch die Satzung wies einige strukturelle Schwächen auf. Sie setzte sich beispielsweise über die geltenden Vorbehaltsregelungen hinweg, was ein urheberrechtsanmaßendes, rechtswidriges Handeln zur Folge hatte.[1079]

Die Verleger waren freilich der Meinung, sie kämen den Urhebern mit dem Verteilungsschlüssel bereits weit entgegen, da die meisten Urheber ihre Rechte ohnehin an sie abgetreten und daher eigentlich überhaupt keinen Anspruch auf einen Anteil besessen hätten.[1080]

b) Erwachen der Komponisten

Die Gründung der Leipziger Anstalt gilt als Weckruf für die Komponisten, die von nun an aktiv wurden. *Strauss* verfasste noch vor Tätigwerden der Anstalt im Juli 1898 ein Rundschreiben an alle deutschen Komponisten, in dem er den Nutzen der Anstalt für die Komponisten bezweifelte und sich dafür aussprach, auch gemeinfreie Werke in die Gebührenerhebung mit einzubeziehen.[1081]

Die Resonanz war groß. Über 100 Komponisten erklärten *Strauss* schriftlich ihre Unterstützung.[1082] *Strauss* initiierte daraufhin eine Zusammenkunft der Komponisten, auf welcher am 30. September 1898, unmittelbar vor der Inbetriebnahme der Leipziger Anstalt, die Genossenschaft Deutscher Komponisten (GDK) gegründet wurde.[1083]

Ziel war die *„gemeinsame Wahrnehmung der wirtschaftlichen Interessen der Mitglieder, insbesondere der Schutz und die Verwertung der Urheberrechte sowie die Einflussnahme auf den Ausbau der das Urheberrecht und das Verlagsrecht betreffenden Gesetzgebung* […]"[1084] oder in den Worten von *Strauss:*

1077 *Schmidt,* Tantiemenbewegung, S. 152 f.

1078 *Bandilla,* Urheberrecht im Kaiserreich, S. 93.

1079 *Schmidt,* Tantiemenbewegung, S. 183 ff.

1080 *Bandilla,* Urheberrecht im Kaiserreich, S. 94.

1081 *Schmidt,* Tantiemenbewegung, S. 190 f.; *Dümling,* Musik hat ihren Wert, S. 48 f.; *Mauruschat,* GEMA-Nachr. Juni 2002, Nr. 165, 90 (91).

1082 *Schmidt,* Tantiemenbewegung, S. 191.

1083 *Schmidt,* Tantiemenbewegung, S. 194 ff.; *Dümling,* Musik hat ihren Wert, S. 49; *D'Albert,* Verwertung, S. 76.

1084 Zit. nach: *Mauruschat,* GEMA-Nachr. Juni 2000, Nr. 161, 66 (67).

„Urheberrechte dem Urheber.
Verlagsrechte dem Verleger.
Anderen Modus gibt's künftig nicht."[1085]

Die GDK fungierte fortan als wichtigstes Sprachrohr der Komponisten im Widerstand gegen die Leipziger Anstalt.

c) Boykott der Leipziger Anstalt

Im November 1898 rief die GDK sodenn alle „*Interessenten in der Tantiemenfrage wie Konzert-Unternehmer, alle Tonkünstler, sonstige gewerbliche Unternehmer von Musikaufführungen sowie alle Besitzer oder Pächter gewerblicher Unternehmungen, mit denen Musikaufführungen verknüpft sind*", dazu auf, jeden geschäftlichen Kontakt, Verhandlungen oder Tantiemenzahlungen an die Leipziger Anstalt grundsätzlich abzulehnen.[1086]

Nahezu alle Komponisten folgten diesem Boykottaufruf.[1087] Auch andere Parteien wehrten sich gegen die Leipziger Anstalt: Naturgemäß waren beispielsweise die Konzertveranstalter nicht mit der Entrichtung von Tantiemen einverstanden. Auch die Verleger haderten mit der ihnen zugedachten Rolle, bei Aufführungen zu prüfen, ob das Notenmaterial rechtmäßig erworben worden war und so gleichsam gegen ihre eigenen Kunden gegebenenfalls vorgehen zu müssen.[1088]

Diesem breiten Widerstand konnte die Anstalt nicht lange standhalten. Schon im Januar 1899 beschloss eine außerordentliche Hauptversammlung der Anstalt, die Gebührenerhebung einzustellen.[1089] Die GDK übernahm von nun an die Führungsrolle im Bemühen um eine Verwertungsanstalt und suchte die Verständigung mit dem VdDM.[1090]

Zum einen war der GDK bewusst, dass die Gründung einer Tantiemenanstalt ohne die Beteiligung der Verleger nur schwer möglich war. Zum anderen hatte aber selbst die Reichsregierung deutlich gemacht, dass die Forderungen nach

---

1085 *Strauss* am 22. 11.1898 an den Verleger *Eugen Spitzweg*, in: *Grasberger* (Hrsg.), Die Welt um Strauss in Briefen, S. 119; vgl. *Schmidt*, Tantiemenbewegung, S. 527.

1086 Zit. nach: *Schmidt*, Tantiemenbewegung, S. 243; *Dümling*, Musik hat ihren Wert, S. 51.

1087 *Schmidt*, Tantiemenbewegung, S. 241 ff.

1088 *Schmidt*, in: Recht und Praxis der Gema, 5 (6).

1089 *Schmidt*, Tantiemenbewegung, S. 269; *Dümling*, Musik hat ihren Wert, S. 54; *D'Albert*, Verwertung, S. 79; *Jäger*, Der Musikalienverlag, in: Geschichte des dt. Buchhandels, 7 (51).

1090 *Schmidt*, Tantiemenbewegung, S. 292 ff.; *Dümling*, Musik hat ihren Wert, S. 54.

einem uneingeschränkten Aufführungsrecht und einer längeren Schutzfrist für musikalische Werke, nur dann Aussicht auf Erfolg habe, wenn sie auch von den Komponisten unterstützt werde.[1091]

d) Bündnis mit den Berliner Verlegern

Im April 1899 verschärfte sich der Bruch zwischen den Berliner Verlegern um *Bock* und den Leipziger Verlegern um *von Hase* immer mehr.[1092]

Auslöser war die Einigung der Berliner Verleger mit der GDK über die Gründung einer Tantiemenanstalt. Dieser waren wiederholte Forderungen nach einem gemeinsamen Vorgehen von Verlegern und Komponisten des Reichsjustizamtes vorausgegangen.[1093] In diesen war unter anderem eine gemeinsame Petition von Komponisten und Verlegern als Bedingung für eine Ausdehnung der Schutzfrist vorgesehen.[1094]

An einer Ausdehnung der Schutzfrist waren sowohl Verleger als auch Komponisten interessiert. Dennoch scheiterte im Februar 1899 ein Versuch einer Einigen mit den Leipziger Verlegern.[1095] Im April 1899 kam es auf einer Verständigungssitzung der Berliner Verleger mit der GDK sodann zu einer Einigung über die Gründung einer Tantiemenanstalt.[1096] Von deren Einnahmen sollten die Komponisten drei Viertel und die Verleger ein Viertel erhalten.[1097] Zudem wollten Musikalienhändler und Komponisten von nun an gemeinsam für die Streichung des Aufführungsvorbehaltes für musikalische Werke und für die Verlängerung der Schutzfrist auf fünfzig Jahre nach dem Tod des Urhebers eintreten.[1098]

Anschließend bemühte sich *Bock* auch um die Zustimmung der Leipziger Verleger und des Leipziger Musikalienhandels.[1099] Nachdem *von Hase* jedoch

---

1091 *Dümling,* Musik hat ihren Wert, S. 57; *Bandilla,* Urheberrecht im Kaiserreich, S. 106 f.

1092 *Jäger*, Der Musikalienverlag, in: Geschichte des dt. Buchhandels, 7 (50); *Dümling,* Musik hat ihren Wert, S. 62; *D'Albert,* Verwertung, S. 18; *Schmidt,* Tantiemenbewegung, S. 360.

1093 *Schmidt,* Tantiemenbewegung, S. 576.

1094 *Schmidt,* Tantiemenbewegung, S. 576.

1095 Siehe: *Schmidt,* Tantiemenbewegung, S. 313 ff.

1096 *Schmidt,* Tantiemenbewegung, S. 321; *Jäger,* Der Musikalienverlag, in: Geschichte des dt. Buchhandels, 7 (52).

1097 *Schmidt,* Tantiemenbewegung, S. 321; *Jäger,* Der Musikalienverlag, in: Geschichte des dt. Buchhandels, 7 (52).

1098 *Dümling,* Musik hat ihren Wert, S. 58; *Bandilla,* Urheberrecht im Kaiserreich, S. 108 f.

1099 *Schmidt,* Tantiemenbewegung, S. 321.

die vertraulichen Protokolle der Verständigungssitzungen allen Mitgliedern des VdDM zugänglich gemacht hatte, kam es im Juni 1899 zum Bruch: Aus Protest gegen die Praktiken *von Hases* traten 1899 der Verlag Bote & Bock sowie fünfzehn weitere bedeutende Mitglieder aus dem VdDM aus.[1100] *Bock* erklärte gar, nie mehr an Verhandlungen mit *von Hase* teilnehmen zu wollen.[1101]

6. Der Regierungsentwurf vom 13. Juli 1899

Nachdem die Leipziger Anstalt gescheitert war, wurden im Mai 1899 in der Reichsregierung die Verhandlungen um das Gesetz fortgesetzt.

Inzwischen bestand Einigkeit über den Wegfall des Vorbehalts. Vorgesehen war dabei, einige Aufführungen von der Genehmigungspflicht freizustellen, um bestimmte Interessen der Allgemeinheit zu berücksichtigen.[1102] Konsens bestand nur in Bezug auf Aufführungen in Kirchen und Schulen. Umstritten war aber, ob Aufführungen im Rahmen von Volksfesten, zu wohltätigen Zwecken, in Vereinen oder im Heer ebenfalls genehmigungsfrei sein sollten.[1103]

Eine solche weite Freistellung stieß im Reichsjustizamt auf Bedenken. Schließlich bedeutete dies einen Nachteil gegenüber der bestehenden Rechtslage, als die Urheber bei diesen Veranstaltungen gar nicht mehr in der Lage gewesen wären, ihre Rechte wahrzunehmen. Deshalb fanden letztlich die ideellen Interessen der Künstler bei diesen Aufführungen keine Berücksichtigung.[1104]

a) Vereinsparagraph

Zudem spielten die Militärkapellen eine große, aus heutiger Sicht unermessliche Rolle im Musikleben des 19. Jahrhunderts. Diese ging vor allem in den Garnisonsstädten weit über das bloße Spielen von Märschen weit hinaus.[1105]

Erkämpft vom Militär und den Gesangsvereinen, die in vielen Eingaben für die Beibehaltung der Vorbehaltslösung eingetreten waren,[1106] begründeten die Gesetzesmotive diese Einschränkung *„für bestimmte Ausnahmefälle“*[1107] mit dem Interesse der Musikpflege in Deutschland.

1100 *Dümling,* Musik hat ihren Wert, S. 62; *D'Albert,* Verwertung, S. 18; *Schmidt,* Tantiemenbewegung, S. 360.
1101 *Schmidt,* Tantiemenbewegung, S. 360.
1102 *Mueller,* Das deutsche Urheber und Verlagsrecht, S. 99.
1103 BArch R 3001/6352, Bl. 160 f.; *Bandilla,* Urheberrecht und das Kaiserreich, S. 106.
1104 *Bandilla,* Urheberrecht im Kaiserreich, S. 110.
1105 *Dümling,* Musik hat ihren Wert, S. 73.
1106 *Schmidt,* Tantiemenbewegung, S. 583.
1107 BArch R3001/6354, S. 23.

Trotzdem klammerte der Regierungsentwurf vom 13. Juli 1899 im sog.n „*Vereinsparagraphen*“ nach § 26 LUG(E) Aufführungen, die keinem gewerblichen Zweck dienten und bei denen Hörer ohne Entgelt zugelassen wurden, wie Volksfeste, Wohltätigkeitsveranstaltungen und weitere benannte Ausnahmen, von der Genehmigungspflicht aus.[1108]

b) Der Cosima-Paragraph

Auch die Ausweitung der Schutzfrist für musikalische Werke wurde im Reichstag kontrovers diskutiert.[1109]

Das bisherige Gesetz von 1870 hatte für die meisten Urheberrechte, wie für das Aufführungsrecht, eine Schutzfrist von dreißig Jahren nach dem Tod des Autors vorgesehen. Die Musikverleger waren allerdings während der Debatten um ein neues Reichsurheberrechtsgesetz entschlossen für eine Verlängerung der Schutzfrist eingetreten und konnten im *Verständigungsprogramm* auch die Komponisten für ein gemeinsames Vorgehen gewinnen. Besondere Bekanntheit erlangte die Diskussion um die Ausweitung der Schutzfrist durch das Eintreten *Cosima Wagners* (1837–1930) für den Schutz des *Parsifal.*[1110]

Richard Wagner hatte nämlich bestimmt, der *Parsifal* solle nur in Bayreuth aufgeführt werden dürfen. Diese Verfügung wäre jedoch 1913, nach Ablauf der Schutzfrist von dreißig Jahren nach dem Tod des Komponisten, hinfällig geworden.

Um das Werk ihres Gatten vor der Einflussnahme Anderer zu schützen, bat *Cosima Wagner* den Reichskanzler *Chlodwig zu Hohenlohe-Schillingsfürst* (1819–1901) in einem Brief vom 27. August 1898 um Hilfe.[1111]

Dabei trat sie für einen immerwährenden Schutz solcher in ihren Augen besonders schutzwürdigen Werke ein. Sollte dies nicht durchsetzbar sein, bat sie zumindest um eine Verlängerung der Schutzfrist von dreißig auf fünfzig Jahre.[1112]

1108 *Schmidt,* Tantiemenbewegung, S. 374.

1109 Dazu auch: *Beier,* Die urheberrechtliche Schutzfrist, S. 26 f.; *Seifert,* Kleine Geschichte(n) zum Urheberrecht, S. 176 ff.

1110 *Schmidt,* Tantiemenbewegung, S. 400 ff.

1111 *Bandilla,* Urheberrecht im Kaiserreich, S. 96; *Schmidt,* Tantiemenbewegung, S. 401.

1112 *Bandilla,* Urheberrecht im Kaiserreich, S. 96 f; *Schmidt,* Tantiemenbewegung, S. 401.

Tatsächlich sah der Regierungsentwurf vom 13. Juli 1899 in § 32 bei Werken der Tonkunst eine Schutzfristverlängerung auf fünfzig Jahre nach dem Tod des Urhebers vor.[1113]

Für die Verlängerung der Schutzfrist sprachen jedoch nicht nur die Sorgen der Familie *Wagner*. In den Reichstagsverhandlungen wurden außerdem die Besonderheiten musikalischer Werke an sich geltend gemacht. Diese bräuchten lange Zeit, um Geltung zu erlangen. Schließlich bedürften diese, im Gegensatz zu Schriftwerken, der Umsetzung durch Dritte.[1114] Ferner wirke sich die Frage, ob ein geschütztes oder gemeinfreies Werk aufgeführt würde, nicht auf die Eintrittspreise aus.[1115]

Eine Verlängerung der Schutzfrist wurde dennoch unter Hinweis auf die öffentlichen Interessen abgelehnt.[1116] Das Publikum müsste bei einer längeren Schutzfrist zwangsläufig höhere Preise für die Aufführungen zahlen. Diese kämen letztendlich nur den Verlegern zu Gute, da sich diese wiederum das Aufführungsrecht häufig gegen ein Pauschalhonorar abtreten ließen.[1117] Zudem müssten die Werke möglichst schnell einer Bearbeitung durch andere freistehen,[1118] ohne dass die urheberrechtlichen Bestimmungen noch in die dritte Generation hineingriffen.[1119]

7. Eingaben der Komponisten und Verleger

In Folge der Übermittlung des Regierungsentwurfs an den Bundesrat im November 1899[1120] reichten die GDK, die ALAI sowie der VdDM Änderungsvorschläge ein.

1113 BArch R 3001/6353, Bl. 75 r.; *Bandilla*, Urheberrecht im Kaiserreich, S. 111; *Seifert*, Kleine Geschichte(n) des Urheberrechts, S. 177.

1114 *Beier*, Die urheberrechtliche Schutzfrist, S. 26.

1115 Begründung des Entwurfs des LUG vom 8.12.1900, RTverhandl., 10. Legislaturperiode, II. Session, 1900/1901, Nr. 97 der Drucksachen, S. 37.

1116 *Beier*, Schutzfrist, S. 27; *Kohler*, Urheber- und Verlagsrecht, S. 234, *Heymann*, Die zeitliche Begrenzung, S. 144.

1117 *Heymann*, Die zeitliche Begrenzung, S. 144.

1118 *Kohler*, Urheber- und Verlagsrecht, S. 234; *Beier*, Schutzfrist, S. 27.

1119 *Beier*, Schutzfrist, S. 27.

1120 *Schmidt*, Tantiemenbewegung, S. 370.

a) Denkschrift der Genossenschaft Deutscher Komponisten

Die „*Denkschrift der Genossenschaft Deutscher Komponisten*"[1121] vom 25. November 1899, die zusammen mit den Berliner Verlegern erstellt wurde, beginnt mit einer emotionalisierenden, musikhistorischen Einleitung.

Darin wird das schwere Schicksal der armen und vom Publikum verkannten Komponisten darstellt.[1122] Dies habe sich bis dato nicht geändert: Die dramatischen Komponisten könnten dank des Aufführungsrechts für ihr Auskommen sorgen. Ganz besonders trostlos sei jedoch die soziale Lage aller nichtdramatischen deutschen Komponisten: Denn ihre Urheberrechte seien im Gesetz selbst erheblich mangelhafter geschützt, und den Musikverlegern gegenüber seien sie als die wirtschaftlich Schwachen und Hilflosen der Regel nach einer ganz unerhörten Ausbeutung preisgegeben.[1123]

Die Drucklegung sei „*für die Werke der Tonkunst deutlich weniger wichtig als ihr Vortrag, ihre Aufführung.*"[1124] Die Komponisten seien daher dem wirtschaftlich überlegenen musikalischen Unternehmertum in der Regel bedingungslos ausgeliefert. Es würden keine Werke mehr aus dem Manuskript aufgeführt werden, weshalb der Komponist zunächst für den Druck seiner Werke sorgen müsse und nicht für die Verbreitung des Werkes durch die Aufführung.[1125]

> „*Wie ungerecht diese Bestimmung des Gesetzgebers ist, wird durch den Vergleich mit dem dramatisch=musikalischen Aufführungsrecht noch besonders deutlich gemacht. Das Aufführungsrecht des dramatischen Komponisten ist vorbehaltslos geschützt, und demgemäß gesetzlich bevorzugt. Schon im Namen der Gerechtigkeit also ist es durchaus zu fordern, daß auch für den nichtdramatischen Komponisten durch den Fortfall des bisherigen Aufführungsvorbehaltes endlich einmal die Möglichkeit einer vollen Verwertung des musikalischen Aufführungsrechtes geschaffen werde.*
> *Aber auch so, d. h. selbst mit völlig unbeschränktem Aufführungsschutz, wird der nichtdramatische Komponist noch immer in einer sehr viel schwierigeren Lage sich befinden. Denn für sich allein ist er den vielen tausend Aufführungsmöglichkeiten gegenüber absolut verloren*".[1126]

Die GDK stellte dabei vor allem auf den Schutz der sog. *ernsten* Musik ab. Zum einen bot sich diese Argumentation an, um die besondere kulturelle Bedeutung

---

1121 BArch R 3001/6371; Druck des zweiten Teils in: GRUR 1989, 345 – 354; kommentiert von: *Schuster*, GRUR 1901, 14–19.
1122 BArch R 3001/6371, GDK Denkschrift, S. 17.
1123 BArch R 3001/6371, GDK Denkschrift, S. 17.
1124 BArch R 3001/6371, GDK Denkschrift, S. 21.
1125 BArch R 3001/6371, GDK Denkschrift, S. 22.
1126 BArch R 3001/6371, GDK Denkschrift, S. 27 f.

des Aufführungsrechts herauszustellen. Zum anderen waren die Schöpfer der *ernsten* Musik tatsächlich besonders schutzbedürftig. Es brauchte oft längere Zeit, bis sich diese Musik durchsetzte, während die Unterhaltungsmusik als sog. „*Tingeltangelmusik*" schneller Beliebtheit erlangte und den Komponisten deswegen ein gutes Auskommen sicherte.[1127]

Aus diesem Grund sei sowohl der Vorbehalt zu beseitigen, als auch eine „*Centralstelle für die Wahrnehmung des musikalischen Aufführungsrechts*" zu gründen.[1128] Schließlich sei nur mithilfe des Aufführungsrechts die Überprüfung des rechtmäßigen käuflichen Notenerwerbs denkbar.[1129]

Die Kontrolle des Notenmaterials wurde auch Gegenstand des *Verständigungsprogramms* zwischen Komponisten und Berliner Verlegern aus dem Februar 1900, in dem sich beiden Parteien auf die Gründung einer Tantiemenanstalt unter Federführung der GDK einigten.[1130] Dies war ein Entgegenkommen der Komponisten an die Verleger und stellte einen Gegensatz zu der in Frankreich üblichen Materialleihe dar, welche den Absatz der Verleger entschieden bedroht hätte.[1131]

In der Denkschrift kritisierte die GDK ferner die geplante Freistellung vieler Aufführungen durch den *Vereinsparagraphen* gemäß § 26 (LUG E). Hier werde den Urhebern nicht nur ein materielles Interesse verwehrt, sondern auch die Möglichkeit genommen, auf Aufführungen inhaltlich Einfluss zu nehmen oder „*künstlerisch minderwerthige Aufführungen*"[1132] ganz zu verbieten.

Vor allem hielt es die GDK für problematisch, die Genehmigungsfreiheit an das Kriterium der Unentgeltlichkeit der Aufführung anzuknüpfen. Nur größere Institutionen könnten es sich leisten, Aufführungen ohne Eintrittszahlungen zu organisieren. Außerdem lade die Regelung dazu ein, das Gesetz durch die Kombination von freien Eintrittszahlungen mit hohen Garderobengebühren zu umgehen.[1133]

1127 *Dümling*, Musik hat ihren Wert, S. 82 ff.
1128 BArch R 3001/6371, GDK Denkschrift, S. 28 f.
1129 BArch R 3001/6371, GDK Denkschrift, S. 28 f.
1130 *Dümling*, Musik hat ihren Wert, S. 56 ff.
1131 *Dümling*, Musik hat ihren Wert, S. 56.
1132 BArch R 3001/6371, GDK Denkschrift S. 47 = GRUR 1899, 345 (351).
1133 BArch R 3001/6371, GDK Denkschrift S. 47 = GRUR 1899, 345 (351).

b) *Denkschrift der ALAI*

Auch die Association Littéraire et Artistique Internationale (ALAI) schloss sich in einer Denkschrift[1134] vom November 1899 der Kritik an dem vorgesehenen Vereinsparagraphen an. Dieser ziehe den „*Werth der Abschaffung des Aufführungsvorbehalts sehr in Zweifel*" und stelle daher „*geradezu einen Rückschritt dar*".[1135] Die Komponisten hätten aufgrund ihrer ausübenden Tätigkeit selbst das Interesse, auf die Bedürfnisse der Musikpflege Rücksicht zu nehmen. Dies würde diejenigen Härten korrigieren, „*die man sich theoretisch als Folgen eines strikt durchgeführten Aufführungsrechts vorstellt.*"[1136] Vor allem die Freistellung für Tanzlustbarkeiten und Vereine wurde von der ALAI kritisiert. Erstere hätten üppige Gewinne, während die Freistellung für Vereine dem Missbrauch die Tür öffnen würde.[1137]

c) *Eingabe des Vereins der Deutschen Musikalienhändler*

Am 2. Oktober 1900 reichte der VdDM eigene Änderungswünsche ein.[1138] § 1 S. 2 des Gesetzes sollte demnach bestimmen, dass der Verleger nicht nur verpflichtet ist, das Werk zu vervielfältigen und zu verbreiten, sondern auch „*für seine öffentliche Aufführung zu wirken*".[1139] Das Aufführungsrecht sollte also automatisch mit dem Verlagsvertrag auf die Verleger übergehen.
Schließlich sei

> „*bei Werken der Tonkunst der Genuß fast ausschließlich an die Aufführung gebunden. Die Aufführung vertritt für die große Masse wie für den Einzelnen bei Werken der Tonkunst das Lesen. Vervielfältigung und Verbreitung und Aufführung bedingen sich nicht nur gegenseitig, sie gehören untrennbar zu einander, ihre geschäftliche Verwirklichung kann nicht ohne Schaden für die Sache in verschiedenen Händen ruhen. Aus diesem Grunde ist, seitdem überhaupt innerhalb des Urheberrechts die musikalische Aufführung als eine besondere notwendige Bethätigung der geschäftlichen Nutzung des Urheberrechts klar erkannt worden ist, von den Musikalienverlegern stets das volle unteilbare Urheberrecht erworben worden, also einschließlich des Rechtes der musikalischen Aufführung.*"[1140]

1134 Denkschrift der *Association littéraire et artistique internationale* zum Entwurf eines Deutschen Gesetzes betreffend das Urheberrecht an Werken der Literatur und Tonkunst, S. 9, BArch, R 3001/6353 = GRUR 1899, 281 ff.

1135 Denkschrift der ALAI, S. 9, in: BArch, R 3001/6353 Bl. 206 ff.

1136 Denkschrift der ALAI, S. 9, in: BArch, R 3001/6353 Bl. 206 ff.

1137 Denkschrift der ALAI, S. 9, in: BArch, R 3001/6353 Bl. 206 ff.

1138 BArch R 3001/6543, Bl. 163 v. ff.

1139 BArch R 3001/6543, Bl. 165 v.

1140 BArch R 3001/6543, Bl. 165 v.

Der VdDM hielt also weiterhin an seiner konservativen Rechtsanschauung fest. Nach dem Scheitern der Leipziger Anstalt versuchte er nun durch die Hintertür, die Befugnis über die Verwertung der Aufführungsrechte zu erlangen. Ein sehr zweifelhafter Ansatz, als der Widerstand der Komponisten sowie der Berliner Verleger gegen ein solches Gesetz gewiss war. Am Ende der Einleitung wagte der VdDM noch einen Blick in die Zukunft:

> „*Der Selbstbetrieb von Aufführungsrechten ohne gleichzeitiges Vervielfältigungs= und Verbreitungsrecht ist auf die Dauer und als Maxime für den Urheber aussichtslos. Einzelne würden überhaupt unvermögend sein den Zweck zu erreichen, eine Gesellschaft würde an der Uneinigkeit der Mitglieder, die in erster Reihe aufgeführt zu werden verlangen, an dem geschlossenen Widerstande der ausübenden Anstalten und Vereine und an dem Gegensatze zu den auf den Vertrieb ausgewiesenen Verlegern baldigst scheitern.*“[1141]

d) Reaktion der Genossenschaft Deutscher Komponisten

Die GDK reagierte umgehend mit eigenen Abänderungsvorschlägen, in denen sich die Genossenschaft gegen die Eingabe der Musikalienhändler zur Wehr setzte. Demnach verkenne der Regierungsentwurf nicht grundsätzlich, wie aber von den Musikalienhändlern angeführt, die besonderen musikalischen Verhältnisse, sondern entspreche vielmehr bei der Abwägung der Urheber- und Verlegerinteressen noch nicht ganz den Vorstellungen der Komponisten. Die Änderungsvorschläge der Musikalienhändler, dass das Aufführungsrecht zwangsläufig mit dem Verlagsvertrag übergehen solle, würden dagegen zu einer schweren Schädigung der musikalischen Produktion führen:

> „*Denn einerseits wird dadurch der Anteil der Komponisten an dem Ertrag ihrer Werke auf einen ganz unverhältnismäßig geringen Wert herabgedrückt, andrerseits wird keine Gewähr dafür geboten, daß die in Verlag gegebenen Tonwerke in einer ihrem künstlerischem Zweck entsprechenden Weise aufgeführt oder in der ursprünglichen Form rein erhalten werden, und schließlich wird dem Komponisten jede weitere Verbesserung oder Ausgestaltung ihrer Werke nach dem ersten Erscheinen unmöglich gemacht oder sehr bedeutend erschwert.*
> *Eine Besserung in den Verlagsverhältnissen der Komponisten lässt sich also nur erhoffen, wenn bei der bevorstehenden gesetzlichen Ordnung des Verlagsrechtes das ursprüngliche Recht der Komponisten nach diesen Hauptgesichtspunkten grundsätzlich geschützt wird.*“[1142]

1141 BArch, R 3001/6543, Bl. 165 r.
1142 BArch, R 3001/6543, Bl. 177 v.

Die von dem Komponisten *Max Bruch* (1838–1920) unterzeichnete Eingabe beantragte demnach folgerichtig keine Änderung des § 1, sondern stellte lediglich auf Details in der Urheber-Verlegerbeziehung ab.

8. Die Lesungen zum Urheberrechtsgesetz im Reichstag

In der ersten Lesung im Reichstag am 8. und 9. Januar 1901 wurde der Entwurf, ohne dass eine vertiefte Auseinandersetzung erfolgte, an eine 21-köpfige Kommission überwiesen.[1143]

Diese strich erster Lesung den § 33 LUG(E), der die längere Schutzfrist von fünfzig Jahren post *mortem auctoris* vorgesehen hatte.[1144] Die Kommission begründete dies mit der fehlenden Notwendigkeit einer solchen Schutzfrist. Die wirklich bedeutenden Tonwerke hätten stets schnell Anerkennung gefunden. Ein Bedürfnis nach einer längeren Schutzfrist hätte daher nicht vorgelegen. Zumal diese nur den Verlegern zu Gute gekommen wäre, die sich das Recht der Aufführung vertragsmäßig gesichert hatten.[1145]

Daraufhin wurde in der zweiten Lesung auf die wirtschaftliche Bedeutung der Schutzfrist hingewiesen. Schließlich würden die deutschen Autoren durch die längeren Schutzfristen in den Nachbarländern benachteiligt werden. So galt in Frankreich und Belgien eine fünfzigjährige Schutzfrist *pos mortem auctoris*, in Spanien sogar eine achtzigjährige Schutzfrist *post mortem auctoris*.[1146] Nach dem Ursprungslandprinzip der Berner Übereinkunft galt jedoch die Schutzfrist des Landes, in denen das Werk zuerst veröffentlicht wurde.[1147]

Für die Verleger böte es sich daher an, vermehrt aus Ländern mit längerer Schutzfrist zu agieren und aus Deutschland abzuwandern. So habe bereits ein bedeutender Musikalienverlag sein Hauptgeschäft von Leipzig nach Brüssel verlegt.[1148] Die bestehende Schutzfrist stünde zudem der Gründung einer deutschen

---

1143 *Bandilla*, Urheberrecht im Kaiserreich, S. 138; *Schmidt*, Tantiemenbewegung, S. 400.

1144 Kommissionsbericht z. Entwurf des LUG, RTverhandl., II. Session, 1900/1901, Nr. 214 der Drs, S. 1304 f.; *Schmidt*, Tantiemenbewegung, S. 402.

1145 Kommissionsbericht z. Entwurf des LUG, RTverhandl., II. Session, 1900/1901, Nr. 214 der Drs, S. 1303 ff.

1146 Kommissionsbericht z. Entwurf des LUG, RTverhandl., II. Session, 1900/1901, Nr. 214 der Drs, S. 1304 f.; *Schmidt*, Tantiemenbewegung, S. 402.

1147 Kommissionsbericht z. Entwurf des LUG, RTverhandl., II. Session, 1900/1901, Nr. 214 der Drs, S. 1304 f.; *Schmidt*, Tantiemenbewegung, S. 402; *Wündisch*, Wagner und das Urheberrecht, S. 92 f.

1148 Kommissionsbericht z. Entwurf des LUG, RTverhandl., II. Session, 1900/1901, Nr. 214 der Drs, S. 1305; *Schmidt*, Tantiemenbewegung, S. 402.

Tantiemenanstalt im Wege. Dadurch würden Autoren und Verleger immer mehr in die Hände der französischen SACEM getrieben, die so unerwünschten Einfluss ausüben könnte.[1149]

Angesichts dieser Bedrohungsszenarien wurde § 33 LUG(E) in der zweiten Lesung wieder in den Entwurf eingefügt.[1150]

9. Einigung auf das Reichsurhebergesetz

Bereits am 28. Februar 1900 kam es zur Vorstellung des Entwurfs im preußischen Staatsministerium.[1151]

Dieser umfasste einige verlegerfreundliche Änderungen des Gesetzes,[1152] die allerdings das Aufführungsrecht nicht betrafen. Zwar äußerte der Kriegsminister in einem Votum Bedenken wegen der Auswirkungen des Aufführungsrechts auf die Militärkapellen.[1153] In der Folge wurde ein Vorschlag des Arbeitsministers diskutiert, die Aufführung ganzer Stücke für fünfzig Jahre *p.m.a.* zu untersagen, die Aufführung einzelner Ausschnitte hingegen nach Ablauf von 30 Jahren *p.m.a.* freizustellen.[1154] Dieser Vorschlag wurde zunächst vom königlichen Staatsministerium angenommen,[1155] vor Einbringung des Entwurfs in den Reichstag jedoch unter Verweis auf die Ausnahmeregelung des § 26 Lug(E), der die Sonderstellung der Militärkapellen berücksichtige, wieder verworfen.[1156]

a) Reichstagsdebatten zum Aufführungsrecht

In den Debatten im Reichstag gingen noch einige Änderungsvorschläge ein. Die Anträge der Abgeordneten *Rintelen*[1157] und *Richter*[1158] sahen vor, dass es für rein musikalische Werke bei der Vorbehaltslösung blieb.[1159]

1149 Kommissionsbericht z. Entwurf des LUG, RTverhandl., II. Session, 1900/1901, Nr. 214 der Drs, S. 1304 f.; *Schmidt,* Tantiemenbewegung, S. 402.
1150 Kommissionsbericht z. Entwurf des LUG, RTverhandl., II. Session, 1900/1901, Nr. 214 der Drs, S. 1305; *Schmidt,* Tantiemenbewegung, S. 402.
1151 BArch R 3001/6353, Bl. 72 v. f; *Bandilla,* Urheberrecht im Kaiserreich, S. 128.
1152 *Bandilla,* Urheberrecht im Kaiserreich, S. 128.
1153 BArch R 3001/6353, Bl. 72 r.
1154 BArch R 3001/6353, Bl. 74 r.; vgl: *Bandilla,* Urheberrecht im Kaiserreich, S. 129.
1155 BArch R 3001/6363, Bl. 75 r.
1156 BArch R 3001/6353, Bl. 73 v.; *Bandilla,* Urheberrecht im Kaiserreich, S. 133.
1157 BArch R 3001/6354, Bl. 117 v.
1158 BArch R 3001/6354, Bl. 121 v.
1159 RT-Drs., 10. Legislaturperiode, II. Session, Bd. 3, 75. Sitzung, S. 2156 D.

In Folge der Anträge *Rintelens* und *Richters* entwickelte sich in der zweiten Beratung des Entwurfs am 17. April 1901 eine hitzige Debatte im Reichstag.[1160] Die Antragssteller wandten sich vor allem gegen das drohende Monopol durch eine Verwertungsgesellschaft. Der Gesetzesentwurf habe „*allzu sehr nur die Interessen der Komponisten ins Auge gefaßt* [...] *und zu wenig das allgemeine Interesse des musikliebenden Publikums.*“[1161] Die geplante Tantiemenanstalt sei sogar mit den Kartellen des „*Kohleringes und Spiritusringes*“ vergleichbar.[1162] Die Gründung einer solchen Anstalt bedeute deshalb vor allem „*außerordentlich hohe Verwaltungskosten*“.[1163] *Rintelen* fürchtete zudem, dass fortan der Vortrag jedes kleinen Werks der Tonkunst unter Strafe gestellte werde.[1164]

Es kam daraufhin zu einigen Gegenreden, in denen die Ausweitung des Aufführungsrechts verteidigt wurde und vor allem der formell unsauber formulierte Antrag *Richters* stark kritisiert wurde.[1165] *Richter* änderte seinen Antrag daraufhin noch mehrmals und löste damit im Parlament vor allem „*Heiterkeit*“[1166] aus. Die deutliche Ablehnung der beiden Anträge konnte auf diese Weise nicht verhindert werden.[1167]

Dennoch versuchte es *Rintelen* in der dritten Beratung des Entwurfs am 30. April 1901 erneut. Unterstützt von dreißig Abgeordneten wollte er zumindest das Aufführungsrecht für „*Lieder ohne Orchesterbegleitung*“[1168] nicht uneingeschränkt zulassen. Schließlich werde das Lied schon dem Zwecke nach in Häusern, Familien und Privatgesellschaften gesungen und sei nicht für die Öffentlichkeit bestimmt.[1169]

Erneut fand er die Unterstützung *Richters,* der sich auf einen Brief *von Hases* berief. *Von Hase* zerstörte in diesem Brief, laut *Richter,* die „*Mythe, als ob die Musikverleger und Komponisten zusammen den großen Verband zur Kontrole der Aufführung bilden würden.*“[1170] Überhaupt hätten die „*Herren Komponisten*

1160 RT-Drs., 10. Legislaturperiode, II. Session, Bd. 3, 75. Sitzung, S. 2143 A ff.
1161 RT-Drs., 10. Legislaturperiode, II. Session, Bd. 3, 75. Sitzung, S. 2144 C.
1162 RT-Drs., 10. Legislaturperiode, II. Session, Bd. 3, 75. Sitzung, S. 2145 B.
1163 RT-Drs., 10. Legislaturperiode, II. Session, Bd. 3, 75. Sitzung, S. 2145 B.
1164 RT-Drs., 10. Legislaturperiode, II. Session, Bd. 3, 75. Sitzung, S. 2143 B.
1165 RT-Drs., 10. Legislaturperiode, II. Session, Bd. 3, 75. Sitzung, S. 2142 A; S. 2146 B; S. 2147 A; S. 2151 B; S. 2153 B; S. 2155 B; S. 2165 A.
1166 RT-Drs., 10. Legislaturperiode, II. Session, Bd. 3, 75. Sitzung, S. 2166 B.
1167 RT-Drs., 10. Legislaturperiode, II. Session, Bd. 3, 75. Sitzung, S. 2171 C.
1168 RT-Drs., 10. Legislaturperiode, II. Session, Bd. 3, 84. Sitzung, S. 2445 A.
1169 RT-Drs., 10. Legislaturperiode, II. Session, Bd. 3, 84. Sitzung, S. 2445 A.
1170 RT-Drs., 10. Legislaturperiode, II. Session, Bd. 3, 84. Sitzung, S. 2450 A.

schon jetzt einen Terrorismus entfaltet", der andere Parteien wie den ADMV von der Vereinigung ausgeschlossen hätte.[1171]
Strauss kommentierte dies mit drastischen Worten:

> „*Was Eugen Richter betrifft, so steckt von Hase hinter dem Lumpenhund. [...] Richters Standpunkt war der: er sprach gegen 250 Komponisten, um als Wähler 200.000 Gastwirte und Gesangsvereinler für sich zu gewinnen*".[1172]

Jedoch wurde auch dieser letzte Antrag, mit dem *Rintelen* zumindest auf eine Einschränkung des Aufführungsrechts abzielte, abgelehnt.[1173] Somit konnte das Gesetz am 2. Mai 1901 vom Reichstag ohne weitere Änderungen verabschiedet werden.

b) Reichstagsdebatten zur Verlängerung der Schutzfrist

Auch die angestrebte Verlängerung der Schutzfrist war Gegenstand heftiger Auseinandersetzung im Reichstag.[1174]

Erneut tat sich hier der Abgeordnete *Richter* hervor, indem er in der ersten Lesung des Gesetzes einen Antrag auf Streichung des § 33 LUG(E), der die Schutzfristverlängerung enthielt, stellte. Er wandte ein, dass von der längeren Schutzfrist ausschließlich die Verleger profitieren würden.[1175] In der Beratung des Gesetzes bezeichnete er den § 33 LUG(E) als den „*Cosima = Paragraph*".[1176]

Tatsächlich hatte *Cosima Wagner* die Schutzfristverlängerung durch ihr öffentlich gewordenes Erbitten an den Reichskanzler nicht befördert. Der Abgeordnete *Dietz* sagte gar, eine Annahme des Gesetzes bedeute

> „*nichts mehr und nichts weniger als eine Liebesgabe von vielleicht einer Million Mark an die Familie Wagner; und dazu, meine ich, kann der Reichstag nicht die Hand bieten.*"[1177]

Obwohl es zu einigen engagierten Gegenreden kam, die vor allem die geringe Auswirkung der Schutzfrist auf die Allgemeinheit, Notenkäufer wie Gesangsvereine,

---

1171 RT-Drs., 10. Legislaturperiode, II. Session, Bd. 3, 84. Sitzung, S. 2450 A.

1172 *Strauss*, Brief an seine Eltern, vom 6.5.1901, zitiert nach *Dümling*, Musik hat ihren Wert, S. 61, Fn. 134.

1173 RT-Drs., 10. Legislaturperiode, II. Session, Bd. 3, 84. Sitzung, S. 2455 A.

1174 RT-Drs., 10. Legislaturperiode, II. Session, Bd. 3, 75. Sitzung, S. 2216 B ff.

1175 RT-Drs., 10. Legislaturperiode, II. Session, Bd. 3, 77. Sitzung, S. 2217 D.

1176 RT-Drs., 10. Legislaturperiode, II. Session, Bd. 3, 84. Sitzung, S. 2450 C; vgl. *Seifert*, Kleine Geschichte(n) des Urheberrechts, S. 177.

1177 RT-Drs., 10. Legislaturperiode, II. Session, Bd. 3, 77. Sitzung, S. 2222 B.

betonten,[1178] wurde der Antrag *Richters* angenommen und die Verlängerung der Schutzfrist des Aufführungsrechts gemäß § 33 LUG(E) erneut gestrichen.[1179]

Zwar wurde in der dritten Beratung der Antrag gestellt, § 33 LUG(E) wieder aufzunehmen.[1180] Dieser letzte Antrag wurde jedoch mit knapper Mehrheit abgelehnt.[1181] Auch dies kommentierte *Strauss* in seinem Kalender deutlich:

> *„Urhebergesetz, III. Lesung im Reichstag:*
> *Der Böotier*[1182] *Eugen Richter spricht gegen uns u. der ganze Reichstag fällt um. Saubande!"*[1183]

10. Das Gesetz betreffend das Urheberrecht an Werken der Literatur und Tonkunst (LUG) vom 19. Juni 1901

Das am 19. Juni 1901 im Reichsgesetzblatt veröffentlichte *Gesetz betreffend das Urheberrecht an Werken der Literatur und Tonkunst* (LUG)[1184] stimmte in der Systematik mit dem Gesetz von 1870 überein.

Gleichwohl stellte es eine weitgehende inhaltliche Neuregelung des Urheberrechts dar. Die Internationalisierung des Urheberrechts, nicht zuletzt durch die Berner Übereinkunft, die fortschreitende Technikentwicklung und die Fortschritte in der Rechtsprechung und der rechtswissenschaftlichen Literatur gaben den Rahmen vor.[1185]

Das Gesetz enthielt eine deutliche Erweiterung der materiell-rechtlichen Grundlagen des Urheberrechts durch die Einführung zahlreicher Nutzungsrechte. So beschränkte sich das Vervielfältigungsrecht nicht mehr nur auf mechanische Kopien. Auch das Bearbeitungsrecht (§§ 12 – 14), das Abänderungs- und das Übersetzungsrecht (§ 12) wurden, wie das Vortragsrecht (§ 11 Abs. 3) und das Veröffentlichungsrecht (§ 11 Abs. 1 S. 2), anerkannt.[1186]

1178 Siehe vor allem die Rede des Abgeordneten *Nieberding,* RT-Drs., 10. Legislaturperiode, II. Session, Bd. 3, 77. Sitzung, S. 2218 B ff.

1179 RT-Drs., 10. Legislaturperiode, II. Session, Bd. 3, 77. Sitzung, S. 2228 A.

1180 RT-Drs., 10. Legislaturperiode, II. Session, Bd. 3, 86. Sitzung, S. 2490 B.

1181 RT-Drs., 10. Legislaturperiode, II. Session, Bd. 3, 86. Sitzung, S. 2507 D.

1182 Veraltet: Denkfauler, schwerfälliger, Mensch.

1183 *Strauss,* Kalendereintragung vom 1.5.1901, zit. nach: *Dümling,* Musik hat ihren Wert, S. 61.

1184 Reichsgesetzblatt 1901, S. 227 ff.

1185 *Bandilla,* Urheberrecht im Kaiserreich, S. 163.

1186 *Vogel,* GRUR 1987, 873 (881).

Das Gesetz unterschied also zwischen Veröffentlichung und Erscheinen eines Werkes.[1187] Die Anknüpfung von Rechtsfolgen an die „*Veröffentlichung durch den Druck*"[1188] war somit überwunden.

Entgegen den Forderungen der GDK und der Familie *Wagner* kam es nicht zu einer Verlängerung der Schutzfrist, diese blieb gemäß § 29 S. 1 LUG bei 30 Jahren *post mortem auctoris.*

Der Forderung, die Gründung einer Tantiemenanstalt gesetzlich zu regeln oder diese unter staatliche Oberaufsicht zu stellen, kam das Gesetz nicht nach, da die Regierung nicht in Konflikte innerhalb der Anstalt hineingezogen werden sollte.[1189] Gleichwohl stand die Legislative, wie in den Gesetzesmotiven explizit dargelegt worden war,[1190] der Gründung einer Tantiemenanstalt wohlwollend gegenüber und schuf die entsprechenden gesetzlichen Grundlagen.

a) Uneingeschränktes Aufführungsrecht für musikalische Werke

§ 11 Abs. 2 LUG schuf für musikalische Werke erstmalig ein uneingeschränktes Aufführungsrecht auf deutscher Ebene.[1191] Im Wortlaut hieß es:

> *„Das Urheberrecht an einem Bühnenwerk oder an einem Werke der Tonkunst enthält auch die ausschließliche Befugniß, das Werk öffentlich aufzuführen."*[1192]

Das Gesetz kannte nur zwei Werkgruppen, das Bühnenwerk und das Tonkunstwerk. Die umstrittene Differenzierung zwischen *dramatisch-musikalischen* und *musikalischen* Werken war somit weggefallen.
Die Begründung in den Motiven lautete:

> *„Das Erforderniß des Vorbehalts hat zur Folge gehabt, daß die große Mehrzahl der musikalischen Werke des Schutzes gegen Aufführung entbehrt."*[1193]

Nun verlangten jedoch sowohl Komponisten als auch Verleger, dass das Erfordernis des Vorbehalts entfalle. Ebenso habe die Pariser Konferenz zur Revision der Berner Übereinkunft diesen Wunsch geäußert.[1194]

1187 *Dölemeyer,* Urheber- und Verlagsrecht, in: *Coing,* Handbuch, 3955 (4023).

1188 S.a. die Gesetze von 1857 und 1870.

1189 *Bandilla,* Urheberrecht im Kaiserreich, S. 166.

1190 BArch R3001/6354, S. 22 f.

1191 Nicht richtig ist dagegen die Aussage von *Keiderling,* Die VG-Wort, S. 22, das LUG habe keine rechtliche Neuregelung gebracht, die öffentliche Aufführung von erschienenen Musikwerken sei weiterhin möglich gewesen.

1192 Reichsgesetzblatt 1901, S. 229.

1193 BArch R3001/6354, S. 22.

1194 BArch R3001/6354, S. 22

„Die demgemäß im Entwurfe vorgesehene Erleichterung des Schutzes wird, wie zu hoffen steht, dem Komponisten und dessen Hinterbliebenen eine fortdauernde Einnahme aus der Aufführung seiner Werke sichern. Im Einzelnen muß die Verwerthung des in dieser Weise erweiterten Aufführungsrechts dem Zusammenwirken der betheiligten Kreise überlassen bleiben.“[1195]

Der Widerstand der Verleger diente dabei sogar als Argument für das Aufführungsrecht. Schließlich bürge *„schon der Umstand, daß die Verleger wegen des Absatzes der Noten Allem entgegenwirken werden, was zur Verminderung der öffentlichen Aufführungen beitragen könnte“*[1196] dafür, dass auch die Bedürfnisse der Konzertunternehmer und ausübenden Musiker Beachtung fänden.[1197]

Die Übergangsbestimmung des § 61 LUG[1198] enthielt zudem die Möglichkeit, an musikalischen Werken durch die nachträgliche Anbringung des Vorbehalts das Aufführungsrecht zu erlangen.

Die Verleger fürchteten, durch diese Vorschrift zu Nachverhandlungen mit den Urhebern gezwungen zu werden.[1199] Dabei hatten es *de facto* die Verleger selbst in der Hand, die nachträgliche Anbringung des Vorbehaltes zu verhindern, als sie meistens bereits durch den Verlagsvertrag das Aufführungsrecht erlangt hatten.

Letztendlich hatte § 61 LUG deshalb geringe Auswirkungen, als es an einer Bestimmung fehlte, die es den Komponisten ermöglichte, den Vorbehalt auch gegen den Willen der Verleger durchzusetzen.[1200]

b) Der Vereinsparagraph

Die GDK konnte sich allerdings nicht gegen den sogenannten Vereinsparagraphen durchsetzen. Somit enthielt der neu geschaffene § 27 Abs. 1 LUG eine bedeutende Schranke des Aufführungsrechts.

1195 BArch R3001/6354, S. 22

1196 BArch R3001/6354, S. 22.

1197 BArch R3001/6354, S. 22.

1198 § 61. LUG: „Der durch dieses Gesetz gewährte Schutz gegen Aufführung kann nach dessen Inkrafttreten einem Werke der Tonkunst, für welches das Aufführungsrecht bis dahin nicht vorbehalten war, dadurch gesichert werden, daß das Werk nachträglich mit dem Vorbehalte versehen wird. Jedoch ist die Aufführung eines solchen Werkes auch ferner ohne Einwilligung des Urhebers zulässig, sofern nicht bei der Aufführung Noten benutzt werden, die mit dem Vorbehalte versehen sind.
Die ausschließliche Befugnis zur öffentlichen Aufführung eines nach diesen Vorschriften geschützten Werkes steht dem Urheber zu.“

1199 *D'Albert,* Verwertung S. 81.

1200 *D'Albert,* Verwertung S. 81; mehr zu den einzelnen Bestimmungen des Gesetzes ebd., S. 83 ff.

„Für öffentliche Aufführungen eines erschienenen Werkes der Tonkunst bedarf es der Einwilligung des Berechtigten nicht, wenn sie keinem gewerblichen Zwecke dienen und die Hörer ohne Entgelt zugelassen werden. Im Uebrigen sind solche Aufführungen ohne Einwilligung des Berechtigten zulässig:

1. *wenn sie bei Volksfesten, mit Ausnahme der Musikfeste, stattfinden;*
2. *wenn der Ertrag ausschließlich für wohlthätige Zwecke bestimmt ist und die Mitwirkenden keine Vergütung für ihre Thätigkeit erhalten;*
3. *wenn sie von Vereinen veranstaltet werden und nur die Mitglieder sowie die zu ihrem Hausstande gehörigen Personen als Hörer zugelassen werden.“*[1201]

Dies bedeutete eine erhebliche Einschränkung, schließlich waren Komponisten, die ihre Werke vorher stets mit dem Aufführungsvorbehalt versahen, nun schlechter gestellt.

11. Bewertung

Das Reichsurhebergesetz markiert den Abschluss der Entwicklung des Aufführungsrechts, welches sodann auch musikalische Werke nach dem Druck schützte. Hierdurch wurde die problematische Differenzierung zwischen *musikalischen* und *dramatisch-musikalischen* Werken überwunden. Damit folgte der Gesetzgeber den zahlreichen Forderungen von Rechtswissenschaft, Urhebern und Verlegern.

a) Die Problematik des § 27 LUG

Hingegen bezeichnete *Rinecker* die Ausnahmeregelung des § 27 LUG als *„retadierendes Moment in der Entwicklung des Aufführungsrechts“*,[1202] da es hinter den Schutz des Gesetzes von 1870 zurückfiele.[1203] Laut *Kohler* waren diese Bestimmungen sogar im höchsten Grade mangelhaft und offenbarten einen Rückschritt.[1204] Die Ausnahmen des § 27 S. 2 Nr. 3 LUG[1205] seien derart ausgedehnt, dass sie das Recht der Tonmeister ernsthaft gefährden könnten.[1206]

1201 Reichsgesetzblatt 1901, S. 232.
1202 *Rinecker,* Aufführungsrecht, S. 40.
1203 *Rinecker,* Aufführungsrecht, S. 40; ähnlich: *D'Albert,* Verwertung, S. 82.
1204 *Kohler,* Urheber- und Verlagsrecht, S. 199.
1205 § 27 S. 2 Nr. 3 LUG: „wenn sie von Vereinen veranstaltet werden und nur die Mitglieder sowie die zu ihrem Hausstande gehörigen Personen als Hörer zugelassen werden.“
1206 *Kohler,* Urheber- und Verlagsrecht, S. 199.

Dem ist zuzustimmen. Denn der *Vereinsparagraph* eröffnete durch einen sehr weitgefassten Wortlaut eine große Missbrauchsgefahr. Es bedurfte nämlich nur einer Vereinsgründung, um auch die neuesten Werke ohne Genehmigung der Urheber frei, im Rahmen des Vereins aufführen zu können.

Diese Aufführungen konnten, da sie nicht genehmigungsbedürftig waren, ohne die Berücksichtigung jeglicher persönlichkeitsrechtlichen Aspekte der Komponisten erfolgen. In der Folge hatten die Komponisten keine Handhabe gegen entstellende Aufführungen durch Vereine – selbst wenn diese das Ansehen des Komponisten und des Werkes durch schlechte Kritiken in der Presse gefährdete.[1207]

Erst *Kohler* entwickelte einen Anspruch des Komponisten darauf, dass die Aufführung auch qualitativen Ansprüchen genügen müsste.[1208] Von der Rechtsprechung wurde erstmals 1912 ein Entstellungsschutz anerkannt[1209] und erst 1965 in § 14 des neu geschaffenen Urheberrechtsgesetzes normiert. Bis dahin stand es dem Urheber frei, sich in den Aufführungsverträgen durch Klauseln gegen entstellende Aufführungen abzusichern.[1210] Damit sah man seine Interessen als ausreichend gesichert an.[1211]

Demnach fiel der Schutz der Urheber in dieser Hinsicht im LUG sogar hinter die frühere Rechtslage zurück, da in Folge des Gesetzes von 1870 ein Schutz des eigenen Werkes gegen unbefugte Aufführungen wenigstens durch die Anbringung des Aufführungsvorbehaltes möglich gewesen war. Folglich bezeichnete *Kohler* es als Auftrag an die Rechtswissenschaft, § 27 S. 2 Nr. 3 LUG so „*beschränkend als möglich auszulegen*".[1212] *Kohler* hielt dabei lediglich ein freies Aufführungsrecht bei Volksfesten als angemessen.[1213]

1207 *D'Albert,* Verwertung, S. 82.

1208 *Kohler,* Autorrecht S. 348; anders: *Wächter,* Verlagsrecht, Bd. 2, S. 633.

1209 Reichsgericht, Urteil vom 8.6.1912, RGZ 79, 397 – Felseneiland mit Sirenen.

1210 *Wächter,* Verlagsrecht, Bd. 2, S. 638 ff.; *Kohler,* Autorrecht, S. 322; *Schuster,* Urheberrecht der Tonkunst, S. 232; *Wündisch,* Wagner und das Urheberrecht, S. 53.

1211 *Schuster,* Urheberrecht der Tonkunst, S. 218; *Wündisch,* Wagner und das Urheberrecht, S. 53.

1212 *Kohler,* Urheber- und Verlagsrecht, S. 201.

1213 *Kohler,* Urheber- und Verlagsrecht, S. 201.

Angesichts der aufgezeigten Missbrauchsmöglichkeiten erschien jedoch auch diese enge Interpretation nicht auszureichen.

Mittlerweile beinhaltet § 52 UrhG[1214], der aus § 27 LUG hervorgegangen ist,[1215] einen deutlich kleineren Anwendungsbereich und enthält keine Privilegierung für Volksfeste und Vereine.

b) Auswirkung des musikalischen Aufführungsrechts auf den Musikbetrieb

Fraglich ist zudem, wie sich die Ausweitung des musikalischen Aufführungsrechts auf den Musikbetrieb auswirkte. Eine Untersuchung aus heutiger Perspektive ist dabei schwierig, schließlich hat sich das Musikleben in über einem Jahrhundert so sehr gewandelt, dass sich kaum schlüssige Vergleichsgruppen bilden lassen.

Leichter lassen sich dagegen die Auswirkungen in den Jahren unmittelbar nach Inkrafttreten des LUG beobachten.

Eine solche Untersuchung findet sich in der Zeitschrift *Die Musik,*[1216] in der die Programme aller größeren Konzertinstitute der Saison 1904–1905 ausgewertet wurden. Demzufolge war fast die Hälfte aller aufgeführten Werke gemeinfrei, während nur für die knappe Mehrzahl Tantiemen entrichtet werden mussten. Laut dieser Untersuchung sei hinter dem großen Prozentsatz der gemeinfreien

---

1214 § 52: (1) Zulässig ist die öffentliche Wiedergabe eines veröffentlichten Werkes, wenn die Wiedergabe keinem Erwerbszweck des Veranstalters dient, die Teilnehmer ohne Entgelt zugelassen werden und im Falle des Vortrags oder der Aufführung des Werkes keiner der ausübenden Künstler (§ 73) eine besondere Vergütung erhält. Für die Wiedergabe ist eine angemessene Vergütung zu zahlen. Die Vergütungspflicht entfällt für Veranstaltungen der Jugendhilfe, der Sozialhilfe, der Alten- und Wohlfahrtspflege, der Gefangenenbetreuung sowie für Schulveranstaltungen, sofern sie nach ihrer sozialen oder erzieherischen Zweckbestimmung nur einem bestimmt abgegrenzten Kreis von Personen zugänglich sind. Dies gilt nicht, wenn die Veranstaltung dem Erwerbszweck eines Dritten dient; in diesem Fall hat der Dritte die Vergütung zu zahlen.
(2) Zulässig ist die öffentliche Wiedergabe eines erschienenen Werkes auch bei einem Gottesdienst oder einer kirchlichen Feier der Kirchen oder Religionsgemeinschaften. Jedoch hat der Veranstalter dem Urheber eine angemessene Vergütung zu zahlen. […]

1215 *Melichar*, in: Schricker/Loewenheim, UrhR, § 52 Rn. 2; *Lüft*, in: Wandtke/Bullinger, UrhG, § 52 Rn. 1.

1216 *Challier sen.*, in: Die Musik, 4. Jg., 1904/1905, 400 ff.; Vgl. auch *Dümling*, Musik hat ihren Wert, 78 ff.

Werke kein Einfluss des neuen Gesetzes zu erkennen. Vielmehr entspreche dies einer Fortführung der über Jahrzehnte ausgeübten Konzertpraxis.[1217]

Bei der Durchsicht der Aufführungen wurde allerdings deutlich, dass nur sehr wenige Komponisten von den Tantiemenzahlungen profitierten. So seien für 5.800 Aufführungen in der Saison 1904–1905 Tantiemen an 732 Personen zu zahlen gewesen. Der großen Masse hätte jedoch nur ein sehr geringer Anteil zugestanden: 712 Komponisten hätten für 2.337 Aufführungen Tantiemen fordern können, während ein Kreis von 20 Komponisten Tantiemen aus 3.463 Aufführungen erwarten durfte.[1218] Fraglich sei laut *Challier* daher, ob das Gesetz seinen Zweck erfülle, schließlich käme es nur denen zu Gute, die bereits hohe Verlegerhonorare bezogen. Jedenfalls werde die Absicht, den wirtschaftlich Schwachen eine Rente zuzuwenden, nicht erreicht.[1219]

IV. Reaktion der Komponisten auf das LUG

Noch nach der 3. Lesung im Reichstag forderten Komponisten und Verleger in einer Eingabe vergeblich die Rücknahme des Gesetzesentwurfs, konnten sich jedoch mit ihren Forderungen, die eine Ausdehnung der Schutzfrist auf fünfzig Jahre und den Wegfall der Ausnahmen für Schulen, Kirchen und Heer beinhaltete, nicht durchsetzen.[1220]

Unter den Befürwortern einer Tantiemenanstalt machte sich Ernüchterung und Enttäuschung breit. Der ADMV, der, nachdem *von Hase* aus dem Vorstand ausgeschieden war, unter dem Vorsitz von *Strauss* stand, sprach auf der Generalversammlung am 3. Juni 1901 von einer *„Beeinträchtigung der Rechte der musikalischen Urheber“*[1221] durch das Gesetz.

Deswegen kam nach der Verabschiedung des LUG im Sommer 1901 die Gründung einer Verwertungsgesellschaft vorläufig zum Erliegen. Nur bei einer fünfzigjährigen Schutzfrist könne man sich dem Kartell der europäischen Verwertungsgesellschaften anschließen, als man nur dann über ein ähnlich großes Repertoire verfüge. Ohne diesen Anschluss sei die deutsche Anstalt nicht in der Lage, die Aufführungen von Werken deutscher Komponisten im Ausland zu verwerten.[1222]

1217 *Challier sen.*, in: Die Musik, 4. Jg., 1904/1905, 400 (402).

1218 *Challier sen.*, in: Die Musik, 4. Jg., 1904/1905, 400 (402 f.).

1219 *Challier sen.*, in: Die Musik, 4. Jg., 1904/1905, 400 (405).

1220 *Dümling*, Musik hat ihren Wert, S. 61; *Schmidt*, Tantiemenbewegung, S. 423 f.

1221 Zit. nach: *Dümling*, Musik hat ihren Wert, S. 61.

1222 *Schmidt*, Geschichte d. mus. Verwertungsgesellschaften, in: Recht u. Praxis der Gema, Rn. 14.

Dies änderte sich erst im November 1902, als sowohl die französische als auch die österreichischen Verwertungsgesellschaften auf den Markt drängten.[1223] Im Dezember 1902 beschloss die GDK im Verbund mit einigen Musikverlagen, unter ihnen Bote & Bock, Brockhaus, Schott's Söhne und Simrock, die Gründung einer Verwertungsgesellschaft auf der Grundlage der bereits zwischen 1899 und 1901 in der GDK ausgearbeiteten Pläne.

Dies mündete am 14. Januar 1903 in die Gründung der Genossenschaft der Deutschen Tonsetzer (GDT). Aus dieser ging am 1. Juli 1903 die Gründung der Anstalt für musikalisches Aufführungsrecht (AFMA) hervor,[1224] die am 22. Juli 1930 in die GEMA aufging.[1225]

Einzig der Verlag Breitkopf & Härtel beteiligte sich nicht an der Gründung der AFMA. *Schmidt* bezeichnet *Oskar von Hase* daher als den großen Verlierer der Tantiemenbewegung. Schließlich sei nicht nur die von ihm gegründete Leipziger Anstalt gescheitert, auch habe sein kompromissloses Agieren zu einer Trennung der Verleger und zu einer Schwächung des VdDM geführt.[1226]

Trotz der erfolgreichen Gründung der AFMA hatte *Strauss* die Auseinandersetzungen mit *von Hase* noch 1918 nicht vergessen. Im Liederzyklus *Der Krämerspiegel,* in dem er sich auch mit *Hugo Bock* auseinandersetzte, heißt es in einem Lied:

> *„Es liebte einst ein Hase,*
> *die salbungsvolle Phrase,*
> *obschon wie ist das sonderbar,*
> *sein Breitkopf hart und härter war.*
> *Hu, wisst ihr, was mein Hase tut?*
> *Oft saugt er Komponistenblut*
> *Und platzt hernach und*
> *platzt hernach vor Edelmut.*"[1227]

1223 *Schmidt,* Tantiemenbewegung, S. 431 ff.; *Dümling,* Musik hat ihren Wert, S. 62.

1224 *Schulze,* Geschätzte und geschützte Noten, S. 22; *Schmidt,* Tantiemenbewegung, S. 435 ff.; *Dümling,* Musik hat ihren Wert, S. 63.

1225 *Schulze,* Geschätzte und geschützte Noten, S. 162 ff.; *Dümling,* Musik hat ihren Wert, S. 173.

1226 *Schmidt,* Tantiemenbewegung, S. 679.

1227 *Strauss,* Liederzyklus „Der Krämerspiegel", Lied Nr. 3: „Es liebte einst ein Hase."

G. Thesen

Wie dargestellt haben sich verschiedene Ereignisse sowie Umstände unterschiedlich auf die Art und Weise der Entwicklung und auf die inhaltliche Gestaltung des Aufführungsrechts ausgewirkt. Im Folgenden werden die Ergebnisse dieser Arbeit als Thesen zusammengefasst und kontextualisiert.

Zuletzt erfolgt eine Gesamtwürdigung der Ergebnisse (XII.)

I. Späte Entwicklung des Aufführungsrechts

Das musikalische Aufführungsrecht entwickelte sich in Deutschland, vor allem in Vergleich zu Frankreich, erst spät. Sowohl in der Rechtsentwicklung, als auch bei der Gründung einer Verwertungsanstalt, folgte die deutsche Entwicklung dem französischen Vorbild.

Auch Italien verfügte seit dem Jahr 1882 über eine Verwertungsanstalt, während auch in England die Aufführungsrechte erst im späten 19. Jahrhundert durchgesetzt werden konnten.

Im Folgenden sollen die Ursachen dieser späten Entwicklung des musikalischen Aufführungsrechts in Deutschland dargestellt werden.

II. Kleinstaaterei als Hindernis

Bis zur Gründung des Norddeutschen Bundes wurde die urheberrechtliche Gesetzgebung in Deutschland erheblich durch die Auseinandersetzung der verschiedenen Staaten des Deutschen Bundes beeinträchtigt.

Die wirtschaftliche Konkurrenz der 39 souveränen Partikularstaaten stand lange jedweder urheberrechtlichen Regelung, ausgehend vom Nachdruckverbot, im Weg.

Die Rivalität zwischen Preußen und Österreich zeigte sich zudem in der Entwicklung des Aufführungsrechts deutlich. Zunächst ergriff Preußen die Initiative und forcierte die Gesetzgebung, während Österreich, unterstützt von Württemberg, diese blockierte.

So war das Aufführungsrecht bereits im Jahr 1834 in greifbarer Nähe, bevor es letztlich am Widerstand Österreichs, teils aus wirtschaftspolitischen Erwägungen, teils aus machtpolitischem Kalkül, scheiterte.[1228]

1228 Siehe: C.III.2.

Bei den Verhandlungen um den Frankfurter Entwurf verweigerte sich hingegen Preußen kategorisch.[1229] Nun sah Österreich die Chance, sich als Vorreiter im Urheberrecht zu profilieren, und setzte sich für ein einheitliches Urheberrechtsgesetz ein. Erst nachdem der Frankfurter Entwurf in Folge des preußisch-österreichischen Konflikts gescheitert war, begann im Norddeutschenbund eine Dekade von Gesetzgebungen zum Schutz des geistigen Eigentums, aus dem unter anderem das Urheberrechtsgesetz des Norddeutschen Bundes von 1870 hervorging.[1230]

III. Die Entwicklung der Hausmusikkultur und des Konzertwesens als Bedingung

Die Entwicklung des Aufführungsrechts ist untrennbar mit der Entwicklung der des Konzertwesens an sich und auch der Hausmusikkultur verbunden. Inwiefern diese Prozesse auf die Entwicklung des Aufführungsrechts zu gewichten sind, bleibt zu erörtern.

Dabei ist es unstrittig, dass, erst seitdem Werke wiederholt aufgeführt wurden, überhaupt an ein Aufführungsrecht zu denken war. Dies steht in einerseits in Relation zum Konsum von Musikwerken im Privaten. Andererseits aber auch in Relation zur ökonomisch sinnvollen Verwertung des Aufführungsrechts.

1. Die ökonomische Verwertung des Aufführungsrechts

Der Zusammenhang zwischen der Etablierung des Aufführungsrechts und der wirtschaftlichen Rentabilität im Sinne von Gewinn durch die Verwertung des Aufführungsrechts stellt sich wie folgt dar.

Bereits ab den Dreißigerjahren des 19. Jahrhunderts war die Zahlung von Tantiemen immerhin in den großen Spielstätten etabliert.[1231] Jedoch, erst nachdem es im letzten Jahrhundertdrittel auch in kleineren Städten vermehrt zu musikalischen Aufführungen gekommen war, wurde die Einführung eines uneingeschränkten musikalischen Aufführungsrechts für rein musikalische Werke ernsthaft erwogen. Dies ist darauf zurückzuführen, dass erst in dieser Zeit die ökonomische Schwelle, ab der sich die Verwertung des musikalischen Aufführungsrechts gewinnbringend durchsetzen ließ, überschritten wurde.[1232]

1229 Siehe: E.II.3.

1230 Siehe: E.III.1.

1231 Siehe: D.I.4.

1232 Siehe: D.I.4.b).

Insofern war vor diesem Zeitpunkt die wirtschaftliche Notwendigkeit des Aufführungsrechts nicht gegeben.

Da die großen Bühnen ohnehin freiwillig Tantiemen zahlten, betraf die Einführung des uneingeschränkten Aufführungsrechts vor allem kleinere Bühnen. Denn diese waren ohne eine Tantiemenanstalt durch einen einzelnen Komponisten kaum zu kontrollieren.

Die wirtschaftliche Schwelle war im Übrigen bei den dramatischen und dramatisch-musikalischen Werken schon früher erreicht. Dies beruhte darauf, dass aufgrund der Vielzahl der Aufführungsmöglichkeiten bei den rein musikalischen Werken die Transaktionskosten höher lagen als bei dramatischen und dramatisch-musikalischen Werken.

So zeigt sich, dass erst ab einer bestimmten Größe des öffentlichen Konzertwesens, die ökonomisch sinnvolle Verwertung des Aufführungsrechts überhaupt möglich war. Dies ist als Grundvoraussetzung zur Gründung einer Tantiemenanstalt anzusehen.[1233]

Darüber hinaus läutete dieser Zeitpunkt, ab dem sich die Verwertung des Aufführungsrechts als wirtschaftlich lohnend darstellte, in Deutschland die Einführung des uneingeschränkten Aufführungsrechts ein.

2. Später Aufschwung des Konzertwesens

Insgesamt ist zu berücksichtigen, dass die Etablierung des Konzertwesens im deutschsprachigen Raum im Vergleich mit Frankreich und Italien sehr spät erfolgte.

Noch in den Fünfzigerjahren des 19. Jahrhunderts befand sich das Konzertwesen in Wien und Berlin auf provinziellem Niveau und war keinesfalls mit der heutigen Bedeutung dieser Städte in der Konzertwelt vergleichbar. Zudem bedurfte es der im letzten Jahrhundertdrittel aufkommenden Interpretationskultur, in der das Werk selbst den Mittelpunkt der Aufführung bildete, und nicht etwa, wie lange Zeit zuvor, das Virtuosentum.[1234]

Erst gegen Ende des 19. Jahrhunderts kam es zu einer „*Konzerteflut*", durch die die Verwertung des musikalischen Aufführungsrechts rentabel und somit auch die Notwendigkeit eines uneingeschränkten musikalischen Aufführungsrechts gegeben wurde.[1235]

1233 Siehe: D.I.4.b).
1234 Siehe: E.I.2.
1235 Siehe: E.I.1.

Gleichwohl hätte sich das Aufführungsrecht bereits früher aus den großen Städten, angeführt von Leipzig, ausbilden können. Auch in Frankreich konnte das Aufführungsrecht zunächst nur in Paris durchgesetzt werden, während die Provinztheater das geltende Recht oft missachtet wurde.[1236] Dass es in Deutschland anders kam, ist nur mit dem großen Einfluss der Verleger, angeführt von dem Verlag Breitkopf & Härtel, zu erklären.

3. Privater Konsum von Musikwerken

Im Rahmen der Entwicklung des Aufführungsrechts ist auch die Entstehung der Hausmusikkultur als Auslöser zu betrachten.

So hieß es in den frühen Debatten um das Aufführungsrecht, dass das Aufführungsrecht für musikalische Werke stets mit dem Kauf des Werkexemplars mitübertragen werden müsste, da es sich im Gegensatz zu dramatischen Werken nur von einem kleinen Kreis lesen lasse.[1237]

Der Aufschwung der Hausmusik, der sich an dem stark wachsenden Musikverlagswesen in der zweiten Hälfte des 19. Jahrhunderts ablesen lässt, widerlegt dieses Argument.[1238] Der private Kauf eines Musikwerkes erfolgte gerade für das Spielen im Privaten. Der Erwerb des Aufführungsrechts war für den dilettierenden Musiker insoweit nicht von Bedeutung, vielmehr, er war nicht willens, für den Miterwerb des Aufführungsrechts einen Aufpreis auf die Noten zu zahlen. Die Hausmusikkultur erforderte somit von den Verlagen die klare Unterscheidung zwischen der Verwertung der Vervielfältigungs- und der Aufführungsrechte. Somit war auch die Entstehung der Hausmusikkultur nicht nur in geringem Maße kausal für die Entwicklung des Aufführungsrechts.

4. Zusammenfassung

Summa summarum ist die Entwicklung des Aufführungsrechts untrennbar mit dem Aufkommen des öffentlichen Konzertwesens verbunden.

Die Entwicklung des Konzertwesens und der Hausmusikkultur ermöglichte eine rentable Rechteverwertung und erzwang eine klare Differenzierung zwischen dem Verkauf der Druckwerke und der Rechteverwertung. Dadurch schuf sie die Voraussetzungen für das musikalische Aufführungsrecht. Es ist mithin festzuhalten, dass die späte Etablierung des musikalischen Aufführungsrechts

1236 *Schwab,* Urheberverwertungsgesellschaften in Frankreich, S. 39.
1237 Siehe: C.V.1.c).
1238 Siehe: F.I.1.

sowohl das Resultat der langwierigen Entwicklung des Bürgertums, des späten Aufschwungs des Konzertwesens als auch und im Besonderen der ökonomischen Verwertbarkeit des Aufführungsrechts darstellt.

IV. Emanzipation vom Nachdruckbegriff

Die langwierige Entwicklung des Aufführungsrechts ist zudem auf die vielschichtige und komplizierte Emanzipation der urheberrechtlichen Schutzrechte vom Nachdruckbegriff zurückzuführen.

Zunächst ist festzuhalten, dass das Aufführungsrecht nicht weniger als das erste unkörperliche Recht des Urheberrechts darstellt. Zu berücksichtigen ist in dieser Hinsicht, dass sich der Gesetzgeber deshalb bei der Kodifizierung nicht an anderen, ähnlichen Rechten orientieren konnte.

Allerdings war die Abstraktion des Werkes von seinem körperlichen Träger schon längst im 18. Jahrhundert gelungen. Insofern mag es erstaunlich wirken, dass die Entwicklung des Aufführungsrechts so zögerlich verlief. Es ist jedoch zu beachten, dass sich diese frühen Theorien zum geistigen Eigentum stets nur auf ein körperliches Werk bezogen, welches sodann als konkretes Beweisobjekt diente. Hieran fehlte es hingegen bei der unkörperlichen Aufführung.[1239] Unter Berücksichtigung dieser Tatsache erscheint die verhaltene Entwicklung des Aufführungsrechts nicht verwunderlich.

Darüber hinaus war es aufgrund des auf den Nachdruck beschränkten Artikels 18 d der Deutschen Bundesakte von 1815 zunächst erforderlich, dass alle urheberrechtlichen Befugnisse durch eine Analogie zum Nachdruck gerechtfertigt wurden.

Bei der Aufführung gestaltete sich dies jedoch als überaus schwierig. Zwar wurde sie als dem Nachdruck „*gleich*" eingestuft, dennoch kam es zwangsläufig zu Abgrenzungsproblemen. So untersagten etwa die ersten Gesetze „*mechanische*" Vervielfältigungen und erlaubten auf der anderen Seite die „*selbstständige*" Benutzung.[1240] Allerdings war die Subsumtion der Aufführung unter den Begriff der „*mechanischen*" Vervielfältigung kaum möglich. Dadurch führte die vermeintliche Gleichstellung gerade nicht zum eigentlich erklärten Ziel, sondern vielmehr zu einer weiteren Benachteiligung der Komponisten und zu einer weiteren Verzögerung der Durchsetzung des Aufführungsrechts.

1239 Siehe: C.I.2.a).

1240 *Helmensdorfer*, UFITA 2002 III, S. 825 (827).

Bereits im Jahr 1832 leitete sodann *Gans* das Aufführungsrecht überzeugend aus dem Eigentum des Urhebers an seinem Werk her.[1241] In der Rechtswissenschaft wurde dieser Ansatz jedoch nicht genutzt und weitestgehend ignoriert. Auch in der Gesetzgebung bedeutete erst die Verfassung des Norddeutschen Bundes eine Anerkennung des geistigen Eigentums und somit eine Abkehr von der Fokussierung auf den Nachdruckbegriff.[1242]

In der Folge war es deshalb nicht mehr von Nöten, jede urheberrechtliche Regelung als Analogie zum Nachdruck zu rechtfertigen. Die so entstandene Autonomie des Aufführungsrechts in der urheberrechtlichen Diskussion führte letztlich zum uneingeschränkten Aufführungsrecht – zunächst für dramatische und dramatisch-musikalischen Werke, später auch für musikalische Werke.

Trotzdem hielt die Rechtswissenschaft noch längere Zeit an dem Erfordernis eines körperlichen Schutzobjektes fest. Dies lässt sich unter anderem in den Bestrebungen zum Schutz choreografischer Werke beobachten. Diese waren durch das LUG zunächst nur geschützt, wenn der Ablauf schriftlich fixiert war.[1243]

Diese Tendenzen zeigen sich in der Musikwissenschaft noch in der zweiten Hälfte des 20. Jahrhunderts: Musik, die nicht notiert war, also z. B. Jazz und Improvisation, galt für viele nicht als Musik. Ebenso wurde auch traditioneller „*Volksmusik*" der Kunstcharakter aufgrund der fehlenden Notation abgesprochen.[1244]

Diese zeitlich wesentlich später liegenden Problematiken machen deutlich, welch große Sprünge das Aufführungsrecht als erstes unkörperliches Recht machen musste, um im 19. Jahrhundert gesetzliche Anerkennung zu finden.

V. Musik im Schatten der Literatur

Im Rahmen der Bearbeitung hat sich herauskristallisiert, dass die Musik lange Zeit im Schatten der Literatur existierte. Fraglich ist, warum sich dieser Schatten gebildet hat und inwiefern sich dieser Schatten auf die Entwicklung des Aufführungsrechts ausgewirkt hat.

So stand bis in die zweite Hälfte des 19. Jahrhunderts das dramatische Aufführungsrecht im Mittelpunkt der urheberrechtlichen Debatten. Am musikalischen Aufführungsrecht ging die Diskussion weitestgehend vorbei.

1241 Siehe: C.I.2.c).

1242 Siehe: E.III.1.

1243 *Murza,* Urheberrecht von Choreografen, S. 28.

1244 *Walter,* Richard Strauss und das dt. Urheberrecht, in: Universal Edition, S. 45 (60 Fn. 11).

Wie die gesamte Debatte um den Nachdruck ging auch die Diskussion um das Aufführungsrecht zunächst ganz selbstverständlich allein vom Schutz von Werken der Literatur aus. Dies zeigt, dass die Musik in einer Art Abhängigkeitsverhältnis zur Literatur stand.

Bis ins 19. Jahrhundert hinein genossen die Musikwerke, die als Kunstwerke und nicht als Schriftwerke galten, nur einen eingeschränkten bis gar keinen Schutz. Erst das preußische Gesetz von 1794 führte einen Schutz musikalischer Kompositionen durch die Subsumtion dieser als einen Gegenstand des Verlagsrechts ein. Noch das sächsische Gesetz von 1844 stellte ausdrücklich klar, dass musikalische Werke nicht zu den literarischen Erzeugnissen zählten, sondern zu den Erzeugnissen der *„schönen Kunst“*.[1245]

Musikalische Werke kamen in den frühen aufführungsrechtlichen Überlegungen nicht vor. Nicht einmal die Petition der Dramatiker und Komponisten aus dem Jahr 1834 erfasste die musikalischen Werke, sondern bezog sich nur auf die dramatischen und dramatisch-musikalischen Werke.[1246]

Im Jahr 1837 gestanden sowohl das preußische Gesetz als auch der Bundesbeschluss musikalischen Werken, ebenso wie den Schriftwerken, nur einen Schutz gegen den Nachdruck zu. Wegen der angesprochenen Abgrenzungsprobleme bedeutete dies jedoch einen geringeren Schutz für musikalische Werke als für Schriftwerke.

Darüber hinaus beinhalteten noch das preußische Gesetz von 1854, der Frankfurter Entwurf von 1863 und auch das Urheberrechtsgesetz von 1870 im Norddeutschen Bund eine Benachteiligung der rein musikalischen Werke.[1247] 1870 wurde sogar noch vorgeschlagen, die Kompositionen gänzlich aus dem Urheberrechtsgesetz auszuklammern.[1248]

Diese Ungleichbehandlung zeigte sich auch in der Musikwissenschaft, in der die musikalischen Werke ebenfalls nicht unter den Aufführungsbegriff subsumiert wurden.[1249] Ebenso lässt sich im urheberrechtlichen Diskurs beobachten, dass stark zwischen Musik und Literatur als zwei verschiedene Kunstgattungen differenziert wurde. Diese Differenzierung ist zurückzuführen auf die unterschiedliche Herkunft der Literatur als originärer Schutzgegenstand des Urheberrechts, während Musikwerke als Kunstwerke am Rande der Diskussion standen.

1245 Siehe: C.I.1.
1246 Siehe: C.II.4.
1247 Siehe: E.III.5.
1248 Siehe: E.III.4.
1249 Siehe: B.II.

Zwar waren die Musikwerke bereits 1794 in Preußen den Kunstwerken formal gleichgestellt. Gleichwohl wirkte sich diese Unterscheidung zwischen Musikwerken und der Literatur noch im gesamten 19. Jahrhundert aus. Beispielsweise wurde eine differenzierte Behandlung musikalischer Werke lange Zeit damit begründet, dass diese längere Zeit als dramatische Werke benötigten, um sich durchzusetzen und allgemeine Anerkennung zu erlangen.[1250]

Dabei verdeutlicht sich diese Dominanz der Literatur nicht nur in Bezug auf die Entwicklung des Aufführungsrechts, sondern auch im Schaffen der Komponisten. Denn viele Komponisten suchten die Nähe zur Dichtkunst und hatten häufig selbst literarische Ambitionen.[1251] Die Bezeichnung „*Tondichter*" wurde immer häufiger verwendet und versprach die Aufwertung des Musikstandes als intellektuelles Schaffen. Hier vollzog sich eine Abgrenzung zur handwerklichen Diktion als „*Tonsetzer*".[1252]

Erst das LUG von 1901 beseitigte die Schlechterstellung musikalischer Werke.[1253]

Die tiefgreifende Ungleichbehandlung der musikalischen Werke wurde somit erst im 20. Jahrhundert durch das LUG vollständig überwunden.

VI. Entwicklung des musikalischen Werkbegriffs

Im Folgenden ist zu bestimmen, in welchem Verhältnis die Entwicklung des musikalischen Werkbegriffs und die damit einhergehende schriftliche Fixierung der Musikwerke zur Entwicklung des Aufführungsrechts zur Entwicklung steht.

Denn vor der Wende vom 18. zum 19. Jahrhundert galt Musik als reine Aufführungskunst. Alle Musikwerke wurden überhaupt nur für eine spezifische Aufführung geschaffen.[1254] Demzufolge betrachteten die Komponisten ihre Werke auch nicht als etwas, dass sie in dieser Form überleben würde.[1255] Zusätzlich nahmen sie fortwährende Änderungen an ihren Werken vor.[1256]

1250 Siehe: D.IV.1.b).

1251 Mit Beispielen: *Kühn,* Musikgeschichte, Bd. 1, S. 189.

1252 *Kühn*, Musikgeschichte, Bd. 1, S. 216.

1253 Siehe: F.III.10.a).

1254 *Goehr,* Imaginary Museum, S. 179.

1255 *Goehr,* Imaginary Museum, S. 186.

1256 Siehe: B.V.5.f)aa).

In diesem Kontext ist hervorzuheben, dass der musikalische Werkbegriff in der heutigen Form noch nicht existierte. Dessen Konturen bildeten sich erst mit der Entwicklung des bürgerlichen Konzerts deutlicher heraus.[1257]

Für die Komponisten stellte es nämlich einen bedeutenden Unterschied dar, ob die eigenen Musikwerke nur für einen spezifischen Zweck aufgeführt wurden und somit unter der eigenen Kontrolle standen oder im ganzen Land ohne eigene Einwirkungsmöglichkeiten aufgeführt wurden.

Im Übrigen ist zu bezweifeln, dass die Urheberrechtsbewegung die Komponisten dazu ermunterte, Vortragsbezeichnungen in den Notentext aufzunehmen.[1258] *Kawohl* begründete dies mit dem Bedürfnis der Komponisten, mit einem, durch Interpretationsanweisungen zugespitztem Werk, ein konkretisiertes Schutzobjekt schaffen zu können. Diese Kausalität erscheint zweifelhaft. Schließlich ist zu berücksichtigen, dass sich die Autoren-Werkbeziehung erst ab dem Zeitpunkt entwickeln konnte, ab dem die Musik nicht mehr nur einem bestimmten Zweck diente.[1259] Erst ab diesem Zeitpunkt verstärkten sich die Bestrebungen der Komponisten, für die Nachwelt zu komponieren und zu diesem Zweck ihre Werke möglichst weit zu konkretisieren.

Diese Entwicklung drückt sich auch in der Urheberrechtsbewegung aus. Die Urheberrechtsbewegung ist allerdings keinesfalls der Auslöser der Konkretisierung der Musikwerke und der Stärkung des musikalischen Werkbegriffs, sondern ging einher mit den Bestrebungen der Komponisten, ihre Werke für die Nachwelt zu sichern. Zunächst stand einem urheberrechtlichen Schutz der Aufführung demnach die fehlende Fixierung der musikalischen Werke entgegen.

VII. Bedeutung des musikalischen Aufführungsrechts für die Urheber

Für Komponisten war nur das musikalische Aufführungsrecht von Bedeutung, während die Kodifizierung des dramatisch-musikalischen Aufführungsrechts 1854 und 1857 keinen Einfluss auf die Einnahmesituation hatte. Schließlich waren, infolge des gewohnheitsrechtlichen Schutzes bis zur Drucklegung, ungedruckte dramatisch-musikalische Werke ohnehin geschützt. Da der Druck von

---

1257 *Dahlhaus,* Über den Zerfall des musikalischen Werkbegriffes, in: Schönberg und andere, S. 279 (279 f.).

1258 *Kawohl,* Urheberrecht in Preußen, S. 111.

1259 Siehe: B.V.1.

Opern zumeist unterblieb, stand den Komponisten das Aufführungsrecht an diesen Werken ohnehin zu.[1260]

Die dramatisch-musikalischen Werke konnten die Komponisten auf zweifache weise verwerten, indem sie die durch Gewohnheitsrecht abgesicherte Möglichkeit nutzten, den Klavierauszug drucken zu lassen, ohne dabei das Aufführungsrecht zu verlieren.[1261]

Die musikalischen Werke konnten hingegen nur durch den Verkauf der Verlagsrechte verwertet werden. Das Aufführungsrecht an diesen Werken verloren die Komponisten meist bereits mit Vertragsschluss, weil die Verlage die Anbringung des Aufführungsvorbehalts nicht duldeten. Nur bezüglich dieser Werke bestand somit für die Komponisten die faktische Notwendigkeit eines Aufführungsrechts.

Es ist unermesslich, wie viele Werke in Folge der unterbliebenen Veröffentlichung ganz verloren gegangen sind.

VIII. Einfluss der Verleger

Die Verleger spielten in der Urheberrechtsgeschichte stets eine einflussreiche Rolle. Viele urheberrechtliche Regelungen in Deutschland beruhen auf dem öffentlichen und lobbyistischen Druck von Schriftstellern, Verlegern, Buchhändlern und Interessensverbänden.[1262] Dennoch fand sich das Aufführungsrecht in den vielen Eingaben und Gesetzentwürfen der Verleger, Buchhändler und der zugehörigen Verbände zunächst nicht wieder.

Die Verleger verkannten nämlich lange Zeit das große Einnahmepotenzial, das in der Verwertung der Aufführungsrechte lag. Erst ganz am Ende des Untersuchungszeitraums setzte sich unter einigen Verlegern, angeführt von *Hugo Bock*, die Erkenntnis durch, dass sich hohe Umsätze nur noch durch die Verwertung der Aufführungsrechte generieren ließen und nicht mehr allein durch das Notengeschäft.

Dabei hätte vor allem Leipzig als „*Hauptstadt des 19. Jahrhunderts*" früh die Keimzelle für die Entwicklung des Aufführungsrechts werden können.[1263]

Die meisten in Leipzig ansässigen Verleger wollten jedoch am Notengeschäft festhalten und wehrten sich gegen die Ausdehnung des Aufführungsrechts auf musikalische Werke. Offenbar war dabei auch die Abgrenzung zwischen den

1260 Siehe: B.V.4.b).

1261 Siehe: B.V.5.d).

1262 *Müller*, Deutscher Bund und deutsche Nation, S. 457.

1263 Siehe: F.I.2.a).

Verlagsrechten und den übrigen Urheberrechten noch nicht geklärt. So forderte der VdDM noch am 2. Oktober 1900 einen automatischen Übergang des Aufführungsrechts mit den Verlagsrechten.[1264]

Entschiedenster Gegner des Aufführungsrechts und einer Tantiemenanstalt war der Leipziger Verlag Breitkopf & Härtel. Dieser versuchte lange, durch sein großes Netzwerk das Aufführungsrecht zu verhindern. Nachgewiesen wurde dies bereits bei den Sitzungen des Börsenvereins von 1855.[1265] Evident wurden diese Bemühungen bei der Diskussion über die Gründung einer Tantiemenanstalt.[1266] Hier nutzte *Oskar von Hase* nicht nur seine starke Machtposition im Musikbetrieb, allen voran im VdDM sowie in der Tonkünstlervertretung des ADMV aus.[1267]

Letztendlich setzten sich die Komponisten mithilfe der Berliner Verleger durch. Eine von Leipzig ausgehende Entwicklung kam allerdings, wohl durch den großen Einfluss der Verleger, nie zustande.

Vor allem *von Hase* verhielt sich nach dem Scheitern der Leipziger Anstalt sehr destruktiv und versuchte, die Gründung einer Tantiemenanstalt sowie die Ausweitung der Schutzfrist mit aller Kraft zu verhindern. Die verzögerte Entwicklung des Aufführungsrechts ist daher auch ganz erheblich mit dem Einfluss des Verlags Breitkopf & Härtel zu erklären.

IX. Komponisten – Verlegerbeziehung

Auch nach Einführung der Vorbehaltslösung konnten die Urheber ihre Aufführungsrechte nicht in den Verlagsverträgen durchsetzen, das Aufführungsrecht war weiterhin mit der Veröffentlichung der Werke erloschen. Das Problem der Urheber war somit nicht primär ein rechtliches, sondern lag vielmehr unmittelbar in der Macht der Verleger begründet.[1268]

Trotz divergierender wirtschaftlicher Interessen waren Komponisten und Verleger zur gemeinsamen Arbeit miteinander verpflichtet und standen sich zum Teil sogar freundschaftlich gegenüber.[1269]

1264 Siehe: F.III.7.c).
1265 Siehe: E.II.1.
1266 Siehe: F.III.5.
1267 Siehe: F.I.2.a).
1268 Siehe: F.I.2.
1269 Siehe nur den Titel von *Stephensons* Druck einiger Briefe: „Weg einer Freundschaft".

Brahms etwa machte den Verleger *Fritz Simrock* auf das Beteiligungsrecht der Komponisten an öffentlichen Aufführungen in Frankreich und Italien aufmerksam[1270] und beklagte in einem früheren Brief expressis verbis

> *„das leidige Geldverhältnis, wie es zwischen Musikern und Verlegern leider noch üblich ist. Wir Musiker werden darin wie Kinder und Unmündige behandelt, wir wissen nicht im geringsten, was und wie wir eigentlich gezahlt werden."*[1271]

Die Ursache für diese Ungleichbehandlung suchte *Brahms* sodann vielmehr im fehlenden Engagement der Komponisten als bei den Verlegern:

> *„Aber unrecht ist es, daß ich bei meiner Beliebtheit nicht diese Änderung durchgesetzt habe. Ich bin aber zu unpraktisch, zu faul, zu schwer von Entschluß – und bei meiner traurigen Solo-Stellung persönlich eben nicht interessiert – Unrecht ist es aber doch."*[1272]

X. Das (geringe) Engagement der Komponisten

Dieses Zitat von *Brahms* spiegelt bereits einige Probleme der Komponisten wider. Lange rieben sie sich in internen Auseinandersetzungen, wie zum Beispiel dem Parteienstreit zwischen den verschiedenen ästhetischen Schulen, auf.[1273]

Diese Arbeit weist nach, dass bei vielen Komponisten, spätestens ab den 20er Jahren des 19. Jahrhunderts, ein urheberrechtliches Bewusstsein über die Notwendigkeit eines Aufführungsrechts bestand.[1274]

Dennoch ging die Initiative zum Aufführungsrecht zunächst von den Dramatikern aus. Lange Zeit fehlte es an einem gemeinsamen Eintreten für die eigenen Rechte. Der Rechtswissenschaftler *Heinrich Schuster* fasste dies deutlich zusammen:

> *„Die Hauptursache dafür, dass sich das musikalische Urheberrecht später entwickelt hat, insbesondere viel später rechtswissenschaftlich behandelt worden ist, als das litterarische Urheberrecht, besteht darin, dass die Tonkünstler selbst lange Zeit hindurch einen urheberrechtlichen Schutz nicht anstrebten, sondern in anderer Weise den Lohn für ihr schaffende Thätigkeit zu erlangen suchten."*[1275]

1270 *Stephenson,* Weg einer Freundschaft, S. 9.

1271 Brief an Simrock vom 19. September 1881, Brahms Briefe, Bd. 10, S. 185.

1272 Brief an Simrock vom 19. September 1881, Brahms Briefe, Bd. 10, S. 186; *Stephenson,* Weg einer Freundschaft, S. 9.

1273 Siehe: B.V.6.c).

1274 Siehe: B.V.5.c).

1275 *Schuster,* GRUR 1901, S. 14.

Schuster bezog sich dabei auf die höfische Anstellung, die Unterstützung durch Mäzene und die Tätigkeiten im Ausland, die den Komponisten ein Auskommen ermöglicht hatten. Daher hätten die Komponisten sich auch den Initiativen der Dramatiker stets nur angeschlossen und die Entwicklung des musikalischen Urheberrechts damit den Verlegern und Gesetzgebern überlassen.[1276]

Der Verleger *Josef Weinberger* warf den Komponisten daher auch ihre Passivität vor:

> *„Es dürfte wohl auf keinem anderen wirtschaftlichen Gebiete ein Beispiel dafür geben, daß ein unzweifelhaft gutes Recht, dessen materielle Bedeutung noch gar nicht zu ermessen ist, in einer Reihe von Staaten jahrzehntelang ungenützt gelassen wurde, wodurch Million für einen verhältnismäßig kleinen Kreis von Beteiligten verloren gingen, ohne daß für diesen seltsamen Zustand ein anderes Motiv zu finden wäre, als daß sich bis vor kurzem in diesen Ländern niemand gefunden hat, der die in Betracht kommenden Kreise aus ihrer Passivität aufgerüttelt hätte.“*[1277]

Ein geschlossenes Eintreten der Komponisten für die eigenen Rechte wurde zunächst durch das Fehlen einer gemeinsamen Interessensvertretung verhindert. Ohne die Möglichkeit einer kollektiven Verwertung wäre zudem ein Vorgehen gegen die Vielzahl von kleineren, unbefugten Aufführungen aussichtslos gewesen.[1278]

Dabei zeigt diese Arbeit, dass die Idee einer Interessensvertretung bereits in der ersten Jahrhunderthälfte präsent war.[1279] Vor allem der 1861 gegründete ADMV die Diskussion um das Aufführungsrecht vorantreiben können, dieser war jedoch dem Einfluss der Verleger ausgesetzt. Außerdem war der ADMV von der Neudeutschen Schule um *Franz Liszt* als institutionelle Basis gedacht und konnte daher kaum als gemeinsame Interessenvertretung aller Komponisten dienen.[1280]

Hinzu kam die etwas eigenartige gesellschaftliche Stellung der Komponisten, die versuchten, ihr Auskommen durch Stellungen an Höfen, Kirchen oder durch die Zuwendungen von Mäzenen zu sichern.[1281]

1276 *Schuster,* GRUR 1901, S. 14.

1277 *Weinberger* auf dem Internationalen Verlegerkongress 1906 in Mailand, zit. nach: *D'Albert,* Verwertung, S. 22; vgl. *Dümling,* Musik hat ihren Wert, S. 30.

1278 Siehe: D.I.4.b).

1279 Siehe: B.V.6.c)

1280 Siehe: B.V.6.c).

1281 Siehe: B.V.1; *Borchard,* Aufführungsrecht, S. 1.

Ein Eintreten für monetäre Interessen galt lange als Tabu. Die geäußerten Befürchtungen der Komponisten waren darüber hinaus häufig persönlichkeitsrechtlicher Natur.[1282]

Dabei lässt sich bereits ab den 1820er Jahren ein urheberrechtliches Bewusstsein der Komponisten bezüglich des Aufführungsrechts nachweisen.[1283] Dieses bezog sich sowohl auf die Sorge vor entstellenden Aufführung, mithin urheberpersönlichkeitsrechtliche Aspekte, als auch auf verwertungsrechtliche Aspekte des Aufführungsrechts.[1284]

Trotzdem erkannten nur sehr wenige Komponisten die Vorteile einer gemeinsamen Interessensvertretung, sei es für eine Tantiemenanstalt, sei es für das Aufführungsrecht.[1285] Über lange Zeit waren deshalb die Einnahmen aus dem Verkauf der Verlagsrechte ihre größte Einnahmequelle. Die Einnahmen aus dem Aufführungsrecht konnten zunächst keine wirtschaftliche Existenzgrundlage darstellen.[1286] Zumal die Zahlungen der Tantiemen zum Teil willkürlich erfolgen, wie die Auflage des Berliner Theaters, nur deutschsprachige Werke zu entlohnen, zeigt.[1287] Mittelfristig schien es daher aussichtsreicher, mit den Verlegern über bessere Verträge zu verhandeln.

Es brauchte die Gründung der Leipziger Anstalt, mit der *von Hase* bezweckte, durch möglichst geringe Tantiemenzahlungen das Verlagsgeschäft auf Kosten der Komponisten zu stärken, um diese aus ihrer Lethargie zu wecken.[1288] Erst die daraufhin im Jahr 1898 gegründete GDK proklamierte eine Führungsrolle der Komponisten in der Auseinandersetzung um das Aufführungsrecht.[1289]

XI. Der Zweck des Aufführungsrechts

Ziel der Einführung des uneingeschränkten musikalischen Aufführungsrechts war die Förderung der *ernsten* Musik. Nicht zuletzt die GDK argumentierte mit der spezifischen Deutschen Kunst argumentiert, die durch das Aufführungsrecht gefördert werden solle, da diese Musik längere Zeit als die „*Tingeltangelmusik*“ brauche, um sich am Markt durchzusetzen.[1290]

1282 Siehe: B.V.1.a).
1283 Siehe: B.V.5.c).
1284 Siehe: D.II.4.
1285 Siehe: B.V.6.c).
1286 Siehe: D.I.4.a).
1287 Siehe: D.II.4.c).
1288 Siehe: F.III.5.a).
1289 Siehe: F.III.5. a).
1290 Siehe: F.III.7.a).

Schon kurz nach der Einführung des Aufführungsrechts zeigte sich, dass diese Ziele nicht einzuhalten waren, da vor allem Komponisten der Unterhaltungsmusik von der Rechteverwertung profitieren. Diese Entwicklung spitzte sich immer weiter zu. Nach Ablauf der Schutzfrist von Richard Strauss im Jahr 2020 werden für keinen Komponisten der klassischen Musik bedeutende Tantiemen ais dem Aufführungsrecht erhoben werden.

Indes kann dies nicht als Argument für eine negative Auswirkung des musikalischen Aufführungsrechts verwandt werden. Schließlich liegt die geringe Verbreitung der „*ersten*" klassischen Musik vielmehr in der Krise der tonalen Kunstmusik selbst begründet, die sich zudem beim Publikum keiner großen Popularität erfreuen kann. Zudem nimmt das Urheberrecht keine Prüfung der künstlerischen Qualität der geschützten Werke vor, solange diese die Schöpfungshöhe nach Art. 2 Abs. 1 UrhG überwinden.[1291] So ist auch eine Tantiemenerhebung für Werke legitim, die möglicherweise nicht über die höchste künstlerische Qualität verfügen.

Gleichwohl wird deutlich, dass das Aufführungsrecht auf Wertungen des 19. Jahrhunderts basiert, die heutzutage nicht mehr haltbar sind. Eine Legitimationskrise des Aufführungsrechts kann hieraus jedoch nicht abgeleitet werden: Schließlich kann die Berechtigung des musikalischen Aufführungsrechts in Zeiten, in denen die Digitalisierung sowohl das klassische Verlagsgeschäfts, als auch den Verkauf von Tonträgern weitestgehend verdrängt hat, kaum bezweifelt werden. Das Aufführungsrecht als erstes unkörperliches Recht des Urheberrechts gewinnt daher in Zeiten, in denen sich die Fixierung auf ein körperliches Vervielfältigungsstück verflüchtigt, an Bedeutung für eine angemessene Beteiligung der Urheber.

1291 BGH GRUR 1991, 533 – Brown Girl II; *Bullinger*, in: Wandtke/Bullinger, UrhR, § 2 Rn. 24; *Schulze* in: Dreier/Schulze, UrhG, § 2 Rn. 25; *Kaiser*, in: Erbs/Kohlhaas, Strafrechtliche Nebengesetze, UrhG, § 2 Rn. 9.

H. Kurzzusammenfassung

Das Aufführungsrecht entwickelte sich nur langsam. Zwischen dem ersten Gesetz in Preußen 1837 und dem Abschluss der Rechtsentwicklung im Deutschen Reich 1901 liegen immerhin 64 Jahre. Die ersten Gesetzgebungen von 1837 in Preußen und 1841 im Deutschen Bund wurden noch stark durch die grundsätzlichen Auseinandersetzungen um das geistige Eigentum erschwert.

Jede über das allgemeine Nachdruckverbot hinausgehende Regelung war derart umstritten, dass die Bundesversammlung 1837 sich zunächst dafür entschied, die Problematik des Aufführungsrechts zu vertagen, um dann vier Jahre später die preußische Minimalregelung zu übernehmen. Dabei kodifizierte die erste Regelung des Aufführungsrechts zunächst lediglich bereits existierendes Gewohnheitsrecht, welches bereits vorher das Aufführungsrecht bis zur Veröffentlichung des Werkes geschützt hatte.

Diese vergleichsweise langsame und späte Entwicklung des Aufführungsrechts ist die Folge gesellschaftlicher Umwälzungen: Zu Zeiten der höfischen Musikkultur war an ein Aufführungsrecht schlichtweg noch nicht zu denken. Erst der Aufschwung des öffentlichen Konzertwesens schaffte die Grundlage für das musikalische Aufführungsrecht.

Solange, wie nur wenige kommerzielle öffentliche Konzerte dargeboten wurden, gelangte die Schutzbedürftigkeit der Komponisten gegen unbefugte Aufführungen nicht ins öffentliche Bewusstsein. Daher bezog sich die Debatte um das Aufführungsrecht lange überwiegend auf den Schutz dramatischer und dramatisch-musikalischer Werke und nicht auf den Schutz rein musikalischer Werke.

Darüber hinaus standen dem Aufführungsrecht durch die 39 verschiedenen Einzelstaaten im Deutschen Bund erhebliche Schwierigkeiten gegenüber. Hier sei vor allem an die Rivalität zwischen Preußen und Österreich und die fehlende Gesetzgebungskompetenz der Bundesversammlung erinnert.

Zudem behinderte Artikel 18 d der Deutschen Bundesakte und die damit einhergehende Fixierung auf den Nachdruckbegriff die Entwicklung des unkörperlichen Aufführungsrechts, dem historisch ersten unkörperlichen Recht des Urheberrechts.

Dabei musste die schon in der Antike geltende Auffassung, der Autor verliere durch die Veröffentlichung alle Rechte an seinem Werk, überwunden werden. Diese Hürden übersprang der Gesetzgeber erst 64 Jahre nach dem ersten Gesetz von 1837.

Bis dahin wurde zwischen den musikalischen und den dramatisch-musikalischen Werken unterschieden. Auf diese bereits 1901 vom LUG überwundene, sehr unglückliche Differenzierung gehen auch die „großen" und „kleinen" Rechte im heutigen Aufführungsrecht zurück.

Das musikalische Aufführungsrecht rückte erst gegen Ende des Jahrhunderts in Folge des boomenden Konzertwesens in den Mittelpunkt der Debatte. Dabei versuchten die Musikalienhändler, die Einbußen im Notengeschäft befürchteten, lange ein uneingeschränktes Aufführungsrecht zu verhindern. Aufgrund des fehlenden Engagements der Komponisten konnten diese Bemühungen zunächst fruchten.

Erst nach der Gründung der Genossenschaft Deutscher Komponisten im Jahr 1898 existierte eine geschlossene Interessensvertretung, durch die in der Folge das uneingeschränkte musikalische Aufführungsrecht und die Gründung einer Tantiemenanstalt durchgesetzt werden konnten.

I. Literaturverzeichnis

I. Ungedruckte Quellen

Geheimes Staatsarchiv Preußischer Kulturbesitz Dahlem:

GStA PK, I. HA Rep. 80 (Staatsrat und Staatssekretariat, Kuratorium der Bank und der Seehandlung) (Drucksachen, 1818–1848), Nr. 208.

GStA PK, I. HA, Rep. 84 (Justizministerium zur Revision der Gesetzgebung, verschiedenene Gesetzeskommissionen; Akten d. Großkanzler v. Carmer u. v. Goldbeck) II Tit. 2 N, Nr. 1 Bd. 1.

GStA PK I. HA Rep. 84 (Justizministerium zur Revision der Gesetzgebung, verschiedenene Gesetzeskommissionen; Akten d. Großkanzler v. Carmer u. v. Goldbeck) II Tit. 2 N Nr. 1 Bd. 2.

GStA PK, III. HA (Ministerium der auswärtigen Angelegenheiten) I Nr. 8953.

GStA PK, III. HA (Ministerium der auswärtigen Angelegenheiten) I Nr. 8954.

GStA PK, III. HA (Ministerium der auswärtigen Angelegenheiten) I Nr. 8955.

GStA PK, I. HA Rep. 76 (Kultusministerium) Ve Sekt. 1 Abt. XV Nr. 40 Bd. 5.

GStA PK, HA I, Rep. 77 (Ministerium des Innern), Tit. 338, Nr. 1, Bd. 6.

GStA PK, I. HA, Rep. 84 a (Justizministerium), Nr. 2375: Nachdruck, Bd. 7, 1846–1855.

GStA PK, I. HA, Rep. 84 II 4 XIV, Nr. 2 Bd. 3, fol 149–152 (Akten des Justizministeriums betreffend: die Re- und Korrelationen zum Obligationenrecht).

GStA PK I. HA Rep. 80 (M) Justizsachen 117.

GStA PK, HA. I, Rep. 80 (Staatsrat und Staatssekretariat, Kuratorien d. Bank u.d. Seehandl. (1817–1848)) I Justiz Nr. 117a (ad Justizsachen Nr 117).

Bundesarchiv Berlin-Lichterfelde:

BArch DB /1/I 303, Bundeskanzleidirektion, allgemeine Verhandlungen der Bundesversammlungen 1816–1866 Bd. 1 von 3.

BArch DB/1/I 304, Bundeskanzleidrirektion, allgemeine Verhandlungen der Bundesversammlungen 1816–1866 Bd. 1 von 3.

BArch DB 1/1 308, Bundeskanzleidirektion, allgemeine Verhandlungen der Bundesversammlungen 1816–1866 Bd. 1/2.

BArch DB 1/I 308, Bundeskanzleidirektion, allgemeine Verhandlungen der Bundesversammlungen 1816–1866 Bd. 2/2

BArch, R 3001/6349 Reichsjustizamt, Urheberrecht, insbesondere an Schriftwerken usw., an Werken der Literatur und Tonkunst, Band 1: Juli 1878–Mai 1890.

BArch R 3001/6350 Reichsjustizamt, Urheberrecht, insbesondere an Schriftwerken usw., an Werken der Literatur und Tonkunst, Band 2: Juni 1890–März 1896.

BArch R 3001/6351 Reichsjustizamt, Urheberrecht, insbesondere an Schriftwerken usw., an Werken der Literatur und Tonkunst, Band 3: April 1897–Oktober 1898.

BArch R 3001/6352 Reichsjustizamt, Urheberrecht, insbesondere an Schriftwerken usw., an Werken der Literatur und Tonkunst, Band 4: Oktober 1898–August 1899.

BArch, R 3001/6353 Reichsjustizamt, Urheberrecht, insbesondere an Schriftwerken usw., an Werken der Literatur und Tonkunst, Band 5: November 1899–November 1900.

BArch R 3001/6354 Reichsjustizamt, Urheberrecht, insbesondere an Schriftwerken usw., an Werken der Literatur und Tonkunst, Band, Band 6: Dezember 1900–Juni 1901.

BArch R 3001/6371 Reichsjustizamt, Eingaben und Äußerungen zu dem Urheberrechtsgesetzentwurf von 1899, Band 1: Juli 1899–Januar 1899.

BArch R 3001/6543: Reichsjustizamt, Verlagsrecht, Band 2: Februar 1897–Dezember 1900.

Sächsisches Staatsarchiv Leipzig:

StA Leipzig, 21765 Börsenverein der Deutschen Buchhändler zu Leipzig (I), Nr. 169.

II. Gedruckte Quellen

Association littéraire et artistique internationale (Hrsg.): Denkschrift zum Entwurf eines Deutschen Gesetzes betreffend das Urheberrecht an Werken der Literatur und Tonkunst, in: BArch, R 3001/6353 = GRUR 1899, S. 281–289.

Beschluß des k.k. Hofburgtheaters zu Wien, das den dramatischen Schriftstellern für die Aufführung ihrer Werke zu gewährende Honorar betreffend, in: Allgemeine Preßzeitung, 5. März 1844, Nr. 19, S. 76.

Börsenverein der Deutschen Buchhändler (Hrsg.): Entwurf eines Gesetzes für Deutschland zum Schutze des Eigenthums an Werken der Wissenschaft und Kunst gegen Nachdruck und Nachbildung, Sittenfeld 1857, (Zitiert als: Entwurf eines Gesetzes für Deutschland zum Schutze des Eigenthums).

Börsenverein der Deutschen Buchhändler (Hrsg.): Entwurf eines Gesetzes für Deutschland zum Schutze des Urheberrechts an Werken der Literatur und Kunst gegen Nachdruck sowie gegen unbefugte Nachbildung und Aufführung nebst Motiven. Seitens des Börsen = Vereins der Deutschen Buchhändler und der Deputirtendes Buchhandels zu Leipzig der Königl. Sächsichen Staats = Regierung überreicht, Berlin 1857. (Zitiert als: Entwurf eines Gesetzes für Deutschland zum Schutze des Urheberrechts).

Börsenverein der Deutschen Buchhändler (Hrsg.): Bericht des Ausschusses des Börsenvereins der Deutschen Buchhändler über den von der Commission der hohen deutschen Bundesversammlung ausgearbeiteten Entwurf eines Gesetzes zum Schutze der Urheberrechte an literarischen Erzeugnissen und Werken der Kunst. Erstattet aufgrund der Ausschußverhandlungen zu Nürnberg am 10. und 11. August, Berlin und Leipzig, 27. September 1864. (Zitiert als: Bericht des Ausschusses des Börsenvereins der Deutschen Buchhändler).

Börsenverein der Deutschen Buchhändler (Hrsg.): Protokolle über die am 11.-15. Januar 1869 stattgehabten Verhandlungen des von dem Vorstande des Börsenvereins der Deutschen Buchhändler nach Leipzig einberufenen Ausschusses zur Berathung des vom Bundeskanzler = Amte vorgelegten Entwurfeeines Gesetzes für den Norddeutschen Bund, betreffend das Urheberrecht an Werken der Literatur und Kunst, an geographischen, naturwissenschaftlichen, architektonischen und ähnlichen Abbildungen, sowie an photographischen Aufnahmen nach der Natur, Leipzig 1869. (Zitiert als: Protokolle über die am 11.- 15. Januar 1869 stattgehabten Verhandlungen).

Börsenverein der Deutschen Buchhändler (Hrsg.): Beiträge zum Urheberrecht IX. Beschlüsse des außerordentlichen Ausschusses für Revision der Gesetze über Urheberrecht nebst Begründung. Leipzig 1896.

Anzeige, betreffend Beethoven's neueste Ouverture aus C-dur, für Pianof. Arrangirt, in: Cäcilia, eine Zeitschrift für die musikalische Welt 1825, Bd. 3, Heft 11, S. 30–31.

Das norddeutsche Bundesgesetz, betreffend das urheberrecht an Schriftwerken, Abbildungen, musikalischen Compositionen und dramatischen Werken, in: AmZ 1870, Jg. 5, Nr. 29, 20. Juli 1870, S. 231–232.

Der Frankfurter Entwurf eines deutschen Urheberrechtsgesetzes von 1864, Protokolle der Bundesversammlungsverhandlungen, Teil 1, Nachdruck in: Frankfurter Entwurf, Nachdruck UFITA Bd. 120, 1992, S. 177–199.

Der Frankfurter Entwurf eines deutschen Urheberrechtsgesetzes von 1864, Protokolle der Bundesversammlungsverhandlungen, Teil 1, Nachdruck in: Frankfurter Entwurf, Nachdruck UFITA Bd. 121, 1993, 71–291.

Die sächsische Gesetzgebung über den Nachdruck, in: Allgemeine Preßzeitung, 23. Februar 1844, Nr. 16, S. 61–64.

Gesetz zum Schutze des literarischen und artistischen Eigenthums gegen Veröffentlichung, Nachdruck und Nachbildung, Wien 1846.

Gesetz den Schutz der Rechte an literarischen Erzeugnissen und Werken der Kunst betreffend, vom 22. Februar 1844, in: Allgemeine Prßezeitung, 8. März 1844, Nr. 20, S. 77–79.

Gesetzessammlung für die Königlichen Preußischen Staaten, Berlin 1837.

Genossenschaft Deutscher Komponisten (Hrsg.): Denkschrift zu dem vom Reichsjustizamte ausgearbeiteten Entwurf eines Gesetzes betreffend das Urheberrecht an Werken der Literatur und der Tonkunst, in: BArch R 3001/6371; Druck des zweiten Teils in: GRUR 1989, 345–354. (Zitiert als: GDK Denkschrift)

Petition an die hohe Ständeversammlung des Königreichs Sachsen: um Herstellung eines angemessenen und wirksamen Rechtsschutzes für das Eigenthum deutscher dramatischer Autoren u. Opern-Componisten an ihren Werken gegenüber den Bühnen-Direktionen, Sachsen 1842.

Regge, Jürgen (Hrsg.): Quellen zur preussischen Gesetzgebung des 19. Jahrhunderts, Band 1, Abt. 1, Straf- und Strafprozeßrecht (Ministerium Danckelmann; 1828–1830), Unveränd. Nachdruck, Vaduz 1982.

Scheel, Heinrich (Hrsg.): Das Reformministerium Stein, 3 Bände, Berlin, 1966–1988.

Schubert, Werner / Regge, Jürgen (Hrsg.): Preussische Gesetzrevision (1825 – 1848), Abteilung II, Band 3: Obligationenrecht, Vaduz 1983.

Vertrag zwischen Seiner Majestät dem Kaiser von Oesterreich und seiner Majestät dem Könige von Sardinien zur Sicherstellung der Eigenthumsrechte hinsichtlich der in Ihrem beiderseitigen Staaten erscheinenden literarischen und artistischen Werke. Abgeschlossen zu Wien den 22. May 1840, und in den Ratificationen ausgewechselt ebendaselbst den 10. Juny 1840, in: Zeitschrift für österreichische Rechtsgelehrsamkeit und politische Gesetzeskunde, Dritter Band, 1840, S. 377–381.

III. Literatur bis 1945

Bahr, Hermann: Parsifalschutz ohne Ausnahmegesetz, Berlin und Leipzig 1912.

Beaumarchais, Pierre-Augustin Caron de: Compte Rendu, in: Oeuvres complètes de Pierre-Augustin Caron de Beaumarchais, Band 6, Paris 1777, S. 1–179.

Benyovszky, Karl: J.N. Hummel – Der Mensch und Künstler, Bratislava 1934.

Bettelheim, Anton: Beaumarchais – Eine Biographie, 2. Auflage, München 1911.

Bock, Gustav: Das Aufführungsrecht an dramatischen und musikalischen Werken, Berlin 1907.

Borchard, Wilhelm: Das Aufführungsrecht an dramatischen und musikalischen Werken, Greifswald 1917.

Carl Gaillard: Über die Stellung der dramatischen Dichter in Deutschland, Berlin 1847.

Challier sen., Ernst: Die Wirkung des Urheberrechts vom 19. Juni 1901. Eine statistische Skizze, in: Die Musik, 4. Jahrgang, 1904/1905, S. 401–405.

Coryton, John: Stageright. A compendium of the law relating to dramatic authors, musical composers, and lecturers as regards the public representation of their works, London 1873.

D'Albert, Wolfgang Eugen: Die Verwertung des musikalischen Aufführungsrechts in Deutschland, Jena 1907.

Dambach, Otto Wilhelm Rudolf: Die Gesetzgebung des Norddeutschen Bundes betreffend das Urheberrecht an Schriftwerken, Abbildungen, musikalischen Kompositionen und dramatischen Werken, Berlin 1871.

Eger, Leo: Der Phonograph und das Urheberrecht, in: Archiv für bürgerliches Recht (ArchBürgR), 1900, S. 264–290.

Eisenlohr, Christian Friedrich: Das literarisch- artistische Eigenthum u. Verlagsrecht mit Rücksicht auf die Gesetzgebungen, Schwerin 1855.

Eisenmann, Ernst: Das Urheberrecht an Tonkunstwerken, Berlin / Leipzig 1907.

Endemann, Wilhelm: Das Gesetz, betreffend das Urheberrecht an Schriftwerken, Abbildungen, musikalischen Kompositionen und dramatischen Werken: Vom 11. Juni 1870. Mit den Verträgen zum Schutz des geistigen Eigenthums zwischen Deutschland, Italien, d. Schweiz, England, Frankreich u. Belgien, Berlin 1871.

Ernest, Gustav: Beethoven. Persönlichkeit, Leben und Schaffen, Berlin 1922.

Fichte, Johann Gottlieb: Beweis der Unrechtmässigkeit des Büchernachdrucks, (1793), in: J. H. Fichte (Hrsg.): Sämmtliche Werke, Dritte Abtheilung, Dritter Band, Berlin 1846, S. 223–244.

Fischer, Robert: Gesetz betreffend das Urheberrecht an Schriftwerken, Abbildungen, musikalischen Kompositionen und dramatischen Werken vom 11. Juni 1870, Gera 1872.

Frommann, Friedrich Johannes: Geschichte des Börsen-Vereins der Deutschen Buchhändler, Leipzig 1875.

Gans, Eduard: Gesetzesrevision (1825–1848), Berlin 1830–1832.

Gans, Eduard: Ueber: der Büchernachdruck nach Römischem Recht betrachtet, in: ders. (Hrsg.): Vermischte Studien juristischen, historischen, staatswissenschaftlichen und ästhetischen Inhalts, (Band 1), Berlin 1834, S. 311–317.

Gutzkow, Karl: Ein harmloses Anliegen an den Deutschen Bundestag, in: ders. (Hrsg.): Unterhaltungen am häuslichen Herd, Nr. 21 Jahrgang 1853, S. 336.

Harum, Peter: Die gegenwärtige österreichische Preßgesetzgebung. Systematische Darstellung und Erläuterung der gesetzlichen Bestimmungen über das Autorrecht und der Presspolizeigesetzgebung mit einer einleitenden Abhandlung über das Autorrecht im Allgmeinen, Wien 1857.

Hegel, Georg Wilhelm Friedrich: Grundlinien der Philosophie des Rechts oder Naturrecht und Staatswissenschaft im Grundrisse, (1821), in: H. Klenner (Hrsg.), Nachdruck, Berlin 1981.

Henzel, Norbert: Das Aufführungsrecht an Bühnen[-] und Tonkunstwerken, Dissertation, Würzburg 1920.

Heine, Heinrich: Musikalische Saison von 1843, in: Ders.: (Hrsg.) Französische Zustände, Zweiter Theil, S. 299–308.

Heymann, Ernst: Die zeitliche Begrenzung des Urheberrechts, Berlin 1927.

Hitzig, Julius Eduard: Das Königl. Preußische Gesetz vom 11. Juni 1837 zum Schutze des Eigentums an Werken der Wissenschaft und Kunst gegen den Nachdruck und Nachbildung, (Berlin 1839), Nachdruck in: UFITA Band 107, 1988, S. 163–226.

Jacoby-Goldstandt, Margot: Die deutschen Dramatiker im Kampf um den Lohn ihrer Arbeit, Berlin 1927.

Jolly, Julius: Die Lehre vom Nachdruck: Nach den Beschlüssen des dt. Bundes dargestellt, Heidelberg 1852.

Kaiser, Hermann: Die Preußische Gesetzgebung in Bezug auf Urheberrecht, Buchhandel und Presse, Berlin 1862.

Kant, Immanuel: Von der Unrechtmässigkeit des Büchernachdruck, (1785), in: Harstenstein (Hrsg.), Immanuel Kant, Sämmtliche Werke, Vierter Band, Leipzig 1867, S. 203–214.

Klein, Wilhelm: Der preussische Staat und das Theater im Jahre 1848: Ein Beitrag zur Geschichte der Nationaltheateridee, Berlin 1924.

Klostermann, Rudolf: Das Urheberrecht und das Verlagsrecht, Berlin 1871.

Klüber, Johann Ludwig: Acten des Wiener Congresses in den Jahren 1814 und 1815, Zweiter Band, Erlangen 1815.

Kohler, Josef: Autorrechtliche Studien, in: Archiv für civilistische Praxis (AcP) 85, 1896, S. 339–460.

Kohler, Josef: Das Autorrecht: Eine zivilistische Abhandlung; zugleich ein Beitrag zur Lehre vom Eigenthum, vom Miteigenthum, vom Rechtsgeschäft und vom Individualrecht, Jena 1880.

Kohler, Josef: Urheberrecht an Schriftwerken und Verlagsrecht, Stuttgart 1907.

Kramer, Wilhelm August: Die Rechte der Schriftsteller und Verleger, Heidelberg 1827.

Kuhlenbeck, Ludwig: Das Urheberrecht (Autorrecht) an Werken der Litteratur und Tonkunst und das Verlagsrecht, Leipzig 1901.

Lebrun, Carl: Der Mann mit der eisernen Maske. Ein Rechtsstreit aus der neueren Zeit, Hamburg 1836, Neudruck mit einer Einführung von Elmar Wadle in: UFITA (2002 III), S. 845–882.

Liszt, Franz: Zur Stellung der Musiker, in: Gesammelte Schriften, Band 2, Leipzig 1881, S. 3–54.

Mayer, Ernst: Theater-Prozesse, in: Universität Würzburg, Rechts- und Staatswissenschaftliche Fakultät (Hrsg.): Festgabe zum Doctor-Jubilaum des Herrn Geheimraths und Professors Dr. Joseph von Held, Würzburg 1888, S. 105–133.

Meinert, Franz Wilhelm: Das Königlich Sächsische Gesetz vom 22. Februar 1844 zum Schutz der Rechte von litterarischen Erzeugnissen und Werken der Kunst: mit kritisch-exegetischen Erläuterungen versehen, (Leipzig 1844), Nachdruck in: UFITA Band 109, 1988, S. 149–204.

Mueller, Ernst: Das deutsche Urheber und Verlagsrecht, Band 1, München 1901.

N. N.: Beiträge zur Erläuterung des Nachdruckgesetzes, in: Goltdammer, Theodor (Hrsg.): Archiv für Preußisches Strafrecht, Berlin 1864, S. 242–251.

N. N.: Gesetzgebung über Musik, in: AmZ 1846, Bd. 48, Nr. 30, 29. Juli 1846, Spalte 497–500.

N. N.: Gesetzgebung über Musik, in: AmZ 1846, Bd. 48, Nr. 3, 21. Januar 1846, Spalte 33–35.

N. N.: Antrag des Tonkünstlervereins beim Norddeutschen Reichstage in Betreff der Tantièmen für Componisten und deren Nachkommen, in: Neue Zeitschrift für Musik, in: Neue Zeitschrift für Musik: Das Magazin für neue Töne, Band 64, 1868, S. 226.

N. N.: In: Meyers Großes Konversations-Lexikon, Eine Enzyklopädie des allgemeinen Wissens, Band 7, Leipzig 1907, S. 570.

N. N.: Über die Sicherung des Eigenthums der dramatischen Schriftsteller in Deutschland, in: Blätter für literarische Unterhaltung, 29. September 1833, Nr. 272, S. 1123–1124.

N. N.: In: Der Gesellschafter oder Blätter für Geist und Herz, 19.5.1834, 8, Blatt, S. 398–401.

N. N.: Ferd. Hiller, in: Signale für die Musikalische Welt, 1869 Nr. 7, S. 109.

Neustetel, Leopold Joseph: Der Büchernachdruck nach Römischem Recht betrachtet, Heidelberg 1824.

Opet, Otto: Beiträge zum Aufführungsrecht, in Archiv für civilistische Praxis (AcP) 1895, S. 151–294.

Opet, Otto: Deutsches Theaterrecht. Unter Berücksichtigung der fremden Rechte systematisch dargestellt, Berlin 1897.

Osterrieth, Albert: Altes und Neues zur Lehre vom Urheberrecht, Leipzig 1892.

Osterrieth, Albert: Das Aufführungsrecht an dramatisch-musikalischen Werken, in: GRUR 1904, S. 173–177.

Osterrieth, Albert: Die Reform des Urheberrechts, Berlin 1893.

Osterrieth, Albert: Geschichte des Urheberrechts in England mit einer Darstellung des geltenden englischen Urheberrechts, Leipzig 1895.

Planck, Gottlieb: Denkschrift betreffend die Revision des Gesetzes vom 11. Juni 1870, 1889, Nachdruck in: UFITA 2010 I, S. 71–174.

Preußner, Eberhard: Die bürgerliche Musikkultur, Hamburg 1935.

Rebling, Eberhard: Die soziologischen Grundlagen der Stilwandlung der Musik in Deutschland um die Mitte des 18. Jahrhunderts, Saalfeld, Ostpreußen 1935.

Reimarus, Johann Albert Heinrich: Der Bücherverlag in Betrachtung der Schriftsteller, der Buchhändler und des Publikums erwogen, Hamburg 1773.

Reiners, Fritz: Das Bühnenwerk und sein urheberrechtlicher Schutz, Lucka in Thüringen 1927.

Rinecker, Franz: Das ausschliessliche Aufführungsrecht des Urhebers eines Werkes der Tonkunst, Erlangen 1912.

Röthlisberger, Ernst: Die Berner Übereinkunft zum Schutze von Werken der Literatur und Kunst und die Zusatzabkommen. Geschichtlich und rechtliche beleuchtet und kommentiert, Bern 1906.

Schaeffle, Albert Eberhard Friedrich: Die ausschliessenden „Verhältnisse“ mit besonderer Rücksicht auf litterarisch-artistischesAutorrecht, Patent-, Muster-und Markenschutz, in: Zeitschrift für die gesamte Staatswissenschaft, Band 23, Tübingen 1867, S. 291–476.

Scheele, Georg: Das deutsche Urheberrecht an literarischen, künstlerischen und photographischen Werken, Leipzig 1892.

Schiedermair, Ludwig (Hrsg.): Die Briefe W. A. Mozarts und seiner Familie, Band 2, München und Leipzig 1914.

Schilling, Gustav: Aufführung, in: ders. (Hrsg.): Encyclopädie der gesammten musikalischen Wissenschaften oder Universal-lexicon der Tonkunst, Band A-Bq, Stuttgart 1835, S. 319–322.

Schmidl, Josef: Das österreichische Urheberrecht an Werken der Literatur, Kunst und Photographie, Leipzig 1906.

Schumann, Max: Zur Geschichte des deutschen Musikalienhandels, Leipzig 1929.

Schürmann, August: Die Rechtsverhältnisse der Autoren und Verleger sachlich-historisch, Halle an der Saale 1889.

Schuster, Heinrich Maria: Das Urheberrecht der Tonkunst in Oesterreich, Deutschland und andern europäischen Staaten mit Einschluss der allgemeinen Urheberrechtslehren historisch und dogmatisch dargestellt, München 1891.

Schuster, Heinrich Maria: Die Denkschrift der deutschen Komponisten über den Urheberrechtsentwurf, in: GRUR (1901), S. 14–19.

Schuster, Heinrich Maria: Die Entstehung des Urheberrechtspatents vom 1. Oktober 1846, (1891), Nachdruck in: UFITA 2000 II, S. 513–562.

Storck, Karl (Hrsg.): Schumann Briefe, Paderborn 1938.

Strauss, Richard: Liederzyklus Der Krämerspiegel, Lied Nr. 3: „Es liebte einst ein Hase“, Berlin 1918.

Vesque von Püttlingen, Johann: Das musicalische Autorrecht, Wien 1864.

Voigtländer, Robert: Das Wirken des Börsenvereins der Deutschen Buchhändler zur Sicherung des Urheber- und Verlagsrechts, Leipzig 1896.

Volkmann, Adalbert Wilhelm: Zusammenstellung der gesetzlichen Bestimmungen über das Urheber- und Verlagsrecht, aus den Bundesbeschlüssen, den deutschen Territorialgesetzgebungen und den französischen und englischen Gesetzen im Auftrag des Börsenvereins der deutschen Buchändler bearbeitet, Leipzig 1855.

von Gierke, Otto: Deutsches Privatrecht, Erster Band, Allgemeiner Teil und Personenrecht, Leipzig 1895.

von Küstner, Karl Theodor: Taschen = Handbuch für Theater-Statistik, 2. Auflage, Leipzig 1857.

von Mandry, Gustav: Das Urheberrecht an literarischen Erzeugnissen und Werken der Kunst. Ein Kommentar zu dem königlichen bayerischen Gesetze vom 28. Juni 1865, Erlangen 1867.

Wagner, Richard: Gesammelte Schriften und Dichtungen, Band 2, Leipzig 1871.

von Wasliewski, Wilhelm Joseph: Robert Schumann – Eine Biographie, Bonn 1880.

Wächter, Oscar: Das Verlagsrecht mit Einschluss der Lehren von dem Verlagsvertrag und Nachdruck nach den geltenden deutschen und internationalen Rechten mit besonderer Rücksicht auf die Gesetzgebungen von Österreich, Preussen, Bayern und Sachsen systematisch dargestellt, Stuttgart 1857.

Weisker, Hans-Jürgen: Das wirtschaftliche Verhältnis zwischen Autor und Theater, München 1931.

IV. Literatur ab 1945

Ahlberg, Hartwig / Götting, Horst-Peter (Hrsg.): Möhring/Nicolini, Urheberrecht, 3. Auflage, München 2014.

Albinsson, Staffan: A Costly Glass of Water, in: Svensk tidskrift för musikforskning (Swedish Journal of Music Research), vol. 96:2, 2014, S. 59–70.

Albinsson, Staffan: The Advent of the Performing Rights, in: Europe Music and Politics 2012, 6 (2), S. 1–22.

Altenburg, Detlef: Die Neudeutsche Schule – eine Fiktion der Musikgeschichte?, in: ders. (Hrsg.): Liszt und die Neudeutsche Schule, München 2006, S. 9–22.

Baierle, Christian: Der Musikverlag. Geschichte, Aufgaben, Medien und neue Herausforderungen, München 2009.

Ballstaedt, Andreas; *Widmaier, Tobias*: Salonmusik. Zur Geschichte und Funktion einer bürgerlichen Musikpraxis, Stuttgart 1989.

Bandilla, Kai: Urheberrecht im Kaiserreich: Der Weg zum Gesetz betreffend das Urheberrecht an Werken der Literatur und Tonkunst vom 19. Juni 1901, Frankfurt am Main 2005.

Bappert, Walter: Wege zum Urheberrecht: Die geschichtliche Entwicklung des Urheberrechtsgedankens, Frankfurt am Main 1962.

Bartha, Dénes (Hrsg.): Joseph Haydn, Gesammelte Briefe und Aufzeichnungen, unter Benützung der Quellensammlung von H.C. Robbins Landon, Kassel / Basel / Paris / London / New York 1965.

Baumgart, Peter: Kamptz, Karl v., in: Neue Deutsche Biographie (NDB), Band 11, Berlin 1977, S. 95–97.

Becker, Tobias: Inszenierte Moderne. Populäres Theater in Berlin und London, 1880–1930, Berlin 2014.

Beer, Axel: Bedingungen, Strukturen und Entwicklungen des Leipziger Musikverlagswesens im 19. Jahrhundert, in: Loos, Helmut / Keym, Stefan / Stöck, Katrin / Stöck, Gilbert / Klotz, Sebastian (Hrsg.): Musik – Stadt. Traditionen und Perspektiven urbaner Musikkulturen: Bericht über den XIV. Internationalen Kongress der Gesellschaft für Musikforschung vom 28. September bis 3. Oktober 2008 am Institut für Musikwissenschaft der Universität Leipzig: Musik in Leipzig, Wien und anderen Städten im 19. und 20. Jahrhundert: Verlage – Konservatorien – Salons – Vereine – Konzerte, Leipzig 2011, S. 3–11.

Beer, Axel: Musik zwischen Komponist, Verlag und Publikum: Die Rahmenbedingungen des Musikschaffens in Deutschland im ersten Drittel des 19. Jahrhunderts, Tutzing 2000.

Beier, Nils: Die urheberrechtliche Schutzfrist. Eine historische, rechtsvergleichende und dogmatische Untersuchung der zeitlichen Begrenzung, ihrer Länge und ihrer Harmonisierung in der Europäischen Gemeinschaft, München 2001.

Beilharz, Manfred: Der Bühnenvertriebsvertrag als Beispiel eines urheberrechtlichen Wahrnehmungsvertrages, München 1970.

Boncompain, Jacques: Auteurs et comédiens au XVIIIe siècle, Paris 1976.

Bongers, Anne: Strategien der Rechtsvereinheitlichung am Beispiel des Urheberrechts, Baden-Baden 2008.

Braunbehrens, Volkmar: Bürgerliche Musikkultur und öffentliches Konzertwesen, in: Prinz, Ulrich (Hrsg.): Wege in die Romantik: Vorträge des Europäischen Musikfestes, Stuttgart 1997, S. 148–169.

Breimesser, Florian Christof: Urheberrecht und Rechtsbegriff – Eine Untersuchung am Beispiel des Designrechts, Baden-Baden 2016.

Brockhaus, Heinz Alfred: Europäische Musikgeschichte: Europäische Musikkulturen vom Barock bis zur Klassik, Berlin 1986.

Burkholder, J. Peter: A history of western music, 7. Auflage, New York 2006.

Dahlhaus, Carl: Über den Zerfall des musikalischen Werkbegriffes, in: ders. (Hrsg.): Schönberg und andere, Mainz / London / New York / Tokyo 1978, S. 279–290.

Daniel, Ute: Zur Geschichte des Theaters und der Höfe im 18. und 19. Jahrhundert, Stuttgart 1995.

Deterding, Klaus: E. T. A. Hoffmann. Die großen Erzählungen und Romane, Band 2, Würzburg 2008.

Devrient, Eduard: Aus seinen Tagebüchern, Band 1, Berlin, Dresden 1836–1852, Kabel, Rolf (Hrsg.), Weimar 1964.

Dölemeyer, Barbara / Klippel, Diethelm: Der Beitrag der deutschen Rechtswissenschaft zur Theorie des gewerblichen Rechtsschutzes, in: Beier, Friedrich-Karl / Kraft, Alfons / Schricker, Gerhard / Wadle, Elmar (Hrsg.): Gewerblicher Rechtsschutz und Urheberrecht in Deutschland – Festschrift zum hundertjährigen Bestehen der Deutschen Vereinigung für gewerblichen Rechtsschutz und Urheberrecht und ihrer Zeitschrift, Band I, Weinheim 1991, S. 185–237.

Dölemeyer, Barbara: Urheber- und Verlagsrecht, in: Coing, Helmut (Hrsg.): Handbuch der Quellen und Literatur der Europäischen Privatrechtsgeschichte, 3. Band: Das 19. Jahrhundert, München 1986, S. 3955–4058.

Dreier, Thomas / Schulze, Gernot: Urheberrechtsgesetz Kommentar, 5. Auflage, München 2015.

Dümling, Albrecht: in: ders. / Kreile, Reinhold / Dietz, Adolf (Hrsg.): Musik hat ihren Wert: 100 Jahre musikalische Verwertungsgesellschaft in Deutschland, Regensburg 2015, S. 12–326.

Elvers, Rudolf (Hrsg.): Felix Mendelssohn Bartholdy – Briefe an deutsche Verleger, Berlin 1968.

Ensthaler, Jürgen: Gewerblicher Rechtsschutz und Urheberrecht, 3. Auflage, Berlin 2009.

Erbs, Georg / Kohlhaas, Max (Hrsg.): Strafrechtliche Nebengesetze, Loseblattsammlung, München 2017.

Erdmann, Manfred: Die verfassungspolitische Funktion der Wirtschaftsverbände in Deutschland 1815–1871, Berlin 1968.

Feld, Andreas: Das Bayerische Gesetz zum Schutz des Eigentums an Erzeugnissen der Literatur und Kunst gegen Nachdruck vom 15.04.1840: Vorgeschichte und Zustandekommen, Frankfurt am Main 2007.

Fischer, Bernhard: Johann Friedrich Cotta, Verleger – Entrepreneur – Politiker, Göttingen 2014.

Flechsig, Norbert P.: Anmerkung EuGH: Keine Beteiligung der Verleger am gerechten Ausgleich für Urheber – Hewlett-Packard / Reprobel, in: Multi Media und Recht (MMR) 2016, S. 50–51.

Friesen, Gerhard K.: Karl Gutzkow und der Buchhandel. Zu seiner Auffassung vom Schriftstellerberuf und seinen Honoraren, in: Archiv für Geschichte des Buchwesens 1978, 19, Sp. 1493–1616.

Geck, Martin: Bach: Leben und Werk, Reinbek 2000.

Gergen, Thomas: Die Nachdruckprivilegienpraxis Württembergs im 19. Jahrhundert und ihre Bedeutung für das Urheberrecht im Deutschen Bund, Berlin 2007.

Ghirardini-Kurzweil, Susanne: Das Theater in den politischen Strömungen der Revolution von 1848, München 1960.

Gieseke, Ludwig: Der Wiener Kongress und die Bemühungen deutscher Buchhändler, in: ZGE, Band 9, Nr. 2, 2017, S. 173–187.

Gieseke, Ludwig: Erinnerungen an Julius Eduard Hitzig (1780–1849), in: UFITA, 2006 I, S. 173–188.

Gieseke, Ludwig: Vom Privileg zum Urheberrecht: die Entwicklung des Urheberrechts in Deutschland bis 1845, Baden-Baden 1995.

Goehr, Lydia D.: The imaginary museum of musical works. An essay in the philosophy of music, Oxford 2007.

Grasberger, Franz (Hrsg.): Die Welt um Richard Strauss in Briefen, Tutzing 1967.

Grotjahn, Rebecca: Die Sinfonie im deutschen Kulturgebiet 1850 bis 1875, Sinzig 1998.

Grünberger, Michael: Vergütungsansprüche im Urheberecht. Ein Beitrag zum Verhältnis von property rights und liability rules, in: ZGE, Band 9 Nr. 2, 2017, S. 188–209.

Gülich, Tobias: Die Theaterautoren und ihr Recht: Der Weg zum gesetzlichen Schutz der Aufführung dramatischer Werke in Deutschland vom 18. Jahrhundert bis zum Bundesbeschluss vom 12. März 1857, Göttingen 2011.

Haas, Stefan / Hackspiel-Mikosch, Elisabeth: Ziviluniformen als Medium symbolischer Kommunikation und Theorie der Erforschung einer Bekleidungsform an der Schnittstelle von Politik, Gesellschaft, Geschlecht und Kultur, in: Hackspiel-Mikosch, Elisabeth / Haas, Stefan (Hrsg.): Die zivile Uniform als symbolische Kommunikation, S. 13–46, Stuttgart 2006.

Haensel, Carl: Aufführung – Vortrag – Rundfunk – Weitergabe, in: UFITA Band 28, 1959 II, S. 1–31.

Hein, Dieter: Bürgerkultur und ihre Organisationsformen im 19. Jahrhundert, in: Lütteken, Laurenz (Hrsg.): Zwischen Tempel und Verein. Musik und Bürgertum im 19. Jahrhundert, Kassel 2013, S. 35–51.

Heister, Hanns-Werner: Das Konzert, Theorie einer Kulturform, Band 1, Wilhelmshaven / Locarno / Amsterdam 1983.

Heister, Hanns-Werner: Konzertwesen, in: Finscher, Ludwig (Hrsg.): Die Musik in Geschichte und Gegenwart (MGG), Sachteil, Band V, Kassel / Basel / London / New York 1996, S. 683–710.

Helmensdorfer, Urs: „Heilig sey das Eigenthum!" – Urheberrecht in Wien um 1850, in: UFITA 2001 II, S. 457–496.

Helmensdorfer, Urs: Die Bühne als Nachdruckerin – Nestroy und das Autorrecht, in: UFITA 2002 III, S. 825–844.

Helmer, Martin: Die sogenannte Materialleihgebühr der Musikverleger, in: UFITA 2006 I, S. 7–171.

Hodeige, Fritz: Die Stellung von Dichter und Buch in der Gesellschaft. Eine litersoziologische Untersuchung, in: AGB 1, 1958, S. 141–170.

Hoeffner, Eckhard: Geschichte und Wesen des Urheberrechts, Band 1, München 2010.

Hoffmann, Alfred: E. T. A. Hoffmann, Baden-Baden 1990.

Hofmeister, Herbert: Bermerkungen zur Geschichte des österreichischen Urheberrechts, in: UFITA Band 106, 1987, S. 173–187.

Hofmeister, Herbert: Die Entwicklung des österreichischen Urheberrechts bis 1895, in: Dittrich, Robert (Hrsg.): Woher kommt das Urheberrecht und wohin geht es?, Wien 1988, S. 135–146.

Hofmeister, Herbert: Österreichisch-sardinischer Urheberrechtsvertrag von 1840, in: Dittrich, Robert (Hrsg.): Die Notwendigkeit des Urheberrechtsschutzes im Lichte seiner Geschichte, Wien 1991, S. 239–251.

Hüttl, Adolf: Die geschichtliche Entwicklung des musikalischen Urheberrechts, in: UFITA 1955 II, Band 20, 1959, S. 300–305.

Jäger, Georg: Der Musikalienverlag, in: Jäger, Georg / Langewiesche, Dieter / Siemann, Wolfram (Hrsg.): Geschichte des deutschen Buchhandels im 19. und 20. Jahrhundert, Band 1, Teil 2: Das Kaiserreich 1870–19, Frankfurt am Main 2003, S. 7–61.

Jäger, Georg: Der Verlagsbuchhandel, in: Jäger, Georg / Langewiesche, Dieter / Siemann, Wolfram (Hrsg.): Geschichte des deutschen Buchhandels im 19. und 20. Jahrhundert, Band. 1, Teil 1: Das Kaiserreich 1870–19, Frankfurt am Main 2003, S. 197–216.

Jährig-Ostertag, Susanne: Das dramatische Werk: Seine künstlerische und kommerzielle Verwertung. Ein Beitrag zur Geschichte der Theaterverlage in Deutschland, Diss., Köln 1971.

James, Charles F.: The Story of the Performing Right Society. An association of composers, authors, and publishers of music, London 1951.

Jänich, Volker: Geistiges Eigentum: Eine Komplementärerscheinung zum Sacheigentum?, Tübingen 2002.

Kalbeck, Max (Hrsg.): Johannes Brahms, Briefwechsel, Band. 10: Briefe an P. J. Simrock und Fritz Simrock, Nachdruck, Tutzing 1974.

Kämpken, Nicole: Die wechselvolle Geschäftsbeziehung zwischen Beethoven und Breitkopf & Härtel, in: Ladenburger, Michael / Kämpken, Nicole (Hrsg.): Beethoven und der Leipziger Musikverlag Breitkopf & Härtel, Leinfelden-Echterdingen 2007, S. 1–41.

Kawohl, Friedemann: Urheberrecht der Musik in Preussen (1820–1840), Tutzing 2002.

Keiderling, Thomas: Geist, Recht und Geld – die VG Wort 1958–2008, Berlin 2008.

Keller, Hans Joachim: Zum Verhältnis von Persönlichkeitsrecht und Kunstfreiheit, in: UFITA Band 79, 1977, S. 89–97.

Kern, Bernd-Rüdiger: Aspekte des Urheberrechts bei Rossini, in: UFITA, 2000 I, S. 205–220.

Kernegger, Bernhard: Haydns und Rossinis Schaffen analysiert unter dem Aspekt der wirtschaftlich-rechtlichen Rahmenbedingungen ihrer Zeit. Diplom, Universität Wien, 2002.

Kluttig, Thekla: „Da ist Musik drin". Zu einer Ausstellung im Sächsischen Staatsarchiv, in: Keym, Stefan / Schmitz, Peter (Hrsg.): Das Leipziger Musiverlagswesen: Innerstädtische Netzwerke und internationale Ausstrahlung, Leipzig 2016, S. 455–492.

König, Eva-Marie: Der Werkbegriff in Europa. Eine rechtsvergleichende Untersuchung des britischen, französischen und deutschen Urheberrechts, Tübingen 2015.

Kraßer, Rudolf: Die Beteiligung von Verlegern an Vergütungen für gesetzlich zugelassene Vervielfältigungen verlegter Werke, in: GRUR 2016, S. 129–137.

Kroll, Mark: Johann Nepomuk Hummel: A Musician's Life and World, Landham (Maryland) 2007.

Kühn, Hellmut: Musikgeschichte, Band 1: Klassische und romantische Musik: 1750–1880, Weinheim 1986.

Kunz, Harald: Fünf Generationen einer Familie – Hundertfünzig Jahre eines Musikverlages, in: Bote & Bock (Hrsg.): 150 Jahre Bote & Bock, Musikverlag und Musikalienhandlung in Berlin 1838–1988, Berlin 1988, S. 7–62.

Lange, Hinrich: Historische Entwicklung des Musikverlagswesens in Deutschland, in: UFITA 2014 III, S. 691–727.

Lehmbruck, Christoph: Die Geschichte des Musikurheberrechts im Zeitalter der technischen Reproduzierbarkeit von Musikwerken, Diss. iur., Tübingen 1993.

Lindner, Brigitte: Rechtsvergleichender Überblick über die vertraglichen Beziehungen zwischen Felix Mendelssohn Bartholdy und seinen europäischen Verlegern, in: UFITA 1998, Band 136, S. 233–255.

Loewenheim, Ulrich (Hrsg.): Handbuch des Urheberrechts. 2. Auflage, München 2010.

Loewenheim, Ulrich: Das BGH-Urteil zur Verlegerbeteiligung an den Einnahmen der VG Wort, in: NJW 2016, S. 2383–2386.

Marl, Johannes: Der Begriff der Öffentlichkeit im Urheberrecht, Tübingen 2017.

Mauruschat, Hans-Christoph: Wertschätzung der Musik, Teil 1: Vom Kampf der deutschen Komponisten um ihre legitimen Autorenrechte am Ende des vorigen Jahrhunderts, in: GEMA Nachrichten 160, November 1999, S. 128–133.

Mauruschat, Hans-Christoph: Wertschätzung der Musik, Teil 2: Hans Sommer (1837–1922) – neben Richard Strauss maßgeblicher Wegbereiter des musikalischen Urheberrechtsschutzes in Deutschland, in: GEMA-Nachrichten 161, Juni 2000, S. 66–71.

Mauruschat, Hans-Christoph: Wertschätzung der Musik, Teil 3: Komponieren zum Nulltarif? Musikalisches Urheberrecht in Deutschland, in: GEMA Nachrichten 162, November 2000, S. 128–133.

Mauruschat, Hans-Christoph: Wertschätzung der Musik, Teil 4: „Verlagsrechte dem Verleger. Urheberrechte dem Urheber" (Richard Strauss), in: GEMA Nachrichten 163, Juni 2001, S. 70–77.

Mauruschat, Hans-Christoph: Wertschätzung der Musik, Teil 6: Vor einhundert Jahren einigten sich in Deutschland Verleger und Komponisten auf eine gemeinsame Verwertung der Aufführungsrechte, in: GEMA Nachrichten 165, Juni 2002, S. 90–97.

Mauser, Siegfried: In: Dahlhaus, Carl / Danuser, Hermann (Hrsg.): Neues Handbuch der Musikwissenschaft, Band 11, Musikalische Interpretation, Wiesbaden/Laaber 1992, S. 394.

Mayer, Dietmar: Württembergs Beitrag zu den rechtsvereinheitlichenden Bemühungen des Deutschen Bundes auf dem Gebiete des Privatrechts: 1848–1866, München 1974.

Mayser, Andreas: Die Privilegierung von Musikverlegern durch Sonderregelungen für Musiknoten im Urheberrecht. Eine Analyse unter Berücksichtigung des Dreistufentests, Baden-Baden 2012.

Meder, Stephan: Gottliebs Plancks Entwürfe zum Urheber- und Verlagsrecht, in: UFITA 2010 I, S. 11–70.

Melichar, Ferdinand: Die Wahrnehmung von Urheberrecht durch Verwertungsgesellschaften: am Beispiel der VG Wort, München 1983.

Melichar, Ferdinand: Verleger und Verwertungsgesellschaften, in: Urheberrecht in Theorie und Praxis, Tübingen 1999, S. 74–86.

Messmer, Franzpeter: Wegbereiter des modernen musikalischen Urheberrechts, in: GEMA Nachrichten 1999, Nr. 160, S. 30.

Müller, Erich Hermann (Hrsg.): Schütz, Heinrich, Gesammelte Briefe und Schriften, Hildesheim / New York 1976.

Müller, Jürgen: Deutscher Bund und deutsche Nation, 1848–1866, Göttingen 2005.

Murza, Maja: Urheberrecht von Choreografen, Berlin / Boston 2012.

Nauhaus, Gerd (Hrsg.): Schumann, Robert, Tagebücher, Band II, (1836–1854), Basel und Frankfurt am Main 1987.

Nettl, Paul: Beethoven und seine Zeit, Frankfurt am Main 1958.

Niedermüller, Peter: Die konzertante Oper am Beispiel der Wiener Situation um 1800. Pragmatisches Provisorium und Instrument der Kanonisierung, in: Hinrichsen, Hans-Joachim / Pietschmann, Klaus (Hrsg.): Jenseits der

Bühne. Bearbeitungs-und Rezeptionsfragen der Oper im 19. und 20. Jahrhundert: Symposiumsbericht der IMS-Konferenz Zürich 2007, Kassel 2011, S. 62–70.

Nomine, Rainer: Der Königlich Preußische Literarische Sachverständigen-Verein in den Jahren 1838 bis 1870, Berlin 2001.

Nordemann, Axel / Nordemann, Jan Bernd (Hrsg.): Kommentar zum Urheberrechtsgesetz, Verlagsgesetz, Urheberrechtswahrnehmungsgesetz, 11. Auflage, Stuttgart 2014.

Pargner, Birgit: Zwischen Tränen und Kommerz: Das Rührtheater Charlotte Birch-Pfeiffers (1800–1868) in seiner künstlerischen und kommerziellen Verwertung, Bielefeld 1999.

Peifer, Karl-Nikolaus: Die Urhebervertragsrechtsreform 2017, in: GRUR-Prax 2017, S. 1–3.

Piakowski, Nathalie: Collective Mangament in France, in: Gervais, Daniel (Hrsg.): Collective Management of Copyright and Related Rights, Alphen aan den Rijn 2006, S. 169–214.

Pohlmann, Hansjörg: Die Frühgeschichte des musikalischen Urheberrechts (ca. 1400–1800). Neue Materialien zur Entwicklung des Urheberrechtsbewusstseins der Komponisten, Kassel 1962.

Pohlmann, Hansjörg: Mozart und das Urheberrecht, in: Acta Mozartiana, 5. Jhrg, 1959, Heft 1, S. 22–31.

Pollmann, Klaus Erich: Parlamentarismus im Norddeutschen Bund 1867–1870, Düsseldorf 1985.

Raynor, Henry: A social history of music. From the middle ages to Beethoven, London 1972.

Rehberg, Paula / Rehberg, Walter: Robert Schumann – Sein Leben und sein Werk, Zürich 1954.

Rehbinder, Manfred: 150 Jahre moderne Urheberrechtsgesetzgebung in Deutschland. Zur Erinnerung an das preußische Gesetz vom 11. Juni 1837 zum Schutze des Eigentums an Werken der Wissenschaft und Kunst, in: ZUM 1987, S. 328–330.

Rehbinder, Manfred: Johann Nepomuk Hummel, ein vergessener Vorkämpfer für das Urheberrecht an der Musik, in: Schierholz, Anke / Melichar, Ferdinand (Hrsg): Kunst und Geld. Festschrift für Gerhard Pfennig zum 65. Geburtstag, München 2012, S. 103–122.

Rehbinder, Manfred: Kein Urheberrecht ohne Gesetzesrecht. Zum Urheberrechtsschutz um die Mitte des 19. Jahrhunderts, in: Dittrich, Robert (Hrsg.): Woher kommt das Urheberrecht und wohin geht es? Wurzeln geschichtlicher Ursprung, geistesgeschichtlicher Hintergrund und Zukunft des Urheberrechts, Wien 1988, S. 99–116.

Reiser, Salome: Die Kompositionen des Felix Mendelssohn-Bartholdys, in: Loos, Helmut / Keym, Stefan / Stöck, Katrin / Stöck, Gilbert / Klotz, Sebastian (Hrsg.): Musik – Stadt, Traditionen und Perspektive urbaner Musikkulturen, Bericht über den XIV. Internationalen Kongress der Gesellschaft für Musikforschung am 28. September bis 3. Oktober 2008 am Institut für Musikwissenschaft der Universität Leipzig: Musik in Leipzig, Wien und anderen Städten im 19. und 20. Jahrhundert. Verlage – Konservatorien – Salons – Vereine – Konzerte, Leipzig 2011, S. 113–123.

Riethmüller, Albrecht: Das Beethoven-Handbuch: Das Beethoven-Lexikon, Laaber 2008.

Rigamonti, Cyrill P.: Geistiges Eigentum als Begriff und Theorie des Urheberrechts, Baden-Baden 2001.

Ruete, Matthias: Copyright, „geistiges Eigentum" und britische Verwertungsgesellschaften. Zugleich ein Beitrag zur Anwendung des europäischen Wettbewerbsrechts, München 1986.

Sachs, Joel: Hummel and the Pirates: The Struggle for Musical Copyright, in: Musical Quaterly 1973, 49, S. 31–60.

Salmen, Walter: Haus- und Kammermusik: Privates Musizieren im gesellschaftlichen Wandel zwischen 1600 und 1900, Leipzig 1982.

Salmen, Walter: Musiker, in: Finscher, Ludwig (Hrsg.): Die Musik in Geschichte und Gegenwart (MGG), Sachteil, Band 6, Kassel / Basel / London / New York 1997, Sp. 1213–1258.

Samson, Benvenuto: Einführung in das neue Urheberrecht, in: UFITA 47, 1966 II, S. 1–133.

Santoro, Marco: Geschichte des Buchhandels in Italien, übersetzt von: Heribert Streicher, Wiesbaden 2003.

Schack, Haimo: Anmerkung BGH Verlegerurteil, in: JZ 2016, S. 693–696.

Scherer, Frederic M.: Quarter Notes and Bank Notes. The Economics of Music Composition in the Eighteenth and Nineteenth Centuries, Princeton 2004.

Schickert, Katharina: Der Schutz literarischer Urheberschaft im Rom der klassischen Antike, Tübingen 2005.

Schmidt, Manuela Maria: Die Anfänge der musikalischen Tantiemenbewegung in Deutschland: eine Studie über den langen Weg bis zur Errichtung der Genossenschaft Deutscher Tonsetzer (GDT) im Jahre 1903 und zum Wirken des Komponisten Richard Strauss (1864–1949) für Verbesserungen des Urheberrechts, Berlin 2003.

Schmidt, Manuela Maria: Geschichte der musikalischen Verwertungsgesellschaften in Deutschland, in: Becker, Jürgen / Riesenhuber, Karl / Kreile, Reinhold (Hrsg.): Recht und Praxis der GEMA, Handbuch und Kommentar, 2. Auflage, Berlin 2008, S. 5–22.

Schmieder, Hans-Heinrich: Musikkultur, Medientechnik und Urheberrecht, in: NJW 1985, S. 2105–2112.

Schmitz, Peter: Aspekte der institutionellen Vernetzung um 1900, in: Keym, Stefan / Schmitz, Peter, (Hrsg.), Das Leipziger Musiverlagswesen, Innerstädtische Netzwerke und internationale Ausstrahlung, Leipzig 2016, S. 329–366.

Schmitz, Peter: Ein rentables Geschäft? Zum Stellenwert von Oratorien in Verlagsprogrammen des 19. Jahrhunderts am Beispiel von Louis Spohr, in: Dominik Höink (Hrsg.): Die Oratorien Louis Spohrs. Kontext – Text – Musik, Göttingen 2015, S. 131–152.

Schmitz, Peter: Johannes Brahms und der Leipziger Musikverlag Breitkopf & Härtel, Göttingen 2009.

Schricker, Gerhard / Loewenheim, Ulrich (Hrsg.): Urheberrecht. 4. Auflage, München 2010.

Schulze, Erich: Urheberrecht in der Musik, Berlin und New York 1981.

Schulze, Erich: Geschätzte und geschützte Noten: Zur Geschichte der Verwertungsgesellschaften, Weinheim 1995.

Schwab, Heinrich: Kammer – Salon – Konzertsaal. Zu den Aufführungsorten der Kammermusik insbesondere im 19. Jahrhundert, Mainz 1998.

Schwab, Heinrich: Konzert: Öffentliche Musikdarbietung vom 17. bis 19. Jahrhundert, 2. Auflage Leipzig 1971.

Schwab, Roland: Recht und Praxis der Urheberverwertungsgesellschaften in Frankreich, München 1989.

Seifert, Fedor: Kleine Geschichte(n) des Urheberrechts – Entstehung und Grundgedanken des geistigen Eigentums, München 2014.

Siegrist, Hannes / Bühner, Maria: Die Vertragspraxis des Leipziger Musikverlages Hofmeister im 19. und frühen 20. Jahrhundert. Ein Beitrag zur Institutionalisierung der Beziehungen zwischen Verlegern und Komponisten, in: ZGE, 2017, Band 9, Nr. 2, S. 233–249.

Sikorski, Axel: Musikwirtschaft und Neue Musik: Das unternehmerische Entscheidungsverhalten zwischen Ästhetik und Ökonomie, Frankfurt am Main 1997.

Spindler, Gerald / Schuster, Fabian: Recht der elektronischen Medien, Kommentar, 3. Auflage, München 2015.

Sprang, Christian: Grand Opéra vor Gericht, Baden-Baden 1993.

Staats, Robert: Aufführungsrecht und kollektive Wahrnehmung bei Werken der Musik, Baden-Baden 2004.

Steiner, Harald: Das Autorenhonorar: Seine Entwicklungsgeschichte vom 17. bis 19. Jahrhundert, Wiesbaden 1998.

Stephenson, Kurt (Hrsg.): Johannes Brahms und Fritz Simrock, Weg einer Freundschaft: Briefe des Verlegers an den Komponisten, Hamburg 1961.

Thiele, Clemens: Mozart und das musikalische Autorrecht seiner Zeit, in: UFITA 2006, Band 2, S. 553–577.

Thrun, Martin: Rang und Bedeutung des Hofkapell-Konzerts im 19. Jahrhundert, in: Loos, Helmut / Keym, Stefan / Stöck, Katrin / Stöck, Gilbert / Klotz, Sebastian (Hrsg.): Musik – Stadt. Traditionen und Perspektiven urbaner Musikkulturen: Bericht über den XIV. Internationalen Kongress der Gesellschaft für Musikforschung vom 28. September bis 3. Oktober 2008 am Institut für Musikwissenschaft der Universität Leipzig: Musik in Leipzig, Wien und anderen Städten im 19. und 20. Jahrhundert: Verlage – Konservatorien – Salons – Vereine – Konzerte, Leipzig 2011, S. 498–522.

Ulmer, Eugen: Urheber- und Verlagsrecht, Berlin / Heidelberg / New York 1980.

Unverricht, Hubert: Autor – Komponist – Musikverleger, in: Baum, Richard / Rehm, Wolfgang (Hrsg.): Musik und Verlag, Karl Vötterle zum 65. Geburtstag am 12. April 1968, Kassel / Basel / Paris / London / New York 1968, S. 562–576.

Vogel, Martin: Deutsche Urheber- und Verlagsrechtsgeschichte zwischen 1450 und 1850, Frankfurt am Main 1978.

Vogel, Martin: Die Entwicklung des Urheberrechts, in: Jäger, Georg / Langewiesche, Dieter / Siemann, Wolfram (Hrsg.): Geschichte des deutschen Buchhandels im 19. und 20. Jahrhundert, Band 1, Teil 1: Das Kaiserreich 1870–1918, Frankfurt am Main 2001, S. 122–139.

Vogel, Martin: Die Geschichte des Urheberrechts im Kaiserreich, in: GRUR 1987, S. 873–883.

von Gamm, Otto-Friedrich: Urheberrechtsgesetz Kommentar, München 1968.

von Müller, Hans / Schnapp, Friedrich (Hrsg.): E. T. A. Hoffmanns Briefwechsel, Band 2: Berlin 1814–1822, München 1968.

von Ungern-Sternberg, Joachim: Ausschüttungsansprüche von Berechtigten gegen ihre Verwertungsgesellschaft, in: ZGE, 2017, Band 9, Nr. 1, S. 1–20.

von Ungern-Sternberg, Joachim: Die Rechtsprechung des EuGH und des BGH zum Urheberrecht und zu den verwandten Schutzrechten im Jahr 2016, in: GRUR 2017, S. 217–234.

Wadle, Elmar: Der Frankfurter Entwurf eines deutschen Urheberrechtsgesetzes von 1864 – Eine Einführung zum Nachdruck, in: UFITA 1992, 120, S. 33–55.

Wadle, Elmar: Friedrich Carl von Savignys Beitrag zum Urheberrecht, Köln 1992.

Wadle, Elmar: Das preußische Urheberrechtsgesetz von 1837 im Spiegel seiner Vorgeschichte, in: ders. (Hrsg.): Geistiges Eigentum I, Weinheim (jetzt München) 1996, S. 167–222.

Wadle, Elmar: Der Bundesbeschluß vom 9. November 1837, in: ders. (Hrsg.): Geistiges Eigentum, Bausteine zur Rechtsgeschichte I, Weinheim (jetzt München) 1996, S. 223–266.

Wadle, Elmar: Der Mann mit der eisernen Maske, Einführung, in: UFITA 2002, III, S. 845–847.

Wadle, Elmar: Französisches Recht und deutsche Gesetzgebung im 19. Jahrhundert, in: ders. (Hrsg.): Französisches Recht in Deutschland: Acht Beiträge zur Geschichte des 19. Jahrhunderts, Köln 2002, S. 41–62.

Wadle, Elmar: Das Junktim zwischen Zensur und Nachdruckschutz und dessen Aufhebenung im Jahre 1834, in: ders. (Hrsg.): Geistiges Eigentum, Bausteine zur Rechtsgeschichte II, München 2003, S. 241–256.

Wadle, Elmar: Der Weg zum gesetzlichen Schutz des geistigen und gewerblichen Schaffens. Die deutsche Entwicklung im 19. Jahrhundert, in: ders. (Hrsg.): Geistiges Eigentum, Bausteine zur Rechtsgeschichte II, München 2003, S. 3–73.

Wadle, Elmar: Die Anfänge des Aufführungsrechts in Preußen und im Deutschen Bund, in: ders. (Hrsg.): Geistiges Eigentum, Bausteine zur Rechtsgeschichte II, München 2003, S. 277–294.

Wadle, Elmar: Die Berliner „Grundzüge“ eines Gesetzentwurfes. Ein gescheiterter Versuch im Deutschen Bund (1833/34), in: ders. (Hrsg.): Geistiges Eigentum, Bausteine zur Rechtsgeschichte II, München 2003, S. 257–276.

Wadle, Elmar: Preußische Privilegien für Werke der Musik. Ein Kapitel aus der Frühzeit des Urheberrechts 1794–1837, in: ders. (Hrsg.): Geistiges Eigentum, Bausteine zur Rechtsgeschichte II, München 2003, S. 185–206.

Wadle, Elmar: Der badische Entwurf eines „Gesetzes über den Schutz des Eigenthums an Werken der Literatur und Kunst gegen Nachdruck und Nachbildung“ von 1840/41. Ein zweiter Ansatz zur Reform des Urheberrechts im Großherzogtum, in: ders. (Hrsg.): Beiträge zur Geschichte des Urheberrechts: Etappen auf einem langen Weg, Berlin 2012, S. 369–391.

Wadle, Elmar: Die preußische Politik und Goethes Gesuch um ein Nachdruckprivileg des Deutschen Bundes, in: ders. (Hrsg.): Beiträge zur Geschichte des Urheberrechts: Etappen auf einem langen Weg, Berlin 2012, S. 297–320.

Walter, Michael: „Die Oper ist ein Irrenhaus", Sozialgeschichte der Oper im 19. Jahrhundert, Stuttgart / Weimar 1997.

Walter, Michael: Richard Strauss und das deutsche Urheberrecht, in: Kolleritsch, Otto (Hrsg.): Der Musikverlag und seine Komponisten im 21. Jahrhundert. Zum 100-jährigen Jubiläum der Universal Edition, Wien 2002, S. 45–63.

Walter, Michael: Richard Strauss und seine Zeit, Laaber 2000.

Wandtke, Artur-Axel / Bullinger, Winfried (Hrsg.): Praxiskommentar zum Urheberrecht, 4. Auflage, München 2014.

Wandtke, Artur-Axel: Beaumarchais et la propriété intellectuelle, in: UFITA 2008, II, S. 389–421.

Wandtke, Artur-Axel: Goethe und das Urheberrecht, in: UFITA 2000, II, S. 453–470.

Wandtke, Artur-Axel: Urheberrecht in der Reform oder wohin steuert das Urheberrecht, in: MultiMedia und Recht (MMR) 2017, S. 367–372.

Watzka, Stefanie: Verborgene Vermittler – Ansätze zu einer Historie der Theateragenten und -verleger, Marburg 2006.

Weber, William: Music and the Middle Class, 2. Auflage, London 2003.

Weinmann, Alexander: Wiener Musikverlag „Am Rande": Ein lückenfüllender Beitrag zur Geschichte des Alt-Wiener Musikverlages, Wien 1970.

Wißmann, Friederike: Deutsche Musik, Berlin 2015.

Wittmann, Reinhard: Geschichte des deutschen Buchhandels, 3. Auflage, München 2011.

Wolf, Janine: Aspekte des Urheberrechts bei Carl Maria von Weber, Albert Lortzing und Otto Nicolai, Leipzig 2015.

Wündisch, Sebastian: Die Mär vom New Yorker Gralsraub. Aspekte des internationalen Schutzes des Aufführungsrechts im 19. und beginnenden 20. Jahrhundert, in: GRUR Int. 2007, S. 302–308.

Wündisch, Sebastian: Richard Wagner und das Urheberrecht, Berlin 2004.

Zelinsky, Hartmut: Verfall, Vernichtung, Weltentrückung – Richard Wagners antisemitische Werk-Idee als Kunstreligion und Zivilisationskritik und ihre Verbreitung bis 1933, in: Friedländer, Saul / Rüsen, Jörn (Hrsg.): Richard Wagner im Dritten Reich: Ein Schloss Elmau-Symposion, München 2000, S. 309–341.

Zielske, Franz: Hoftheater und Stadttheater im Vormärz, in: Porrmann, Maria / Vassen, Florian (Hrsg.): Theaterverhältnisse im Vormärz, Bielefeld 2002, S. 43–69.

V. Internetquellen

Veit, Joachim: Carl Maria von Weber an Georg Eichhorn in Nürnberg. Dresden, Dienstag, 11. Juni 1822. URL: Carl-Maria-von-Weber-Gesamtausgabe. Digitale Edition, http://weber-gesamtausgabe.de/A041947

– Überprüfungsdatum: 14.06.2019.

Sueddeutsche Zeitung, 27. November 2015, „Warum es gut ist, dass nicht jeder munter sperren darf". URL: http://www.sueddeutsche.de/digital/bgh-urteil-warum-es-gut-ist-dass-nicht-jeder-munter-sperren-darf-1.2755440

– Überprüfungsdatum: 14.06.2019.

Ludwig *van Beethoven* an Breitkopf & Härtel, Wien 22.4.1801. URL: http://www.beethoven-haus-bonn.de/sixcms/detail.php?id=&template=dokseite_digitales_archiv_de&_dokid=b555&_seite=1-2

– Überprüfungsdatum: 14.06.2019.

www.ingramcontent.com/pod-product-compliance
Ingram Content Group UK Ltd.
Pitfield, Milton Keynes, MK11 3LW, UK
UKHW021844290926
8980IPUK00005B/637

9 783631 792025